DAILY DAD

DER TÄGLICHE VATER

366 MEDITATIONEN ÜBER ELTERNSEIN, LIEBE UND WIE DEINE KINDER GROSSARTIGE MENSCHEN WERDEN

RYAN HOLIDAY

Bibliografische Information der Deutschen Nationalbibliothek
Die Deutsche Nationalbibliothek verzeichnet diese Publikation in der Deutschen Nationalbibliografie. Detaillierte bibliografische Daten sind im Internet über https://dnb.de abrufbar.

Für Fragen und Anregungen
info@finanzbuchverlag.de

Wichtiger Hinweis
Ausschließlich zum Zweck der besseren Lesbarkeit wurde auf eine genderspezifische Schreibweise sowie eine Mehrfachbezeichnung verzichtet. Alle personenbezogenen Bezeichnungen sind somit geschlechtsneutral zu verstehen.

1. Auflage 2023

Türkenstraße 89
80799 München
Tel.: 089 651285-0
Fax: 089 652096

Übersetzung: Antoinette Gittinger
Redaktion: Anne Horsten
Korrektorat: Christine Rechberger
Umschlaggestaltung: Marc-Torben Fischer, München
Abbildung Innenteil: Shutterstock.com/Mykola Mazuryk
Satz: Röser MEDIA, Karlsruhe
Druck: GGP Media GmbH, Pößneck
Printed in Germany

ISBN Print 978-3-95972-713-6
ISBN E-Book (PDF) 978-3-98609-381-5
ISBN E-Book (EPUB, Mobi) 978-3-98609-376-1

»Zuerst sage dir, was für ein Mensch du sein willst,
dann tue, was du dafür tun musst.«

EPIKTET, *LEHRGESPRÄCHE*, 3,23.1–2a

INHALT

EINLEITUNG

Viele Menschen haben Kinder, aber zu wenige sind Eltern.

Auch wenn so scheinen mag, als würde einen die Tatsache, ein Kind zu haben, zur Mutter oder zum Vater machen, wissen wir doch alle, dass dies nicht zutrifft. Viele Menschen bringen ihre Kinder zur Schule, kaufen ihnen Kleidung, ernähren sie und geben ihnen ein warmes Bett zum Schlafen ... sind aber dennoch nicht wirklich Eltern. Sie verhalten sich eher wie gesetzliche Vormunde, die Kästchen abhaken, um den Tag – und die ersten 18 Jahre – zu überstehen.

Das ist keine Elternschaft. *Das ist das Minimum.*

Es ist eine traurige Tatsache, dass einige nicht einmal dieses Minimum schaffen. Anscheinend glauben sie, dass ihre Verpflichtungen mit der Empfängnis, der Geburt oder dem Datum der Unterzeichnung ihrer Scheidungspapiere enden.

Die Fortpflanzung ist biologischer, die Elternschaft psychologischer Natur. Sie ist eine Entscheidung. Eine bewusste Wahl. Eine Verpflichtung – die Verpflichtung, tatsächlich an Ihnen und Ihren Prioritäten zu arbeiten, zum Wohl und Besten Ihrer Kinder. Die Verpflichtung, Opfer zu bringen und zu dienen, und die mühselige Arbeit, schwere Entscheidungen zu treffen, zu *lieben* und nicht nur zu *haben*.

Die Elternschaft beinhaltet die Entscheidung, Ihre Kinder nicht unbedingt zu Ihrem Lebensmittelpunkt, aber zu einem wesentlichen Teil Ihres Lebens zu machen. Indem Sie diese kleinen Geschöpfe zur Welt gebracht haben, hat sich alles verändert – wer Sie sind, was Sie schätzen und worin Ihre Pflichten bestehen.

Eltern tun ihr Möglichstes, um nicht mit dem Jugendamt in Konflikt zu geraten ... oder um die Kritik der Nachbarn zu vermeiden. Eltern verpflichten sich zeitlosen Prinzipien, die wie Klischees anmuten, aber so selten befolgt werden, dass man sie bemerkt, wenn jemand sich tatsächlich an sie hält. Prinzipien wie: *Setze die Familie an die erste Stelle, liebe sie bedingungslos, sei präsent, unterstütze deine Kinder, zu werden, wozu sie bestimmt sind, geh mit gutem Beispiel voran, sieh nichts als selbstverständlich an und führ ein Leben voller Dankbarkeit.*

Um das klarzustellen: Dies ist eine moderne Entscheidung. Es ist nicht übertrieben, zu behaupten, dass das *Überleben* der Kinder noch vor wenigen Generationen das Einzige war, was erwartet wurde. Ein Kind, anfangs nur eine Belastung, wurde als künftiger Vermögenswert angesehen, als ein weiteres Paar Hände, das bei der Arbeit auf dem Familienhof half, oder als jemand, der in der Fabrik vor Ort am Fließband arbeitete und Lohn bezog, um so die Familie über Wasser zu halten.

Selbst der Anfang des 20. Jahrhunderts war nach wie vor geprägt von Sterblichkeit und Gebrechen. Wenn alle eigenen Kinder überlebten, war das ein wahres Wunder. Hatten Sie die Verantwortung, sich emotional um sie zu kümmern? Sie bedingungslos zu lieben? Ich bitte Sie, wer hatte schon die Zeit dazu? Oder die Fähigkeit?

Es gibt eine Geschichte über Winston Churchill, ein keineswegs perfekter Vater, der von egozentrischen, vielbeschäftigten, im viktorianischen England groß gewordenen, aristokratischen Eltern aufgezogen worden war. Als sich Churchill eines Abends während eines schulfreien Tags bis spät in die Nacht mit seinem Sohn Randolph unterhielt, kam ihm ein Gedanke: »Weißt du, mein lieber Junge«, sagte er leicht amüsiert, »ich glaube, ich habe heute mehr mit dir gesprochen als mein Vater im Lauf seines ganzen Lebens mit mir.« Dies war weder übertrieben noch ungewöhnlich – und noch viele Jahre lang weiterhin üblich. Es kann sich also durchaus auch auf Sie und Ihre eigene Kindheit beziehen.

Wie traurig ist das! Nicht nur für die Kinder, sondern auch für die Eltern.

Seit unzähligen Generationen wird Eltern – insbesondere Vätern – das Schönste und Lohnenswerteste der Welt vorenthalten: am Leben ihrer Kinder teilzuhaben. Sie nicht nur im allgemeinen Sinne, sondern aktiv zu lieben, Tag für Tag. Die Kehrseite einer patriarchalischen Kultur, die den Frauen die gesamte Last des häuslichen Lebens aufbürdete, bestand in den geringen Erwartungen an Männer in puncto Haushalt und Kinder. Lieben und geliebt werden? Verstehen und verstanden werden? Niemand brachte das den Männern bei. Und niemand verlangte es von den Vätern.

Stellen Sie sich vor, wie anders die Geschichte verlaufen wäre, wären mehr Eltern tatsächlich *Eltern* gewesen. Wenn [Schurke einfügen] sorgfältiger erzogen worden wäre. Wenn man [gierigen Geschäftsmann einfügen] das Gefühl vermittelt hätte, dass es reicht. Wenn [herzerweichendes Opfer einfügen] beschützt worden wäre. Wenn [anonymen Niemand einfügen] ermöglicht worden wäre, sein Potenzial auszuschöpfen. Wenn jemand [mächtige Person einfügen] gesagt hätte, er sei stolz auf sie.

Wir können diese traumatische Vergangenheit zwar nicht ändern, aber eine bessere Zukunft gestalten.

Genau das ist die Philosophie, die diesem Buch zugrunde liegt.

Trotz der Fehler vergangener Generationen ist die Elternschaft eine jener wunderbaren Erfahrungen, die uns in einer ununterbrochenen Kette über Tausende und Abertausende von Jahren hinweg verbindet. Eine der schönsten Passagen in den Schriften des römischen Dichters Lukrez schildert die Freude eines Vaters, der sich bückt, um seine Kinder aufzufangen, die sich ihm in die Arme werfen. Eines der ältesten Beweismittel für die Existenz von Menschen in Nordamerika sind die Fußabdrücke eines Elternteils, vermutlich einer Mutter, die ein kleines Kind durch den heutigen White Sands National Park trug, es absetzte, wieder hochnahm und erneut absetzte.

Unser wildes, chaotisches, von Freude und Schwierigkeiten, Liebe und Mühen erfülltes Leben ist zeitlos. Die antike Welt unterschied sich grundlegend von unserer heutigen – jene Fußabdrücke in New Mexiko sind vermischt mit denen von Riesenfaultieren, vorzeitlichen Kamelen und einer ausgestorbenen Mammutart. Dennoch entspricht diese Erfahrung derjenigen, die Sie unzählige Male im Park, auf dem Rückweg zum Auto nach dem Abendessen und im Urlaub am Strand gemacht haben.

Seit jeher sorgen Eltern sich um ihre Kinder. Eltern haben schon immer mit ihren Kindern gespielt. Eltern haben schon immer Pläne für ihre Kinder geschmiedet. Eltern haben schon immer versucht, ein Vorbild für ihre Kinder zu sein. Eltern haben sich schon immer bemüht, ihre Kinder zu unterstützen und zu fördern. Eltern haben von jeher an sich gezweifelt und sich gefragt, ob sie genug tun, genug bieten, ob die Schule gut genug, der Sport sicher genug und die Zukunft des Kindes ausreichend gesichert sei. Sie taten dasselbe wie Sie, und genauso werden die Menschen noch in 50 Generationen handeln.

Wir sind Teil von etwas Zeitlosem und Ewigem, von etwas sehr Kleinem und sehr Großem zugleich. Dies sollte uns demütig machen und uns inspirieren. Es sollte uns ein Ziel geben ... und eine Perspektive.

Und praktische Ratschläge. Die Elternschaft ist ein Thema, mit dem sich jede Philosophie und religiöse Tradition befasst. Platon lehrte uns, wie wir uns vor unseren Kindern beherrschen können. Von Marc Aurel lernten wir, wie wir ein friedliches Heim für unsere Kinder schaffen können. Seneca brachte uns bei, wie wir unsere Kinder nicht verwöhnen. Von Königin Elisabeth II. erfuhren wir, wie wir unsere Kinder unterstützen können, von Florence Nightingale, wie wir unsere Kinder inspirieren können, und von Sandra Day O'Connor, wie wir die Neugier unserer Kinder fördern können. Jerry Seinfeld weiß, wie wir die Zeit mit unseren Kindern genießen können. Von Toni Morrison lernen wir, wie wir den Ausgleich zwischen unserem Job und unseren Kindern schaffen können. Muhammad Ali lehrte uns durch sein Leben, wie wir an unsere Kinder glauben können. Von Müttern, die den Holocaust überlebten, von Vätern, welche die Bürgerrechtsbewegung anführten, von Söhnen, die zu Kriegshelden wurden, von Töchtern, die den Nobelpreis gewannen ... von den Stoikern und den Buddhisten, den modernen und den alten, von ihnen allen können wir etwas lernen.

So wie in meinem vorherigen Buch *Der tägliche Stoiker: 366 nachdenkliche Betrachtungen über Weisheit, Beharrlichkeit und Lebensstil* geht es auch bei diesem Buch darum, diese Ratschläge anzunehmen – einen nach dem anderen, einen Tag nach dem anderen. Ich empfehle Ihnen, mit dem Tag zu beginnen, an dem Sie dieses Buch gerade in der Hand halten. (Warten Sie nicht bis zum 1. Januar! Fangen Sie heute an!) An welcher Stelle auch immer Sie beginnen, die Kraft des Buchs liegt darin, täglich darin zu lesen und sich konsequent mit dem Inhalt zu beschäftigen, aus folgendem Grund: Auch wenn die Seiten gleich bleiben, werden sich Ihre Kinder verändern, wird sich die Welt verändern und werden auch Sie sich verändern.

Mein Buch *Der tägliche Stoiker* ist nun schon über ein halbes Jahrzehnt auf dem Markt. Mit mehr als einer Million gedruckter Exemplare in 40 Sprachen gibt es Leser, die es seit *Jahren* täglich zur Hand nehmen. Auch wenn das Buch dasselbe ist wie damals, als ich es im Herbst 2015 beim Verlag einreichte, findet es weiterhin Anklang bei Menschen auf der ganzen Welt und leistet ihnen gute Dienste. Von den Stoikern stammt die Aussage, dass wir niemals zweimal in denselben Fluss steigen sollten, da sich sowohl wir als auch der Fluss im ständigen Wandel befinden.

Diese Metapher gilt auch für die Elternschaft, und mein Buch *Daily Dad – Der tägliche Vater* wurde um diese Idee herum konzipiert. Es richtet sich nicht an werdende Eltern oder Eltern mit erwachsenen Kindern. Es ist ein Buch für *jeden*, und zwar in jeder Phase seiner Reise. Jeder Tageseintrag wird den alleinerziehenden Elternteil von jungen Zwillingen anders ansprechen als den Elternteil mit erwachsenen Kindern. Ebenso wird derselbe Eintrag denselben Elternteil anders ansprechen, wenn dieser das Buch im darauf folgenden Jahr wieder zur Hand nimmt und diesen Text erneut liest. Lassen Sie uns einen Augenblick bei diesem Gedanken der »Wiederaufnahme«

verweilen, da diese so wie die gute und präsente Elternschaft ein wichtiges Thema der Philosophie dieses Buchs darstellt.

Die Elternschaft ist so wie das Streben nach Weisheit eine lebenslange Angelegenheit. Niemand erwartet von Ihnen, dass Sie es auf magische Weise »begreifen«. Tatsächlich ist das der grundlegende Fehler zu vieler Erziehungsbücher. Sie sollen sich in der Hektik vor der Geburt, in den Jahren, in denen Ihre Kinder noch sehr klein sind und Sie unter Schlafentzug leiden oder in einer Krise stecken, wenn die Kinder schon älter sind, irgendein Buch zu Gemüte führen, und dann ist alles *gut*? Aber so funktioniert das nicht. Ihre Kinder und das Leben versetzen Sie Minute für Minute in Situationen, die Sie sich selbst nie hätten vorstellen können (und die scheinbar keines der Bücher vorhergesehen hat). Obwohl sich also bei der Elternschaft kein plötzlicher Wandel vollzieht, ist sie dennoch ein Prozess, etwas, woran zu *arbeiten* gilt. Genau darum geht es in diesem Buch, in dem Sie täglich eine Seite lesen sollten. Es ist keine einmalige Sache, sondern ein morgendliches oder abendliches Ritual, ein Einchecken, ein kontinuierlicher Prozess.

Wir werden versagen. Wir werden die Beherrschung verlieren, uns ablenken lassen, die falschen Prioritäten setzen und dabei sogar uns selbst und die Menschen, die wir lieben, verletzen. Und dann? Genau wie bei den Seiten dieses Buchs müssen wir dort weitermachen, wo wir aufgehört haben. Wir müssen akzeptieren, dass wir fehlerhafte Menschen sind, obwohl wir unser Möglichstes tun, um aus unseren Fehlern zu lernen und dieselben Fehler kein zweites Mal zu machen ... oder noch öfter, als wir es bereits getan haben.

Klopfen Sie sich den Staub ab. Fangen Sie neu an. Machen Sie es besser.

Diese Reise – *Daily Dad – Der tägliche Vater* als Buch und als Vorstellung – richtet sich natürlich nicht nur an Männer. Unsere tägliche E-Mail, die man kostenlos über dailydad.com beziehen kann, erhalten jeden Morgen Tausende von Frauen. Sie heißt *The Daily Dad*, weil ich zufällig Vater von zwei Jungen bin, und das ist auch schon alles, was Sie über den Namen wissen müssen. Ob Ihre Kinder älter oder noch nicht geboren sind, ob Sie ein Stiefelternteil, ein Co-Elternteil, ein Adoptivelternteil, homosexuell oder heterosexuell oder welchen Geschlechts auch immer sind: Dieses Buch handelt von der Reise, der Elternteil zu werden, der Sie sein können, den Ihre Kinder verdienen ... der Sie für die Welt sein sollten. Es handelt sich auch nicht um eine kurze Reise – von der Geburt bis zur Volljährigkeit, wie die Kultur es manchmal definiert. Nein, es beginnt lange vorher und endet ... nie, großartige Eltern zu sein. Unsere Kinder werden auch nach unserem Tod die Lektionen, die guten wie die schlechten, die wir ihnen durch unsere Worte und Taten vermittelt haben, in sich tragen.

Kinder aufzuziehen – oder wie ich einmal einen Elternteil einen Interviewpartner korrigieren hörte, *Erwachsene* heranzuziehen, denn das ist das Ziel – ist die größte Herausforderung, mit der Sie je konfrontiert werden. Diese Aufgabe ist aber auch das Lohnenswerteste und Wichtigste, was Sie je tun werden.

Um dieses Thema – und um die hart erkämpften Weisheiten vergangener Generationen – geht es in diesem Buch.

Sie sind ein Elternteil. Sie stehen für alle Eltern, die je gelebt haben oder leben werden.

Wir sind hier gemeinsam unterwegs.

Lassen Sie uns jetzt *gemeinsam* unser Bestes geben.

JANUAR

MIT GUTEM BEISPIEL VORANGEHEN

(DIE EINZIGE METHODE, DIE FUNKTIONIERT)

1. Januar

EIN KLEINER KERL FOLGT IHNEN

1939, neun Jahre bevor John Wooden als Trainer der UCLA-Basketballmannschaft der Männer engagiert wurde, sandte ihm ein Freund ein Bild mit einem Gedicht zur Geburt von Woodens erstem Kind. Das Bild zeigt einen Mann an einem Strand, dessen Sohn hinter ihm herrennt und in seinen Fußstapfen im Sand spielt. Wooden hängte das Bild in seinem Haus auf, damit er es täglich anschauen konnte. Das Gedicht, das er auswendig lernte und gerne verschenkte, lautete wie folgt:

»Ein achtsamer Mann zu sein ist mein Streben,
denn ein kleiner Kerl will wie ich werden.
Ich wage es nicht, auf Abwege zu geraten,
aus Angst, er würde dasselbe wagen.
Er lässt mich nicht aus den Augen,
versucht, immer an mich zu glauben.«

Sie müssen es Wooden nicht gleichtun und diese Worte auswendig lernen, aber es empfiehlt sich, ihre Botschaft zu verinnerlichen. Ihre Kinder folgen Ihrem Vorbild. Sie sehen alles, was Sie tun. Wenn Sie vom Weg abkommen, kommen auch sie davon ab.

2. Januar

LASSEN SIE NIE ZU, DASS SIE SIE SO SEHEN

»Ich mache mir aus einem Philosophen gerade so viel, als er imstande ist, ein Beispiel zu geben.«

FRIEDRICH NIETZSCHE

Senecas berühmter Essay *Vom Zorn* beinhaltet die Geschichte eines Jungen, der in sehr jungen Jahren in Platons Haus lebte, um von dem berühmten Philosophen unterwiesen zu werden. Als der Junge zu Besuch zu seinen Eltern heimkehrte, erlebte er, wie sein Vater die Beherrschung verlor und jemanden anbrüllte. Überrascht von diesem heftigen Ausbruch bemerkte der Junge mit kindlicher Naivität: »In Platons Haus habe ich es nie erlebt, dass sich jemand so verhält.«

Wie auch immer wir uns vor unseren Kindern verhalten – vor allem zu Hause, in der Privatsphäre –, sie werden dieses Verhalten als normal ansehen. Wenn wir grob oder unfreundlich unserem Ehepartner gegenüber sind, werden sie annehmen, dass dies eine angemessene Art und Weise ist, geliebte Menschen zu behandeln. Wenn wir besorgt und überängstlich sind, werden sie denken, die Welt sei ein unheimlicher Ort ist, vor dem man sich fürchten muss. Wenn wir uns unethisch oder zynisch verhalten, werden sie auch anfangen, zu betrügen und zu lügen.

3. Januar

DIE FEHLER IHRER KINDER SIND IHRE FEHLER

»Mach dir nichts daraus, dass deine Kinder dir nie zuhören. Sei dir im Klaren darüber, dass sie dich stets beobachten.«

Robert Fulghum

Ihre Kinder können Sie zum Wahnsinn treiben. Mit der Art, wie sie Sie mit ihren Fragen löchern. Mit der Art, wie sie Sie nachmachen.

»Ich liebe ihn von Herzen, vermutlich wegen seiner Fehler, die auch meine sind«, schreibt der Schriftsteller John Steinbeck über seinen Sohn. »Ich weiß, woher seine Schmerzen und seine Panik rühren.«

Unsere Kinder übernehmen sowohl unsere Tugenden *als auch* unsere Laster. Daher ist diese rundum verrückte Elternschaft eine so wunderbare Chance. Denn wir können ihnen helfen, die bestmögliche Version ihrer selbst zu werden. Einerseits können wir sie unterstützen, im besten Sinne so zu werden wie wir. Und andererseits können wir sie davor bewahren, all unsere schlechten Seiten anzunehmen.

Das kann ein unendlich schwieriger Balanceakt sein, wenn wir nicht ehrlich oder selbstbeherrscht sind, wenn uns unser Ego in die Quere kommen darf. Das dürfen wir nicht zulassen. Dies ist unsere Chance, sie zu unterstützen, ihnen Mut zu machen. Ihnen zu helfen, Schwächen zu überwinden, die wir selbst nie ganz in den Griff bekommen haben. Diese zweite Chance zu ergreifen – zu geben, was wir nicht bekommen haben.

Vor allem aber ist es eine Chance, zu verstehen.

4. Januar

ZEIGEN SIE IHNEN, WIE SIE DIE RUHE BEWAHREN

Margaret Thatchers Vater wurde 1952 aus dem Amt gedrängt, als eine konkurrierende politische Partei bei der Wahl die Mehrheit errang. Er war gekränkt, war verletzt. Und er hätte sich bei seiner Reaktion von diesen Gefühlen leiten lassen können. Doch das tat er nicht.

Stattdessen bezog Thatchers Vater mit unglaublicher Zurückhaltung und Würde Stellung: »Es ist nun fast neun Jahre her, dass ich mit Würde in diese Robe geschlüpft bin, und ich bin sicher, dass ich sie mit Würde wieder ablege.« Später fügte er hinzu: »Obwohl ich gefallen bin, bin ich wieder auf die Beine gekommen. Ich war froh, dieses Amt bekleidet zu haben, bin aber jetzt auch froh, es nicht mehr innezuhaben.«

Damit zeigte er seiner Tochter, wie man mit Anstand verliert und noch viel mehr. Er lehrte sie auch, dass nicht äußere Umstände, sondern lediglich unsere Reaktion darauf uns definieren. Er vermittelte ihr, wie man Widrigkeiten erträgt und niemals die Fassung oder die Selbstbeherrschung verliert. All diese Lektionen befolgte Margaret Thatcher in ihrem turbulenten Leben als Staatsdienerin, Premierministerin und Mutter.

Auch Ihre Kinder benötigen diese Lektionen. Also zeigen Sie ihnen, wie sie sich verhalten sollen. Vermitteln Sie es ihnen durch Ihr Vorbild und nicht nur mit Worten. Zeigen Sie ihnen, wenn Sie reingelegt wurden und es wirklich schmerzt, dass Ihr persönlicher Verhaltenskodex immer noch mehr zählt. Denn das tut er. Denn das wird er.

5. Januar

WAS WERDEN WIR SEIN?

In seiner Broadwayshow erklärte Bruce Springsteen, vor welcher Wahl alle Eltern stehen:

> »Wir sind Geister oder Vorfahren im Leben unserer Kinder. Entweder bürden wir ihnen unsere Fehler und Lasten auf und quälen sie, oder wir unterstützen sie dabei, diese alten Lasten abzuwerfen, befreien sie von den Fesseln unseres eigenen fehlerhaften Verhaltens. Und als Vorfahren halten wir uns an ihrer Seite und helfen ihnen, ihren eigenen Weg und eine gewisse Transzendenz zu finden.«

Werden Sie für Ihre Kinder ein Geist oder Vorfahre sein? Werden Sie sie quälen oder leiten? Werden Sie sie verfluchen oder inspirieren?

Natürlich wissen wir alle, welches von beidem wir sein *wollen*, so wie es sicherlich bei Bruces schwierigem Vater der Fall war. Aber dann kommen uns die Dämonen, unsere Probleme und die Geister unserer eigenen Eltern in die Quere.

Deshalb begeben wir uns in Therapie und lesen gute Bücher. Deshalb bleiben wir abends vor dem Schlafengehen länger auf und besprechen mit unserem Partner, wie schwer es uns als Eltern fällt, diese Dämonen auszutreiben, indem wir sie ans Tageslicht zerren. Deshalb versprechen wir uns still, wenn wir unsere Kinder im Arm halten, es besser zu machen, uns stärker zu bemühen und die Fehler, die wir beim Erwachsenwerden aushalten mussten, nicht zu wiederholen.

Dies wird nicht leicht sein. Wir werden nicht perfekt sein. Aber wir werden es weiterhin versuchen. Wir werden ein Vorfahre sein – jemand, der seine Kinder führt und inspiriert. Wir werden ihr zukünftiges Selbst nicht als Geist heimsuchen.

6. Januar

HÄNGEN SIE IHRE BILDER AN DIE WAND

Er konnte nicht wissen, was die Zukunft bereithielt. Er konnte nicht ahnen, dass er und sein Land bald einer harten Prüfung ausgesetzt sein würden. 2019 hielt Wolodymyr Selenskyj eine 20-minütige Antrittsrede vor dem ukrainischen Volk, die seine Reaktion vorwegnahm.

Obwohl Selenskyj eine der größten Erfolgsgeschichten seines Landes verkörpert, indem er ein Vermögen in der Unterhaltungsbranche machte und dann das höchste Amt des Landes bekleidete, bat er darum, nicht gefeiert oder als Vorbild präsentiert zu werden. »Ich möchte wirklich nicht, dass Sie mein Bild in Ihren Büros aufhängen, denn der Präsident ist keine Ikone, kein Idol und auch kein Porträt«, sagte er. »Hängen Sie lieber die Fotos Ihrer Kinder auf und schauen Sie sie jedes Mal an, wenn Sie eine Entscheidung fällen.«

Im Februar 2022 marschierte Russland in einem Akt brutaler Illegalität und Habgier in die Ukraine ein. Selenskyj stellte sich dem Kampf, lehnte jede Möglichkeit ab, in Sicherheit gebracht zu werden. Was motivierte ihn wohl dazu? Sein eigener Rat. Er hat zwei Kinder im Alter von 18 und 10, für die er kämpft. Das ukrainische Militär und seine Bürgersoldaten waren ähnlich motiviert – sie kämpfen tapfer an seiner Seite gegen unglaubliche Herausforderungen, damit ihre Kinder die Chance erhalten, in Freiheit und mit Stolz zu leben. Und sie wissen, dass ihre Eltern im Ernstfall bereit sind, alles für sie zu opfern.

Jeden von uns sollte dieses Beispiel inspirieren und mit Demut erfüllen. Aber wie Selenskyj sagte, brauchen wir keine Heldenbilder an der Wand. Stattdessen können wir Bilder unserer Kinder aufhängen und danach streben, sie stolz zu machen. Dies sollte uns motivieren und stärken, wenn wir schwere Entscheidungen für ihre Zukunft, ihre Sicherheit und ihre Freiheit treffen müssen.

Unsere Kinder zwingen uns dazu, das Richtige zu tun ... denn sie haben uns immer im Blick.

7. Januar
SIE LERNEN VOM ELTERNHAUS

»Es wird ständig betont, dass die Erziehung im Elternhaus beginnt. Dabei wird jedoch oft vergessen, dass auch die Moral im Elternhaus beginnt.«

Louis L'Amour

Sie lehren sie, artig zu sein. Ehrlich zu sein. Sich an das Gesetz zu halten. Sich um ihre Mitmenschen zu kümmern. Dass Sicherheit an erster Stelle steht.

Das alles vermitteln Sie ihnen, aber was tun Sie?

Sie können nicht behaupten, dass Sie sich um andere kümmern, und dann mit überhöhter Geschwindigkeit Stoppschilder überfahren, weil Sie zu spät dran sind. Sie können Ihren Kindern nicht erklären, wie wichtig Ehrlichkeit ist, und dann lügen, um keinen Strafzettel zu kassieren. Was ist Ihnen wichtiger? Eine Geldstrafe zu vermeiden oder sich an Ihre Werte zu halten? Genau das müssen Sie sich in jeder Situation fragen, vor allem dann, wenn Ihre Kinder dabei sind. Ist Ihr vermeintlicher Vorteil es wert, falsche Lehren zu erteilen und die Werte, die Sie vermitteln möchten, zu untergraben?

Die Kinder, die hinter Ihnen angeschnallt sind, beobachten, was Sie tun, und nehmen die Lektionen in sich auf, die sie im Kleinen wie im Großen formen werden. Von der Art, wie sie fahren werden, bis hin zu der Art von Persönlichkeit, die sie sein werden. Sie beobachten, wie Sie sich durch die Welt bewegen. In diesem Augenblick. Sie beobachten, wie Sie gegen Verkehrsregeln verstoßen, Versprechen brechen. Sie hören, wenn Sie lügen. Sie spüren es, wenn Ihre Handlungen nicht Ihren Worten entsprechen.

Kinder lernen vom Elternhaus. Sie lernen im Auto. Sie lernen von Mama und Papa. Sie setzen den Maßstab, also *seien* Sie der Maßstab.

8. Januar

INWIEFERN LEBEN SIE IHRE WERTE?

Am 1. April 1933, kurz nach ihrer Machtübernahme in Deutschland, boykottierten die Nazis alle jüdischen Geschäfte. Das war nur der Anfang der Judenverfolgung, die sich immer mehr ausbreiten sollte. Doch zu viele Mütter und Väter, die ihren Kindern eingebläut hatten, das Richtige zu tun, machten dabei mit.

Natürlich nicht alle, wie zum Beispiel Dietrich Bonhoeffers 99-jährige Großmutter. An diesem Tag war sie zum Einkaufen unterwegs und weigerte sich, zu akzeptieren, dass man ihr vorschrieb, welches Geschäft sie betreten durfte und welches nicht. Sie ignorierte die vor den Läden stationierten Nazischläger oder wich ihnen aus und kaufte ein, wo es ihr beliebte. Die Großmutter, die »an den Nazigorillas vorbeimarschierte«, galt in der Familie Bonhoeffer als »Inbegriff der Werte, nach denen sie zu leben versuchten«.

Sie hatte Dietrich beeindruckt, der zehn Jahre später nach einem Attentatsversuch gegen Hitler hingerichtet wurde. Obwohl er Pastor war, obwohl er viele Möglichkeiten gehabt hätte, aus Deutschland zu fliehen und in Frieden und Freiheit in London oder Amerika zu leben, blieb er in der Heimat. Das Beispiel seiner Großmutter leitete ihn und führte ihm vor Augen, wie man nach seinen Werten *lebt*.

Dasselbe möge für Sie und Ihre Kinder gelten, was auch immer die Zukunft an Bedeutendem oder weniger Bedeutendem bringen mag.

9. Januar

SCHÜTZEN SIE DIESE GROSSARTIGE ERFINDUNG

Der Autor, Pädagoge und Kulturkritiker Neil Postman weist in seinem Werk *Das Verschwinden der Kindheit* darauf hin, dass die Kindheit ein soziales Konstrukt ist. Die Genexpression unterscheidet nicht, wer ein Kind ist und wer nicht. Unser Verständnis von Kindern gibt es erst seit knapp 400 Jahren. »Die Vorstellung der Kindheit ist eine der großen Erfindungen der Renaissance«, schreibt Postman, denn diese ermöglichte es den Kindern, sich zu entfalten, zu lernen und einen sicheren Raum zu haben, in dem sie spielen, forschen und sich selbst entdecken können.

Wie jede Erfindung kann auch die Kindheit verschwinden. Wie? Durch das *Verschwinden des Erwachsenseins*. Die Kindheit als soziale Struktur und psychischer Zustand funktioniert dann, wenn Aspekte wie Reife, Verantwortung, Fähigkeit, zu lesen und zu schreiben, sowie kritisches Denken einen Erwachsenen kennzeichnen. Doch wenn zum Beispiel ausführliches Schreiben und Lesen verschwinden, schrumpft die Kluft zwischen Kind und Erwachsenem; die Grenze zwischen ihnen verschwimmt und löst sich schließlich ganz auf.

Als Eltern müssen wir diese großartige Erfindung schützen und den Abstand zwischen Kindheit und Erwachsensein vergrößern. Lassen Sie sie Kinder sein ... aber sorgen Sie auch dafür, ein Erwachsener zu sein. Führen Sie sie. Seien Sie verantwortungsbewusst. Dienen Sie als Beispiel, als Vorbild, das sie nachahmen sollten. Lassen Sie die Kinder sehen, wie Sie ein Buch lesen, dass sie noch nicht verstehen können. Binden Sie sie in Erwachsenengespräche ein, die sie noch nicht richtig begreifen können. Zeigen Sie ihnen, wie Sie arbeiten, sich mühen und die Familie versorgen.

Sorgen Sie dafür, dass sie einen Erwachsenen sehen, damit sie nicht nur jemanden haben, zu dem sie aufschauen können, sondern auch etwas, worauf sie sich freuen können.

10. Januar

IHR LEBEN IST DIE LEHRE

»Mit gutem Beispiel voranzugehen, ist nicht nur der beste Weg, andere zu beeinflussen, es ist der einzige Weg.«

ALBERT SCHWEITZER

Sokrates' Schüler sagten über ihren Lehrer, dass Platon und Aristoteles und alle übrigen Weisen, die von ihm lernten, trotz all seiner Genialität »mehr Nutzen aus [seinem] Charakter zogen als aus [seinen] Worten«. Dies traf auch auf Zeno und Kleanthes zu, die beiden frühesten Philosophen der Stoa. »Kleanthes hätte Zenon nicht nachleben können«, schrieb Seneca, »wenn er von ihm bloß seine Lehre gehört hätte: Er nahm an seinem Leben teil, er durchschaute seine Geheimnisse und beobachtete ihn, ob er seine Lehre lebte«.

Gibt es eine bessere Beschreibung, eine bessere Messlatte für einen Elternteil als diese? Wenn Sie Ihre Kinder unterweisen wollen, dann sollte das nicht mit Worten erfolgen. Auch nicht mit Vorträgen, sondern indem Sie ihnen zeigen, wie Sie entsprechend Ihrer selbstgewählten Regeln leben und dass die Werte, die Sie ihnen zu vermitteln versuchen, wichtig sind.

11. Januar

WIR KÖNNEN DIESES GESCHENK SEIN

Mark Aurel war noch sehr jung, als sein Vater starb. Aber dann erhielt dieser Junge, der vom Schicksal geschlagen war, ein großes Geschenk, eines, von dem alle Kinder, denen es zuteilwird, wissen, dass es eines der unglaublichsten Dinge der Welt ist – ein liebevoller Stiefvater.

Ernest Renan schrieb, dass Mark neben seinen Lehrern und Tutoren einen Meister mehr als alle andere verehrte: Antoninus. Während seines gesamten Erwachsenenlebens eiferte Mark seinem Stiefvater nach. Solange er lebte, sah er laut Renan in ihm »das schönste Vorbild eines perfekten Lebens«.

Was lernte Mark von Antoninus? Er erfuhr, wie wichtig Mitgefühl, harte Arbeit, Ausdauer, Altruismus, Eigenverantwortung und Frohsinn sind. Wie essenziell Offenheit und die Gabe sind, jedem zuzuhören, der etwas zu sagen hatte, wie wichtig es ist, Verantwortung und Schuld auf sich zu nehmen und andere zu beruhigen; Experten das Feld zu überlassen und ihren Rat zu befolgen; wie entscheidend es ist, zu wissen, wann man etwas oder jemanden drängen und wann man Abstand davon nehmen sollte; und dass man sich nicht von oberflächlichen Ehrungen beeindrucken lassen und die Menschen so behandeln sollte, wie sie es *verdienen*.

Eine beeindruckende Liste, nicht wahr? Diese Lektionen hinterließen bei Mark einen so nachhaltigen Eindruck, dass er sie bis weit ins Erwachsenenalter im Gedächtnis behielt und sie in seinen *Selbstbetrachtungen* niederschrieb. Diese Lehren wirkten sich deshalb so aus, weil Antoninus nach ihnen handelte und nicht bloß auf einer Tafel oder Schriftrolle festgehalten waren.

Es gibt keine bessere Methode, etwas zu lernen, als von einem Vorbild. Es gibt keine bessere Möglichkeit, unseren Fortschritt zu beurteilen, als durch ständige Begleitung der Person, der wir gerne irgendwann ähneln würden.

12. Januar

REDEN SIE NICHT DARÜBER. VERKÖRPERN SIE ES

Tim Duncan ist vermutlich der größte Power Forward in der Geschichte der NBA. Er gewann fünf Titel, wurde dreimal als bester Spieler der NBA-Finals ausgezeichnet und nahm 15-mal an den NBA All-Star Games teil. Außerdem wurde er 15-mal in das Team der NBA-Auswahl gewählt und 15-mal in das NBA-All-Defensive-Team. Er schaffte den erfolgreichsten Drehsprungwurf, den der Basketball je erlebt hat. Und er spielte mit einer fast beispiellosen Selbstlosigkeit und Gelassenheit.

Natürlich ist *fast* hier der entscheidende Begriff, denn Duncan wurde auf seinem Weg zum Erfolg von seinem Vorgänger und Teamkollegen David Robinson unterstützt. Wie fanden diese beiden Superstars zusammen? Wie hat der eine den anderen inspiriert? Duncan sagte in seiner Rede anlässlich der Aufnahme in die NBA-Hall of Fame:

> »Ständig fragen die Leute: »Was hat er dir gesagt? Was hat er dir gezeigt?« Ich erinnere mich an nichts, worüber wir uns im Besonderen unterhalten hätten. Doch er war ein Vollblutprofi, ein unglaublicher Vater, ein wunderbarer Mensch. Und er zeigte mir, wie man ein guter Teamkamerad, ein wertvolles Mitglied der Gesellschaft wird, all diese Dinge. Und zwar nicht, indem er dasaß und mir sagte, wie ich es tun sollte, sondern indem er als Vorbild diente.«

Wir erreichen mehr, wenn wir unsere Philosophie *verkörpern,* statt darüber zu reden. Wie die Stoiker sagten, ist es Zeitverschwendung, darüber zu spekulieren oder zu diskutieren, was einen guten Menschen, einen guten Sportler und einen guten Teamkameraden ausmacht. Unsere Aufgabe, erklärten sie, besteht darin, *einer zu sein.* So funktioniert das im Sport, im Leben und in der Elternschaft. Natürlich können wir nach Herzenslust reden, großartige Gespräche führen. Aber entscheidend ist, was wir tun, wer wir sind und wie wir handeln.

13. Januar

SO ERZIELEN SIE NACHHALTIGEN EINFLUSS

»Damit Ihre Kinder sich auch noch morgen an Sie erinnern, müssen Sie heute in Ihrem Leben sein.«

Barbara Johnson

Ob Sie es wissen oder nicht, ob Sie sie kannten oder nicht, ist es unbestritten, dass Ihre Großeltern aufgrund der Wertvorstellungen, die sie ihren Kindern, Ihren Eltern, vermittelten, Ihr Leben stark beeinflusst haben. Und jetzt geben Sie viele dieser Lektionen an Ihre eigenen Kinder weiter.

Das bedeutet, dass eine Person Einfluss auf drei Generationen hat. Wenn Sie es so sehen, ist es nicht übertrieben zu behaupten, dass Ihre Großeltern im wahrsten Sinne des Wortes die Welt veränderten. Und sie taten es im Kleinen – mit Unterhaltungen, indem sie täglich zur Arbeit gingen, durch die Bücher, die sie abends lasen, und durch ihre Tischmanieren beim Abendessen. Sie taten es in den Gesprächen, die sie mit ihren Kindern führten, wenn diese Fehler begingen. Sie taten es durch die Art, wie sie ihre Nachbarn behandelten, ihren Rasen mähten und ihre Auffahrten von Unkraut freihielten.

Wir können vieles unternehmen, um die Welt zu verändern. Wir sollten uns bemühen, alles Erdenkliche zu tun. Aber dabei dürfen wir nicht vergessen, wie viel Einfluss wir zu Hause auf die Welt ausüben können. Durch unsere Kinder, ihre Kinder und deren Enkel hinterlassen wir ein Mehrgenerationenvermächtnis.

Das ist eine unglaubliche Kraft. Vernachlässigen Sie sie nicht.

14. Januar

WO LERNEN SIE ZU URTEILEN?

»Ich habe einen zweijährigen Sohn. Wissen Sie, was er hasst? Mittagsschläfchen. Ende der Liste.«

Denis Leary

Wir fragen uns, wo unsere Kinder lernen, zu urteilen oder, schlimmer noch, wo sie lernen, voreingenommen zu sein oder diese und jene Gruppe gering zu schätzen. Es gibt nur eine Antwort: Sie lernen es von uns.

Durch eine geflüsterte Bemerkung darüber, wie Ihr Bruder mit Geld umgeht. Durch einen Scherz über das Gewicht eines Prominenten. Durch eine Beschwerde darüber, wie Ihr Nachbar in seiner Einfahrt parkt. Dadurch, wie Sie und Ihr Ehepartner beim Abendessen darüber gesprochen haben, was mit der *anderen Seite*, mit *denen*, nicht stimmt.

Sie haben sich nichts dabei gedacht. Es war Ihnen *eigentlich* egal. Aber Ihre Kinder haben es gehört. Und sie können lediglich von Ihren Lippen lesen, nicht aber Ihre Gedanken.

Wir wünschen uns aufgeschlossene Kinder, die anderen einen Vertrauensbonus einräumen. Aber zeigen Sie Ihren Kindern auch, wie das im Alltag aussieht? Natürlich sind Sie kein Heuchler, aber sind Sie immer freundlich? Sie würden nie jemandem etwas Grausames ins Gesicht sagen, warum sagen Sie es dann hinter seinem Rücken und besonders dann, wenn Ihre Kinder zuhören?

Die Welt braucht weniger Urteile, weniger Mobbing, weniger Meinungen, Punkt. Können Sie damit bei sich zu Hause anfangen? Können Sie Ihren Kindern dies vermitteln, statt zuzulassen, dass dieselbe alte Gerüchteküche ewig weiterköchelt und ihre Herzensgüte zerstört?

15. Januar

WENN SIE WOLLEN, DASS IHRE KINDER SIE RESPEKTIEREN

»Du verdienst den Respekt aller Menschen, wenn du dir zuerst deinen eigenen Respekt verdienst.«

MUSONIUS RUFUS

Alle Eltern wollen, dass ihre Kinder ihnen zuhören, ihren Rat ernst nehmen, zu ihnen aufschauen. Vor allem wünschen sie sich, respektiert zu werden.

Wenn Sie wollen, dass Ihre Kinder Sie respektieren, dann erweisen Sie sich dessen *würdig*.

Denken Sie kurz darüber nach: Warum sollten sie einen Rat befolgen, den Sie nicht beherzigen? Warum sollten sie Sie bewundern, wenn Sie Ihr eigenes Potenzial nicht nutzen? Warum sollten sie zu Ihnen aufschauen, wenn Sie Selbstwertprobleme haben, wenn das Hochstaplersyndrom auf Sie zutrifft und Sie zulassen, dass all dies Ihr Verhalten als Elternteil beeinflusst?

Nehmen Sie Ihr Leben in die eigenen Hände. Verhalten Sie sich Elternteil so, wie Sie wissen, dass Sie es können – seien Sie der *Mensch*, der Ihr wahres Selbst widerspiegelt. Der Rest kommt von selbst. Und wenn nicht? Dann werden Sie zumindest stark genug sein, mit allem, was auf Sie zukommt, fertigzuwerden.

16. Januar

LASSEN SIE IHRE KINDER NICHT IM STICH

»Das Kriegerethos … beruht auf dem Willen und dem Entschluss [der Spartaner], ihre Kinder, ihre Heimat und die Werte ihrer Kultur zu verteidigen.«

STEVEN PRESSFIELD

Wenn Sie die Geschichte der 300 Spartaner bei den Thermopylen noch nicht kennen, erfahren Sie sie hier: König Leonidas von Sparta führte etwa 7000 Mann, darunter 300 Krieger aus Sparta, in eine Schlacht gegen die einfallende Armee von Xerxes dem Großen und mehr als 300 000 persische Soldaten. Die Spartaner hielten die Frontlinie zwei Tage lang, aber am dritten Tag wurden sie schließlich überrannt. Leonidas befahl den 300 Spartanern, zu bleiben und zu kämpfen, opferte sich und seine Männer, damit Griechenland weiterleben und weiterkämpfen konnte.

Wie wählte Leonidas die 300 Krieger aus, die er zu den Heißen Pforten führen sollte, um gegen einen überlegenen Feind zu kämpfen? Plutarch zufolge waren sie alle »Väter lebender Söhne«. Man könnte das Gegenteil annehmen, dass es Eltern erlaubt wäre, bei einem potenziellen Selbstmordkommando auszusetzen – aber so funktionierte das in Sparta nicht. Diese Krieger wurden ausgewählt, weil *Eltern ihre Kinder niemals im Stich lassen würden.* Diese Väter kämpften am tapfersten und am heftigsten, nicht nur, um ihre Familien zu Hause zu verteidigen, sondern auch, um das Ansehen ihrer Familiennamen zu schützen, was vielleicht das Einzige war, was ihren Kindern blieb, wenn sie in der Schlacht fielen. Wenn sie ihre Kameraden im Stich ließen oder sich feige verhielten, riskierten sie, große Schande auf sich zu laden und die Familie, die sie so sehr bewunderte, im Stich zu lassen.

Unsere Kinder sind diejenigen, die wir beeindrucken sollten. Sie sind diejenigen, die wir nie im Stich lassen sollten. Sie sind nicht nur diejenigen, für die wir kämpfen, sondern auch diejenigen, deren Maßstäben – Bewunderung und Liebe – wir gerecht werden sollten.

17. Januar

SEIEN SIE KEIN HEUCHLER

»Das Einzige, was schlimmer ist als ein Lügner, ist ein Lügner, der gleichzeitig ein Heuchler ist.«

TENNESSEE WILLIAMS

Vor einigen Jahren wurde der mit einem Emmy Award ausgezeichnete Schauspieler William H. Macy nach dem besten Rat gefragt, den er je erhalten habe. »Niemals lügen«, erwiderte er. »Das ist billig. Lügen kosten eine Menge und sind niemals ihren Preis wert.«

Doch wie die Autoren von *Unacceptable: Privilege, Deceit & the Making of the College Admissions Scandal* feststellten, fälschten Macy (als er dieses Interview gab) und seine Frau Felicity Huffman die Ergebnisse des SAT-Tests ihrer Tochter (ohne deren Wissen, wie sich herausstellen sollte, und sie wollten dies auch für ihre jüngste Tochter tun). Was das Schlimmste daran war? Ihre Tochter bewarb sich bei einer Schauspielschule, die nicht einmal eine hohe Punktzahl bei diesem Test forderte.

Das war eine höchst billige Tour und den Preis nicht im Entferntesten wert. Macys Frau wurde wegen Betrug zu einer kurzen Gefängnisstrafe verurteilt. Seine Tochter war am Boden zerstört. Nicht nur war der ganze Skandal ihr äußerst peinlich, sie erlebte auch mit, wie ihre Eltern heuchelten. Sie hatten ständig gepredigt, man solle ein guter Mensch sein, und dann taten sie doch etwas derart Verwerfliches. Aus dem Grund, dass sie nicht an sie glaubten!

Kein Kind verdient so etwas. Zumindest verdient es Eltern, die sich an ihre Worte halten. Seien Sie solche Eltern für Ihre Kinder. Seien Sie keine Heuchler.

18. Januar

BRINGEN SIE IHNEN BEI, WÄHLERISCH ZU SEIN

Kinder sind mäkelig. Sie mögen dies nicht, mögen jenes nicht. Sie wollen *jenes, um* genauso zu sein wie *sie*. Aber das meinte John Lewis' Mutter sicherlich nicht, als sie ihren heranwachsenden Kindern ihr Motto mit auf den Weg gab: »Seid wählerisch.«

Was sie meinte, erläuterte David Halberstam in seinem beeindruckenden Buch *The Children* über die Bürgerrechtsbewegung: »Sei vorsichtig, selbstverantwortlich und immer gut vorbereitet.« Das lehrte sie ihre Kinder nicht nur in jungen Jahren, sondern ihr Leben lang. In den 1990ern, als ihr Sohn John Lewis mit weit über 50 *Kongressabgeordneter* geworden war, erinnerte sie ihn nach wie vor an ihr Motto. Als John diverse politische Auseinandersetzungen mit »Newt« Gingrich austragen musste, rief Willie Mae Lewis ihren Sohn an und sagte: »Bitte, geh wählerisch bei diesem Mann vor.« Das bedeutete wiederum, wie Halberstam schreibt, »er solle bei seiner Kritik gegenüber Gingrich vorsichtig sein; jeder Angriff solle sachlich korrekt sein«.

Nicht mäkelig, sondern wählerisch. Nicht sonderbar, sondern wählerisch. Sei genau. Halte dich an die Fakten. Erledige deine Arbeit. Lass dich durch nichts und niemanden davon abbringen. Mach es richtig.

Das sind wunderbare Mahnungen für Ihre Kinder ... aber wie immer ist es viel wichtiger, *dass sie sehen, wie wir uns an diese Lektionen halten.* Zeigen Sie ihnen den Unterschied zwischen mäkelig und wählerisch, zwischen sachlich und töricht, zwischen Kompromiss und dem *Aufs-Spiel-Setzen Ihrer Normen.*

Zeigen Sie ihnen, wie Verantwortung aussieht. Vermitteln Sie ihnen, wie man vorsichtig und immer vorbereitet ist. Denn eines Tages werden Sie nicht mehr da sein, und Ihre Kinder werden selbst Kinder haben, die genau diese *speziellen* Lektionen von ihnen lernen müssen.

19. Januar

WOHER HAST DU DAS?

»Ohne ein Lineal kann man das Krumme nicht gerade ziehen.«

SENECA

Ihre Tochter ist wütend, schlägt die Tür zu und schreit. Ihr Sohn bereitet sich einen Snack zu und hinterlässt ein Schlachtfeld in der Küche. Sie hören, wie Ihre Kinder unhöflich zu einem Kellner sind, und Sie lesen, dass sie in den sozialen Medien etwas Beleidigendes veröffentlichen.

Bevor Sie wütend werden und ihr Handeln verurteilen, nehmen Sie Ihre Kinder einfach zur Seite. Stellen Sie ihnen freundlich und offen eine Frage, die der Bodybuilder Mark Bell gern seinen Kindern im Teenageralter stellt: »Sag, wann hast du das bei *mir* gesehen?«

Das ist eine gute Frage. Denn Sie haben vielleicht unbeabsichtigt etwas vorgelebt, das Sie bei anderen abstoßend finden. Auch wenn das schlechtes Benehmen nicht entschuldigt, ist es nützlich zu wissen, ob wir bei unseren Kindern stillschweigend falsches Verhalten geduldet haben. Haben Sie dies nicht getan, dann haben ihre Kinder noch *weniger* eine Entschuldigung.

20. Januar

LEBEN SIE VOR, WAS SIE SICH VON IHNEN WÜNSCHEN

Sie wollen, dass Ihr Sohn stark und ehrlich ist. Dasselbe wünschen Sie sich von Ihren Töchtern. Sie wollen, dass sie hart arbeiten, anderen Menschen helfen, ihren Eltern und den Leuten auf der Straße respektvoll begegnen. Sie wollen, dass sie sauber und organisiert sind, dass sie lachen und robust sind.

Natürlich wollen Sie all das, so wie jeder. Die Frage lautet nur: Wie erziehen wir unsere Kinder zu guten Menschen? Die Antwort sehen Sie im Spiegel.

Der Bestsellerauto und zweifache Vater Austin Kleon erklärt, dies sei der schwierigste Teil der Elternschaft: Sie sollten der Mensch sein, den Ihre Kinder verkörpern sollen. Sie sollten das tun, was Ihre Kinder ebenfalls tun sollten. »Ich erlebe das immer wieder bei Eltern«, sagte er. »Sie wollen, dass ihre Kinder all das tun, was sie selbst unterlassen.« Er möchte, dass seine Kinder lesen, also sorgt er dafür, dass sie ihn mit einem Buch in der Hand sehen. Ihm liegt daran, dass sie verschiedene Hobbys und Interessen ausprobieren, also stellt er sicher, dass sie sehen, wie er ein Instrument spielt oder in einem Skizzenbuch herummalt. Er möchte, dass sie hart arbeiten und eine passende Arbeit finden, also sorgt er dafür, dass sie ihn in seinem Studio arbeiten sehen. Er will, dass sie anderen gegenüber freundlich und respektvoll sind, also achtet er darauf, dass sie sehen, wie er ihrer Mutter etwas Selbstgemachtes schenkt.

Wer Sie sind, hat einen entscheidenden Einfluss darauf, wer sie sein werden. Seien Sie also der, der sie sein sollten. Leben Sie vor, was Sie sich von ihnen wünschen. Es ist nicht leicht, aber es wird nur so funktionieren.

21. Januar

WAS LERNEN SIE AUS IHREM VERHALTEN?

»Das ist es, was wir alle tun ... Wir geben ein Beispiel, ... und unser Verhalten wird zweifellos großen Einfluss auf unsere Jugend haben, und diese ist unsere Zukunft.«

JOHN WOODEN

Bruce Springsteen lernte von seinem Vater, was Scham und verletzter Stolz sind, was es bedeutet, gegen Dämonen zu kämpfen, die man nicht völlig besiegen kann. In vielen seiner Songs erzählt er von dem der Schmerz, den dies bei ihm hervorrief.

Bruce Springsteen hatte in dieser Hinsicht viel Pech, doch er hatte zu seinem großen Glück auch eine Mutter, die ihm ein ganz anderes Beispiel bot. In seiner Autobiografie *Born to Run* schreibt Bruce von einem Besuch bei seiner Mutter, die als Anwaltssekretärin bei einem Anwalt arbeitete. »Ich bin stolz, sie ist stolz«, schreibt er und erinnert sich, wie es sich anfühlte, sie in ihrem Element zu sehen, weg von ihrem Zuhause, voll mit ihrem Job beschäftigt. Bruce konnte sich in ihr wiedererkennen, und das gemahnte ihn, besser zu sein. »Wir sind anständige, verantwortungsbewusste Mitglieder dieser Stadt, die ihren eigenen Beitrag leisten und das tun, was getan werden muss. Wir haben hier einen Ort, einen Grund, bei Tagesanbruch die Augen zu öffnen und ein Leben zu führen, das beständig und gut ist.« Stellen Sie sich vor, was er empfand, als er sie bei der Arbeit sah.

Was lernen Ihre Kinder von Ihrem Verhalten? Zeigen Sie ihnen, so wie Bruces Vater, wie es ist, wütend, verbittert und verloren zu sein? Oder demonstrieren Sie ihnen, wie Bruces Mutter, wie man tapfer und tough ist und seine Nische findet. Motiviert Ihr Beispiel sie, besser oder schlechter zu sein?

22. Januar
SIE HÖREN IMMER ZU

»Kinder haben noch nie besonders gut auf ihre Eltern gehört, sie aber stets nachgeahmt.«

James Baldwin

Haben Sie je erlebt, dass Ihre Kinder etwas gesagt haben, das Sie erstarren ließ? Eine dieser Bemerkungen, bei der Sie instinktiv zweimal hinhören mussten? Wie diese Szene in der *Weihnachtsgeschichte?* Als Ralphies Vater in einer verschneiten Nacht einen Reifen wechselt und Ralphie eine Radkappe voller Radmuttern in der Hand hält. Der alte Parker stößt gegen die Radkappe, und die Radmuttern fliegen umher. »Oh Miiiiiiiiiist Mist«, schimpft Ralphie. »Nur dass ich nicht *Mist* gesagt habe«, erklärt Ralphies Off-Stimme. »Ich habe *das* Wort gesagt, das große Wort ausgesprochen, die Königsdisziplin der Schimpfwörter, das F-Wort!«

Dem alten Parker fällt der Unterkiefer herunter, und er reißt die Augen auf. *Woher kam das?,* denkt er unwillkürlich. Wo hat er *das* gehört?

Natürlich weiß er es. Ralphie hörte es von seinem Vater, der für seinen »Wandteppich aus Obszönitäten« berühmt war, den er, wenn er aufgebracht war, mit seinen Worten fertigte. Der kleine Kerl trat lediglich in die vulgären Fußstapfen des alten Mannes.

Der Punkt ist: Kinder sind immer wachsam, halten die Augen, Ohren und das Herz offen. Sie nehmen alles in sich auf. Was werden sie hören? Was wird aus Ihnen herausströmen, was Ihre Kinder dann übernehmen? Das ist die entscheidende Frage.

23. Januar

SIE SOLLTEN SICH DARAN HALTEN

Wir alle kennen grundlegende Erziehungsregeln und versuchen, sie unseren Kindern zu vermitteln. Dazu gehören harte Arbeit, Sportlichkeit, Fleiß, Manieren, Respekt und das Einhalten von Grenzen. Sie kennen sie; es sind die Grundregeln, die allen Eltern bekannt sind.

Es gibt noch jede Menge anderer Regeln, die unseres Erachtens wichtig zum Erwachsenwerden sind. Einige sind zu Klischees geworden, andere stellen einfache Binsenweisheiten dar, zu denen sie wurden, weil wir es für angebracht hielten, sie Tag für Tag, Kind für Kind, Generation für Generation zu wiederholen. Wir denken aber weniger darüber nach, ob wir diese Regeln auch selbst befolgen, ob wir uns an die Gesetze halten, die wir durchsetzen wollen. Wie der Milliardär Charles Koch einst erklärte, lautete die wichtigste Lehre, die er aus den praktischen Erziehungsregeln seines Vaters zog: »*Man kann seine Kinder nicht über etwas belehren, an das man sich selbst nicht hält.*

Sie können Ihren Kindern nicht einbläuen, andere Menschen zu respektieren, und dann einen Kundenbetreuer am Telefon anblaffen. Sie können ihnen nicht erklären, wie wichtig es ist, eine Leidenschaft zu finden und zu pflegen, während Sie Ihr gesamtes Leben lang in einem gut bezahlten Job arbeiten, der Ihnen aber keinen Spaß macht. Sie können sie nicht belehren, wie wichtig die Familie ist, wenn Ihr Verhalten etwas anderes demonstriert.

Sie sollten Ihren Kindern keine Vorträge halten, sondern ihnen das vorleben, was Sie ihnen beibringen wollen.

24. Januar

WENN SIE ES SCHAFFEN, DASS SIE ZUHÖREN ...

E. H. Harriman war ein ungeheuer reicher Mann. Ein Eisenbahnbaron. Ein Industriekapitän. Er gab seinen Kindern alles, was sie brauchten oder sich wünschen konnten. Doch im Gegensatz zu einigen anderen reichen Eltern verknüpfte er diesen Luxus mit strengen Maximen und Ratschlägen. Er wollte, dass seine Kinder etwas aus ihrem Leben machten, etwas in der Welt bewirkten. Deshalb wiederholte er immer wieder: »Großer Reichtum bedeutet Verpflichtung und Verantwortung. Geld muss zum Wohle des Landes arbeiten.«

Wir alle vermitteln unseren Kindern Weisheiten, so wie unsere Eltern es gemacht haben. Kluge Fundstücke, die wir irgendwo aufgeschnappt haben. Wir hoffen, dass unsere Kinder uns zuhören und unsere Worte bei ihnen ankommen.

Und wenn sie tatsächlich zuhören? Oh, das ist *das Beste*, was ihnen passieren kann.

Als Harrimans Tochter 1901 in die Gesellschaft eingeführt wurde, war sie im Gegensatz zu ihren Freunden entsetzt über das Spektakel, darüber, wie die Leute für sich selbst Partys veranstalteten. Es wirkte verschwenderisch und ausschweifend auf sie. Also setzte sie das ihr zur Verfügung stehende Budget dafür ein, die Junior League zu gründen, eine gemeinnützige Organisation, die auch heute noch besteht, um Bedürftigen zu helfen. Sie nutzte ihr Geld nicht nur für ihr Land, sondern für die gesamte Welt und verbesserte damit das Leben unzähliger Menschen.

Wir dürfen nicht vergessen, dass wir als Eltern immer Samen säen. Hier ein Kommentar, dort ein Buch, das wir ihnen in die Hand drücken. Ein Dokumentarfilm, den wir uns zusammen ansehen, ein Beispiel, das wir geben, eine Person, mit der wir sie bekannt machen. Und wie wäre es, wenn wir es schaffen, dass sie uns zuzuhören? Wirklich zuhören. Dann können wunderbare Dinge geschehen.

25. Januar

WIE MAN SIE ABSCHRECKT

> »Wir müssen so sein, wie wir uns unsere Kinder wünschen. Sie werden sich charakterlich an uns orientieren.«
>
> John S. C. Abbott

Es gibt so einiges, was wir bei unseren Kindern nicht sehen wollen. Also stellen wir Regeln auf, bestrafen sie. Wir überwachen sie genau. Und das funktioniert bis zu einem gewissen Grad, ist aber auch anstrengend. Derweil vernachlässigen wir das größte Abschreckungsmittel und den einflussreichsten Motivator: unsere eigenen Handlungen.

Plutarch lehrt uns:

> »Vor allem sollten Väter ihren Kindern als leuchtendes Vorbild dienen, damit diese, indem sie wie in einen Spiegel auf das Leben ihrer Väter schauen, vor schändlichen Taten und Worten abgeschreckt werden. Denn jene, die selbst eben die Fehler begehen, deretwegen sie ihre sündigen Söhne zurechtweisen, klagen sich selbst unbewusst im Namen ihrer Söhne an.«

Wenn Sie nicht wollen, dass Ihre Kinder etwas tun, wenn Sie sie vor schlechtem Einfluss oder einer falschen Entscheidung bewahren wollen, dann lassen Sie Ihr Handeln das Vorbild sein. Sorgen Sie dafür, dass Ihr Leben sie sowohl anspornt als auch abschreckt. Auf diese Weise können Sie sie ständig inspirieren.

26. Januar

ZEIGEN SIE IHNEN, WIE EINE GUTE EHE AUSSIEHT

Franklin Delano Roosevelt und Eleanor Roosevelt haben ihren Kindern im wahrsten Sinne des Wortes eine Zukunft bewahrt, indem sie für den Weltfrieden kämpften. Und doch fällt es schwer, ihnen nicht anzulasten, dass ihre fünf Kinder es fertigbrachten, sich *19-mal zu verheiraten*!

Man vermutet, dass in erster Linie FDR dafür verantwortlich war, denn er brach seiner Frau mit seinen vielen Affären das Herz. Er konnte herrisch und herablassend sein. Er war von seiner in ihn vernarrten Mutter verzogen worden. Auch Eleanor war nicht schuldlos. Sie war immer nur *beschäftigt*. Sie fraß ihren Groll und ihre Wut in sich hinein. Oft gab sie vor, alles sei perfekt, obwohl es das natürlich nicht war. Außerdem waren sie und ihr Mann entfernt miteinander verwandt, was damals eher normal, aber dennoch recht seltsam war.

Woher sollten ihre Kinder wissen, wie eine gute Ehe aussieht? Sie erlebten hautnah eine komplizierte, von Machtkämpfen geprägte Ehe zwischen zwei Menschen, die häufig alles andere über ihr Glück (oder ihre Pflichten) als Ehepartner ... und Eltern stellten.

Es geht hier nicht darum, die Ehe der Roosevelts zu beurteilen oder darauf zu bestehen, dass Sie in Ihrer ausharren müssen. Denken Sie nur stets daran: Ihre Kinder lernen fast alles Wichtige von Ihnen, auch wie Beziehungen funktionieren. Was bringen Sie ihnen also durch Ihre Beziehung bei? Was sehen sie, was Ihnen vielleicht entgeht? Sie sollten ihnen vor Augen führen, wie eine gute Ehe funktioniert. Sie sollten verkörpern, wie gesunde Beziehungen und Partnerschaften auf Augenhöhe aussehen, denn das Beispiel, das Sie vorleben, wird ihr erstes und bleibendstes sein.

27. Januar
SIE KÖNNEN ÜBERALL ELTERN SEIN

Wenn wir an Lehrer denken, stellen wir uns ein Klassenzimmer vor. Wenn wir an eine Führungskraft denken, schweben uns ein Eckbüro, ein Pult oder einen General vor seinen Truppen vor.

Aber tatsächlich kann ein Lehrer seinen Beruf überall und auf vielerlei Art ausüben, genauso wie eine Führungskraft.

Wie Plutarch über Sokrates sagte:

> »Er stellte keine Tische für seine Schüler auf, saß nicht auf einem Lehrerstuhl, legte auch keine bestimmten Zeiten für Vorträge und Spaziergänge mit seinen Schülern fest. Nein, er praktizierte die Philosophie, während er scherzte (wenn sich die Gelegenheit bot), trank und an Feldzügen teilnahm oder mit einigen seiner Schüler auf dem Marktplatz war. Er verhielt sich noch genauso, als er bereits unter Arrest stand und schließlich den Schierlingsbecher trank. Er war der Erste, der gezeigt hat, dass unser Leben jederzeit und in jeder Hinsicht, in jeder Gefühlslage und bei jeder Aktivität offen für die Philosophie ist.«

Dasselbe, was für das Unterrichten, die Führung und die Philosophie gilt, trifft auch auf die Elternschaft zu. Sie können überall Eltern sein. Sie können jede Minute eines jeden Tages für jeden ein Elternteil sein. Sie können diesen Elternteil so verkörpern, wie Sokrates es gelehrt hat – durch Ihr Beispiel, indem Sie sich auf die Ebene der Kinder hinunterbegeben, indem Sie offen sind und sich der jeweiligen Situation anpassen.

28. Januar

ZEIGEN SIE IHNEN, WIE SIE ARBEITEN

»Ein Elternteil, der seinen Kindern demonstriert, dass er seine Arbeit liebt, hilft ihnen so vielleicht mehr als mit einem tollen Haus.«

Paul Graham

Instinktiv streben wir nach dieser »Work-Life-Balance«, von der so viele Menschen sprechen. Wir wollen in jedem Bereich erfolgreich sein und etwas leisten, aber nicht, wenn das eine auf Kosten des anderen geht. Stattdessen ist es uns wichtig, die Arbeit getrennt zu halten, nicht zuzulassen, dass sich unsere Arbeitszeit mit der Zeit, die wir mit unseren Kindern verbringen, überschneidet.

Das Problem? Nun, wie sollen Ihre Kinder lernen, wie wichtig Arbeitsmoral ist? Woher sollen sie wissen, wie ein hart arbeitender Vater aussieht, wenn sie ihn nie zu sehen bekommen? Wie sollen sie überhaupt erfahren, was Arbeit bedeutet?

Auch darin besteht Ihre Aufgabe: als Beispiel zu dienen. Ein altes lateinisches Sprichwort besagt: *A bove maiori discit arare minor.* »Der jüngere Ochse lernt vom älteren das Pflügen.« Das liegt daran, dass die Ochsen zusammen angeschirrt wurden. Der jüngere Ochse sah nicht nur, was sein Vater tat, sondern sie wurden buchstäblich zu zweit in das Joch gespannt, um *bei der Arbeit zu lernen.*

Klare Grenzen sind offensichtlich unerlässlich. Natürlich wollen Sie nicht, dass Ihr Berufsleben Ihr Privatleben erdrückt oder beeinträchtigt. Aber lassen Sie nicht zu, dass Ihr Wunsch nach Gleichgewicht Ihre Kinder unbeabsichtigt eines für ihr Leben wichtigen Vorbilds beraubt.

29. Januar

KÜMMERN SIE SICH ZUERST UM IHREN EIGENEN HAUSHALT

Einst sprach sich ein Kritiker in Sparta für eine Demokratie aus. Lykurg, der legendäre Gesetzgeber, erwiderte darauf: »Sorge du zuerst in deinem Haus für eine Demokratie.«

Es ist leicht, sich über das Handeln anderer Menschen eine Meinung zu bilden. Es macht weniger Spaß, sich an seine eigenen Maßstäbe zu halten. Ihnen gefällt die stetig wachsende Staatsverschuldung nicht? Gut, aber wie steht es um Ihre eigenen Finanzen? Sie verabscheuen diese Spieler, die Verträge unterschreiben und dann den Verein wechseln wollen und die Teams im Stich lassen, die sie zu dem gemacht haben, was sie sind, und sie bezahlt haben? Aber sehen Sie sich nicht auch nach einer neuen Karrieremöglichkeit um? Sie mögen es nicht, wenn Prominente eine absurde Ehe führen ... und wie steht es zurzeit mit Ihrer eigenen? Sie sind der Ansicht, dass die Politiker Rückgrat zeigen sollten ... aber wie offen sprechen Sie Wahrheiten aus und auf welche Gefahr hin? Der Punkt ist: Der Ort, an dem Ihre Meinung über das Wohl und Wehe der Welt gilt, ist in erster Linie die kleine Welt, in der Sie tatsächlich eine gewisse Kontrolle ausüben. Nämlich zu Hause. Wenn Sie etwas in der Welt verändern wollen, dann sollten Sie diese Veränderung vorleben und zu Hause etwas bewirken. Sie haben viel zu tun, viel zu reparieren, viel zu verbessern. Beginnen Sie daheim.

Zeigen Sie Ihren Kindern, dass Veränderung möglich ist. *Zeigen* Sie ihnen, warum Ihre Meinung wichtig ist und wie sie dafür sorgen können, dass ihre Meinung ebenfalls zählt. Lassen Sie sie erleben, wie es sich auswirkt, wenn man das, was man predigt, auch in die Tat umsetzt. Helfen Sie ihnen, von der Fokussierung auf das Praktische statt vom Theoretischen, vom Konkreten, statt vom Hypothetischen zu profitieren.

Beginnen Sie *jetzt*.

30. Januar

SIE SCHAFFEN DAS MEISTE SELBST

Als der Komiker Pete Holmes erfuhr, dass die zwei Töchter von Mitch Hurwitz, der Produzent von *Arrested Development*, in den Zwanzigern waren, gratulierte er ihm. »Du hast es geschafft!«, sagte er anerkennend, weil sein Freund die Herausforderung gemeistert und erfolgreich zwei Töchter aufgezogen hatte.

Doch Hurwitz lehnte das Kompliment ab. »Weißt du«, scherzte er, »das meiste davon haben sie selbst geschafft.« Was der Wahrheit entspricht! Wie bereits erwähnt, sind wir nicht annähernd so wichtig, wie wir meinen, obwohl Elternschaft unglaublich wichtig ist.

Wir tun unser Bestes, ein gutes Beispiel zu geben. Aber den größten Teil der Arbeit machen sie selbst.

So schwer unser Job auch ist, unsere Kinder haben es noch viel schwerer. Erinnern Sie sich an die Zeit, als Sie zehn waren? Oder 15? Oder 20? Sie erinnern sich nicht an Ihre Kindheit ... vermutlich, weil Sie derart beschäftigt waren, Ihr Gehirn zu entwickeln. Ja, es ist erstaunlich zu erleben, was aus Ihren Kindern geworden ist und was sie geschafft haben.

Vergessen Sie nicht: Ihre Kinder ernten die Lorbeeren (und Ihnen wird die Schuld zugewiesen).

31. Januar

SIE HÖREN NICHT AUF, IHRE KINDER ZU UNTERRICHTEN

Nell Painter war eine kultivierte Erwachsene in ihren Siebzigern, eine Historikerin von Weltrang, doch nach wie vor lernte sie von ihrer Mutter.

Woher nahm sie den Mut, in diesem Alter eine vielversprechende akademische Karriere aufzugeben und eine Kunstakademie zu besuchen? Nun, vermutlich hatte ihre Mutter, die mit 65 ihr erstes Buch schrieb, etwas damit zu tun.

»Es dauerte Jahre, bis ich den Mut und die hartnäckige Entschlossenheit spürte, die ihre Verwandlung erforderte, denn sie war tougher, als ich es zu ihren Lebzeiten wahrgenommen hatte«, erklärte sie. »Ich wusste, dass sie tief in sich hineinhorchte, um sich mit unverbrämter Ehrlichkeit auszudrücken. Nicht einfach für eine Frau. Und doppelt schwer für eine dunkelhäutige Frau. Dreifach schwer für eine dunkelhäutige Frau ihrer Gesellschaftsschicht und Generation.« Und doch hatte ihre Mutter es geschafft. Als Nell dann ihre goldenen Jahre erreichte, fand sie es nicht seltsam, etwas Ungewöhnliches zu versuchen. Es war ihr egal, merkwürdig oder deplatziert zu wirken. Es machte ihr nichts aus, etwas Schwieriges zu tun. Ihr Buch *Old in Art School: A Memoir of Starting Over* ist ein Zeugnis dessen, was ihre Mutter ihr implizit und explizit beigebracht hatte.

Wir können zweierlei daraus lernen: Wir hören nie auf, unseren Kindern etwas beizubringen. Auch wenn das, was wir gerade tun, vielleicht keinen Widerhall bei ihnen findet, kann es ihnen irgendwann in der Zukunft helfen.

Tun Sie weiterhin, was zu tun ist. Verkörpern Sie das, was Sie sich von Ihren Kindern wünschen. Wachsen Sie weiter. Seien Sie weiterhin das Vorbild, an das sie sich halten können. Belehren Sie sie weiterhin implizit und explizit.

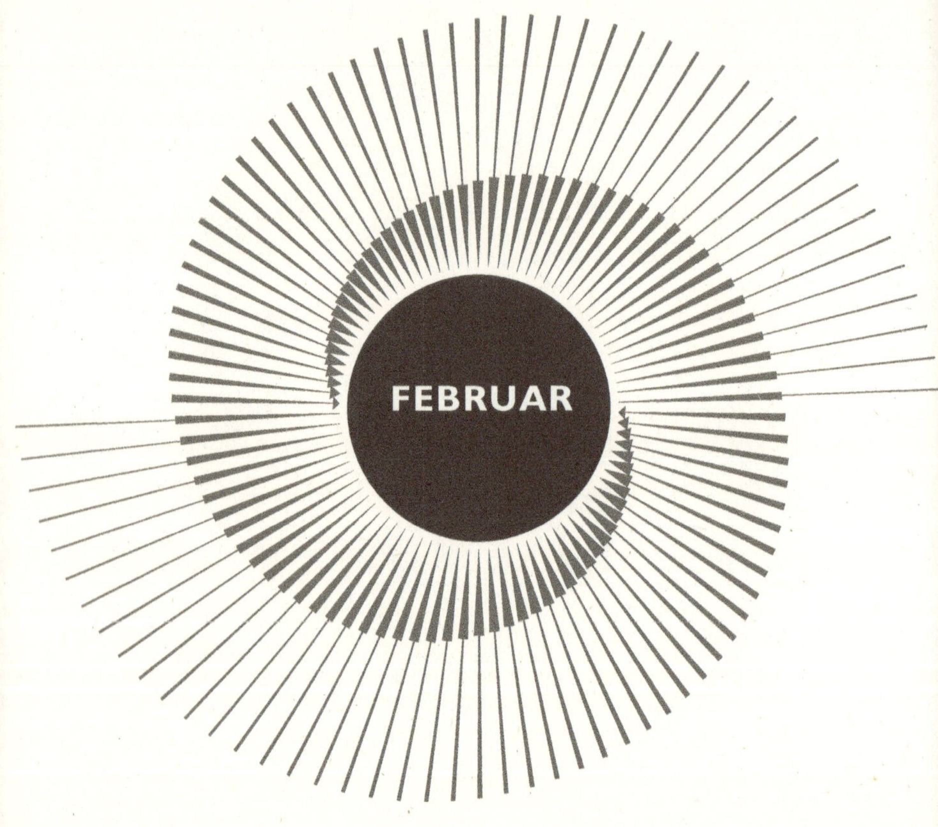
FEBRUAR

BEDINGUNGSLOSE LIEBE

(DAS EINZIGE, WAS SIE SICH WIRKLICH WÜNSCHEN)

1. Februar
ES GIBT KEINEN ERSATZ FÜR IHRE LIEBE

In seinen schönen und verletzlichen Memoiren schreibt Bruce Springsteen, sein Vater habe während seiner gesamten Kindheit nicht mehr als tausend Worte mit ihm gewechselt. Vielleicht »schlagen dir deshalb keine Liebe und Zuneigung entgegen«, schreibt er, weil »du es nicht verdient hast«. Also versuchte Bruce jahrzehntelang alles Menschenmögliche, um die Liebe seines Vaters zu gewinnen.

In den 1980er-Jahren, als Bruce in den Dreißigern war und bereits ein paar Grammys gewonnen hatte, litt er unter Depressionen, wusste aber nicht genau, warum. Er hatte mehr erreicht, als er zu träumen gewagt hatte. Als Künstler wurde er von Millionen von Menschen geliebt und zunehmend in einem Atemzug mit seinen Idolen – Elvis, Dean und Dylan – genannt. Aber für ihn als Sohn, als Mann, als Mensch hätte es nicht unterschiedlicher sein können. Er fühlte sich völlig allein.

Aus dieser Einsamkeit heraus nahm Bruce die seltsame Gewohnheit an, durch die Gegend zu fahren, in der er in seiner Kindheit gelebt hatte. Nach Jahren des Herumfahrens in altbekannten Vierteln schreibt Bruce: »Irgendwann fragte ich mich, ›Was um Himmels willen tu ich hier eigentlich?‹« Er wandte sich an einen Psychiater, dem, auch ohne die Hintergrundgeschichte zu kennen, klar war, dass Bruce spürte, wie etwas schiefgelaufen war, und nun versuchte, es in Ordnung zu bringen. »Das können Sie aber nicht«, erklärte ihm der Arzt. »Sie können die Zeit nicht zurückdrehen, kein Kind kann bedingte Liebe in bedingungslose Liebe verwandeln, Abwesenheit in Anwesenheit.«

In der letzten Strophe des von diesem Trauma inspirierten Songs *My Father's House* schreibt Springsteen, dass das Haus ihn in seinen Gedanken immer verfolgt habe. Es sei wie ein Leuchtfeuer gewesen, das ihn in der Nacht gerufen habe:

»Calling and calling, so cold and alone
Shining 'cross this dark highway where our sins lie unatoned.«

Der Song ist wehmütig, eindringlich und herzzerreißend. Von außen betrachtet, schien Bruce Springsteen alles zu haben; aber im Innern fühlte er sich leer. Dies beweist unseren Einfluss als Eltern. Kein Geld der Welt, weder Ruhm noch Auszeichnungen können unsere Liebe ersetzen. Denn sie ist alles, was sich unsere Kinder wünschen.

2. Februar
DAS KÖNNEN SIE NICHT OFT GENUG SAGEN

> »Ein Wort befreit uns von der ganzen Last und Qual des Lebens, dies Wort heißt Liebe.«
>
> Sophokles

Ihre Kinder zucken mit den Schultern, wenn Sie es aussprechen. Es fühlt sich seltsam an, es in der Öffentlichkeit zu sagen – klischeehaft und verletzlich. Sie wollen sie nicht in Verlegenheit bringen. Oder sie irritieren. Oder ihnen ins Wort fallen. Außerdem *wissen sie ja, was Sie empfinden, nicht wahr?* Sie haben es bereits tausendmal zu Hause gesagt.

Wir haben jede Menge Gründe, diese Worte nicht auszusprechen, aber sie alle sind falsch, weil man diese Worte gar nicht oft genug sagen kann:

> »Ich liebe dich.
> Ich bin stolz auf dich.
> Ich mag dich.
> Du bist etwas Besonderes.
> Du bist gut so, wie du bist.
> Du bist für mich das Wichtigste auf der Welt.«

Glauben Sie, Sie werden sich am Ende Ihres Lebens auch nur einen Moment lang ärgern, davon etwas zu häufig gesagt zu haben? Oder werden Sie sich eher wünschen, es öfter ausgesprochen zu haben. Denn es würde Sie umbringen, nur einen Augenblick lang denken zu müssen, dass Ihre Kinder es vielleicht nicht wissen, es nicht in ihrem Herzen spüren, wie sehr Sie sie geliebt haben, wie stolz Sie auf sie waren, dass nichts – weder Erfolg, Geld oder Mangel an beidem – etwas daran ändern könnte, was sie Ihnen vom Augenblick ihrer Geburt an bedeutet haben.

Das Leben ist voller Risiken. Aber dies ist ein Risiko, das Sie nicht eingehen sollten. Also sprechen Sie es aus. Sagen Sie ihnen, was Sie fühlen. Sagen Sie ihnen, dass Sie sie lieben. Sagen Sie es immer und immer wieder.

Es ist unmöglich, es zu häufig zu sagen ... aber Sie können es ja mal versuchen.

3. Februar

LIEBE OHNE ENDE. AMEN.

Eltern »lieben ihre Kinder nicht nur hin und wieder«.

»Es ist eine Liebe ohne Ende, Amen.
Es ist eine Liebe ohne Ende, Amen.«

So heißt es in dem klassischen George-Strait-Song.

Elterliche Liebe ist nicht etwas, das man den Kindern nur gibt, wenn mit ihnen alles gut läuft. Wenn sie zuhören. Wenn sie Ihren Erwartungen entsprechen. Liebe zu zeigen, ist nicht nur dann angebracht, wenn sie erfolgreich sind oder wenn alles in Ihrem Leben oder in Ihrem Job rund läuft.

Nicht nur hin und wieder, sondern immer. Ohne Ende. Bedingungslos. Auch wenn sie ihre Geschwister schlagen, wenn sie in Bezug auf einen Test lügen, wenn sie ihr Gemüse nicht essen wollen, wenn sie etwas aufgeben wollen, wofür Sie viel Geld bezahlt haben, wenn sie sich nicht entsprechend den von Ihnen vermittelten Werten verhalten haben.

Auch wenn Sie diese Liebe als Kind nicht bekommen haben. Auch wenn sie getrübt scheint, wenn Sie zu kämpfen haben oder nur schwer zum Ausdruck zu bringen ist, wenn Sie stinksauer sind. Selbst wenn sie Sie als selbstverständlich ansehen und Ihnen das Leben schwer machen, müssen Sie Ihren Kindern zeigen, dass Sie sie lieben.

Dann und wann, und jeden Augenblick dazwischen.

Liebe ohne Ende.

Amen.

4. Februar

LIEBEN HEISST DIENEN

»Lasset uns nicht lieben mit Worten, sondern mit der Tat und mit der Wahrheit.«

JOHANNES, *3*,18.

Als Elternteil muss man viel für sie tun. Ihnen zum Beispiel vor dem Schlafengehen ein Glas Wasser bringen. Die neue Kleidung für die Schule kaufen. Sie umarmen, nachdem sie hingefallen ... oder gescheitert sind.

Elternschaft bedeutet, im wahrsten Sinne des Wortes da zu sein, buchstäblich zu dienen. Sie herumzukutschieren, ihnen die Schuhe zuzubinden. Vorbeizukommen, um sich um das Geschirr und die Wäsche zu kümmern, nachdem sie mit ihrem Neugeborenen vom Krankenhaus nach Hause gekommen sind. Ihnen die Haare aus dem Gesicht zu halten, wenn sie sich nach einer Chemobehandlung übergeben müssen. Es ist unwichtig, wie alt Ihre Kinder oder wie alt Sie sind, wir sind auf jeden Fall für unsere Kinder da.

Wir stellen ihnen die Frage, die Tom Hanks nach eigener Aussage an seine Kinder gerichtet hat: »›Was kann ich für dich tun?‹ Sie bringen dieses Opfer: ›Ich werde alles tun, was ich kann, um dich zu beschützen.‹ Das ist es. Bringen Sie dieses Opfer; und lieben Sie sie einfach.«

Das ist Liebe. Das ist Ihre Aufgabe. Sie sind auf der Welt, um Ihren Kindern zu dienen.

5. Februar

VERSICHERN SIE IHNEN, DASS SIE GUT GENUG SIND

Obwohl er noch vor seinem 50. Geburtstag Mehrheitsführer im US-Senat wurde, erst zum Vizepräsidenten und dann zum Präsidenten gewählt wurde und jahrzehntelang der bedeutendste Strippenzieher der Demokraten war, litt Lyndon B. Johnson sein Leben lang unter einem gewaltigen Komplex.

Er wuchs in ärmlichen Verhältnissen auf. Seine Erziehung und sein Umfeld ermöglichten ihm lediglich den Besuch des South West Texas State Teachers College. Eine unbestritten gute Schule, aber nicht einem Präsidenten angemessen – was seiner Überzeugung nach all seine gebildeten und kultivierten Ivy-League-Kollegen dachten, als sie seinen Aufstieg in der amerikanischen Politik verfolgten.

Seine Unsicherheit zeigte sich bereits sehr früh. Er meinte nie, gut genug zu sein. Von klein an stellte seine Mutter unfaire Erwartungen an ihn und vermittelte ihm das Gefühl, er müsse sich ihre Liebe verdienen, ihr Stolz auf ihn hinge von seinem Erfolg ab. Sie sorgte dafür, dass er sich schrecklich fühlte, wenn er versagte – als er zum Beispiel beschloss, mit dem Klavierspielen und Tanzen aufzuhören. »Nachdem ich mit dem Unterricht aufgehört hatte, lief sie tagelang im Haus herum und tat so, als sei ich tot«, erinnerte er sich. »Und ich musste mit ansehen, wie sie besonders nett und herzlich zu meinem Vater und meinen Schwestern war.«

Dies ist eine ernüchternde Mahnung an alle Eltern: Das Gefühl der Unzulänglichkeit ist wesentlich schlimmer als jede potenzielle Entbehrung. Versichern Sie also Ihren Kindern, dass sie gut sind, wie sie sind, dass Sie sie seit ihrer Geburt lieben. Und vergessen *Sie* nicht, dass sie nichts tun müssen, um diese Liebe zu verdienen. Ihre Kinder müssen nichts tun, um Zärtlichkeit und Zuneigung zu verdienen.

Ihre Kinder sind gut genug. Ihre Talente, Interessen und Ziele *genügen.*

6. Februar
ES ERFORDERT DISZIPLIN

In den 1960er-Jahren nahm die junge Dichterin Diane DiPrima an einer der legendären Beatpartys teil, die den Stoff für Filme lieferten. Alle waren dort. Es gab Drogen, Ideenaustausch und Romanzen. Auch Jack Kerouac war da und hielt Hof. Und doch verabschiedete sich Diane DiPrima früh und ging nach Hause.

Warum? Weil zu Hause ein Babysitter auf sie wartete. Alle anderen anwesenden Schriftsteller zogen über sie her, lachten sie insgeheim aus, meinten, der Kinderwagen im Flur sei der Feind guter Kunst. Kerouac jedoch brachte seine Geringschätzung lautstark zum Ausdruck. »Wenn du deinen Babysitter nicht vergisst«, sagte er vor allen zu ihr, »wirst du nie eine Schriftstellerin werden.«

DiPrima, eine gute Mutter, verabschiedete sich dennoch. Julie Phillips schreibt in ihrem faszinierenden Buch über Kreativität und Elternschaft, *The Baby on the Fire Escape*: »Sie glaubte, dass sie keine Schriftstellerin geworden wäre, wenn sie geblieben wäre. Zu schreiben und rechtzeitig nach Hause zu kommen, argumentierte sie, erfordere ›stets dieselbe Disziplin‹: die Gewohnheit, ihr Wort zu halten.«

Häufig benutzen bedeutende und begabte Menschen ihre Arbeit und ihr Talent als Vorwand, um ihre Elternpflichten zu vernachlässigen. Aber die Dichterin hatte völlig recht, beides als eine Sache von Disziplin und Engagement zu sehen. Es ist Unsinn zu denken, etwas (oder jemand) werde besser, wenn man einen Teil des Lebens eines anderen Teils wegen vernachlässigt. Das Gegenteil trifft zu: Wenn Sie Ihr Wort sich selbst und Ihren Kindern gegenüber halten, verstärken Sie Ihren »Einfluss«. Wenn Sie so diszipliniert sind, Ihr Privatleben abzuschirmen, schützen Sie auch Ihr Berufsleben und engagieren sich dafür.

Lassen Sie sich von niemandem etwas anderes einreden. Lassen Sie nicht zu, dass jemand Sie deswegen verurteilt.

7. Februar
WO AUCH IMMER SIE SIND, SIND AUCH SIE

In den späten 1950er-Jahren ging Buck Murphy in Whiteville, Tennessee, eine Straße entlang, als ein Weißer ihn anbrüllte: »Wie geht's deinem Sohn, dem Knastbruder?« Es ging um einen heiklen Vorfall im Süden des Landes, wo Rassentrennung herrschte: Bucks Sohn Curtis war verhaftet worden, weil er an den Nashville-Sit-ins teilgenommen hatte, die schließlich die Bürgerrechtsbewegung in Amerika begründeten. »Wo ist er denn?«, spottete der Mann. »Sitzt er immer noch im Gefängnis von Nashville?«

Murphys Familie sorgte sich aus vielen Gründen über den Aktivismus ihres Sohnes. Natürlich war Rassentrennung einerseits auch für sie ein Unrecht und sie litten unter deren zahlreichen Auswirkungen. Andererseits wollten sie nicht, dass ihrem Sohn etwas zustieß. Sie hatten Angst vor Repressalien zu Hause. Vielleicht befürchteten sie sogar, Curtis wolle allzu schnell zu viel verändern. Doch in dem Augenblick, in dem dieser Rüpel, der seinen Sohn verspottete, Buck provozierte, zeigte er, was sich alle Kinder von ihren Eltern wünschen – echte Unterstützung. Buck erklärte mit Nachdruck: »Wo auch immer er ist, bin auch ich.«

Ihre Kinder werden Entscheidungen treffen, die Sie beängstigen. Einige Menschen werden an ihnen zweifeln, andere werden sie kritisieren. Vielleicht zweifeln Sie selbst an der Klugheit ihrer Entscheidungen. Und?

Wo sie sind, sollten auch Sie sein.

Lieben Sie Ihre Kinder. Drücken Sie ihnen die Daumen. Unterstützen Sie sie. Kämpfen Sie für sie und an ihrer Seite. Seien Sie stets neben und hinter ihnen – wo auch immer sie sind.

8. Februar
SIE MÜSSEN SIE NICHT STOLZ MACHEN

»Die meisten Menschen sind nicht stolz auf Dinge, die Respekt einflößen, sondern auf jene, die unnötig sind.«

LEO TOLSTOI

Wir sagen es beiläufig. Wir meinen es gut. »Mach mich stolz da draußen, mein Junge«, sagen wir, wenn er auf das Fußballfeld trabt. »Macht eure Eltern stolz«, sagen wir, wenn sie aufs College gehen. Und wenn sie etwas Großartiges vollbracht haben, belohnen wir sie, indem wir ihnen verkünden, sie hätten ihre Aufgabe erfüllt. Sie haben uns stolz gemacht.

Mit diesen Worten möchten wir sie motivieren. Wir benutzen sie, häufig unbewusst, um unsere Kinder auf ihre Verantwortung hinzuweisen. Aber ist das richtig? Impliziert das nicht, dass sie uns etwas schulden? Dass unsere Unterstützung nicht bedingungslos ist? Dass wir *nicht* stolz auf sie sind, wenn sie kein Tor schießen, nicht auf der Dean's List stehen oder keinen Sommerpraktikumsplatz ergattert haben?

Unsere Kinder sind uns nichts schuldig. Schließlich haben sie uns nicht darum gebeten, auf die Welt zu kommen. Wir sind diejenigen, die ihnen gegenüber verpflichtet sind, weil wir beschlossen haben, sie in die Welt zu setzen.

9. Februar

WIE SIE IHRE FAMILIE ZUSAMMENHALTEN

»Ich bin froh, dass meine Kinder frei sind«, sagte einst Abraham Lincoln, »glücklich und unbehindert durch elterliche Tyrannei.« Lincoln kannte sich damit aus. Sein Vater wandte Gewalt an, war kontrollsüchtig. Abraham erkannte, dass er es gut meinte, doch sein Vater kannte sich mit Erziehung nicht gut aus, und was er wusste, erfüllte seinen Zweck nicht. Seine Kinder liebten ihn nicht und bemühten sich nach Kräften, so schnell wie möglich von zu Hause wegzukommen.

Das wollen Sie doch nicht, oder? Nein, Sie möchten, dass Ihre Kinder aufmerksam zuhören, annehmen, was Sie ihnen sagen. Sie wollen sie um sich haben, und dass sie sich an Sie wenden. Sie wünschen sich, dass sie Ihre Regeln respektieren und Ihre Werte verkörpern. Sie wollen, dass sie das tun, was zu tun ist, und dabei erfolgreich sind.

Wie bringt man sie also dazu, sich so zu verhalten?

Für die meisten Eltern besteht die Antwort darin, auf die einfachste und ursprünglichste Form der Führung zurückzugreifen – Zwang. Dies beinhaltet eine einfache Logik. Man *zwingt* sie dazu – *weil ich größer bin als du, weil ich dir die Fernbedienung wegnehmen kann, einfach, weil ich es gesagt habe*. Und es scheint zu funktionieren ... für eine gewisse Zeit. Vielleicht erinnern Sie sich daran, wie das in Ihrer eigenen Kindheit funktionierte. Mit der Zeit schlägt diese Strategie aber fehl und erweist sich am Ende als kontraproduktiv.

Gut, dann hören Sie, was Lincoln sagt: »Die Liebe ist die Kette, mit der man ein Kind an seine Eltern bindet.«

10. Februar

WENN SIE ZURÜCKKEHREN …

In einem der berühmtesten Gleichnisse der Bibel berichtet Jesus vom verlorenen Sohn. »Ein reicher Mann hatte einst zwei Söhne. Der jüngere von ihnen sagte zu seinem Vater: ›Vater, gib mir das Erbteil, das mir zusteht.‹« (Lukas 15, 11) Der Junge nahm seinen Anteil, verkaufte ihn und machte sich mit dem Geld aus dem Staub. Er reiste, spielte, feierte, trank und speiste wie ein König. Innerhalb einer Woche hatte er das gesamte Erbe verprasst. Er fand Arbeit auf einer Schweinefarm. Da er sich kein Essen leisten konnte, ernährte er sich von dem, was die Schweine fraßen. Schließlich erinnerte er sich, dass sogar die Knechte seines Vaters zu Hause sich satt essen konnten. Also machte er sich auf den Heimweg, wollte seinem Vater gestehen: »Ich bin nicht mehr wert, dein Sohn zu sein, mach mich zu einem deiner Tagelöhner.« (Lukas 15,19).

Bevor der Junge seinem Vater alles gestehen konnte, erklärt Jesus, rief sein Vater seinen Knechten zu: »Holt schnell das beste Gewand und zieht es ihm an, steckt ihm einen Ring an die Hand und zieht ihm Schuhe an. Bringt das Mastkalb her und schlachtet es; wir wollen essen und fröhlich sein. Denn mein Sohn war tot und lebt wieder; er war verloren und ist wiedergefunden worden.« (Lukas 15, 22:24)

Vielleicht werden Ihre Kinder nie ihren Erbteil einfordern, aber sie könnten vom Weg abkommen. Sie werden Ärger machen und nach Unabhängigkeit streben. Sie werden sich in Schwierigkeiten bringen. Als Eltern müssen wir das akzeptieren und sie trotzdem so nehmen, wie sie sind. Wir müssen sie jederzeit wieder aufnehmen. Wir müssen ihnen geben, was sie benötigen. Und wenn sie nach Hause zurückkehren, sollten wir sie nicht mit Vorwürfen oder Aussagen überhäufen wie: »Ich hab's dir ja gesagt«, sondern ihnen liebe- und verständnisvoll begegnen.

11. Februar
ES GIBT EINEN GRUND, WESHALB SIE SO EMPFINDSAM SIND

»Es gibt Winkel im Herzen, von deren Existenz Sie keine Ahnung haben, bis Sie ein Kind lieben.«

Anne Lamott

In Zeiten, die anscheinend das Schlechteste im Menschen ans Tageslicht bringen, sind wir Eltern dünnhäutig. Wir sind empfindsam. Wir sind verletzlich. Es zerreißt uns innerlich, wenn wir vom Verlust eines geliebten Menschen erfahren. Es geht uns unter die Haut, wenn wir an Familien denken, die ums Überleben kämpfen. Diese viralen Videos berühren uns anders. Die Adoptiveltern, denen die Adoptionspapiere überreicht werden, der Elternteil, der beim Militär dient und die Kinder mit einem unerwarteten Heimatbesuch überrascht, Familien, die an der Grenze wiedervereint werden?

Sofort kommen uns die Tränen ...

Woran liegt das?

Sie sind empfindsam, weil Sie durch Ihre Kinder aufgeschlossener geworden sind. »Ich war emotional nicht auf die Elternschaft vorbereitet, nachdem ich zuvor 30 Jahre emotional erstarrt war«, schreibt der Komiker und Autor Michael Ian Black. Die Elternschaft zwingt Sie, die Welt aktiver anzugehen. Sie zwingt Sie, sich mit sich selbst und den eigenen Gefühlen auseinanderzusetzen. War es einfacher, verschlossen und zynisch durch die Welt zu gehen? Ist es traditionell üblich und beruhigend, sich auf sich selbst und seine Probleme zu fokussieren und die Schuld für Letztere jemand anderem zuzuschieben, *anderen* Menschen?

Das mag natürlich zutreffen. Aber heutzutage ist dies immer seltener möglich. Die Elternschaft hat Sie verändert, hat Ihnen gezeigt, dass alles zusammenhängt und *wir* alle miteinander verbunden sind. Sie hat Sie zu einem besseren Menschen gemacht.

12. Februar
LIEBEN SIE IHR KIND SO, WIE ES IST

»Sie sind ein besonderer Mensch. In der ganzen Welt gibt es nur eine einzige Person wie Sie.«

MISTER ROGERS

Die Grundschullehrerin, Bestsellerautorin und zweifache Mutter Jessica Lahey hat sich mit zigtausenden von Kindern darüber unterhalten, was sie ihren Eltern gern sagen würden. »Bei Weitem am häufigsten höre ich etwas in der Art: ›Ich bin nicht mein Bruder‹, ›Ich bin nicht meine Schwester‹, ›Ich bin nicht meine Eltern, als sie so alt waren wie ich‹, ›Ich weiß nicht, wen meine Eltern ihrer Meinung nach erziehen, ich bin es jedenfalls nicht‹, ›Meine Eltern glauben zu wissen, wer ich bin, aber es sind lediglich all ihre Erwartungen an mich, sie haben keine Ahnung, wer ich wirklich bin.‹«

Ist das nicht herzzerreißend? Wenn es eine Liste von Äußerungen gäbe, von denen Sie sich nicht wünschten, dass Ihre Kinder sie denken oder fühlen, würden diese Antworten – die Jessica zufolge fast täglich in ihrem E-Mail-Postfach ankommen – sicher ganz oben stehen. Kein Kind sollte meinen, sein Papa wünsche sich, es wäre irgendwie anders. Kein Kind sollte sich als Enttäuschung sehen müssen. Es sollte sich als jemand Besonderes fühlen dürfen, so, wie es ist, und dass es die Welt und Ihr Leben schöner macht, einfach weil es da ist.

Ihre Kinder brauchen es, gesehen zu werden. Sie brauchen es, gehört zu werden. Sie brauchen es, geliebt zu werden. Sie brauchen es, *anerkannt* zu werden – als die, die sie sind, als die, die sie sein wollen. Nicht als die, die sie Ihrer Vorstellung nach sein oder werden sollten.

Das ist alles, was sie sich wirklich von uns wünschen. Und sie verdienen es. Also gewähren Sie es ihnen. Fangen Sie heute damit an und halten Sie sich für den Rest Ihres Lebens daran.

13. Februar
DAS KÖNNEN SIE IHNEN IMMER GEBEN

»Ein Mensch wird in dem Maße glücklich, in dem er andere glücklich macht.«

JEREMY BENTHAM

Sie wollen ihnen die Welt schenken – oder zumindest ihr eigenes Zimmer und im materiellen Sinne das, was sie benötigen. Ihnen liegt vor allem daran, sie vollkommen glücklich zu machen, aber dieser Plan wird nicht aufgehen. Das ist die schlechte Nachricht. Die gute Nachricht ist, dass Sie ihnen bestimmte Zuwendungen immer geben können, die, wenn andere sie Ihren Kindern anbieten, es niemals mit dem aufnehmen können, was von Ihnen kommt. Das sind Dinge, die Sie ihnen immer schenken können, da sie stets zum Greifen nah sind: Ihre Aufmerksamkeit, Ihr Verständnis und Ihre Liebe.

Egal, was geschieht, egal, wie reich oder arm Sie sind, egal, welche Fehler Sie oder Ihre Kinder machen, egal, wie mächtig oder ohnmächtig Sie sind – diese Zuwendungen können und müssen Sie ihnen immer geben. Denn letztlich sind sie wichtiger als alles andere, was Sie für sie tun können. Liebe und insbesondere Verständnis sind das Einzige, was wirklich zählt, denn sie überdauern sogar Ihren Tod. Ihre Auswirkung wird eine der Hauptkräfte sein, die Ihr Kind als Erwachsenen formen werden.

Und wenn Sie darüber nachdenken, ist das Einzige, was sie Ihnen wirklich (und zu Recht) übelnehmen werden: Wenn Sie wissen, wie wahr all das ist, und Sie ihnen diese Zuwendungen aber dennoch vorenthalten.

14. Februar
DAS GRÖSSTE, WAS SIE TUN KÖNNEN

In seinem Werk *The Second Mountain* berichtet David Brooks von einem Gespräch mit einem gelehrten Freund. »Ich kenne nicht wirklich viele glückliche Ehen«, sagte der Freund, »aber ich kenne viele Ehen, in denen die Eltern ihre Kinder lieben.«

In einer solchen Ehe fehlt Ihrem Sohn oder Ihrer Tochter ein starkes Vorbild. Howard W. Hunter sagte einmal: »Eines der größten Dinge, die ein Vater für seine Kinder tun kann, ist, ihre Mutter zu lieben.« Seit dieser Aussage hat sich unsere Vorstellung von Familie erweitert. Wir haben alleinerziehende Eltern. Wir haben geschiedene Familien. Wir haben Transfamilien. Wir haben Patchworkfamilien und Familien mit gemeinsamem Sorgerecht. Wir haben homosexuelle Familien und sogar Poly-Familien. Jedem das Seine.

Die Echtheit des Gefühls ändert sich nicht – sie erweitert sich lediglich. Das Beste, was Sie für Ihre Kinder tun können, ist, den Menschen zu lieben, der sie zur Welt brachte. Das Beste, was Sie für Ihre Kinder tun können, ist, den Menschen zu lieben, mit dem Sie die Elternschaft teilen. Selbst wenn Sie mit demjenigen nicht länger zusammen sind oder wenn derjenige Sie zutiefst verletzt oder sogar betrogen hat, sollten Sie den Menschen lieben, der für einen großen Teil der DNA oder Identität Ihrer Kinder verantwortlich ist. Sie sollten lieben, wen sie lieben – nur so werden sie wissen, dass sie geliebt werden.

15. Februar

GENAU DAS WÜNSCHEN SIE SICH AM MEISTEN

Eleanor Roosevelt erlebte eine harte Kindheit. Ihre Mutter war immer schwierig und kritisierte alles, aber sie war ihre Mutter, und Eleanor war am Boden zerstört, als sie im Alter von 29 Jahren starb ... und erneut erschüttert, als ihr Vater nur wenige Monate später ebenfalls verstarb. Sie wurde der Obhut ihrer Großmutter übergeben, einer Frau, die, wie sich schnell herausstellte, die Ursache der emotionalen Probleme und Voreingenommenheit von Eleanors Mutter gewesen war.

Es war ein trostloses, qualvolles Leben, das sich erst änderte, als Eleanor in London zur Schule ging. Dort, an einer speziellen Mädchenschule, begegnete sie ihrer Lehrerin Marie Souvestre, die in Eleanor nicht nur ein einfaches, schüchternes, sondern ein besonderes Mädchen sah, mit Talent, Ambitionen und der Fähigkeit, in der Welt etwas zu bewirken. »In meiner Kindheit wünschte ich mir am meisten Aufmerksamkeit und Bewunderung«, bemerkte Eleanor später, »denn ich war mir bewusst, dass nichts an mir Aufmerksamkeit oder Bewunderung erregen würde.«

Wollen wir nicht selbst Aufmerksamkeit und Bewunderung? In unseren Jobs? In unseren Gemeinschaften? In unseren Ehen? Warum sollten unsere Kinder in ihrem jungen, zerbrechlichen Leben nicht dasselbe wollen? Und wer könnte es ihnen am sinnvollsten schenken? Natürlich wir.

Es ist nicht leicht, ein Kind zu sein. Kinder sind überfordert. Sie zweifeln an sich. Sie fragen sich, wo sie hingehören, ob sie von Bedeutung sind. Es ist unsere Aufgabe, ihnen zu helfen. Ihnen zu vermitteln, dass sie geliebt werden, etwas Besonderes sind und genügen, so, wie sie sind. Wir müssen ihnen die verdiente Aufmerksamkeit und Bewunderung schenken.

16. Februar

ACHTEN SIE DARAUF, DASS DIE HAUPTSACHE AUCH DIE HAUPTSACHE BLEIBT

»Das meiste von dem, was wir sagen und tun, ist nicht notwendig, und wenn man es weglässt, wird man mit schönerer Mußezeit und geringerer Unruhe leben. Fragen Sie sich in jedem Moment: ›Ist das notwendig?‹«

MARK AUREL

Es gibt eine hübsche kleine Redewendung: *Die Hauptsache ist, dass die Hauptsache die Hauptsache bleibt.*

Jede Familie, jede Person hat natürlich ihre eigene Hauptsache. Aber verallgemeinernd könnte man sagen: Die Hauptsache besteht für uns Eltern darin, ausgeglichene, selbstständige, anständige und glückliche Kinder großzuziehen. Die Hauptsache ist nicht das College. Die Hauptsache ist nicht, dass unsere Kinder Partner unserer Anwaltskanzlei werden. Die Hauptsache ist nicht, ein blitzblankes Haus zu haben. Die Hauptsache ist nicht, einen Wettbewerb mit anderen Eltern zu gewinnen. Die Hauptsache sind nicht die Noten oder der Ehrgeiz, in die Fußstapfen der Eltern zu treten, Kapitän der Fußballmannschaft oder ein meisterhafter Cellospieler zu sein.

Die Hauptsache ist, dass Ihre Kinder gesund sind, auf das Leben vorbereitet sind, nach guten Werten leben und ein gutes Gespür dafür haben, wer sie sind und womit sie ihr Leben verbringen wollen. Die absolute *Haupt*sache ist, sie zu lieben und ihnen das *Gefühl zu vermitteln, geliebt zu werden.*

17. Februar

SIE SOLLEN SICH RUHIG FRAGEN, OB SIE ES WISSEN

Als junger Boxer, der gerade erst auf eigenen Füßen stand, war der spätere Weltmeister im Schwergewicht Floyd Patterson einmal so hungrig, dass ihm nichts anderes einfiel, als spätabends zu seiner Mutter zu fahren.

»Sag Mom nicht, dass wir Hunger haben«, bläute er dem Freund ein, der ihn begleitete. »Ich möchte nicht, dass sie erfährt, dass ich mit meinem verdienten Geld nicht auskomme.« Aber kaum hatte Floyd seine Mutter begrüßt, da machte sie ihm auch schon etwas zu essen.

»Bemüh dich nicht, Mom«, sagte er und spielte den Coolen, »wir waren heute Abend in einem Restaurant und haben so viel gegessen, dass wir keinen Bissen mehr hinunterbringen.« *Ist nur ein kleiner Snack*, betonte seine Mutter und servierte ihm eine üppige Mahlzeit. »Ich zerbrach mir immer wieder den Kopf darüber, ob meine Mutter gewusst hatte, dass dies kein Höflichkeitsbesuch gewesen war«, schrieb Floyd später in seinen Memoiren, ob sie wusste, dass »ich nicht nur aus Höflichkeit das Essen hinunterschlang«.

Natürlich wusste sie Bescheid! Eltern wissen es immer! Aber sie verlor kein Wort, tat einfach, was sie tun musste, sorgte sich nicht nur um das Wohlergehen ihres Sohnes, sondern auch um seine Gefühle und seinen Stolz.

Wenn unsere Kinder Hilfe brauchen, besteht unsere Aufgabe darin, diese zu leisten. Zu *helfen* und nicht zu belehren. Zu Diensten zu sein, aber niemals zu demütigen. Auf diese Weise gelingt Ihnen so eine Beziehung, die Floyd und seine Mutter hatten – sodass Ihre Kinder wissen, dass sie jederzeit, bei Tag oder bei Nacht, nach Hause kommen können, um Beistand zu erhalten.

18. Februar
WIE MAN SIE ÜBERZEUGT

»Der Eifer der jungen Leute sollte langsam gezügelt werden, damit wir sie nicht durch plötzliche Hindernisse in die Verzweiflung und ins Verderben treiben.«

GIOVANNI BOCCACCIO

Mary Churchill nahm 1941 den Heiratsantrag eines jungen Mannes namens Eric Duncannon an. Sie war jung und unerfahren. Die beiden kannten sich kaum. Um sie herum tobte der Krieg. Duncannon war offensichtlich nicht der richtige Partner für sie. Natürlich waren ihre Eltern – als Oberhäupter einer politischen Dynastie in einer Zeit streng festgelegter aristokratischer Ehen – besorgt.

Doch wie Erik Larson in seinem Buch *The Splendid and the Vile* schildert, verurteilte Clementine Churchill ihre Tochter nicht, sondern fragte sie nur, ob sie sicher sei, die richtige Wahl getroffen zu haben. Sie missbilligte sie nicht direkt, drückte ihrer Tochter gegenüber jedoch ihre Zweifel aus. Da ihr klar war, dass keine Tochter sich von ihren Eltern vorschreiben lassen will, wen sie heiraten soll, hielt Clementine nach jemandem Ausschau, dem ihre Tochter vertraute, den sie respektierte und den sie frei heraus und zwanglos um seine Meinung bitten konnte. Dabei fiel ihre Wahl auf Averell Harriman, einen von Churchills Beratern, der mit Marys Schwägerin liiert war.

Harriman nahm das junge, impulsive Mädchen zur Seite. »Er sprach all das an, worauf ich selbst hätte kommen sollen«, erwähnte Mary später. Er erklärte ihr, sie habe noch ihr ganzes Leben vor sich. Und dass sie »nicht den erstbesten Antrag annehmen sollte. Du hast noch nicht viele Männer kennengelernt. Es kann sich rächen, sich bei den Entscheidungen in seinem Leben unklug zu verhalten.«

All dies zeigte Wirkung. Nach ein paar Wochen beschloss Mary von selbst, die Verlobung zu lösen. Wohl war es ihr Entschluss, aber später erkannte sie, welches Glück sie gehabt hatte, dass ihre Eltern ihr die Augen geöffnet hatten. »Was wäre passiert, wenn Mummie nicht eingegriffen hätte?«, schrieb sie. »Dem Himmel sei Dank für Mummies gesunden Menschenverstand – ihr Verständnis und ihre Liebe.«

Unsere Kinder werden manches tun, das wir missbilligen, aber äußerst selten – insbesondere, wenn sie älter werden – werden wir sie mit Gewalt oder durch ein Verbot davon abbringen. Wir müssen verständnisvoll sein. Wir müssen geduldig sein ... vielleicht sogar raffiniert. Wir müssen sie beraten und ihnen die Instrumente an die Hand geben, diesen Rat umzusetzen, denn letztlich müssen sie für sich selbst die richtige Entscheidung treffen. Und wir müssen dafür sorgen, dass sie sich unserer Liebe sicher sind, wie auch immer sie sich entscheiden.

19. Februar

NEHMEN SIE DAS BESTE AN

Sie kennen Ihre Kinder von klein an. Sie haben erlebt, wie entzückend sie sein können. Sie wissen, wer sie sind.

Deswegen frage ich Sie: Warum nehmen Sie das Schlimmste an, wenn Ihre Kinder etwas vermasseln, wenn sie eine Prüfung nicht bestehen, wenn sie mit dem Auto einen Unfall bauen, wenn sie in Schwierigkeiten geraten oder Widerworte geben? Warum sind Sie dann wütend auf sie und verurteilen sie? Warum überhäufen Sie sie mit Kritik oder Misstrauen? Sie wissen genau, wie gut und anständig sie sind. Sie wissen, dass sie im Allgemeinen ihr Bestes geben. Sie wissen, womit sie zu kämpfen haben. Sie kennen ihre Ängste, Verletzlichkeiten und Schwächen. Ihnen ist bewusst, was sie durchgemacht haben (wobei Sie auch wissen, dass eine der Herausforderungen, die sie bewältigen mussten, Ihre Art der Erziehung ist!).

Warum also spiegelt sich das nicht in Ihrem Ton wider? In Ihren Vermutungen? Wo bleibt die Freundlichkeit? Wo ist der gute Glaube? Warum reden Sie nicht mit ihnen wie jemand, der an sie glaubt, wie ein Fan? Wo bleibt Ihre Geduld? Wo die Nächstenliebe? Wo ist die bedingungslose Liebe, die Sie angeblich für sie empfinden?

Hm. Stimmt. Oh, und vergessen Sie nicht: All das könnte man auch über Ihr Verhalten Ihrem Ehepartner gegenüber sagen.

20. Februar

DAS SIND DIE REICHSTEN KINDER

Jeder erinnert sich aus seiner Kindheit an die »reichen« Kinder. Selbst reiche Kinder denken da an andere, *noch reichere* Kinder zurück. Wir beneideten sie um ihre Skiausflüge, ihre riesigen Villen, ihre ebenso prachtvollen Ferienhäuser, ihre elektronischen Spielzeuge und ihre Kleider.

Doch wie viele dieser Kinder scheinen, wenn wir sie jetzt als Erwachsene betrachten, doch eher arm gewesen zu sein?

Zu Hause mangelte es ihnen an Aufmerksamkeit. Es fehlte ihnen an Glück und Stabilität. Vielleicht haben ihre Eltern sich ständig gestritten. Vielleicht arbeiteten sie ununterbrochen. Vielleicht hatten sie bestimmte Lieblinge, wozu ihre Kinder aber nicht zählten.

Als Erwachsene erkennen wir, dass Reichtum nicht mit Wohlstand gleichzusetzen ist, zumal »Wohlstand« viele Gesichter hat. Das ist eine gute Nachricht. Wir alle haben die Fähigkeit, unseren Kindern ein Leben in Reichtum zu bieten. Wir können Wohlstand an der Zeit und an der Aufmerksamkeit messen, die wir ihnen zukommen lassen. Daran, ob sie sich beschützt und geborgen fühlen und ob sich ihr Haus wie ein Zuhause anfühlt. Auch wenn wir nur 30 000 Dollar im Jahr verdienen.

Sie können Ihr Kind zum reichsten Kind in der Schule machen, ohne auch nur einen Dollar dafür aufzuwenden.

21. Februar
SEIEN SIE IMMER IHR FREUND

Den Unternehmer Ben Horowitz beriet viele Jahre lang der legendäre Bill Campbell – der sogenannte Trillion Dollar Coach –, bekannt durch seine Arbeit mit Larry Page, Steve Jobs und Sheryl Sandberg. In einer Laudatio für Campbell erzählte Horowitz davon, wie er eine der größten Herausforderungen als Vater bewältigte und wie Campbell ihm dabei zur Seite stand:

> »Mein ältester Sohn Jules stellte fest, dass er transgender war und beabsichtigte, sein Geschlecht durch die Einnahme von Testosteron und eine Operation zu ändern. Es ist unmöglich, genau zu beschreiben, wie man sich als Elternteil in einer derartigen Situation fühlt, aber vor allem war ich voller Sorge – der Sorge, dass er nicht akzeptiert werden würde, der Sorge, dass seine Gesundheit nicht mitspielen würde, der Sorge, dass die Operation nicht gelingen würde, und der Sorge, dass er von irgendeiner intoleranten Gruppe umgebracht würde. Ich war so von Sorge erfüllt, dass ich kaum noch lebensfähig war ... Also beschloss ich, mit Bill zu reden. Als ich dies tat, konnte ich sehen, wie sich seine Augen mit Tränen füllten, und er sagte: ›Das wird sehr hart werden.‹ Dann wollte er umgehend Jules sehen. Und Bill nahm Jules in die Arme und gab ihm zu verstehen, dass er ihn akzeptierte, dass er nicht allein war und dass er immer einen Freund in Bill haben würde. Bill hatte *verstanden.*«

Dieses wunderbare öffentliche Eingeständnis eines privaten Kampfes, berichtet zu Ehren eines persönlichen Mentors, stellt dar, was jedes Kind von seinen Eltern hören will, egal, was es gerade durchmacht: *Es wird Dinge in deinem Leben geben, die sehr schwierig sind. Aber du bist nicht allein. Ich werde immer dein Freund sein.*

22. Februar

SAGEN SIE IHNEN, DASS IHRE LIEBE SIE STETS BEGLEITET

Im Juli 2008 brachte der Journalist David Carr seine Tochter Erin zum Zug nach London, wo sie ihren ersten richtigen Job nach dem College antrat. Erin hatte schwere Jahre hinter sich, denn sie lief Gefahr, Alkoholikerin zu werden. Auch bei der Auswahl ihrer Männer hatte sie nicht immer ein goldenes Händchen. Aber sie brauchte nie daran zu zweifeln, dass ihr Vater sie wirklich liebte.

Als Erin in London eintraf, wartete in ihrem E-Mail-Postfach eine Mail von ihrem Vater auf sie. Verfasst im Ton eines liebevollen Elternteils, die Art Brief, die in Davids Fall – wegen seines tragischen, unerwarteten Todes im Alter von 58 Jahren – seine Tochter noch lange begleiten würde. Der Brief beginnt so:

> »Liebling, wir freuen uns so sehr für Dich. Sei Dir sicher, dass Dich nicht nur unsere Unterstützung und Liebe begleiten, sondern auch unsere Bewunderung und unser Stolz über Deine Entscheidung, Deine Ambitionen kraftvoll in der Welt zu verwirklichen.«

Lassen Sie Ihre Kinder wissen, dass Sie sie lieben, unterstützen und akzeptieren und dass sie gut sind, wie sie sind. Lassen Sie sie wissen, dass Ihre Liebe, Ihre Unterstützung und Ihr Stolz sie begleiten werden, egal, wohin sie auch gehen.

23. Februar

BRINGEN SIE IHNEN FRÜH BEI, WORIN IHR WERT BESTEHT

> »Jungen Leuten muss von klein an beigebracht werden, dass sie kein Gold am Körper tragen oder es besitzen sollten, da sich ihr eigenes Gold in ihrer Seele befindet, was auf die menschliche Tugend hinweist, die ihnen angeboren ist.«
>
> PLUTARCH

Mister Rogers beendete jede Sendung mit einer weisen und zeitlos gültigen Botschaft an die Kinder, die zu einer Art Sprichwort wurde: »Ihr habt diesen Tag zu einem besonderen Tag gemacht, indem ihr einfach ihr selbst wart«, pflegte er zu sagen. »Es gibt keinen Menschen auf der Welt, der so ist wie ihr, und ich mag euch genau so, wie ihr seid.«

Als Eltern müssen wir unseren Kindern beibringen, worin ihr wahrer Wert liegt. Bestimmt nicht in ihren Leistungen. Auch nicht darin, was sie verdienen oder wie sie aussehen. Er ist nicht von außen erkennbar. Ihr Wert für uns, für die Welt, ist angeboren. Es gibt ihn, weil es sie gibt. Weil niemand auf der Welt mit derselben DNA-Kombination oder denselben Erfahrungen und Lebensumständen existiert. Genau das macht sie zu etwas Besonderem – seltener als die seltensten Juwelen und kostbarer als die edelsten Metalle.

24. Februar
ALLES, WAS SIE SICH WÜNSCHEN

Es ist schwer herauszufinden: Was brauchen Kinder *wirklich?* Was *müssen* Eltern tun? Was ist unbedingt notwendig? Was ist fakultativ? Es gibt keine einfache Antwort, aber 2008 kam Präsident Barack Obama in seiner Vatertagsrede, in der er darlegte, was unsere Kinder wirklich benötigen und sich von uns wünschen, einer Antwort nahe.

> »Unsere Kinder sind clever. Sie begreifen, dass das Leben nicht immer perfekt sein kann, dass der Weg manchmal steinig wird und selbst großartige Eltern nicht alles richtig machen. Aber mehr als alles andere wünschen sie sich, dass wir ein Teil ihres Lebens sind ... Letztlich geht es bei der Elternschaft darum – um die kostbaren Momente mit unseren Kindern, die uns mit Stolz und freudiger Erwartung in Bezug auf ihre Zukunft erfüllen; die Gelegenheiten, die wir haben, als Beispiel zu dienen oder einen Ratschlag zu erteilen; die Gelegenheiten, einfach da zu sein und ihnen zu zeigen, dass wir sie lieben.«

Das ist Ihre vorrangigste Aufgabe. Sie sollten ein Teil ihres Lebens sein – ein *positiver Teil.* Sie sind darauf angewiesen, dass Sie da sind, um ihnen Ratschläge zu erteilen, ihnen als Vorbild zu dienen. Um sie zu verstehen und zu lieben.

Alles andere sind Extras.

25. Februar

VERBLÜFFEN SIE SIE EINMAL AUF DIESE WEISE

Ihr Kind rast die Treppe hinauf und Sie halten es auf: »Hey, bevor du verschwindest ...« Sie sehen fern und Ihre Tochter zieht sich ins andere Zimmer zurück: »Hey, ich muss dir etwas sagen ...« Im Hinterhof ringen Ihre Jungs miteinander. Die Tür geht auf und Sie treten hinaus: »Hey, Jungs ...«

Sie vermuten, dass Sie sie an irgendwelche Hausaufgaben erinnern wollen. Oder ihr Outfit kritisieren wollen. Oder sie ermahnen wollen, mit dem Raufen aufzuhören.

Nein, Sie werden sie verblüffen, mit Worten, die wir nicht oft genug aussprechen können: *Ich liebe dich.*

Wir überraschen unsere Kinder, wenn wir ihnen sagen, dass wir sie lieben? Es verwirrt sie, dass wir unsere Gefühle für sie offen zeigen, einfach, damit sie es wissen? Das ist unsere Schuld, nicht ihre. Es sagt etwas über uns aus, nicht über sie. Und es ist etwas, das wir, nicht sie, in Ordnung bringen müssen.

26. Februar
DAS WERDEN SIE SICH WÜNSCHEN

Johnny Gunther war der ganze Stolz und die Freude seiner liebenden Eltern – ein fröhlicher, lustiger, talentierter Junge, der vorhatte, die Harvard University zu besuchen. Und dann war da plötzlich eine Diagnose, der sich ein 15-monatiger Kampf gegen einen Hirntumor und schließlich ein allzu früher Tod anschloss.

Am Ende von *Death Be Not Proud*, den bewegenden Memoiren von John Gunther über das kurze Leben seines Sohnes Johnny, sinniert Johns Frau Frances über den Verlust ihres Sohnes. Was ist geblieben, fragt sie sich, was denkt und fühlt ein Mensch, wenn er auf die allzu kurze Zeit zurückblickt, die ihm mit seinem Kind vergönnt war?

»Ich wünsche mir, wir hätten Johnny mehr geliebt.«

Das war es. Das war es, was sie sich immer wieder sagte. Es ist keineswegs so, dass sie ihn nicht geliebt hätten – niemand kann Gunthers Memoiren lesen, ohne tief davon beeindruckt zu sein, was für eine wunderbare Familie sie gewesen waren. Doch da ihr nun alles geraubt worden war, dachte Frances immer nur an die Gelegenheiten, die sie hätte nutzen können, um ihren Sohn und die gemeinsame Zeit noch mehr zu schätzen.

Hoffen wir, nie einen derartigen Verlust erleiden zu müssen. Kein Elternteil sollte je ein Kind begraben müssen. Doch wir sollten es nicht versäumen, an das Ende unserer eigenen Zeit hier auf Erden zu denken. Wie wird es dann für uns sein? Was werden wir uns in der Rückschau auf unser Leben wünschen? *Wir werden uns wünschen, dass wir unsere Kinder noch mehr geliebt hätten.* Selbst wenn wir es ihnen jeden einzelnen Tag tausendmal auf tausend verschiedene Arten gezeigt haben, werden wir darüber nachdenken, wie selten wir unseren Kindern wirklich vermitteln konnten, wie viel sie uns bedeuten.

Versuchen wir also jetzt, solange wir es noch können, sie mehr zu lieben.

27. Februar
GEBEN SIE SIE IHNEN ... SOLANGE SIE KÖNNEN

»Künftige Liebe gibt es nicht. Liebe kann nur in der Gegenwart gelebt werden.«

LEO TOLSTOI

Der Dichter William Stafford schrieb schöne, wohlüberlegte Gedanken über die Elternschaft nieder. Aber seine letzte Erkenntnis war die beste.

Als Stafford mit 79 Jahren einen tödlichen Herzinfarkt erlitt, fanden seine Frau und seine Kinder auf seinem Schreibtisch ein Stück Papier, auf dem ein kurzer Satz zu lesen war. Vermutlich waren es die letzten Worte, die er in seiner 50-jährigen Laufbahn geschrieben hatte. Diese lauteten: »Und all meine Liebe ...«

Liebe war kein Begriff, den Stafford häufig benutzte. Vielleicht verwenden auch Sie ihn nicht sehr oft. Aber Sie sollten es ... solange Sie es können ... solange Sie noch auf der Welt sind. Und sagen Sie es nicht nur. *Geben* Sie Liebe.

Ihre Kinder, Ihre Familie und Ihre *Lieben* ... sie haben sie verdient. Ihre uneingeschränkte Liebe.

28. Februar
DIE LIEBE IST KEIN SIEGESZUG

»Das Leben ist ein Kampf und eine Reise weit weg von zu Hause.«
Mark Aurel

Leonard Cohen, Vater von zwei Kindern, sagte, die Liebe sei kein Siegeszug, sondern ein kaltes und brüchiges Halleluja.

Es geht nicht darum, Sie als Eltern zu entmutigen. Sie haben Ihr Ticket bereits gekauft und sind jetzt unterwegs. Ich möchte Sie lediglich darauf aufmerksam machen: Sie machen sich selbst etwas vor und werden enttäuscht werden, wenn Sie erwarten, dass diese Reise eine endlose Reihe von Highlights sein wird. Wenn Sie Ihr Leben mit TV-Filmen vergleichen, sind Sie unfair zu sich selbst.

Die Sache ist schwierig. Wirklich schwierig. Es gibt düstere Momente. In einigen Momenten sind Sie überzeugt, keine Ahnung zu haben, was Sie da eigentlich tun, und halten sich für den absoluten Versager. Zudem wird man Sie manchmal tatsächlich einen Versager *nennen.* Aber Sie müssen ihren Weg weitergehen. Sie dürfen weder aufgeben noch verzweifeln.

Denn Ihre Kinder verlassen sich auf Sie.

29. Februar

NUTZEN SIE DIE ZWEITE CHANCE, WENN SIE SIE BEKOMMEN

Als Ihre Tochter morgens um 5:00 Uhr in Ihr Schlafzimmer gestürmt kam, um mit Ihnen zu spielen, sind Sie nicht gerade vor Freude aufgesprungen. Zudem haben Sie Ihrem halbwüchsigen Sohn nur selten Gelegenheit gegeben, mit Ihnen über seine Noten zu sprechen. Beim Abendessen waren Sie abgelenkt, weil Sie ständig einen Blick auf Ihr Handy geworfen haben.

Es führt kein Weg daran vorbei: Sie haben es vermasselt, haben sich nicht von Ihrer besten Seite gezeigt.

Daran ist nicht zu rütteln. Aber die Elternschaft hat ein Gutes: Man bekommt eine zweite Chance. Es gibt jede Menge Schalttage. Und Kinder vergessen schnell. Sie brauchen Sie für etwas anderes. Etwa für viele schwierige Diskussionen. Essen gibt es jeden Abend.

Sie können zwar nicht ungeschehen machen, was passiert ist, aber Sie können beschließen, die zweite Chance zu nutzen, wenn sie sich bietet. Sie können sich motivieren, mit Ihrem Kind zu spielen, auch wenn Sie erschöpft sind. Sie können sich im Zaum halten, bevor Sie wieder toben, und sich daran erinnern, dass Sie den Jungen lieben und er immer noch viel zu lernen hat. Sie können das Handy in die Schublade legen und aufmerksam am Familienessen teilnehmen.

Wir werden nicht ewig Chancen bekommen. Das Morgen ist ungewiss. Das *Heute* ist ein Geschenk, ein Glücksfall (besonders in einem Schaltjahr). Deshalb ist jede Interaktion mit unseren Kindern wichtig und wir sollten sie nicht als selbstverständlich ansehen. Dennoch werden wir es nicht jedes Mal richtig machen. Vielleicht bei einer zweiten Chance? Wir sollten sie dann besser nutzen. Wir sollten uns mehr anstrengen, unser Bestes zu geben.

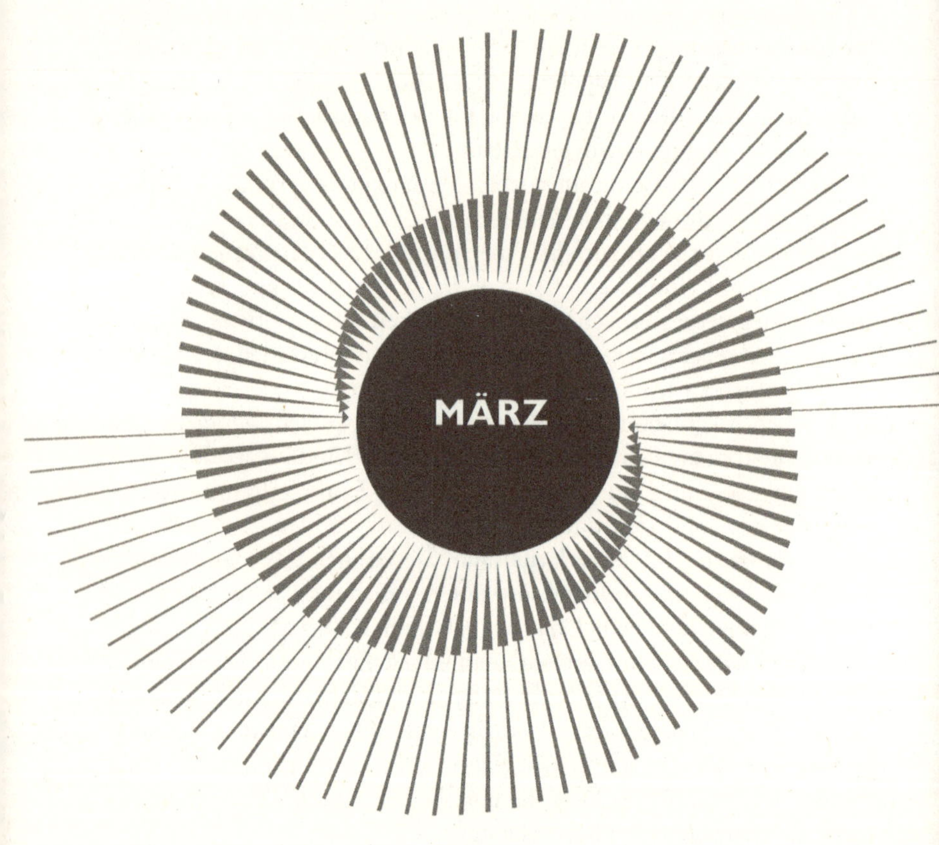
MÄRZ

STELLEN SIE IHRE FAMILIE AN DIE ERSTE STELLE

(ARBEIT, FAMILIE, GESELLSCHAFTS-
LEBEN: WÄHLEN SIE ZWEI AUS)

1. März
SIE KÖNNEN NUR ZWEI AUSWÄHLEN

»Die Zeit reicht nicht, meine Freunde – / Auch wenn der Tag anbricht und Mitternacht schon endet –,/ um Zeit für die Liebe, die Arbeit und die Freunde zu finden.«

KENNETH KOCH

Der überaus produktive Künstler und zweifache Vater Austin Kleon wurde gefragt, wie er zeitlich alles unter einen Hut bringe. »Tu ich nicht«, sagte er. »Im Leben eines Künstlers geht es um Kompromisse.« Und dann verwies er auf eine kurze Regel, die wir alle beachten sollten:

Arbeit, Familie, Gesellschaftsleben. Wähle zwei aus.

Sie können feiern und sich vollkommen einer Beziehung widmen, werden dann aber nicht mehr viel Zeit für die Arbeit haben.

Sie können für Ihren Beruf schuften, der Star der Szene sein, aber was bleibt dann für Ihre Familie?

Wenn Sie genauso viel Engagement für Ihre Arbeit aufbringen wie für eine glückliche Familie, haben Sie keinen Freiraum mehr für etwas anderes.

Es wäre großartig, all dies immer unter einen Hut bringen zu können ... aber das geht nicht. Als Elternteil müssen wir ab der Geburt unserer Kinder Kompromisse schließen: ihre Bedürfnisse versus unsere Wünsche. Anfangs kann das ein echter Schock sein. Aber wenn wir erst einmal wissen, was wir ablehnen sollten und warum, können wir beruhigt und zuversichtlich Ja zu den wichtigen Dingen sagen. Zu all dem, was auf lange Sicht zählt.

2. März

ALLES ANDERE GEHT VORÜBER

»Wenn du ein Narzisst bist, nimmt Mama dir die Kinder weg. Wenn du ein Narzisst bist, verschwinden die Dinge einfach.«

SHAQUILLE O'NEAL

Charles de Gaulle trug maßgeblich dazu bei, Frankreich zu retten, und regierte dieses Land daraufhin. Doch selbst auf dem Höhepunkt seiner Macht gemahnte er sich selbst: »Die Präsidentschaft ist vorübergehend, die Familie dauerhaft.« Entsprechend trennte er sein Privat- von seinem Berufsleben und gewährte sich Freizeit. Er wollte seine Kinder, die so sehr von ihm abhingen, vor allem seine geistig behinderte Tochter Anne, nicht vernachlässigen.

Wir dürfen eins nie vergessen: Wir mögen bedeutend für die Welt sein, aber für eine kleine Gruppe von Menschen, mit denen wir verwandt sind, *verkörpern wir die ganze Welt.* Nichts ist wichtiger als die Familie, und nichts ist beständiger ... bis es das nicht mehr ist. Sie können Ihre Familie verlieren. Sie können Ihre Familie zerstören. Sie können Ihre Familie vertreiben. Und dann ist ihr Verlust dauerhaft.

Streben Sie unter allen Umständen weiter nach Erfolg und verwirklichen Sie Ihr Ziel. Aber lassen Sie dies nicht zulasten der wirklich wichtigen Dinge geschehen.

3. März

SIE SIND KEIN BABYSITTER

Stuart Scott, der verstorbene ESPN-Moderator und Vater zweier Mädchen, saß einmal mit ein paar Freunden und deren Kindern in einem Restaurant. Es war eine dieser herrlichen, idyllischen Szenen. Alle hatten Spaß. Die Kinder benahmen sich ordentlich. Die Väter waren präsent. Alle fühlten sich wohl miteinander. Alles war gut.

Dann tauchte eine wohlmeinende Mutter auf. Als sie Scott erkannte, wollte sie ihm ein Kompliment machen, weil er »die Kinder hütete«. Ihr war nicht bewusst, wie beleidigend das für Scott – und eigentlich für alle Väter – war. Denn Väter *hüten* ihre Kinder nicht.

Babysitting ist etwas, was ein anderer für Sie und für Ihre Kinder tut, im Allgemeinen gegen Geld. Per definitionem ist der Babysitter kein Elternteil des Kindes. Dies waren Scotts Kinder. Er konnte nicht in seinem Namen babysitten, selbst wenn er es gewollt hätte. Das wäre so, als bezeichnete man einen Hausbesitzer jedes Mal, wenn er seine Haustür abschließt, als Wachmann.

Scott erfüllte seine Aufgabe. Er war Vater. Nicht mehr, aber sicherlich auch nicht weniger. Nachdem Scott seinem Krebsleiden erlegen war, schrieb sein Freund: »Wir sahen uns nicht als gelegentlichen Elternteil, welcher der Mutter die Kinder für ein paar Stunden abnahm.«

Betrachten Sie das, was Sie tun, als wichtig, denn das ist es.

4. März

MACHEN SIE ZUGESTÄNDNISSE

König Georg VI., der Vater von Königin Elisabeth II., traf sich jeden Dienstag um 17:30 Uhr mit seinem Premierminister Winston Churchill. Man könnte also annehmen, seine Tochter, die 1952 die Regentschaft übernahm, hätte diese Tradition fortgesetzt, denn schließlich war Elisabeth eine Traditionalistin.

Doch sie machte es anders. Damals hatte Königin Elisabeth zwei kleine Kinder, und alle Eltern wissen, dass um 17:30 Uhr Essenszeit ist und die Kinder danach ins Bett gebracht werden müssen. Um die quälende Frage »Warum spielt Mummy heute Abend nicht mit uns?« zu vermeiden, verlegte Königin Elisabeth die Audienz auf 18:30 Uhr, wie ihr Biograf berichtet. »Das ermöglichte ihr, zu ihren Kindern zu gehen, sie zu baden und ins Bett zu bringen, bevor sie mit Winston Churchill Staatsangelegenheiten besprach.«

Der Punkt ist: Ungeachtet des Alters Ihrer Kinder, sollten Sie zu Zugeständnissen bereit sein. Welchen Beruf Sie auch ausüben mögen, er kann und muss auf unsere wichtigste Aufgabe abgestimmt werden. Wenn die Königin ihr Treffen mit Winston Churchill um eine Stunde verschieben konnte, können Sie die Telekonferenz allemal verschieben.

Die Familie steht an erster Stelle. Noch vor dem Job ... sogar vor den Staatsgeschäften.

5. März

WANN HABEN SIE ZEIT FÜR SIE?

Ruth Bader Ginsburg beschrieb ihre Elternstrategie während ihres Jurastudiums (zu einer Zeit, als so etwas für Frauen vollkommen unüblich war) wie folgt:

> »Unser Kindermädchen kam um 8 Uhr und ging um 16 Uhr. Ich nutzte die Zeit zwischen den Stunden zum Lernen, um die Aufgaben für den nächsten Tag vorzubereiten, aber ab 16 Uhr widmete ich mich Jane. Wir gingen in den Park, spielten, sangen alberne Lieder. Nachdem sie eingeschlafen war, widmete ich mich wieder meinen Büchern. Ich musste die Zeit, die mir zur Verfügung stand, optimal nutzen, durfte keine Zeit verschwenden.«

Natürlich sind Sie beschäftigt. Sie haben einen Job. Sie haben Ihren Ehepartner. Sie haben Ihre Kinder. Sie müssen all die Pflichten eines Erwachsenen erfüllen. All diese Dinge sind wichtig. Wie bringen Sie das alles unter einen Hut?

Die Wahrheit ist, dass Sie *nicht* alles koordinieren können, wenn Sie täglich improvisieren. Irgendetwas wird auf der Strecke bleiben, und allzu häufig ist dies als Erstes die Zeit, die wir mit unseren Kindern verbringen. Weil wir den Fernseher einschalten können. Weil wir sie auf dem Autositz anschnallen und zu unseren Besorgungen mitnehmen können. Weil wir ihnen erklären können: »Tut mir leid, mein Kind. Ich bin gerade beschäftigt.«

Aus diesem Grund kann es sinnvoll sein, bestimmte Zeiten festzulegen. So können Sie sicher sein, dass Ihren Kindern ausreichend Zeit zuteilwird, eine unverhandelbare Zeit. Genauso wie Sie mit Ihrem Job oder allem anderen, das für Sie zählt, verfahren.

Was sagt es über uns als Eltern aus, wenn wir unseren Kindern lediglich den Rest unserer Zeit schenken? Nichts Gutes. Dabei haben *sie* Priorität. Denken Sie daran, wenn Sie das nächste Mal eine weitere neue Verpflichtung in Ihren Terminkalender eintragen.

6. März

SO SETZEN SIE SIE AN DIE ERSTE STELLE

Archie Manning hatte während seiner gesamten Karriere für die New Orleans Saints gespielt. Er war großartig, aber das Team war schrecklich. Jahrelang verloren sie nur. Jahrelang hatte er schlechte Offensivreihen und miserable Draftings ertragen müssen, und nie waren sie auch nur in die Nähe der Playoffs gekommen.

Man könnte also annehmen, dass er froh war, als er zu den Houston Oilers und dann zu den Minnesota Vikings transferiert wurde. Das hätte seiner Karriere neuen Auftrieb geben können. Er hatte noch einige Jahre vor sich, und jetzt bekam er eine reale Chance, einem Gewinnerteam anzugehören ... endlich! Doch stattdessen zog er sich 1984 in den Ruhestand zurück.

Warum? Wegen seines Sohnes Eli. Manning erläutert dies in dem Buch *My First Coach: Inspiring Stories of NFL-Quarterbacks and Their Dads:*

> »Ich spürte, dass meine Beziehung zu Eli nicht ganz so gut war, wie sie es zu Cooper und Peyton in diesem Alter gewesen war ... Ich war weg, und das hat mir überhaupt nicht gefallen. Ich erinnere mich, dass dies für mich zu den großen Freuden des Ruhestands gehörte: dass ich zu Hause war, dass ich rund um die Uhr für Eli da war.«

So sieht vorbildliche Elternschaft aus, wahre Größe – auf und neben dem Spielfeld. Wäre es irgendjemandem aufgefallen, wenn er noch zwei weitere Saisons bei den Vikings gespielt hätte? Würde sich heute jemand daran erinnern? Vielleicht. Vielleicht auch nicht. Wissen Sie, wer es definitiv bemerkt hat? Wissen Sie, wer sich definitiv daran erinnert? Eli. Und er hat zweifellos enorm von der Entscheidung seines Vaters profitiert. Er kann eine glückliche Familie und zwei Super-Bowl-Siege vorweisen.

Wie wäre es, wenn Sie Ihre Familie an erster Stelle sähen? Wenn Sie sie über alles andere stellen würden? Genau werden Sie es erst dann wissen, wenn Sie sich dazu entscheiden, aber Sie können sicher sein, dass es sich großartig anfühlen wird.

7. März
WIE FÜLLEN SIE IHRE KONTEN?

»Jeden Tag unseres Lebens zahlen wir auf das Gedächtniskonto unserer Kinder ein.«

Charles R. Swindoll

Erinnern Sie sich an Ihre eigene Kindheit. Was kommt Ihnen in den Sinn? Die großen, die geplanten Momente? Solche, die im Kalender stehen. Sind es ausschließlich die Vormittage an Weihnachten? Die jährlichen Frühjahrsferien? Die Barbecues am 4. Juli?

Oder sind Ihre Erinnerungen viel banaler?

Was von unserer Kindheit in unserem Gedächtnis verbleibt, sind die kleinen Momente. Wir erinnern uns, wie wir bei einer langen Autofahrt auf dem Beifahrersitz neben Papa saßen. Wir erinnern uns, wie wir nach dem Fußballtraining Pizza essen gingen. Wir erinnern uns, wie wir nach einem Mittagsschlaf die Treppe hinuntergingen, um uns ein Fußballspiel im Fernsehen anzuschauen. Wir erinnern uns an einen bestimmten kleinen Rat. Wir erinnern uns, wie wir nach einem bestimmten Vorfall befürchteten, sie seien böse auf uns, und dann wurden wir stattdessen mit einer Umarmung bedacht.

Ähnlich verhält es sich mit den erlittenen Kränkungen. Sie sind ebenso auf unbedeutende Momente zurückzuführen. Das Gefühl, übersehen zu werden. Angeschrien zu werden, weil wir unsere Schuhe im Wohnzimmer stehen ließen. Der Augenblick, in dem Mama nicht für uns eingetreten ist. Die unausgesprochene Spannung zwischen unseren Eltern, die wir im Wohnzimmer spürten.

Heute können Sie mehrfach auf ihr Gedächtniskonto einzahlen. Wie soll ihr Kontostand einmal aussehen?

8. März

WICHTIG ZU SEIN, IST KEINE ENTSCHULDIGUNG

> »Ich habe hinter unserem Haus ein Büro gebaut. Eines Tages wird meine Tochter es ansehen und denken: Hier arbeitete mein Vater, um für uns zu sorgen. Der Gedanke wird sie mit Wehmut erfüllen. Aber ich hoffe, dass sie nie denkt: Mein Dad mochte dieses Büro mehr als mich.«
>
> Donald Miller

Es wäre großartig, wenn es diese Zitate nicht gäbe, aber dem ist so. Sie stammen von den Kindern berühmter Väter. Von Albert Einsteins Sohn. Von Nelson Mandelas Tochter. Von Kindern, deren Väter Präsidenten, Könige, Rockstars oder CEOs waren. Die Worte lauten etwa so: »Du warst in deinem Job für so viele da, aber du warst nie für mich da«, oder »Du warst in allem, was du getan hast, der Beste ... aber nicht als Vater.«

Es ist erschütternd. Offensichtlich *brauchte* die Welt Nelson Mandela. Sie brauchte auch Eleanor Roosevelt, Steve Jobs und Albert Einstein. Was sie taten, war mühevoll und bedeutend, erforderte Opfer. Es ging zulasten ihrer Familien – das war unvermeidlich.

Aber musste der Preis dafür *so* hoch sein?

Kein Job, keine Karriere und keine Verantwortung rechtfertigen, so wenig Anteil am Leben unserer Kinder zu nehmen. Von Bedeutung zu sein, eine Berufung zu haben, Erfolge zu erzielen, ist großartig. Aber darüber dürfen Sie Ihre wichtigste Aufgabe nicht vergessen: Vater oder Mutter zu sein. Für *sie* da zu sein. Eine großartige *Mutter* oder ein großartiger *Vater* zu sein.

Denn wenn Ihre Tage im Rampenlicht vorbei sind, Ihr Ruhm und Ihre Berühmtheit verblasst sind, sind Sie immer noch ein Elternteil, und Ihre Kinder werden Sie immer noch für die Dinge brauchen, für die Kinder ihre Eltern schon immer benötigt haben.

9. März
DAS IST DER EINZIGE ERFOLG, DER JETZT ZÄHLT

> »Jedes Mal, wenn Sie Schuldgefühle haben, weil Sie irgendeine verrückte, unrealistische Forderung nicht erfüllen können, fragen Sie sich: ›Hilft mir das, meine Beziehung zu meinen Kindern zu verbessern? Und hilft dies meinem Umfeld?‹«
>
> Jessica Grose

Bevor wir Eltern wurden, jagten wir alle dem Erfolg auf unsere Weise nach. Einige von uns strebten mehr danach als andere. Einige von uns hatten Erfolg. Andere nicht. Dann bekamen wir Kinder. Und was hat sich dadurch geändert? Nun, die Elternschaft nahm auf jeden Fall mehr von unserer Zeit und Energie in Anspruch. Finanzielle Sicherheit wurde dadurch wichtiger. Die Elternschaft ließ uns erwachsen werden. Vor allem aber veränderte sie unsere Definition von Erfolg grundlegend und unwiderruflich. Wie Theodore Roosevelt erklärte:

> »Es gibt viele Arten von Erfolg im Leben, die es wert sind. Es ist höchst interessant und attraktiv, ein erfolgreicher Geschäftsmann zu sein, ein Eisenbahner, ein Landwirt, ein erfolgreicher Anwalt oder Arzt, ein Schriftsteller, ein Präsident, ein Rancher oder der Oberst eines Kampfregiments, oder auf Löwen- und Grizzly-Jagd zu gehen. Aber ein Haushalt mit Kindern sorgt für ständiges Interesse und für Freude, wenn alles einigermaßen gut läuft, und lässt im Vergleich dazu alle anderen Formen von Erfolg und Leistung unwichtig erscheinen.«

Natürlich wollen wir alle gut in unseren Jobs sein. Wir wollen Meisterschaften gewinnen oder Großkunden an Land ziehen. Wir wollen Anerkennung und den Nervenkitzel der Jagd. Aber wir wissen jetzt – weil wir es erfahren haben –, wie klein all das im Vergleich zu einem ruhigen Abend zu Hause erscheint, zu einem Sonntag im Park, zu einem vergnüglichen Frühstück, oder wenn unsere Kinder vom Bürgersteig direkt in unsere Arme laufen.

Das ist der einzige Erfolg, der jetzt zählt.

10. März

WILLKOMMEN IN DER UNVERMEIDBAREN REALITÄT

Als der Sohn des Kolumnisten und Autors David Brooks geboren wurde, sandte ein Freund ihm eine E-Mail, in der nichts weiter stand als: »Willkommen in der Welt der unvermeidbaren Realität.«

Jeder Vater weiß, was das heißt. Es fasst die Bedeutung der Elternschaft hervorragend zusammen. Die größte Veränderung bei der Geburt eines Kindes betrifft nicht in erster Linie die Finanzen, auch nicht den Schlafmangel, nicht einmal die Pflicht, sich um jemand anderen zu kümmern, oder den Stress, den die Elternschaft für Ihre Beziehungen bedeutet. Sie konfrontiert Sie unweigerlich damit, nicht mehr im Mittelpunkt ihrer eigenen Welt zu stehen – etwas, das Ihnen in keiner Weise bewusst war.

Als Erwachsener taten Sie, was Sie wollten. Alles lief in einem normalen Zeitrahmen ab. Sie trafen Entscheidungen und gingen Verpflichtungen ein, und das war's. Die Welt erschien Ihnen logisch und Sie hatten sie unter Kontrolle. Aber jetzt hat sich die Realität für den Rest Ihres Lebens verändert. Wann können Sie auf der Party sein? Wenn Ihre Tochter von ihrem Mittagsschlaf aufwacht, erst dann. Ihre Kinder haben Grippe? Und schon sind Sie auch krank. Die Kinder haben einen stressigen Vormittag oder leiden unter typischen Teenager-Hormonproblemen? Sieht ganz danach aus, als wären Sie auch davon betroffen! Unvermeidbare Realität bedeutet, dass Sie nichts mehr in der Hand haben. Es bedeutet, die nächsten 90 Minuten im Sandkasten zu sitzen und zu spielen, weil Sie auf keinen Fall einen Wutanfall riskieren wollen. Die unvermeidbare Realität sind Wochenenden mit Fußballspielen, Abende mit Schulaufführungen, Fahrgemeinschaften und das Abholen von der Schule. Es bedeutet, dass Sie nicht einfach das Abendessen ausfallen lassen oder etwas unterwegs essen können – so funktioniert Ihr Leben nicht mehr.

So sind Sie jetzt. Das ist die unvermeidbare Realität. Und wissen Sie, was? Sie ist großartig. Gewöhnen Sie sich daran.

11. März
ES GEHT DARUM, DA ZU SEIN ... HÄUFIG

»Glauben Sie etwa nicht, dass beides dasselbe bedeutet? Liebe und Aufmerksamkeit?«

Greta Gerwig

Wie dringen Sie zu Ihren Kindern durch? Wie zeigen Sie ihnen, was richtig ist? Wie können Sie ihnen beweisen, wie viel sie Ihnen bedeuten?

Die Antwort ist einfach: Sie können einfach da sein. Häufig. Es heißt, *Liebe* sei identisch mit Zeit. Das stimmt. Ihre Kinder müssen nicht nachgrübeln, müssen weder Sie, Ihren Partner noch sonst jemanden fragen, was Sie für sie empfinden, sofern Sie ständig anwesend sind, um es ihnen zu zeigen. *Sofern Sie der Zeit mit ihnen oberste Priorität eingeräumt haben.* Da zu sein, mindert auch den Druck, in schwierigen Situationen »die richtigen Worte zu finden«, da Sie die ganze Zeit im ständigen Gespräch mit Ihren Kindern sind. *Die Worte sind da.*

Aber um ein guter Elternteil zu sein, bedarf es nicht nur dieser entscheidenden Augenblicke. Es geht nicht nur darum, für sie zu sorgen oder sie auf eine gute Schule zu schicken, damit sie im Leben eine Chance haben. Es geht hauptsächlich und überwiegend um die Zeit, die wir ihnen täglich widmen. Es geht darum, ihnen täglich als Vorbild zu dienen, ihnen zu zeigen, wie ein guter Mensch zu sein hat. Es kommt darauf an, ihnen bei jedem Zusammensein zu zeigen, wie sehr sie Ihnen am Herzen liegen, dass sie wichtig sind und geliebt werden.

Es geht darum, für sie da zu sein – häufig.

12. März

SIE MÜSSEN AN ERSTER STELLE STEHEN

Königin Elisabeth II. war gerade von einer sechsmonatigen Auslandsreise zurückgekehrt. Ihre Kinder waren tagelang an Bord der königlichen Jacht gewesen und warteten voller Sehnsucht auf ihre Rückkehr. Hatte sie ihnen Geschenke mitgebracht? Würde sie ihnen wunderbare Geschichten erzählen? Würde sie sie mit Küssen überhäufen?

Als sie an Bord der Jacht kam, rannte ihr Prinz Charles, der künftige König, entgegen. Die Königin, die sich immer streng ans Protokoll hielt, begrüßte jedoch zuerst höflich eine Gruppe von Würdenträgern. »Nein, nicht du, mein Lieber«, schalt sie ihn und erfüllte erst ihre Pflicht, bevor sie ihre Familie umarmte.

Sogar 65 Jahre nach dieser Episode, auch wenn man selbst einen wichtigen Job bekleidet und sich streng an Regeln hält, selbst wenn man Charles nicht mag, bricht es einem immer noch das Herz, sich daran zu erinnern. Vor allem, da man weiß, dass sie es besser wusste und ihre wöchentliche Audienz mit dem Premierminister verschoben hatte, um beim Abendessen bei ihren Kindern zu sein.

Aber jetzt, nach so langer Trennung, begrüßte sie ihren sechsjährigen Sohn mit diesen Worten? Was hatte sich geändert? Sah sie denn nicht die schreckliche Symbolik? Tatsächlich ihre Pflicht als Königin über ihre Familie zu stellen, obwohl diese sechs Monate auf sie verzichten musste?

Ihre Kinder müssen an erster Stelle stehen. Nicht nur in den ersten Monaten oder Jahren, sondern immer. Sagen Sie zu ihnen: »Ja, jetzt zu dir, mein Herz«, und niemals das Gegenteil.

13. März

LASSEN SIE SICH NICHT VON IHRER FAMILIE FERNHALTEN

Ein paar Wochen vor seinem tragischen Tod erhielt Kobe Bryant eine Nachricht von einer ESPN-Reporterin. Sie arbeitete gerade an einer Story über einen bestimmten Moment in der Geschichte der Lakers (Baseballmannschaft) und wollte Kobe darin einbeziehen. Derlei Anfragen erhalten Personen des öffentlichen Lebens ständig. Das gehört zu ihrem Beruf – zu den Aspekten, die sie an diesem Job überhaupt erst reizen. In den Nachrichten zu sein, zu erreichen, dass man ihre Meinung hören will, um die eigene Marke bekannt zu machen. Kobe erwiderte: »Ich kann gerade nicht. Meine Mädchen halten mich auf Trab. Melden Sie sich in ein paar Wochen wieder.«

Hätten Sie den Mut, ein solche Nachricht zu senden? Wie entschieden setzen Sie Ihre Familie an die erste Stelle? Wie gut können Sie die endlosen Anfragen, Gelegenheiten, Zumutungen und Verpflichtungen abwehren, die insbesondere mit Ihrem Beruf und allgemein mit Ihrem Leben zusammenhängen? Es ist so einfach, sich von anderen Menschen die Zeit stehlen zu lassen, sich von dem, was Ihnen wichtig ist, fernhalten zu lassen: von Ihren Kindern und Ihrer Familie.

Kobe Bryant ist leider keine Zeit mehr mit seinen Kindern vergönnt, und diese können keine Zeit mehr mit ihm verbringen. Daher ist seine Nachricht eine so nachhaltige Erinnerung – eine letzte »Heldentat«, die diejenigen von uns inspirieren soll, die im Schatten seines Todes leben.

Achten Sie darauf, dass Ihre Familie und Ihre Kinder an erster Stelle stehen. Lehnen Sie alles andere höflich ab, und teilen Sie mit, dass Sie zu beschäftigt sind. Sie haben andere Prioritäten.

14. März

KENNEN SIE SIE?

Diese Geschichte kann man nicht erfinden. Der 2. Earl of Leicester ging den Flur seines prächtigen Anwesens entlang. Ein junges Kindermädchen ging mit einem Kind an der Hand an ihm vorbei. »Wem gehört das Kind?«, fragte er sie. Es verschlug ihr vor Verblüffung die Sprache, und sie brachte mühsam hervor: »Euch, Mylord.«

Es erübrigt sich, zu erwähnen, dass der Graf kein glückliches Leben führte und einsam starb.

Zum Glück sind die meisten von uns heutzutage nicht so unnahbar. Niemand würde eine solch ignorante Vaterschaft heute akzeptieren oder dulden – und auch nicht den aristokratischen Hände-weg-Stil, für den die Engländer bekannt waren. Dennoch bleibt die Frage: »Wie gut kennen Sie Ihre Kinder *wirklich*?«

15. März
IHRE BEDÜRFNISSE SIND SO BESCHEIDEN

»Ihre Kinder interessieren Ihre Karriereerfolge nicht ... Sie wünschen sich nur einen Elternteil, der emotional präsent ist und sie unterstützt.«

Ben Stiller

David Letterman war der König der Late-Night-Shows, die über 33 Staffeln liefen und ihn somit zum dienstältesten Late-Night-Show-Talkmaster in der Geschichte des amerikanischen Fernsehens machten. Auf dem Höhepunkt seiner Karriere verdiente er etwa 30 Millionen Dollar pro Jahr und verbuchte jede Woche viele Millionen Zuschauer.

2014 verkündete Letterman seinen Rücktritt. An dem Tag, an dem er sich dazu entschied, ging er zu seinem kleinen Sohn Harry (einem Nachkömmling) und erklärte ihm: »Ich verlasse den Sender, ich gehe in den Ruhestand. Ich werde nicht mehr jeden Tag zur Arbeit gehen. Mein Leben ändert sich, unser Leben wird sich ändern.«

»Kann ich dann noch Cartoon Network sehen?«, wollte sein Sohn wissen. »Ich denke schon, da muss ich mal schauen«, erwiderte Letterman. Da stand er nun, verzichtete auf einen der begehrtesten Posten im Fernsehen und auf Millionen von Dollar, und die Hauptsorge seines Sohnes bestand darin, ob *er* noch weiterhin fernsehen konnte.

Unsere Kinder lassen uns manchmal demütig dastehen. Wir glauben, von so großer Bedeutung zu sein, halten unseren Job für so wichtig. Doch im Grunde reden wir uns das ein – dass wir so viele Stunden arbeiten, um ihnen einen gewissen Lebensstandard zu ermöglichen. Dabei sind die Bedürfnisse unserer Kinder bescheiden. Vor allem wollen sie, dass wir für sie da sind. Und darüber hinaus? Sie geben sich mit Snacks zufrieden, mit gelegentlichen Videospielen, mit einem Magneten, den Sie vom Flughafen auf dem Rückweg von einer Geschäftsreise mitbringen. Mit einem Elternteil, der sie nicht ständig anschreit. Sie sind leicht zu beeindrucken, und ihre Bedürfnisse sind bescheiden.

16. März

OHNE KAMPF GEHT ES NICHT

In den 1980er-Jahren, während ihrer Amtszeit als erste weibliche Richterin am Obersten Gerichtshof, fragte ein Juraprofessor Sandra Day O'Connor bei einer Veranstaltung für Richterinnen: »Wie bringen Sie Ihre Familie und Ihre Karriere unter einen Hut?« O'Connor antwortete: »Die Familie steht immer an erster Stelle.«

Es war eine beeindruckende Antwort, aber alle Frauen im Saal wussten, dass dies nur die halbe Wahrheit war. O'Connors Biograf schrieb, den anwesenden Frauen wäre klar gewesen, dass die eigentliche Antwort auf die Frage »durch ständigen Kampf«, durch schmerzhafte Entscheidungen und Kompromisse, lautete. Eines ist klar: Es ist wichtig, Ihrer Familie Vorrang vor Ihrem beruflichen Ehrgeiz einzuräumen, aber es ist *schwierig*. Wäre es das nicht, würden es alle Eltern schaffen.

O'Connor äußerte sich später darüber, wie »unglaublich schwierig« es gewesen sei, Beruf und Familie unter einen Hut zu bringen. Sie versuchte, mit ihren weiblichen und männlichen Rechtsreferendaren über diesen Balanceakt zu sprechen, redete offen darüber, wie schwer dieser war. Sie gab ihre eigene Erfahrung weiter. Und das Wichtigste: Indem sie offen darüber sprach, wussten die Referendare und wissen jetzt auch wir, dass es ohne Kampf nicht geht.

17. März

SIE WERDEN ES NIE BEREUEN, MIT IHREN KINDERN GESPIELT ZU HABEN

Auch wenn Sie gerade in Ihre Arbeitskleidung geschlüpft sind. Auch wenn Sie schon zu spät dran sind. Auch wenn der Pool eisig kalt ist. Auch wenn Ihre Kinder Sie in letzter Zeit geärgert haben oder schwer zu ertragen waren. Auch wenn das Gewicht der ganzen Welt auf Ihren Schultern lastet. Sie werden es nie bereuen, wenn Sie alles stehen und liegen lassen, um mit Ihren Kindern zu spielen. Sie werden es nie bereuen, mit ihnen ins Wasser gesprungen zu sein, mit ihnen den Videospiel-Controller in die Hand genommen zu haben, ein paar Minuten mit ihnen verbracht und den Samstag zu einem Familiensamstag gemacht zu haben.

Sie werden immer froh sein, sich die Zeit genommen zu haben. Denn niemand von uns weiß, wie viel Zeit uns vergönnt ist. Es gibt keine bedeutendere Botschaft als diese: »Für mich gibt es nichts Wichtigeres als dich.« Auch wenn Sie noch so beschäftigt sein mögen, noch so viel zu tun haben, eines steht fest: dass sich Ihre Gemütsverfassung durch eine kurze Beschäftigung mit der Welt des Kindes verbessert und Ihr Geist erfrischt wird.

Mit Sicherheit werden Sie es bereuen, zu viele dieser Chancen verpasst zu haben, im Grunde genommen wissen Sie, dass Sie das bereits tun ... weil es bereits vorgekommen ist.

18. März

DAS IST DIE WAHRE VATERSTEUER

Einer der Vorteile der Elternschaft ist die sogenannte Vatersteuer – am Eis der Kinder zu schlecken, von ihren Halloween-Süßigkeiten zu naschen, das größte Schweinekotelett auf dem Servierteller zu bekommen. Es ist Ihr Haus, Sie sind größer als sie und können somit jederzeit etwas von Ihren Kindern einfordern.

Der in ärmlichen Verhältnissen in Washington, D.C., aufgewachsene Basketballtrainer John Thompson erinnert sich, wie sein Vater immer das aufaß, was er und seine Geschwister auf ihren Tellern übrig ließen. Aber als er älter wurde, erkannte er daran eine andere Art der Vatersteuer – eine, die sein Vater entrichtete, nicht eintrieb. »Jetzt wird mir klar, wie hungrig dieser Mann gewesen sein muss, sich aber opferte, damit wir mehr zu essen hatten als er«, schrieb Thompson in seinen Memoiren. »War ich so selbstsüchtig, nicht zu durchschauen, warum er an dem Schweinekotelettknochen herumkaute, den ich auf dem Teller gelassen hatte, und warum er die Sauce auf meinem Teller auftunkte? Mein Vater sorgte für uns. Er verzichtete aufs Essen, damit wir genug hatten.«

Die Familie an die erste Stelle zu setzen, ist nicht nur eine Frage Ihres Zeitplans. Der Autor Simon Sinek schrieb, dass »Führungskräfte als Letzte essen«. Das sollte auch auf Väter zutreffen, denn gemäß der inhärenten, unbestrittenen Verantwortung, die sie mit der Elternschaft übernommen haben, haben ihre Kinder Priorität. Sie bekommen den größten Teil von dem, was zur Verfügung steht. Sie bekommen nicht unbedingt das größte Schweinekotelett, sondern so viele, wie sie brauchen. Sie sollen wirklich Spaß am Leben haben. Wenn dann etwas übrig bleibt, sei es auch noch so gering, bekommen Sie vielleicht auch etwas ab.

19. März

TUN SIE IHNEN DAS NICHT AN

Als Angela Merkel ein junges Mädchen war, war ihr Vater viel unterwegs, um die Mitglieder seiner Kirchengemeinde zu besuchen. Er musste zudem an Tagungen teilnehmen und kirchliche Angelegenheiten erledigen. Wie jeder von uns war er sehr beschäftigt. Er war verantwortlich für sein kirchliches Amt, ihm oblagen sowohl die spirituelle Verantwortung als auch die Verantwortung als Erwachsener.

Das belastete die Familie. »Das Schlimmste war, wenn er sagte, er sei gleich zurück«, bemerkte Angela Merkel später, »aber dann dauerte es Stunden, bis er wiederkam.« Häufig wartete sie stundenlang auf der Straße und hoffte, er würde jeden Augenblick auftauchen, wurde aber immer wieder enttäuscht.

Jeder von uns verhält sich so auf die eine oder andere Weise. »Ich bin gleich zurück«, erklären wir unseren Kindern und gehen los, um etwas zu erledigen. »Ich muss nur noch schnell telefonieren«, sagen wir und vertrösten sie immer wieder, während sie uns anbetteln, mit ihnen draußen zu spielen.

»Das Abendessen ist bald fertig«, erklären wir, obwohl wir wissen, dass es noch viel länger dauern wird. »Ich bin noch vor der Dunkelheit zu Hause, Ehrenwort«, sagen wir, als sei der Verkehr kein Problem. Ähnlich wie bei Merkels Vater ziehen sich unsere Ausflüge und Reisen in die Länge, und wir verpassen allerlei ... oder lassen sie warten.

Keiner von uns hat seine Zeit oder seinen Zeitplan völlig im Griff, aber wir haben es in der Hand, wie wir mit unseren Kindern reden – wir haben es in der Hand, was wir versprechen und inwiefern wir es halten. Und es ist wichtig, das ernst zu nehmen. Wir sollten von unseren Kindern nicht einfach erwarten, damit umgehen zu können. Wir sollten mit ihnen kommunizieren und sie respektvoll informieren. Sie verdienen eine Erklärung, was uns von ihnen fernhält, was sie von dem abhält, was wir als verantwortliche Erwachsene ihnen bieten sollten. Es ist zweifellos eine Pflichtübung, aber noch wichtiger: eine Vertrauensfrage.

20. März

SIE WERDEN SIE NICHT EWIG BITTEN

»Manchmal erkennt man den Wert eines Augenblicks erst dann, wenn er zur Erinnerung wird.«

Dr. Seuss

Sie werden Sie nicht immer wieder bitten, mit ihnen schwimmen zu gehen, neben ihnen zu sitzen, ihnen bei den Hausaufgaben zu helfen und über ihr Problem zu sprechen.

Nicht, weil Sie nur eine bestimmte Anzahl von Sommern und Autofahrten und Augenblicken mit Ihren Kindern haben werden – wobei das auch zutrifft. Ihre Kinder werden Sie nicht ewig bitten, denn irgendwann werden sie die Botschaft verstehen.

Papa ist zu beschäftigt; es macht keinen Spaß mehr mit ihm. Mama nörgelt immer; sie sollte man besser nicht fragen.

Das ist die Botschaft.

Das bedeutet, dass Sie die Antwort nicht auf später verschieben sollten. Sie können es sich nicht leisten, aus der Haut zu fahren, weil Ihre Kinder Sie das x-te Mal gefragt haben. Sie sollten Ihr Bestes geben, völlig präsent sein und sich von der lustigsten Seite zeigen. Denn sie bitten Sie in diesem Augenblick um etwas.

Das ist Ihre Chance, die Sie nicht vermasseln dürfen. Sie dürfen Ihnen nicht die falsche Botschaft senden, sondern sollten die Gelegenheit beim Schopf packen. Zeigen Sie ihnen, wer Sie sind.

21. März

WENN SIE WOLLEN, DASS SICH IHRE KINDER GUT ENTWICKELN

Für Seneca gehörte Reichtum zu den »bevorzugten indifferenten Dingen«. Reichtum ist weder gut noch schlecht, aber es ist angenehm, darüber zu verfügen. Er hatte recht. Geld macht manches besser. Sicherlich ist es besser Geld zu haben, als keines zu haben. Aber es ist ein Irrtum anzunehmen, Geld würde auf magische Weise eine schöne Kindheit schaffen.

Es stimmt nicht, dass Geld Ihren Kindern ein gutes Leben garantiert. Es trifft nicht zu, dass es sie vor Schmerz oder Verlusten bewahrt. Es stimmt auch nicht, dass Geld auf ihrer Wunschliste ganz oben steht.

Ihre Kinder wollen vor allem *Sie*. Was sie wirklich brauchen, sind *Sie*. Dear Abby formulierte es in den 1950ern treffend in einer Kolumne: »Wenn Sie wollen, dass Ihre Kinder gut geraten, verbringen Sie doppelt so viel Zeit mit Ihnen und geben Sie halb so viel Geld für sie aus.«

Sie können nicht wirklich jemanden dafür bezahlen, für Ihre Kinder da zu sein. Sie können nicht jemanden dafür entlohnen, Ihre Aufgabe zu erfüllen. Gewiss, Geld erleichtert manches; man kann damit die Kinderbetreuung und Nachhilfelehrer finanzieren. Aber es wird nie denselben Stellenwert erreichen, wie für sie da zu sein, ihnen als gutes Beispiel zu dienen und ihnen zu zeigen, dass sie Ihnen am Herzen liegen und Sie sie schätzen.

Und der Beweis dafür? Denken Sie nur daran, wie viele bedeutende Menschen auch ohne viel Geld ihren Weg gemacht haben.

22. März

SIE SIND IHR WERK

»Wenn du liebst, möchtest du etwas dafür tun. Du möchtest Opfer bringen. Du willst dienen.«

ERNEST HEMINGWAY (AUS: *A FAREWELL TO ARMS*)

Wir alle sind beschäftigt. Wir müssen mit widersprüchlichen Verantwortlichkeiten umgehen und daneben noch vieles mehr managen. Trotzdem dürfen wir nicht vergessen, worin unsere vordringliche, unsere *eigentliche* Aufgabe besteht. Der Wirtschaftswissenschaftler Bryan Caplan erklärt seinen vier Kindern, die er alle zu Hause unterrichtet: »Ihr seid keine Unterbrechung meiner Arbeit, ihr seid meine Arbeit.«

Unsere Aufgabe ist es, großartige Kinder zu erziehen. Oder genauer gesagt, unsere Aufgabe ist es, großartige *Erwachsene* zu erziehen. Die Zeit mit unseren Kindern – sei es beim Unterricht zu Hause oder vor dem Fernseher auf der Couch – ist keine Ablenkung von unserer Arbeit. Es ist unsere Arbeit, essenzielle Arbeit.

Welcher berühmte Mensch könnte sein Leben als erfolgreich betrachten, wenn seine Kinder es schwer hätten? Wer würde mit Freuden den Nobelpreis entgegennehmen, wenn er wüsste, als Elternteil versagt zu haben? Was nützt eine Milliarde Dollar, wenn kein Geld der Welt Ihre Kinder überzeugen könnte, in den Ferien nach Hause zu kommen?

Deshalb können unsere Kinder niemals unsere Karriere »beeinträchtigen« oder uns »bremsen«. Sie können unsere Arbeit nicht unterbrechen, weil sie unsere Arbeit sind.

23. März
SIE SIND DER ERHABENE SCHÖPFER

Was auch immer Sie erreicht haben oder zu erreichen hoffen: Es gibt etwas, das Sie niemals übertreffen können. So schrieb die katholische Aktivistin – und eventuelle künftige Heilige – Dorothy Day:

> »Wenn ich das berühmteste Buch geschrieben, die größte Sinfonie komponiert, das schönste Gemälde gemalt oder die kunstvollste Figur geschnitzt hätte, hätte ich mich nicht erhabener als Schöpfer fühlen können, als in dem Augenblick, in dem man mir mein Kind in die Arme legte ... Kein menschliches Wesen könnte eine solche Fülle an Liebe und Freude empfangen oder in sich aufnehmen, wie ich sie nach der Geburt meines Kindes empfand. Dies erweckte das Bedürfnis, zu verehren und zu vergöttern.«

Sie erinnern sich an das Gefühl, das Sie durchflutete, als Sie Ihre Kinder zum ersten Mal im Arm hielten. An das Gefühl, wenn sie sich in Ihre Arme werfen und Sie Daddy nennen, oder wenn sie in Ihr Zimmer kommen und Sie um Rat fragen, oder wenn Sie ihnen am Tisch gegenübersitzen und ihnen beim Essen zusehen. Dieses Gefühl – eine Mischung aus Stolz, Liebe und Verbundenheit – sollten Sie immer in Ihrem Herzen tragen.

Sie haben das geschafft. Sie sind der erhabene Schöpfer dieses Kindes. Beweisen Sie es durch Ihr Verhalten als Elternteil.

24. März

GEBEN SIE, WAS SIE NICHT BEKOMMEN HABEN

NFL Wide Receiver Marqise Lee unterbrach 2020 seine Footballkarriere. Er sollte für Bill Belichick eingesetzt werden, wozu es aber nicht kam. Nicht etwa, weil er erschöpft gewesen wäre oder die Schinderei gescheut hätte – als Sportler und Footballspieler befand er sich auf dem Höhepunkt seiner Laufbahn.

Nein, er hatte sich deshalb für eine Auszeit entschieden, weil COVID-19, wie bei so vielen anderen Menschen auch, alles auf den Kopf stellte. Der Sport ist, genau wie das Geschäftsleben, mit Reisen und Stunden im Büro verbunden, fern von der Familie. Aber aufgrund der COVID-19-Sicherheitsprotokolle, mit beschränktem Kontakt zur Familie und zu Freunden, unterschied sich diese NFL-Saison von den vorherigen. Für Lee hätte sie zu lange Abwesenheiten bedeutet, länger, als er bereit war zu ertragen. Gegenüber ESPN äußerte er:

> »Menschen, die meinen Hintergrund, meine Herkunft und dergleichen kennen, wissen, dass ich meinen Dad nicht wirklich in meinem Leben hatte. Während ich heranwuchs, hatte ich außer meinen Trainern nie eine richtige Vaterfigur an meiner Seite. Nun aber habe ich die Chance, für meine Tochter da zu sein. Ich hatte gehofft, sie könne in dieser Saison zuschauen, aber das war ihr offensichtlich nicht möglich. Ich hatte das Gefühl, dass es wichtig war, dieses Jahr mit ihr zu verbringen, und nächstes Jahr mit dem Football weiterzumachen. Letzten Endes wird der Football dann auch noch da sein.«

Lee räumte seiner Familie absolute Priorität ein. Er tat etwas, was sein Vater nicht für ihn gemacht hatte. Er zog eine Grenze. Er beschloss, das Kostbarste, was wir mit unseren Kindern teilen können, nicht zu vergeuden: die Zeit. Wir alle müssen diese Entscheidung treffen.

25. März
WARUM HAST DU DIR KEINE ZEIT FÜR MICH GENOMMEN?

»Von Alexander, dem Platoniker: Den Leuten nicht ständig zu sagen (oder zu schreiben), dass ich so viel zu tun habe, wenn das nicht wirklich der Fall ist. Und mich nicht ständig unter dem Vorwand ›dringender Geschäfte‹ der Verantwortung für die Menschen um mich herum zu entziehen.«

MARK AUREL

Ich hoffe, es geht dir gut«, schrieb der junge Winston Churchill 1886 aus dem Internat an seinen vielbeschäftigten Vater. »Als du am Sonntag in Brighton warst, hast du mich nicht besucht.« Es war nicht das einzige Mal, dass er seinem Vater so etwas schrieb. »Ich verstehe nicht, warum du mich in Brighton nicht besucht hast. Ich war sehr enttäuscht, aber ich vermute, du warst mal wieder zu beschäftigt.«

Josh Ireland stellt in seinem faszinierenden Buch *Churchill and Son* fest, dass es nicht nur um die Enttäuschung des Jungen geht, die sich nach all den Jahren bemerkbar macht, sondern auch um seine traurigen Versuche, den Egoismus seines Vaters zu rationalisieren.

Wir werden keine vollkommenen Eltern sein. Wir werden Fehler machen. Aber wir müssen unser Bestes tun, um diese qualvolle Frage zu vermeiden: *Warum hast du dir keine Zeit für mich genommen?* Es gibt nämlich keine gute Antwort darauf. Und *ihre eigene* rationalisierende Antwort kann sie verwirren und den Schaden unserer Abwesenheit verdoppeln.

Für Ihre Kinder ist es unwichtig, dass Sie Präsident sind. Es schert sie wenig, dass jetzt die hektische Verkaufssaison ist. Es ist ihnen egal, dass Ihre eigenen Eltern krank waren. Es kümmert sie nicht, dass Sie um das Sorgerecht gestritten haben. Für sie ist nur wichtig, dass Sie nicht da waren.

Zeit wird nicht gegeben, sie wird genommen. Wir müssen uns Zeit nehmen. Das ist unsere Aufgabe und unsere oberste Priorität.

26. März

DAS BEDEUTEN SIE IHNEN

Sean Lennon, der einzige Sohn von John Lennon und Yoko Ono, musste ohne Vater aufwachsen. Eine tragische Geschichte. John Lennon wurde vor seinem Wohngebäude in New York City ermordet, als Sean fünf war. Dennoch formten ihn die wenigen Jahre, die Sean mit seinem Vater erleben durfte, zu dem Mann, der er heute ist.

In einem Interview mit Marc Maron erklärte Sean, wie fast täglich jemand ihn kontaktiere und in etwa sagte: »Du hast ja *keine Ahnung*, was dein Vater mir bedeutet hat«, oder: »Du *kannst dir nicht vorstellen*, wie wichtig die Musik deines Vaters für mich ist.«

Sean erklärte, das sei eine seltsame Behauptung, denn natürlich verstehe er es. John Lennon und seine Musik sind in Seans Leben sogar *noch* wichtiger, weil John Lennon Seans Vater war. Und weil Sean, seit sein Vater ihm genommen wurde, jede Minute seines Lebens an dieser Beziehung festgehalten hat. Weil Johns Musik die einzige Möglichkeit für ihn ist, noch mit seinem Vater zu kommunizieren.

Jeder Elternteil sollte sich zu Herzen nehmen, was das bedeutet: Selbst der größte Musiker aller Zeiten ist für seine Kinder als Vater wichtiger, als er es als Künstler für die Welt ist. Es ist unwichtig, wie großartig unsere Arbeit ist, wie wohlhabend sie uns macht oder was sie letztlich für Milliarden von Menschen bedeutet – nichts wird den Einfluss, den wir auf unsere Kinder haben, in den Schatten stellen können.

27. März
ES IST IN ORDNUNG, EHRGEIZIG ZU SEIN

Sie wollen bestimmte Pläne in Ihrem Leben verwirklichen. Vielleicht wollen Sie ein Buch schreiben oder sind gerade im Begriff, eine Firma zu gründen. Vielleicht wollen Sie auch eine Meisterschaft gewinnen oder als Präsident kandidieren. Aber Sie wollen natürlich auch ein guter Elternteil sein, was zwangsläufig das Erreichen Ihrer anderen Ziele erschwert.

Ist dies ein moralisches Dilemma? So wie Sophies Entscheidung? Ist es möglich, persönliche Ambitionen zu verfolgen und sich gleichzeitig zu wünschen, ein guter Elternteil zu sein, und dabei zu erwarten, beides zu schaffen? Oder geht das eine zulasten des anderen, wie uns die Geschichten der Karriereanfänge von Richterin Ginsburg und Richterin O'Connor vor Augen führen.

In der Geschichte waren es meistens Frauen, die angesichts dieser widersprüchlichen Wünsche in einen inneren Konflikt gerieten und sich gezwungen sahen, zwischen beidem zu wählen. Väter hingegen wurden ermutigt – ja, es wurde sogar von ihnen erwartet –, ihre Erfüllung und Anerkennung außerhalb ihres Zuhauses zu suchen, denn für Männer bedeutete beruflicher Erfolg gleichzeitig gute Elternschaft.

Doch im Lauf der gesellschaftlichen Entwicklung mussten alle Eltern, selbst Premierminister und Milliardäre, das Dilemma, zwei Herren zu dienen, in den Griff bekommen.

In ihrer Autobiografie zitiert Margaret Thatcher, die erste britische Premierministerin, Irene Ward, eine bahnbrechende britische Politikerin: »Das Zuhause muss zwar immer der Mittelpunkt des Lebens sein, sollte einen aber nicht daran hindern, seine Ambitionen zu verfolgen.«

Sie dürfen ruhig in größeren Dimensionen denken. Es ist in Ordnung, Karriere zu machen und erfolgreich sein zu wollen. Es ist auch in Ordnung, die Welt verändern zu wollen. Denn solange Sie all dies mit anderen teilen und Ihren Horizont erweitern, bringen Sie Ihren Kindern etwas über sich selbst und über die Welt bei. Sie lehren Sie, was harte Arbeit ist, wie man das Richtige tut, wie man sein Potenzial ausschöpft und wie man den Mitmenschen von Nutzen sein kann.

28. März

ES IST EINE FAMILIENSACHE

Taylor Branchs wunderbare Serie über Martin Luther King jr. und die Bürgerrechtsbewegung umfasst drei Bände mit insgesamt fast 3000 Seiten und Hunderten von Fußnoten. Sie erhielt Auszeichnungen wie den Pulitzer-Preis für Sachbücher und den National Book Critics Circle Award.

Zweifellos ist Branch mit diesem historischen Meisterwerk, für das er unzählige Stunden mit Recherchen, Schreiben, Redigieren und Diskussionen aufwandte, überaus zufrieden. Doch in den Danksagungen des letzten Bands ist eine Notiz versteckt, die sowohl die Erfahrung als auch die familiären Opfer, die solch eine Leistung erforderte, einfängt. Branch schreibt:

> »Unser Sohn Franklin, der ein paar Wochen vor meiner ersten Reise zum Lorraine Motel geboren wurde, machte den Collegeabschluss gerade rechtzeitig, um mir bei meinen letzten Recherchen zu helfen.«

Ihre Kinder begleiten Sie auf dieser Reise, wohin sie auch führen mag. Es kann so leicht sein, Ihre Karriere als etwas zu sehen, das sich nur um *Sie* dreht. Das ist aber nicht der Fall. Sie ist eine Familiensache. Dasselbe gilt für die Ambitionen jedes Familienmitglieds. Und je mehr Sie sich gegenseitig auf diesem persönlichen Weg begleiten, umso besser. Das versüßt die Erfolge, macht die Arbeit vollkommener ... und die Opfer weniger schmerzvoll, da alles gemeinsam bewältigt wurde.

29. März
SO VERBRINGEN SIE MEHR ZEIT MIT IHNEN

Jeder Elternteil wünscht sich, mehr Zeit mit seinen Kindern zu verbringen. Wir beneiden die Eltern, die dieses Problem anscheinend nicht haben, die nicht so viele Stunden arbeiten wie wir, die über die von uns ersehnte Flexibilität verfügen, mehr Zeit mit ihren Kindern zu verbringen.

Wenn wir doch auch in dieser glücklichen Lage wären ...

Der Comedian Aziz Ansari berichtet von einer Unterhaltung mit dem Musiker Frank Ocean. Aziz wunderte sich über Oceans offensichtliche Autonomie in seinem Beruf und fragte ihn, wie er es sich erlauben könne, nur dann Musik zu machen, wenn er Lust dazu habe, auf Tour zu gehen, wann er wolle, und überhaupt nur das zu tun, was ihm beliebe.

Es sei gar nicht so kompliziert, erwidert Ocean. *Du musst dich nur damit begnügen, weniger Geld zu verdienen.*

Wenn wir uns selbst gegenüber ehrlich sind, müssen wir uns fragen: Wie viel von der Zeit, die wir fern von unseren Kindern unserem Job widmen, hat wirklich damit zu tun, Essen auf den Tisch zu bringen? Wie viel davon ist tatsächlich notwendig? Dafür, ein gesundes, nachhaltiges Leben zu sichern? Vermutlich nicht annähernd so viel, wie wir uns (oder ihnen) vormachen.

Wir arbeiten aus anderen Gründen – häufig guten Gründen –, aber nicht, weil wir es müssen. Wenn wir es wollten, könnten wir flexibler arbeiten. Wir könnten uns für einen anderen Job entscheiden. Wir könnten die Familie über die Karriere stellen, über sechs- oder siebenstellige Gehälter, darüber, mit anderen mithalten zu müssen.

Wir sollten damit aufhören, so zu tun, als sei die Freiheit – und die Chance – nach der wir uns sehnen, nicht zum Greifen nah. Wir *können* mehr Zeit mit unseren Kindern verbringen. Wir *können* ihnen mehr Zeit widmen, als wir es tun. Wir müssen uns nur damit begnügen, weniger Geld zu verdienen.

30. März

EINE WICHTIGE REGEL

Der Ökonom Russ Roberts lebt nach bestimmten Regeln und Ritualen. Er hält zum Beispiel den Sabbat ein und verpflichtet sich, regelmäßig ein Zehntel seines Einkommens zu spenden. Als Vater befolgt er noch eine weitere Regel, die wir alle als Eltern beachten sollten:

»Wenn Ihr Kind die Hand nach Ihnen ausstreckt, nehmen Sie sie.«

Das Leben und die Beziehungen sind ein ewiger Tanz zwischen Annäherung und Rückzug. Wenn Sie auf Ihre Kinder zugehen, wenden sie sich ab – weil sie beschäftigt sind, ihre Freunde in der Nähe sind oder sie wütend auf Sie sind. Sie versuchen, ihnen zu helfen, aber sie lehnen es ab. Sie wollen Ihr Bestes, aber sie verstehen es nicht.

All das können wir nicht kontrollieren. Aber Folgendes liegt sehr wohl bei uns: Wenn sie die Hand nach uns ausstrecken, müssen wir die Gelegenheit nutzen und sie nehmen. Wenn sie zu uns ins Bett kriechen wollen, können wir das zulassen. Wenn sie uns anrufen, können wir antworten – selbst wenn wir in einer Besprechung sind. Wenn sie mit uns über etwas reden wollen, können wir zuhören, *egal* worum es geht. Wir können sie bei jeder sich bietenden Gelegenheit in die Arme nehmen.

Wir können all das nicht verlangen, aber wir können eine Regel aufstellen: Wir sind immer bereit, die Hand, die sie nach uns ausstrecken, zu nehmen.

31. März
DAS MUSS OBERSTE PRIORITÄT HABEN

Wie sieht es eigentlich aus, der Familie die oberste Priorität einzuräumen? Ein Beispiel dafür ist Ricky Rubio. Er verkündete öffentlich, seine Profilaufbahn als Basketballer schneller als erwartet zu beenden. Der NBA-Star sagte:

> »Wenn mein Sohn in die Schule kommt, wird die NBA es nicht mehr wert sein. Ich werde zurück [nach Spanien] gehen müssen. Ich will nicht, dass er mit seinen sechs Jahren durch einen Umzug durcheinandergerät, es ist nämlich das Alter, in dem er Freunde findet. Ich habe es mit meiner Frau besprochen, und wir sind uns einig. Es wird eine Zeit kommen, in der Basketball nicht mehr an erster Stelle steht.«

Wird er das konsequent durchziehen? Steht unsere Karriere grundsätzlich im Widerspruch zu unserem Anspruch, gute Eltern zu sein? Das müssen er und jeder von uns selbst entscheiden. Doch an einem gewissen Punkt müssen unsere Kinder den Vorrang haben. Wir sind verpflichtet, das Beste für sie zu tun. Wir müssen Opfer für sie bringen. Wir müssen ihnen das Leben bieten, das sie verdienen – ein Leben, an dem wir teilnehmen.

Ihre Karriere ist wichtig. Aber die Familie ist eine Konstante, und sie muss oberste Priorität erhalten.

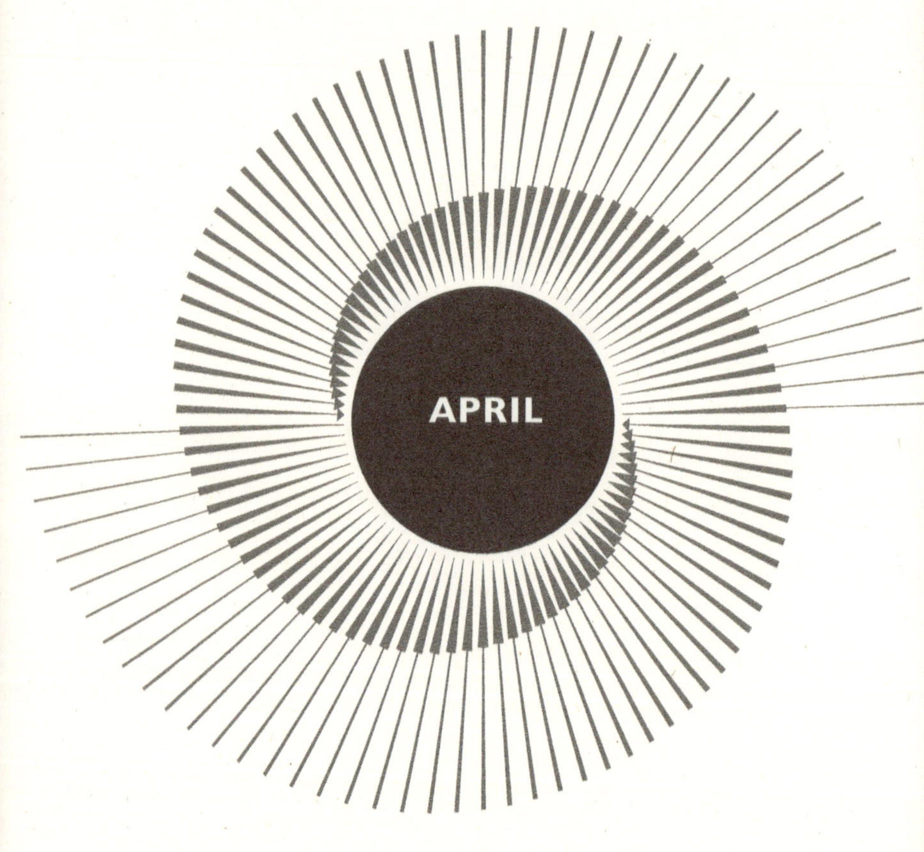
APRIL

BEHERRSCHEN SIE IHRE GEFÜHLE

(LEKTIONEN IN GEDULD UND SELBSTBEHERRSCHUNG)

1. April

GREIFEN SIE IMMER NACH DEM RICHTIGEN HENKEL

»Jedes Ereignis hat zwei Griffe: an einem kann man es tragen, an dem anderen nicht. Wenn dir dein Bruder Unrecht tut, so fasse es nicht an seinem Unrecht – denn an diesem Griff lässt es sich nicht tragen. Benutze stattdessen den anderen – dass er dein Bruder, dass ihr zusammen aufgewachsen seid – dann wirst du den Griff haben, der trägt.«

EPIKTET

Jeden Tag, vielleicht Hunderte Male am Tag, sind Sie mit Situationen konfrontiert, mit denen Sie fertigwerden müssen. Ihr Kind, das Sie angelogen hat, weil es seine Hausaufgaben nicht gemacht hat. Ihre Ehefrau, die Sie angeblafft hat. Ein Auto, das zum Ölwechsel gebracht werden muss. Ihr Chef, der mal wieder nur mit sich selbst beschäftigt war. Die Großeltern, die Ihre Kinder lieben, Ihnen aber den letzten Nerv rauben. Ihre Familie, die Sie zwei Stunden vor Abflug zum Flughafen bringen müssen.

Wie werden Sie reagieren? Werden Sie wütend werden, sich zurückziehen, streiten, nachtragend sein? Oder werden Sie tief durchatmen, Empathie zeigen, sich entschuldigen, die Zügel etwas lockerer lassen und Ihren Kontrollzwang beherrschen?

Jeden Tag haben wir angesichts jeder neuen Situation die Wahl. Welchen Henkel werden wir ergreifen? Welchen Henkel sollen unsere Kinder nehmen und wie? Den leicht zu handhabenden oder den richtigen?

2. April
BLEIBEN SIE ÄUSSERST WANDLUNGSFÄHIG

Der Führungscoach Randall Stutman, der mit fast allen bedeutenden Hedgefonds und CEOs an der Wall Street zusammengearbeitet hat, äußert sich wie folgt darüber, was Führung zu Hause bedeutet:

> »Ihre Aufgabe als Führungskraft besteht darin, sehr wandlungsfähig zu sein. Sie spielen viele verschiedene Rollen an vielen verschiedenen Orten – Ihre Aufgabe ist es, das zuletzt geführte Gespräch nicht mit nach Hause zu nehmen … Wenn das bedeutet, dass Sie zur Ruhe kommen und ein paar Minuten im Auto verweilen müssen, bevor Sie das Haus betreten und wieder in Ihre Vaterrolle schlüpfen, dann sollten Sie genau das tun. Aber es ist nicht Ihre Aufgabe, ins Haus zu gehen und das mit sich zu schleppen, was Sie zuvor erlebt haben.«

Sie dürfen nicht zulassen, dass ein schlechter Tag oder eine unangenehme Person Sie davon abhalten, ein guter Elternteil zu sein. Sie sollten Ihren Müll aus dem Büro nicht nach Hause mitnehmen. Halten Sie Ihr Haus sauber, frei von den Überbleibseln Ihrer Verantwortung als Erwachsener, die Ihre Kinder vermutlich nicht verstehen können. Lassen Sie all das hinter sich, und zwar in der kurzen Zeit zwischen dem Verlassen Ihrer Arbeitsstelle und dem Betreten Ihres Hauses.

3. April
NOCH EINMAL: WAS WERDEN WIR SEIN?

»Wut überdauert stets den Schmerz. Schlage lieber den entgegengesetzten Weg ein. Würde es irgendjemand in Erwägung ziehen, den Tritt eines Esels oder den Biss eines Hundes zu erwidern?«

SENECA, *ÜBER DIE WUT*, 3.27.2

Die Zeit, die Arthur Ashe mit seiner Tochter vergönnt war, endete tragisch. Als er im Sterben lag und wusste, wie wenig Zeit ihm noch verblieb, gab er ihr am Ende seiner Memoiren einen Rat, der das anspricht, worüber wir am 5. Januar geredet haben.

»Wir werden von unseren Vorfahren beobachtet, so wie ich dich beobachte«, sagte er zu ihr. »Wir besitzen mehr, als sie sich je erhofft hatten, also dürfen wir sie nie enttäuschen.«

Wir werden von unseren Vorfahren beobachtet, ja, aber wir werden auch, wie Bruce Springsteen sagte, von ihren Geistern verfolgt. Was davon wollen Sie für Ihre Kinder sein?

Sind Sie das Vorbild, das sie brauchen? Werden Sie das Vermächtnis hinterlassen, das sie schützen und leiten wird? Das sie dazu inspirieren wird, anständig und diszipliniert, großartig und gut zu sein, so wie Arthur es seiner Tochter vorlebte? Oder werden Sie sie mit Ihren Fehlern heimsuchen, mit dem Schmerz, den Sie ihnen bereitet haben, mit all dem, was ungesagt und ungelöst geblieben ist?

4. April
SIE SIND ZU ALT, UM AUSZURASTEN

»Es ist nach wie vor erlaubt, albern zu sein, auch als Erwachsener. Allerdings schließt das Erwachsensein Gedankenlosigkeit aus. Seien Sie also besonnen und albern.«

Hank Green

Wir kennen alle möglichen Faustregeln dafür, welches Verhalten in welchem Alter angebracht ist – das Alter, in dem Ihre Kinder keine Unfälle mehr haben sollten; das Alter, in dem sie Wutanfälle aus purer Müdigkeit unterlassen sollten; das Alter, in dem es nicht mehr in Ordnung ist, dass andere Menschen hinter ihnen aufräumen müssen.

Wenn unsere Kinder dann mal wieder für Unordnung sorgen, sagen wir: *Bist du nicht etwas zu alt dafür? Werd' endlich erwachsen!*

Leider legen wir diesen Maßstab viel zu selten an uns selbst an. Egal, ob es sich um etwas so Ernstes wie eine Affäre handelt oder um etwas so Albernes wie die schlechte Laune, die wir kriegen, weil wir noch nichts gegessen haben. Wir scheinen zu vergessen, dass wir uns im Zaum halten sollten. Unsere Kinder sind immerhin noch Kinder, auch wenn sie sich etwas kindisch benehmen. Sie selbst sind erwachsen. Welche Ausrede haben Sie?

Erinnern Sie sich heute und jeden Tag daran, dass Sie älter werden, dass es Zeit wird, sich von Ihren dummen Gewohnheiten zu lösen. Denken Sie daran, dass Sie zu alt dafür sind, um auszurasten und so tief zu sinken, keine Verantwortung für sich selbst zu übernehmen. Und beachten Sie, dass Ihre Kinder Sie immer beobachten, also verhalten Sie sich wie der Erwachsene, den sie in Ihnen sehen.

5. April
VERGESSEN SIE NICHT, WIE KLEIN SIE SIND

»Ohne Kinder wäre die Welt ein schrecklicher Ort. Sie verkörpern die Unschuld und vermitteln die Hoffnung, dass der Mensch sich immer weiter verbessern wird.«

JOHN RUSKIN

In dem bewegenden Roman *The Sweet Hereafter* gibt es eine erschütternde Szene. Ein Witwer faltet die Kleider seiner verstorbenen Frau zusammen. Als er ihre Kleidungsstücke in der Hand hält, wird ihm erst bewusst, wie klein sie war. Diese winzige Person, die er liebte und vermisst, nahm sein Herz derart gefangen, beschäftigte seine Gedanken so sehr, dass er sie als viel größer wahrnahm, als sie es tatsächlich war.

Das gilt auch für unsere Kinder. Sie nehmen so viel Platz in unserem Leben ein, haben eine so starke Präsenz. *Und sie sind so laut.* Daher vergessen wir darüber schnell, dass sie sehr kleine Menschen sind. Sie haben sich noch kaum im Griff. Neben uns erscheinen sie körperlich klein und werden durch unsere Erfahrungen und unsere Zuversicht in den Lauf der Dinge in den Schatten gestellt.

Wir müssen achtsam sein. Ob sie Kleinkinder oder Teenager sind, wir dürfen nicht vergessen, wie klein sie sind. Wenn sie im Auto einschlafen und Sie sie ins Bett tragen, nehmen Sie einmal kurz ihre Größe wahr. Wenn Sie ihre Sachen zusammenpacken, um sie zum College zu bringen, achten Sie darauf, wie *wenige* Sachen sie haben, denn ihr Leben ist ja noch so jung.

Je deutlicher Ihnen bewusst wird, wie klein Ihre Kinder sind, desto freundlicher werden Sie zu ihnen sein. Desto geduldiger und fürsorglicher werden Sie sein, und desto mehr werden Sie erkennen, wie sehr sie sich bemühen, alles zu verstehen – sich selbst, ihre Beziehungen und die Welt allgemein.

Sie sind so winzig. Vergessen Sie das nicht!

6. April

NUTZEN SIE DIESE MACHT?

»Zwischen Reiz und Reaktion gibt es einen Raum. In diesem Raum haben wir die Freiheit und die Macht, unsere Reaktion zu wählen ...«

VIKTOR FRANKL

In ihrem Buch *Warum französische Kinder keine Nervensägen sind: Erziehungsgeheimnisse aus Paris* spricht die Autorin Pamela Druckerman über »la pause« – die Pause – als das Geheimnis der französischen Elternschaft. Sie beschreibt »la pause« im Zusammenhang mit dem Schlaftraining, aber die Pause kann tatsächlich eine großartige Strategie für Eltern in allen Lebensbereichen ihrer Kinder sein.

Wenn Ihr Sohn stolpert und zu Boden fällt, müssen Sie dann sofort zu ihm eilen? Oder können Sie *innehalten* und ihn zuerst erkennen lassen, wie weh es ihm tut, und dann entscheiden lassen, ob er heulen will oder muss? Wenn Ihre Tochter zu Ihnen kommt und Ihnen etwas erzählen will, müssen Sie dann Ihre Sätze beenden? Oder können Sie *innehalten* und sie um Worte ringen und das zurechtlegen lassen, was sie sagen will? Wenn Ihr Teenager-Sohn ankündigt, er wolle das Basketballteam verlassen, müssen Sie dann sofort mit ihm streiten? Oder können Sie *innehalten,* sich seine Gründe anhören und erklären lassen, was er stattdessen tun möchte? Wenn Ihr Kind vom College nach Hause kommt, sich übers Wochenende Ihr Auto ausleiht und es dann verkratzt zurückbringt, wie wäre es, sich dann nicht aufzuregen? Können Sie stattdessen *innehalten* und in Betracht ziehen, dass es mit fast hundertprozentiger Sicherheit keine Absicht war.

Als Eltern müssen wir unsere Reaktionen klug abwägen, nicht reflexartig. Wir dürfen nicht urteilen, sondern sollten zuhören und über alles nachdenken. Wir müssen uns darin üben, innezuhalten, damit unsere Kinder nie innehalten und abwägen müssen, ob sie mit ihren Problemen, ihren Fragen, ihren Hoffnungen und Träumen zu uns kommen sollen.

7. April
SIE MÜSSEN ES HINTER SICH LASSEN

»Lass die tote Vergangenheit ihre Toten begraben!«
HENRY WADSWORTH LONGFELLOW, *A PSALM OF LIFE* (1838)

Erinnern Sie sich an die Zeit, als Sie Ihren Vater wirklich gebraucht haben und er nicht da war, weil er seine eigenen emotionalen Probleme hatte? Weil er zu viel arbeitete? Weil er Alkoholiker war? Erinnern Sie sich, wie die überschäumende Zuneigung Ihrer Mutter Sie zu erdrücken drohte, Ihnen das Gefühl gab, klein zu sein? Erinnern Sie sich daran, wie ihre Strenge Ihnen den Spaß an den Dingen verdarb, die Kinder genießen sollten? Erinnern Sie sich an ihre Eifersucht, ihre Kleinlichkeit oder ihre Stimmungsschwankungen? Erinnern Sie sich, wie ihre Selbstbezogenheit bewirkte, dass sich alles nur um sie zu drehen schien – auch wenn es um etwas ging, bei dem Sie wirklich Hilfe benötigten?

Natürlich erinnern Sie sich. Wie könnten Sie auch nicht? Es waren prägende Erlebnisse, schmerzliche Erfahrungen. Und jetzt sind Sie wütend. Das sollten Sie auch. Ihre Eltern hatten eine Aufgabe zu erledigen. Und sie taten es nicht – jedenfalls nicht gut. Sie, das unschuldige Kind, mussten es ausbaden. Sie leiden an den Folgen ihres Versagens.

Aber denken Sie daran: *Sie müssen es hinter sich lassen.* Auch wenn Ihre Wut gerechtfertigt sein mag – auch wenn Ihre Eltern sich noch immer so verhalten –, Sie sollten sich davon frei machen. Denn Sie haben jetzt selbst Kinder. Und sie verdienen einen Elternteil, der voll präsent ist. Nicht einen, der sich an die Vergangenheit klammert. Keinen, der ihnen seine Last aufbürdet.

Es wird nicht leicht sein, alles hinter sich zu lassen, aber das hat auch niemand behauptet. Sie können es verarbeiten, sich einer Therapie unterziehen, Bücher lesen oder sich eine Selbsthilfegruppe suchen. Sie können in aller Stille nachdenken. Sie können vergeben oder Menschen aus Ihrem Leben ausschließen. Wie heißt es so schön? Vielleicht sind Ihre Probleme nicht Ihre Schuld, aber Sie müssen die Verantwortung dafür übernehmen.

Sie haben die Verantwortung, sie *hinter sich* zu lassen. Ihre Kinder brauchen Sie. Also sollten Sie es tun.

8. April
FÜR EIN FRIEDLICHERES ZUHAUSE SOLLTEN SIE WENIGER URTEILEN

»Diese Dinge wollen nicht von dir beurteilt werden. Lass sie in Ruhe.«

MARK AUREL

Im Mittelpunkt der meisten Konflikte zwischen Eltern und Kindern – und häufig auch zwischen Ehepartnern – steht die Beurteilung. Wir haben unsere Meinung, und unsere Kinder haben ihre Meinung, und diese Ansichten verursachen Uneinigkeit. Um als Eltern unsere Beziehung zu unseren Kindern zu verbessern, können wir etwas tun, was gar nicht schwer ist: Wir können unsere Meinungen reduzieren.

Müssen Sie unbedingt eine Ansicht dazu vertreten, welches Essen auf der Hochzeit Ihrer Tochter serviert wird (auch wenn Sie es bezahlen)? Müssen Sie Ihre Meinung dazu äußern, welche Frisur Ihre Kinder tragen? Ihre Freunde sind *ihre* Freunde – wen interessiert es, was Sie von ihnen oder ihren Eltern halten? Und wenn sie Musik mögen, die in Ihren Ohren seltsam klingt? Und wenn sie ihre eigenen Kinder anders erziehen wollen, als sie erzogen wurden?

Vieles läuft im Leben besser, wenn man nicht urteilt – vor allem Ihre Familie.

9. April

LASSEN SIE ES VOR DER TÜR

Jeden Tag erleben Sie Stress in Ihrem Job, müssen die Dummheit anderer Menschen ertragen. Sie sind ihren Stimmungen und Gefühlsschwankungen ausgesetzt. Ständig alarmiert Sie Ihr Handy mit Nachrichten aus aller Welt und dem Klatsch und Tratsch der sozialen Medien.

Was sollen Sie tun? So wie politische Differenzen an der Landesgrenze Halt machen sollten, so sollten die Lasten der Welt vor Ihrer Haustür bleiben. Sie dürfen diesen Mist auf keinen Fall mit ins Haus bringen. Und Sie sollten während des Abendessens mit Ihrer Familie auch nicht im Hintergrund den Fernseher laufen lassen.

Wie Randall Stutman sagte, sollten Sie schnell den Wandel vom frustrierten Berufstätigen zum voll präsenten Elternteil schaffen, damit Ihr Zuhause ein sicherer Ort bleibt, den Sie beschützen. Sie sollen kein Beschützer im Sinne eines Kriegers sein, sondern eher in der Rolle eines Türstehers: *Tut mir leid, aber Sie stehen nicht auf der Gästeliste.* Sie sollten wie Teflon sein. Die schlechte Laune Ihres Chefs darf nicht an Ihnen haften bleiben. Tragen Sie die verbliebene Panik und Uneinigkeit aus dem Büro nicht ins Wohnzimmer. Sorgen Sie für ein sauberes Haus und wehren Sie alles Negative ab.

Zu Hause angekommen, sollten Sie präsent sein. Bereit, Spaß zu haben. Bereit, der Elternteil zu sein, den Ihre Kinder brauchen ... und nicht von den Strapazen des Arbeitsalltags gezeichnet sein.

10. April

VERINNERLICHEN SIE DIESE DENKWEISE

In Tibet stellen buddhistische Mönche hübsche Mandalas aus Sand her. Sie verbringen Stunden, ja sogar Tage damit, diese komplexen, geometrischen Muster kunstvoll zu gestalten – nur, um sie anschließend wieder wegzuwischen und von vorne zu beginnen.

Könnten wir unsere Aufgabe als Eltern nicht auch so sehen?

Sie putzen, und schon ist das Haus wieder schmutzig. Sie spülen ab, und fünf Minuten später ist die Spüle wieder voller Geschirr. Noch bevor Sie zusammen mit Ihren Kindern all deren Spielsachen eingeräumt haben, liegen diese wieder kunterbunt verteilt auf dem Boden. Und die neuen Kleider, die Sie ihnen gerade gekauft haben? Sie sind jetzt verschmutzt und ausgefranst.

Das kann Sie um den Verstand bringen, wenn Sie es zulassen. Es kann Sie wütend machen. Oder Sie können lernen, es hinzunehmen. Sie können versuchen, es genau wie das Mandala zu sehen – ein endloser, flüchtiger Prozess, der immer und immer wieder von Neuem beginnt. Sie können lernen, es nicht als Arbeit zu sehen, sondern als Kunst. *Beenden?* Fertig zu sein, würde das Ende von all dem bedeuten – das Ende ihrer Kindheit, das Ende unseres gemeinsamen Lebens.

Nein, wir mögen es, dass es ein wenig an den Groundhog Day erinnert. Wir freuen uns, dass es uns die Chance gibt, aufzuwachen, und mit ihnen von vorne anzufangen.

Um es angenehm zu machen. Um es gut zu machen. Um es gemeinsam zu machen.

11. April
SEIEN SIE NICHT WÜTEND AUF GUTE MENSCHEN

»Sprechen Sie, wenn Sie wütend sind, und Sie werden die beste Rede halten, die Sie jemals bereuen werden.«

Ambrose Bierce

Wenn Sie aus der Haut fahren, wen scheint es dann unweigerlich zu treffen? Ihre Familie. Das ist seltsam. Wir ertragen unhöfliches Verhalten von Fremden auf der Straße, reagieren aber ungehalten, wenn unser Sohn seine Schuhe vor der Tür stehen lässt! Sie haben sich professionell verhalten, als Sie Ihre Assistentin (zum tausendsten Mal) um etwas gebeten haben, sind aber Ihrem Ehepartner gegenüber mürrisch, weil er Sie wegen des Lärms im Nebenzimmer nicht hören konnte.

Es mag sich paradox anhören, aber es handelt sich hier um ein Problem von Nähe. Gerade weil Ihre Kinder Ihnen am nächsten stehen, bieten sich mehr Gelegenheiten, sich über sie aufzuregen als über andere Menschen. Das ist eine bedauernswerte verzwickte Sache. Die Menschen, die schlecht, aber weit von uns entfernt sind, sind selten das Ziel unserer Wut. Aber die Menschen, die überwiegend gut sind – die uns alles in allem mehr geholfen und unterstützt als verletzt haben, sind die eigentlichen Leidtragenden.

»Lasst uns nicht zornig sein auf gute Menschen«, schreibt Seneca in *De Ira*. (*Der Zorn*) Wenn Sie sich über einen geliebten Menschen ärgern, denken Sie daran, dass seine positiven Eigenschaften bei Weitem das überwiegen, was Sie gerade stört. Denken Sie daran, dass Ihre Kinder Sie nicht besser hören, wenn Sie schreien. Denken Sie daran, dass sie vermutlich wissen, wenn sie Mist gebaut haben, und sich wahrscheinlich schon schlecht genug fühlen. Denken Sie daran, wie klein sie sind, wie gut sie sind.

Dass wir wütend auf jemanden sein *können*, weil er uns genug liebt, um damit klarzukommen oder weil er noch ein Kind ist und einfach damit (und mit uns) leben muss, ist keine Entschuldigung. Wir sollten uns im besten Fall über niemanden ärgern, aber wenn wir es trotzdem tun, sollten wir darauf achten, das Objekt unseres Frusts nicht aus Willkür, sondern aufgrund einer Kränkung zu wählen.

12. April
WELCHE ART VON ENERGIE BRINGEN SIE EIN?

Wie allgegenwärtig das Wort *Energie* heutzutage ist, deutet vermutlich darauf hin, wie sehr die Pseudowissenschaft und die Scharlatanerie Eingang in unsere Kultur gefunden haben. Energieheiler und Energiekristalle überschwemmen uns. Sie können Berater für die Analyse der Energie Ihres Unternehmens engagieren. Sie können ein Klangbad nehmen, um sich von negativer Energie zu reinigen, oder einen Auradeuter damit beauftragen, festzustellen, wie viel Energie Sie ausstrahlen. Die Menge an Salbei, die nach Wohnungsauflösungen verbrannt wird, konkurriert mit der Menge an Salbei, die Restaurants für Gerichte verwenden.

Doch ungeachtet all dieses Unsinns spielt die Energie bei der Elternschaft eine konkrete Rolle. So wie Cesar Millan davon spricht, dass Sie die richtige Energie auf Ihren Hund projizieren sollten, können Ihre Kinder Ihre ausgesandte Energie aufnehmen. Sie hatten einen schlechten Tag bei der Arbeit? Sie spüren es. Sie hassen Ihr Zuhause? Sie merken es. Sie sind sauer auf Ihren Ehepartner? Sie nehmen es wahr, auch wenn Sie und Ihr Ehepartner nur dann streiten, wenn die Kinder schlafen.

Warum rennen Ihre Kinder heute wie von der Tarantel gestochen durch die Gegend, verhalten sich wie Monster? Nun, vielleicht sollten Sie überprüfen, welche Art von Energie Sie verströmen. Warum schlägt Ihr Sohn seinen kleinen Bruder? Vielleicht, weil Sie selbst derart angespannt und frustriert sind, dass es auf die Kinder ansteckend wirkt. Warum ist Ihre Tochter ein solches Ekel? Vielleicht hängt es zusammen mit dem Groll, den Ihre Frau hegt. Vielleicht konnte Ihre Tochter heute Morgen die Situation am Frühstückstisch, die so unangenehm war, einfach nicht ertragen.

Bei Verhaltens- und Einstellungsproblemen sollten Sie Ihre Energie entsprechend anpassen. Werfen Sie zuerst einen Blick in den Spiegel. Wenn Ihnen an einer glücklichen Familie liegt, an einem Zuhause voller Freundlichkeit, Liebe und Frieden, dann wenden Sie die erforderliche Energie dafür auf. Projizieren Sie sie bewusst und überlegt – zeigen Sie, dass bei Ihnen alles gut ist, und Ihre Kinder werden sich gegenüber allen anderen besser verhalten.

13. April
DAS IST IHRE SPRACHE

Die Primärsprache von Kindern ist das Verhalten. Nicht Worte. Wenn Sie herausfinden wollen, was sie denken oder wie sie sich fühlen, dann beobachten Sie, was sie tun, nicht, was sie sagen.

Wenn wir behaupten, dass »Taten mehr sagen als Worte«, dann meinen wir das auch so. Je jünger Ihre Kinder sind, desto eher drücken sie sich ausschließlich durch Taten *statt* durch Worte aus. Dafür gibt es einen einfachen, unbestreitbaren Grund: Es fehlen ihnen noch die nötigen Worte. Aber selbst wenn sie es verbal ausdrücken könnten, verstehen Kinder ihre Gefühle – die körperlichen oder die emotionalen – noch nicht gut genug, um sie in Worte fassen zu können. Sehr oft wissen sie nicht einmal, dass sie Gefühle haben.

Beobachten Sie ein 18 Monate altes Kind mit Ohrenschmerzen – es hat keine Worte dafür, empfindet nur Unbehagen, spürt ein Pochen an der Seite des Kopfes oder wacht mitten in der Nacht schreiend auf. Beobachten Sie ein achtjähriges Kind mit Angstzuständen – es findet keine Worte, es leidet lediglich unter Bauchschmerzen, Panik und Bettnässen. Ein Teenager, der von jemandem gekränkt wurde, kann wiederum andere kränken.

Deshalb müssen wir unseren Kindern nicht nur auf die offensichtliche verbale Art und Weise »zuhören«. Wir müssen sie beobachten. Wir müssen geduldig sein. Wir müssen begreifen, dass es bei dem Wutanfall wegen des iPads vermutlich um etwas anderes geht. Wir müssen verstehen, dass Lethargie und schlechtere Noten Statements sind, Symptome. Ihr Kind spricht durch sein Verhalten zu Ihnen.

Werden Sie es hören? Werden Sie in der Lage sein, mit ihm darüber zu sprechen, nicht nur verbal, sondern indem Sie handeln?

14. April
DAS IST DAS SCHWIERIGSTE

Chesty Puller kämpfte in den Bananenkriegen. Er kämpfte in Guerillakriegen. Im Zweiten Weltkrieg war er bei der Eroberung von Inseln im Pazifik dabei. Er kämpfte in Korea. Man könnte also meinen, er würde mit allem, was das Leben für ihn bereithielt, fertigwerden. Aber genau wie Sie war auch er ein Elternteil, und er sah diese Aufgabe so ungefähr als das Schwierigste, was ein Mensch je bewältigen könne.

Als er gerade aus Korea zurückgekehrt war, wo er in Inchon gelandet und in der bitteren Kälte in Nahkämpfe verwickelt gewesen war, mussten Chesty und seine Frau ihre Tochter zur Mandeloperation bringen. Chesty, der schon immer einen weichen Kern hatte, trug das Mädchen zum Operationssaal. Er sprach beruhigend auf sie ein und versuchte, sie auf das Bett zu legen, damit die Krankenschwester sie auf die Operation vorbereiten konnte. Aber seine Tochter, verängstigt und überfordert, klammerte sich an ihn. Sie weinte und schrie und ließ ihn nicht los, bis man sie schließlich von ihrem Vater trennen und betäuben konnte. »Virginia, das wird sie mir nie verzeihen«, sagte er zu seiner Frau, als er ins Wartezimmer zurückkam. »Das hier ist schlimmer als Peleliu.«

Er hatte nur leicht übertrieben. Die Elternschaft verlangt uns mehr ab als fast alles andere im Leben. Sie fordert uns emotional, physisch und mental heraus. Sie zerreißt uns das Herz. Man kann sich für den Krieg rüsten, kann im Job ohne mit der Wimper zu zucken Millionen von Dollar einsetzen, aber man kann nichts gegen die eigene Schwäche für seine Kinder tun. Nichts vermag Sie so sehr zu berühren wie sie, denn nichts bedeutet Ihnen mehr als sie.

Das ist das Schwierigste, was Sie je bewältigen müssen. Seien Sie sich im Klaren darüber und akzeptieren Sie es. Seien Sie dankbar dafür.

15. April
SEHEN SIE ES AUS IHRER SICHT?

»Haben meine Eltern vergessen, dass sie einmal jung waren? Offensichtlich ja.«

ANNE FRANK

Wir meinen, sie lassen sich Ausreden einfallen, denken sich etwas aus. Wir wollen nur, dass sie wieder in ihr Bett gehen und schlafen. Oder ihrem Trainer zuhören. Oder ihre Arbeit erledigen. Es ist okay, erklären wir ihnen. Versuch es einfach mal. Zieh deine Jacke an, sie ist doch gar nicht so unbequem. Mach deine Hausaufgaben, sie sind doch gar nicht so schwierig.

Erinnern Sie sich an den Roman *Wer die Nachtigall stört*, in dem Atticus davon spricht, in die Haut eines anderen Menschen zu schlüpfen und in ihr herumzulaufen? Haben Sie das schon einmal getan? Nicht bei jemandem, den Sie bemitleidet haben, oder jemandem, der Sie gerne sein wollen, sondern bei jemandem, den Sie erziehen, lehren und ernähren wollen? Jemandem wie Ihrem Kind?

Ihr Kind wacht nachts auf und kommt zu Ihnen ins Schlafzimmer? Schlafen Sie doch einmal in seinem Bett. Vielleicht fürchten Sie sich dort. Schauen Sie ihm beim Fußballtraining zu. Vielleicht ist der Trainer wirklich ein Trottel. Wie fühlt sich diese Jacke Ihrer Meinung nach für ein Kind an? Vielleicht ist sie ihm viel zu warm. Haben Sie im Alter Ihrer Kinder gerne Hausaufgaben gemacht?

Betrachten Sie die Dinge aus der Perspektive Ihrer Kinder. Versetzen Sie sich in sie hinein. Treten Sie dann einen Schritt zurück, und verhalten Sie sich als Elternteil entsprechend.

16. April

DAS LÖST DIE MEISTEN PROBLEME

Alle erfahrenen Eltern kennen das magische Allheilmittel, *Essen*. Warum schreit Ihr Kind? Warum terrorisiert es seinen Bruder oder seine Schwester? Warum kann es sich beim Homeschooling nicht konzentrieren? Warum kann es nicht einschlafen? Warum ist Ihr Teenager so launisch?

Die Antwort ist einfach. Ihre Kinder haben einen Bärenhunger – *und wissen es nicht.*

Mütter nehmen gewöhnlich einen Snack in ihrer Tasche mit. Aus gutem Grund. Denn er löst die meisten Probleme, beruhigt die Nerven. Entschärft die meisten schwierigen Situationen.

Irgendeiner vergisst immer zu essen. Also versorgen Sie Ihre Kinder mit Essen. Fragen Sie sie, ob sie Hunger haben. Erinnern Sie sie daran, dass sie wahrscheinlich hungrig sind. Halten Sie die Mahlzeiten ein und beobachten Sie, was passiert.

Und wenn Sie schlecht gelaunt, frustriert und ängstlich sind und Ihren Ehepartner und Ihre Kinder schroff behandeln, sind Sie vielleicht selbst hungrig. 2014 fanden Wissenschaftler der Ohio State University heraus, dass die meisten Streitigkeiten zwischen Paaren entstehen, weil einer der Partner hungrig ist. Vermutlich wird, ähnlich wie ein Spaziergang oder fünf tiefe Atemzüge, etwas Essbares auch die meisten Ihrer Probleme als Erwachsener lösen.

17. April

WISSEN SIE, WIE SIE AUSSEHEN, WENN SIE WÜTEND SIND?

»Wer an den Spiegel tritt, um sich zu ändern, der hat sich schon geändert.«

SENECA

Wut mag sich verdient oder angemessen *anfühlen*, ist aber fast immer schrecklich *anzusehen*.

Wenn Sie das nächste Mal unterwegs sind, sehen Sie sich einmal andere Eltern an, die sich gerade über ihre Kinder ärgern. Beobachten Sie die Zuschauer beim nächsten Fußballspiel Ihres Sohnes oder Ihrer Tochter. Schauen Sie sich am Flughafen die Familie an, die in den Urlaub fliegt. Betrachten Sie die Gruppe, die Ihnen in der Pizzeria am großen Familientisch gegenübersitzt.

Das kommt dem Blick in den Spiegel sehr nahe.

Was meinen Sie, wie Sie aussehen, wenn Sie Ihr Kind viel zu lautstark ermahnen: *»Setz dich. Ich sag's nun schon zum zweiten Mal: Setz dich endlich!«*, wenn es wild herumtollt? Was meinen Sie, wie Sie aussehen, wenn Sie es genervt am Arm packen und in der Schlange näher an sich heranziehen? Glauben Sie, es hört sich gut an, wenn Sie Ihrem Kind wie ein Diktator drohen, ihm sein gutes Recht zu entziehen, weil es sich nicht erwartungsgemäß verhält? Oder wenn Sie es am Flughafen anschreien, sich zu beeilen? Meinen Sie nicht, wie ein Monster zu wirken, wenn es so weit kommt, dass Sie ihm eine Ohrfeige verpassen, weil Ihnen die Worte ausgehen?

Sie sehen *schrecklich* aus. Sie wirken so furchtbar wie die Leute, die in der Öffentlichkeit genau so mit ihren Kindern umspringen, während Sie versuchen wegzuschauen. Niemand sieht wütend gut aus. Schlimmer noch: Dieser Anblick kann sich lange Zeit in das Gedächtnis unserer Kinder einprägen.

18. April

DAS IST DER FEIND

»Scheuen Sie sich nicht, sich von Dingen zu trennen, die Ihre Aufmerksamkeit ablenken.«

LEO TOLSTOI

Sie sind abgelenkt, weil gerade eine seltsame E-Mail von Ihrer Arbeitsstelle in Ihrem Postfach gelandet ist. Sie sind verstimmt wegen etwas, das Sie beobachtet haben. Jemand hat Ihnen etwas gesagt, das Ihnen missfällt. Und was passiert dann? Ihre Kinder leiden darunter. Oder sie merken beim Abendessen, dass Sie nur halbherzig bei ihnen sind. Sie sind zwar zu Hause, aber nicht mit Leib und Seele.

Gedanklich abwesend zu sein, ist der Feind guter Elternschaft. Und das Schlimmste daran? Kinder spüren es. Sie sind gleichzeitig Schwämme und Spiegel – und zwar wenig schmeichelhafte. Wenn sie überdreht sind, für Chaos sorgen, ihren Bruder beißen oder sich die Haare rosarot färben, dann heißt das, dass sie Ihre Energie spüren und darauf reagieren.

Das Traurige daran ist, dass das meiste, worüber wir uns den Kopf zerbrechen, nicht einmal wichtig ist. Wir beschäftigen uns gedanklich mit dem Idioten im Büro. Wir *beschließen*, uns auf Twitter einzuloggen, um fast zwanghaft negative Nachrichten zu konsumieren. Wir müssen unsere E-Mails nicht so häufig abrufen, wie wir es tun. Wenn wir uns Sorgen ums Geld machen, löst dies nicht unsere finanziellen Probleme.

Wir müssen all das beiseiteschieben, um präsent zu sein. Um geduldig und wirklich *Eltern* zu sein.

19. April
VERPASSEN SIE NICHT DIESE CHANCEN

Ja, sie war ärgerlich, diese stundenlange Verzögerung am Flughafen, als wir in den Urlaub fliegen wollten. Ja, es war enttäuschend, als Ihre Tochter mit einem katastrophalen Zeugnis nach Hause kam. Ja, es war beunruhigend, als Sie mit dieser Diagnose vom Arzt heimkamen. Ja, es war ermüdend, eine weitere schlaflose Nacht mit Ihrem Kleinkind zu verbringen.

Aber die Frage lautet – oder eher die Chance lautet: Brachte es sie einander näher?

Natürlich muss das nicht zwangsläufig so sein. Sie können wütend werden, sich ärgern, überwältigt und besorgt sein. Oder Sie können den Augenblick genießen, auch wenn Sie weinen, auch wenn Sie enttäuscht sind, auch wenn *Sie* Tränen vergießen. Sie können stattdessen *Liebe, Dankbarkeit und Glück* empfinden.

Denn das ist eine Chance, zu reden. Das ist eine Chance, unsere Kinder aus einer anderen Perspektive wahrzunehmen. Das ist eine Chance, Fragen zu stellen. Das ist eine Chance, Zeit miteinander zu verbringen. Wie Politiker gern zu sagen pflegen, ist eine Krise etwas, das man nutzen sollte. Sie ist eine Gelegenheit, all das zu tun, was man vorher nicht tun konnte. Dinge, die unter normalen Umständen nicht möglich wären.

Es gibt immer eine Chance, einander näherzukommen, mehr zu lieben und besser zu verstehen.

20. April
DAS IST NICHT FAIR

»Alte Menschen sind jungen Menschen gegenüber immer sehr ungeduldig. Väter erwarten immer von ihren Söhnen, dass sie ihre Tugenden haben, aber nicht ihre Fehler.«

WINSTON CHURCHILL

Wir stellen hohe Erwartungen an unsere Kinder. Wir drängen sie, treiben sie an. Wir sagen ihnen, was sie tun sollen. Wir bestrafen sie – wenn auch nur leicht –, wenn sie versagen.

Dabei vergessen wir, dass diese kleinen Menschen kaum unsere Erwartungen erfüllen können, denn sie verfügen nicht über die jahrzehntelange Erfahrung, die wir gedankenlos voraussetzen.

Es gibt keinen Plan. Davon auszugehen, dass es einen gebe, oder schlimmer noch, es sich vorzustellen und dann diese Erwartungen an die Kinder zu stellen, ist absolut unfair. Können wir etwas von unseren Kinder erwarten? Ja. Können wir möglichst dafür sorgen, dass sie nicht in dieselbe Falle tappen oder dieselben Untugenden entwickeln wie wir? Es wäre verwerflich, es zu unterlassen.

Aber wir dürfen nicht vergessen, dass sie wie wir sind ... mit allen Vor- und Nachteilen. Sie haben ihr bisheriges Leben im selben Haus verbracht wie wir. Sie haben sich an unserem Beispiel orientiert – auch an dem negativen, oftmals *vor allem* an dem negativen. Unsere Kinder werden nicht vollkommen sein, sie werden unsere Schwächen übernehmen ... vielleicht auch eigene entwickeln. Und es ist zutiefst unfair, sie mit unseren unrealistischen Erwartungen zu bestrafen, auch wenn es unabsichtlich geschieht. Wir können sie im wahrsten Sinne des Wortes nicht für die Sünden des Vaters büßen lassen.

Unsere Aufgabe ist es, sie zu lieben, mit ihnen geduldig zu sein und nicht das Unmögliche von ihnen zu verlangen.

21. April
TUN SIE DAS AUF KEINEN FALL

»[Cato der Ältere] pflegte zu sagen, dass ein Mann, der seine Frau oder sein Kind schlägt, frevlerisch Hand an das Heiligste auf der Welt legt.«

PLUTARCH

Zum Glück sind wir heute so fortgeschritten, dass dies für die meisten kein Thema mehr ist, aber leider wenden immer noch Menschen Gewalt in der Familie an. Vielleicht lesen sie dieses Buch, vielleicht auch nicht. Doch es lohnt sich, sich an den kostbaren Schatz zu erinnern, der Ihnen anvertraut wurde.

Es ist absolut inakzeptabel, Ihre Hand gegen Ihre Ehefrau oder Ihre Kinder zu erheben.

Dabei spielt es keine Rolle, wie wütend Sie sind oder wer angefangen hat. Es ist egal, wie oft Sie Ihren Sohn auf etwas hingewiesen haben. Es ist unerheblich, dass Ihre Eltern es ebenfalls getan haben. Es macht auch keinen Unterschied, dass manche Kulturen immer noch Gewalt dulden.

Seit 2000 Jahren wissen wir tief in unserem Inneren, wie falsch Gewalt ist. Sie sind auf dieser Welt, um Ihre Kinder zu beschützen, ihnen zu dienen und sie zu lieben. Wollen Sie gegen diese Verpflichtung verstoßen, weil Sie sich nicht beherrschen können, weil Sie wütend sind? Damit brechen Sie einen heiligen Eid. Und wenn Sie sich so verhalten haben, können Sie es nicht mehr ungeschehen machen.

Sie dürfen es nicht tun. *Niemals.*

22. April
IST ES IN ORDNUNG, WENN SIE SICH DANEBENBENEHMEN?

In einem Artikel in der *New York Times* appelliert Melinda Wenner Moyer (Autorin des fantastischen Buchs *How to Raise Kids Who Aren't Assholes*) an Sie, die vielleicht kontraintuitivste Vorstellung im Rahmen der Elternschaft zu überdenken: Vielleicht sei es gar nicht so tragisch, wenn sich Ihre Kinder danebenbenehmen. Dies zeigt ihr zufolge vielleicht sogar, wie sehr sie sich geliebt und geborgen fühlen. Sie schreibt:

> »Sehen Sie es einmal so: Wenn Kinder sich gegenüber Erwachsenen immer respektvoll, gefällig und gehorsam verhalten, liegt das oft daran, dass sie Angst vor diesen Erwachsenen haben. Es ist kein Zufall, dass Menschen, die sich damit brüsten, wie wohlerzogen ihre Kinder sind, eventuell auch jene sind, die mit Sätzen wie ›Erspar dir den Stock, verwöhn das Kind‹ um sich werfen.«

Das bedeutet nicht, Chaos sei gut und es müssten keine Regeln durchgesetzt werden. Sie sollten sich – bevor Sie sich als schrecklichen Elternteil abtun, weil Ihr Kind Sie provoziert hat oder ausgerastet ist – nur überlegen, *warum es keine Hemmungen hatte, sich derart in Ihrer Gegenwart zu benehmen.*

Vermutlich hören Ihre Kinder Ihnen zu, insbesondere wenn Sie ihnen erklären, dass Sie für sie da sind und sie bedingungslos lieben, und wenn Sie sie dazu anhalten, eigenständig zu denken. Vermutlich bringen sie Ihnen großen Respekt entgegen. Aber vor allem vertrauen sie Ihnen wahrscheinlich mehr als sonst jemandem auf der Welt.

23. April
STOSSEN SIE SIE NICHT ZURÜCK

Natürlich können Kinder Nervensägen sein. Entsetzliche Nervensägen sogar.

Kinder schreien Ihnen die Ohren voll und ruinieren Ihre Kleidung mit ihren verschmutzten Händen. Kinder können Ihnen die Luft abschneiden, wenn Sie auf Ihren Rücken krabbeln, damit Sie sie huckepack nehmen.

Doch es gilt, all das zu verkraften, auch wenn es weh tut. Auch wenn Sie das nun dreckige Hemd lieben. Auch wenn Sie keine Luft bekommen. Sie dürfen sie nicht zurückweisen.

Natürlich sollten Sie ihnen erklären, was angemessen ist und was nicht. Schützen Sie Ihr Wohlbefinden. Doch der Punkt ist, dass sie noch nicht wissen, wie sich ihr Handeln auf andere auswirkt. Selbst Teenager verstehen die Folgen der Konsequenzen, von Ursache und Wirkung, noch nicht völlig. (Warum glauben Sie, fahren sie wie Geisteskranke Auto, stopfen ungesundes Zeugs in sich hinein und geben allen möglichen Unsinn von sich?) Sie begreifen es aber, wenn Sie sich aufregen und abwenden.

Kinder spüren, wenn sich Ihre Energie verändert, auch wenn sie dieses Gefühl nicht in Worte fassen und es nicht ausdrücken können. Wirklich problematisch dabei ist, dass sie dieses schmerzliche, verwirrende Gefühl – so instinktiv es sein mag – nie wieder loswerden. Bemühen Sie sich also um Selbstkontrolle, werden Sie ein wenig resilienter.

Sie können ihre Arme behutsam von Ihrem Hals lösen. Sie können sich ein neues Hemd kaufen. Sie können das Spiel umdrehen und stattdessen ihnen hinterherjagen. Sie können das, was Sie geärgert hat, zum Spaß machen. Sie können in aller Ruhe mit ihnen reden, sie korrigieren und dann aus dem Schmerz einen Augenblick tiefer Verbundenheit machen. Das liegt ganz bei Ihnen.

24. April

WAS WÄRE, WENN JEMAND IHRE KINDER SO BEHANDELN WÜRDE?

Wenn Sie einen Babysitter oder ein Kindermädchen engagieren und die Person dabei erwischen würden, wie sie auf ihr Handy starrt, statt auf die Kinder aufzupassen, wären Sie fuchsteufelswild. Wenn Sie einen Raum betreten und erleben, wie ein Lehrer, ein Großelternteil oder sonst *jemand* Ihre Kinder anschreit, würden Sie ausrasten. Wenn Sie hören, wie jemand eine abfällige Bemerkung macht, sie hänselt oder schikaniert, würden Sie dem sofort ein Ende setzen.

Und doch ... tun Sie einiges davon immer wieder! Sie spüren, wie Sie immer frustrierter werden, weil sie nicht zuhören, und unvermittelt packen Sie Ihr Kind am Arm und schreien ihm ins Gesicht: »HÖR SOFORT DAMIT AUF!« Sie ignorieren das Fußballspiel. Sie blenden ihre unaufhörlichen Versuche aus, Ihre Aufmerksamkeit zu erregen. Schlimmer noch, Sie beschäftigen sich mit etwas anderem, während sie im Schwimmbad plantschen ... und womit? Einer E-Mail? Einer SMS? Scrollen auf Twitter? Sie halten sich für lustig und scherzen gern ... aber wie würden Sie es wohl nennen, wenn Sie jemand anderen dabei beobachten würden? Sie würden es als *Tyrannisieren* bezeichnen.

Wir würden nie bei jemand anderem dulden, was wir bei uns selbst zulassen. Das soll nicht heißen, dass Sie ausfallend oder ein schlechter Elternteil sind – keineswegs. Es ist lediglich eine Erinnerung: Ihre Aufgabe besteht nicht nur darin, Ihre Kinder vor anderen Menschen zu schützen. Sie sollten sie auch vor Ihren eigenen schlechten Gewohnheiten, Ihrer eigenen Launenhaftigkeit und Ihren eigenen Schwächen bewahren. Es gilt, von sich selbst das zu verlangen, was Sie von *jedem* erwarten, dem Sie die Sicherheit Ihrer Kinder anvertrauen. Anders ausgedrückt: Sie sollten sich selbst das *Beste* abverlangen.

Keine Ausreden. Keine Doppelmoral. Beobachten Sie sich, wie Sie das Kindermädchen per Nanny-Cam im Auge behalten würden. Vertrauen Sie, aber prüfen Sie, wie Sie es bei einer neuen Schule oder Kindertagesstätte tun würden. Fragen Sie sich: Würde ich jemand anderem das durchgehen lassen, was ich gerade tue?

25. April
AUFSCHIEBEN, AUFSCHIEBEN, AUFSCHIEBEN

»Ein wütender Mann öffnet den Mund und schließt die Augen.«

Cato der Ältere

Seneca sagte: »Aufschieben ist das beste Mittel gegen Wut.« Und das stimmt.

Ein Aufschub ist das beste Mittel, den Kopf frei zu bekommen und sicherzugehen, dass die Wut Sie nicht zu etwas hinreißt, was Sie später bereuen. Wenn wir wütend sind, übertreiben wir, bauschen eine Situation auf. Und durch unsere Überreaktion machen wir alles nur noch *schlimmer*.

Ein Aufschub verhindert, dass die Wut die Oberhand gewinnt. Wenn Sie das nächste Mal zornig sind, atmen Sie fünfmal tief durch und versuchen Sie, sich zu beruhigen.

Niemand verlangt, dass Sie überhaupt nicht reagieren. Vermutlich müssen Sie das loswerden, was Sie aufgebracht hat. Sie müssen irgendwie reagieren. Ihre Kinder müssen lernen, dass Lügen inakzeptabel sind, Widerworte gegen ihre Mutter nicht geduldet werden, und das Haus niederbrennen könnte, wenn sie den Herd anlassen. Aber lassen Sie sich einen Augenblick Zeit. Gehen Sie spazieren. Machen Sie sich eine Notiz, um es am nächsten Tag zur Sprache zu bringen. Kümmern Sie sich darum, wenn Sie von der Arbeit nach Hause kommen. Bewahren Sie einen kühlen Kopf.

Nutzen Sie diesen Moment, um Ihren Kindern zu zeigen, dass Sie Ihre Reaktionen im Zaum halten können.

26. April
DIE MOMENTE DER NACHSICHT SIND WICHTIG

»Irren ist menschlich, vergeben göttlich.«

ALEXANDER POPE

Mitte der 1930er-Jahre ging der zehnjährige Jimmy Carter in Georgia mit seinem Vater zum Fischen. Sein Vater befestigte die immer größer werdende Ausbeute an Fischen an einer langen Leine, die er an Jimmys Gürtelschlaufe einhakte, was den Jungen mit großem Stolz erfüllte.

Mehrere Stunden später blickte Jimmy an sich hinunter und stellte fest, dass die Leine gerissen war oder sich von der Gürtelschlaufe gelöst hatte, ohne dass er es bemerkt hatte. Völlig verzweifelt sprang er ins Wasser, suchte, hoffte und befürchtete, dass sein Vater wütend sein würde. »Was ist los?«, fragte sein Vater. »Ich habe die Fische verloren, Daddy.« »Alle?«, fragte sein Vater. »Ja, Sir, ja, Sir«, war alles, was Jimmy unter Tränen hervorbrachte.

»Daddy war angesichts von Dummheiten oder Fehlern nur selten geduldig«, sollte Carter 80 Jahre später sagen. Doch nach langem Schweigen lächelte sein Vater und sagte: »Lass sie ziehen, Hot. Es gibt noch viele Fische im Fluss. Wir werden sie morgen fangen.« Nach all diesen Jahren erinnerte sich Carter an diesen Augenblick der Geduld, Freundlichkeit und Vergebung. Die Fische spielten keine Rolle mehr. Wichtig war, dass sein Vater wusste, was Jimmy in diesem Moment brauchte.

Wie steht es mit Ihnen? Begreifen Sie die enorme Wirkung von Nachsicht und Toleranz? Können Sie auch mal loslassen? Können Sie Ihre Wut und Ihre Frustrationen im Zaum halten? Wissen Sie, wann es an der Zeit ist, die Kinder sanft zurückzuweisen, und wann es an der Zeit ist, sie an sich zu ziehen?

27. April
SIE SIND DIE STIMME IN IHREM KOPF

»Der Strippenzieher in Ihrem Leben ist die Stimme, die niemand hört. Ihre Lebensqualität hängt davon ab, wie gut Sie mit dem Ton und dem Inhalt Ihrer privaten Stimme zusammenarbeiten.«

DR. JIM LOEHR

Sie möchten sie einfach nur dazu bringen, sich zu benehmen, Ihnen zuzuhören, ihre Schwester nicht mehr zu schlagen, die Schule ernst zu nehmen, *alles Mögliche* zu tun. Also sprechen Sie in strengem Ton, mit Nachdruck. Sie sind müde, Sie haben dieses Gespräch schon tausendmal geführt, Sie sind nicht so freundlich, wie Sie sein könnten. Vielleicht versuchen Sie, es humorvoll klingen zu lassen, um Ihre ehrliche Meinung über ihr Verhalten abzumildern. Das Problem ist nur, dass der Humor einen wunden Punkt trifft und unter die Haut geht.

Wissen Sie, was Sie in solchen Augenblicken *tatsächlich* tun? Sie verankern eine bestimmte Stimme im Kopf Ihrer Kinder.

Alles, was wir sagen, jede Interaktion mit unseren Kindern, prägt sie. Die Art und Weise, wie wir mit ihnen sprechen, beeinflusst, wie sie mit sich selbst reden werden. Wenn Sie einen Beweis dafür brauchen, dann stellen Sie sich all die Komplexe und Macken vor, die Sie von Ihren Eltern übernommen haben – vielleicht Dinge, die Sie jetzt, Jahrzehnte später, in einer Therapie aufarbeiten.

Also achten Sie darauf, wie Sie mit Ihren Kindern sprechen ... solange Sie können, bevor es zu spät ist. Überlegen Sie, wie Sie ein Vorfahre anstatt eines Geistes sein können. Interagieren Sie freundlich, geduldig und herzlich. Reden Sie so mit Ihren Kindern, wie Sie mit sich selbst sprechen sollen. Denn es geht nicht darum, *ob* sie das, was sie als Heranwachsende hören, verinnerlichen werden, sondern *was* sie verinnerlichen werden. Sorgen Sie dafür, dass die Stimme in ihrem Kopf eine *gute* ist, damit sie sich an alles Positive erinnern können.

28. April
LIEGT ES IHNEN WIRKLICH AM HERZEN?

»Ein wichtiger Punkt, den du bedenken solltest ... Es ist besser, wenn du Kleinigkeiten nicht mehr Zeit widmest, als sie es wert sind.«

MARK AUREL

All dies ist Ihnen offensichtlich wichtig – dass Ihre Kinder die Tür nicht zuknallen, sie ihre kleinen Pflichten im Haushalt auf bestimmte Weise erledigen, alles sofort weggeräumt wird und die Füße nicht auf den Tisch gelegt werden.

Aber im Grunde genommen ist Ihnen das alles gar nicht wichtig. *Wirklich nicht.* Wenn Sie zwischen schönen Erinnerungen für Ihre Kinder und sauberen Wänden wählen müssten, würden Sie sich dafür entscheiden, dass Ihre Kinder Spaß haben. Wenn Sie zwischen etwas schlechteren Noten und einem stärkeren Selbstwertgefühl wählen müssten, würden Sie dafür plädieren, dass Ihre Kinder ihr Selbstwertgefühl stärken. Wenn Sie zwischen irgendetwas und der Sicherheit, dem Glück und dem Selbstbild Ihrer Kinder entscheiden müssten, würden Sie niemals *alles andere* wählen.

Doch es gibt diese Situationen, und Sie fangen deswegen wieder Streit an, entscheiden sich, bis zum Letzten zu kämpfen. Um ein paar Rigipsplatten zu schonen, die Ihnen – *gehen Sie es zu* – nicht wirklich etwas bedeuten. Was Ihnen tatsächlich am Herzen liegt – was diese Regeln bedeuten –, ist Gehorsam und Kontrolle. Was Sie wirklich bewegt – daher die Fixierung –, ist die tief verwurzelte Angst, sie eventuell falsch zu erziehen.

Entspannen Sie sich! Lösen Sie sich einfach von dem unwichtigen Ballast. Werfen Sie ihn ab. Sie werden es nicht bereuen.

29. April
WIE LANGE HALTEN SIE SICH DARAN?

»Gütige Menschen sind nie in Streitigkeiten verwickelt, und diejenigen, die gern streiten, sind keine gütigen Menschen.«

LAOTSE

Am Ende werden Sie sich wünschen, Sie hätten vieles nicht so aufgebauscht. Sie werden sich wünschen, aus vielem keine so große Sache gemacht zu haben. Niemand blickt auf sein Leben oder das seiner Kinder zurück und denkt: *Ich bin so froh, dass wir so oft gestritten haben. Ich bin froh, dass ich so streng zu ihnen war, und auch, dass sie schließlich alle Regeln gelernt haben.*

Sie wissen das. Okay, und wie lange halten Sie sich daran?

Wie lange schaffen Sie es, Ihr Kind nicht wegen diesem und jenem zu schelten? Keine Bemerkungen über die Entscheidungen Ihres Teenagers zu machen? Ihr Kind nicht daran zu erinnern, dass es nicht herumtrödeln, sich nicht auf den Tisch aufstützen und seine Sachen nicht herumliegen lassen soll?

Versuchen Sie, meistens unkritisch mit ihnen umzugehen. Dazu müssen Sie Ihren Kindern gegenüber nicht gespielt positiv auftreten, sondern sich nur bemühen, sie nicht mehr mit so viel Belanglosem zu bedrängen. Nichts davon spielt jetzt eine Rolle – auch wenn Sie noch so sehr versuchen, sie und sich selbst vom Gegenteil zu überzeugen –, und wenn Sie in einigen Jahren auf Ihr gemeinsames Leben zurückblicken, ist es sowieso nicht mehr von Belang.

Halten Sie sich also mit Kritik zurück. Vergessen Sie nicht: Sie brauchen nicht zu allem eine Meinung zu haben. Wenn Sie es schaffen, sich damit etwas zurückzuhalten, werden Sie und Ihre Kinder glücklicher sein.

30. April

WER PROFITIERT VON IHRER GEDULD?

Der Vater von Angela Merkel, der ehemaligen deutschen Bundeskanzlerin, war Pastor in Ostdeutschland. Er war bei seiner Gemeinde überaus beliebt. Über viele Jahre etablierte er eine enge Bindung zu diesen Menschen. Aber zu Hause sah es etwas anders aus. Dort war er streng und ungeduldig. »In meiner Kindheit machte es mich wirklich wütend«, sagt seine Tochter »dass er so viel Verständnis für alle Menschen, außer seiner Familie, aufbrachte. Denn wenn wir Kinder etwas falsch machten, reagierte er völlig anders.«

Er war *fähig*, verständnisvoll und freundlich zu sein – er war es Tag für Tag, im Rahmen seines Amts als Pastor. Aber vielleicht bestand darin das Problem: Er brauchte all seine Geduld bei seinem Amt als Seelsorger und hatte keine mehr für seine Familie übrig. Oder vielleicht galten für ihn beruflich andere Maßstäbe als privat, weil es nicht öffentlich war. Vielleicht auch beging er, wie viele von uns, den Fehler, zu vergessen, dass unsere Kinder kleine Menschen sind, die dieselben Probleme haben wie alle Leute, nur eben in anderem Maßstab. Und deshalb versäumen wir es manchmal, sie mit entsprechender Würde, Respekt und Mitgefühl zu behandeln.

Sie schreien Ihren Kollegen nicht an, nur weil er eine Tür offen gelassen hat. Sie bestrafen auch nicht einen Ihrer Spieler, weil er mehr Aufmerksamkeit und Rat von Ihnen benötigt. Und doch können Kinder auf der ganzen Welt und zu allen Zeiten von Beziehungen berichten, in denen sie von Eltern, die am Ende ihrer Kräfte und ihrer Geduld waren, genau so behandelt wurden.

Seien Sie freundlich zu Ihrer Familie. Achten Sie darauf, ihr dieselbe Geduld und dasselbe Verständnis entgegenzubringen wie allen anderen. Halt, streichen Sie das. Sorgen Sie dafür, dass Ihre Familie sogar noch *mehr davon bekommt*. Denn noch lange, nachdem Sie aus Ihrem Job ausgeschieden sind oder aufgehört haben, das Team zu trainieren, sind Ihre Kinder nach wie vor Ihre Kinder.

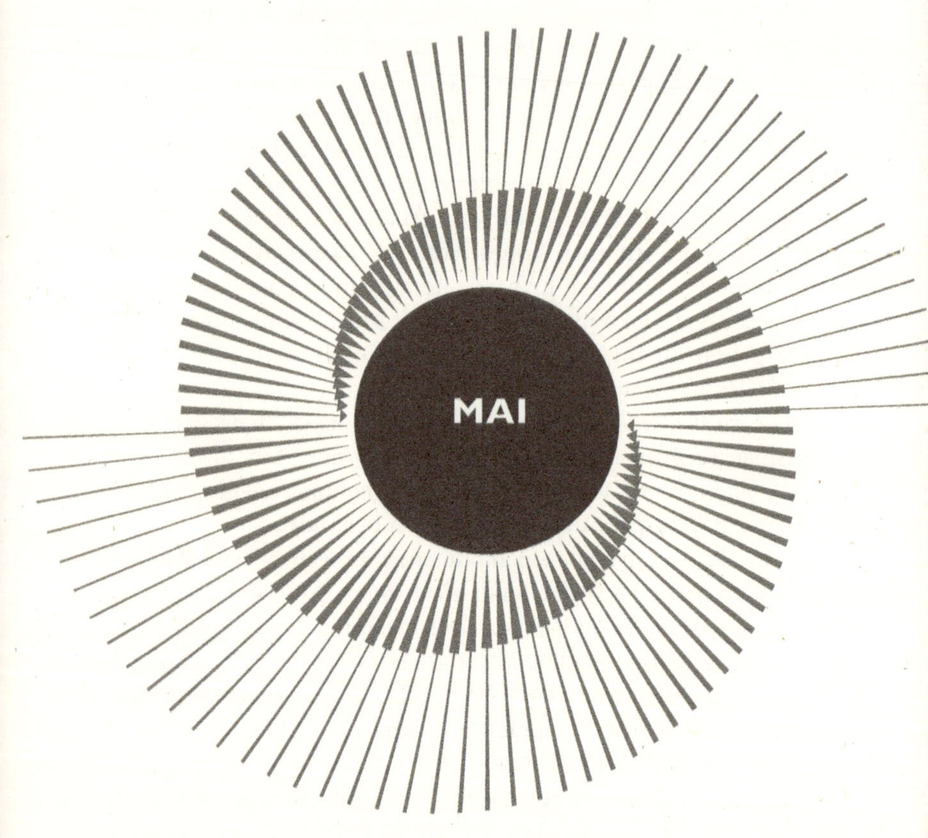
MAI

CHARAKTER IST SCHICKSAL

(LEKTIONEN ÜBER RECHT UND UNRECHT)

1. Mai
DAS SAGT ALLES VORAUS

»Charakter ist Schicksal.«

HERAKLIT

Der Charakter eines Menschen bestimmt, was geschehen wird und was er tun kann. Das gilt für den Sport, für die Politik und im Beruf. Ganz gleich, wie talentiert ein Mensch ist, wie sehr er gefördert wird und wie großartig sein Umfeld ist – letztlich zählt allein der Charakter. Er kann nicht verborgen werden, kann durch nichts ersetzt werden.

Er offenbart sich immer.

Wenn Sie als Elternteil versuchen, eine bessere Welt für Ihre Kinder zu schaffen und sie zu guten Menschen zu erziehen, besteht Ihre Aufgabe darin, den Charakter hochzuhalten. Sie sollten sie mit ihm vertraut machen, ihn formen, ihn honorieren, sobald Sie ihn bei ihnen wahrnehmen. Ja, Sie wollen, dass Ihre Kinder klug sind. Ja, Sie wollen, dass sie ehrgeizig sind. Ja, sie wollen, dass sie kreativ und fleißig sind. Aber diese Eigenschaften sind wertlos, wenn sie nicht Hand in Hand mit einem guten Charakter gehen.

Wenn wir diese Tatsache ignorieren, erfahren wir die Folgen davon in allen Lebensbereichen. Das gilt es zu beheben, indem wir zu Hause damit beginnen.

2. Mai
SIE ORIENTIEREN SICH AN IHREM CHARAKTER

Das Bild des gegen einen Baum geprallten schwarzen Escalade war überall zu sehen. Dann meldeten sich Frauen zu Wort – erst eine, dann noch eine und so weiter. Schließlich gab er es zu. Tiger Woods gestand, dass er mit mehr als 120 Frauen die eheliche Treue gebrochen hatte.

Das war den meisten Menschen absolut neu. Aber wer ihn kannte, war weniger überrascht. Und jene, die ihn *gut* kannten, waren überhaupt nicht erstaunt. Tiger Woods Biografen Jeff Benedict und Armen Keteyian greifen zu »abgedroschenen Klischees«. »Wie der Vater, so der Sohn ... Der Apfel fällt nicht weit vom Stamm.« Als Earl Woods seinen Sohn Tiger jahrelang mit zu Golfturnieren im ganzen Land nahm, machte er keinerlei Anstalten, »seine Laster zu verschleiern«. In den Hotelzimmern gingen die Frauen ein und aus. Er fuhr zu Supermärkten und kam mit Papiertüten voll Literflaschen mit Spirituosen zurück. Er scheute sich nicht, Kellnerinnen anzuflirten, damit sie eine Zigarette mit ihm rauchten.

Das Glücksspiel, die Kellnerinnen, die Untreue – das alles war typisch für Tiger. *Es lag in seinem Charakter*, oder vielmehr waren es Eigenschaften seines Vaters Earl, die er übernommen hatte. Der Apfel fiel nicht weit vom Stamm, da der Baum den Apfel hervorbrachte.

3. Mai
PFLEGEN SIE DIESEN WUNDERBAREN CHARAKTERZUG

Nicht ihre Mutter, sondern Königin Victorias geliebte Gouvernante Baronin Lehzen, ihre spätere Beraterin und Freundin, beeinflusste sie als Erste und am nachhaltigsten.

Louise Lehzen trug dazu bei, dass Victoria die Charakterstärke entwickelte, die sie zu einer der großen Königinnen Englands machte. Sie regierte 63 Jahre lang, davon über 40 Jahre allein. Lehzen sagte mit der für sie typischen Bescheidenheit:

> »Ich habe diese eine Eigenschaft der Prinzessin nicht geschaffen, sondern gefördert: zu prüfen, zu bedenken und unbeirrt zu dem zu stehen, was man für richtig und gut hält.«

Als Elternteil haben Sie eine Menge verantwortungsvoller Aufgaben, aber keine davon ist wichtiger als diese. Ja, Sie wollen, dass Ihre Kinder klug sind, gesund und hilfsbereit. Sie möchten, dass sie gut in der Schule sind. Aber nichts davon wird zu realisieren sein, wenn Sie nicht die Fähigkeit unterstützt haben, die Louise Lehzen bei Königin Victoria so stark förderte.

Also tun Sie es. Täglich.

4. Mai

BRINGEN SIE IHNEN DIESE VIER TUGENDEN BEI

»Solltest du irgendwann in deinem Leben auf irgendetwas stoßen, was besser ist als Gerechtigkeit, Ehrlichkeit, Selbstdisziplin und Mut, besser als ein Geist voller Zufriedenheit, weil er dir ermöglicht hat, vernünftig zu handeln, voller Bereitwilligkeit, das anzunehmen, was das Leben ihm beschert ... wenn du tatsächlich etwas findest, das besser ist als all das, dann nimm es ohne zu zögern an – es muss etwas vollkommen Außergewöhnliches sein – und genieße es in vollen Zügen.«

MARK AUREL

Aristoteles schätzte sie, die Christen und Stoiker ebenfalls. Es handelt sich um die Tugenden, die wir im Westen als »Kardinaltugenden« bezeichnen – abgeleitet vom lateinischen Begriff *cardo,* der Dreh- und Angelpunkt. Das sind die Tugenden, die das gute Leben kennzeichnen. Es sind die Tugenden, die jeder Elternteil seinen Kindern vermitteln muss.

»Mut: Aufstehen. Vorwärtsstürmen. Im Leben nicht ängstlich oder zaghaft sein.
Maßhalten: Das Gleichgewicht anstreben. Sich selbst beherrschen. Exzesse oder Extreme vermeiden.
Gerechtigkeit: Das Richtige tun. Für andere sorgen. Seine Pflichten erfüllen.
Weisheit: Lernen. Studieren. Aufgeschlossen bleiben.«

Das sind die vier Grundprinzipien des Lebens.

Als Elternteil sollten Sie diese Tugenden in Ehren halten ... und Kinder erziehen, die sich daran orientieren. Sie sollten diese Tugenden vorleben und ihnen – durch Beispiele und Anleitung – beibringen, wie sie es ebenfalls schaffen. Ihr Leben – und ihre Zukunft – hängen davon ab.

5. Mai

SIE DIENEN IHNEN ALS VORBILD

»Predige das Evangelium immer und benutze, wenn nötig, Worte.«

FRANZ VON ASSISI

Als junger Mann sorgte der Boxchampion und Bürgerrechtsaktivist Floyd Patterson ständig für Ärger. Er klaute, schwänzte die Schule und ging keiner Schlägerei aus dem Weg. Einmal machte er ein Foto von sich selbst und kratzte auf dem Bild die Augen aus – weil er sich nicht sehen mochte. Schließlich steckten ihn die Behörden in eine Besserungsanstalt.

Es hätte ein weiteres trauriges Kapitel in einem trostlosen Leben werden können. Doch Patterson hatte das Glück, in einer Anstalt in Upstate New York zu landen. Dort veränderte sich Pattersons Welt unter der Leitung des freundlichen und unkonventionellen Psychologen Dr. Papanek. Zum ersten Mal wurde er wahrgenommen. Er wurde nicht nur »umerzogen«, wie es im amerikanischen Gefängnissystem heißt, sondern geliebt. Dr. Papanek erklärte seine Philosophie wie folgt:

> »Bestrafung lehrt das Kind lediglich, wie man bestraft. Schimpfen lehrt es, wie man schimpft. Indem wir ihm zeigen, dass wir verstehen, lehren wir es, zu verstehen. Indem wir ihm helfen, lehren wir es, zu helfen. Es lernt Kooperation, indem es kooperiert.«

Vermutlich sind Ihre Kinder nicht in solch ernste Schwierigkeiten geraten. Hoffentlich sind sie nicht so weit gegangen, wie die meisten Menschen in Floyds Umfeld es ihm unterstellten. Doch wie auch immer, die Lehre daraus ist die gleiche: Bei allem, was wir mit, für und in Gegenwart unserer Kinder tun, belehren wir sie. Selbst wenn wir es gut meinen, selbst wenn sie es vermasseln, unterrichten wir sie in etwas, wie Dr. Papanek erklärte – wobei es oft das Gegenteil von dem ist, was wir ihnen gerne beibringen würden.

6. Mai

BRINGEN SIE IHNEN BEI, AUFZURÄUMEN

Die neuseeländischen All Blacks sind das erfolgreichste Rugby-Franchise aller Zeiten. Ihre Erfolgsbilanz nimmt es mit den großen Teams in fast jeder anderen Sportart auf, von den San Antonio Spurs über die New England Patriots bis hin zur US-amerikanischen Frauenfußballmannschaft. Wie haben sie das nur geschafft?

Natürlich durch Zähigkeit und offensichtlich durch überragendes Talent. Aber es gibt auch ein weniger bekanntes, kontraintuitives Element für ihren Erfolg: Sie räumen auf. In seinem Buch *Legacy* beschreibt James Kerr, wie das Team nach einem Spiel die Umkleidekabine sauber macht:

> »Ausfegen der Umkleidekabinen.
> Sehr gründlich.
> Damit niemand anderer es tun muss.
> Denn niemand kümmert sich um die All Blacks.
> Die All Blacks kümmern sich um sich selbst.«

Wenn Sie wollen, dass Ihre Kinder ihre Sachen aufräumen, sollten Sie ihnen beibringen, warum das wichtig ist. Wenn sie sich um sich selbst kümmern sollen, sollten Sie ihnen vermitteln, wie stolz und zufrieden sie dadurch werden. Wenn Sie wollen, dass sie die Umkleidekabinen aufräumen, müssen Sie ihnen erklären, dass dies nicht nur eine lästige Aufgabe ist, sondern eine, die Prioritäten aufzeigt, und ihren Charakter, ihr Engagement und ihre Selbstständigkeit zum Ausdruck bringt – ja, dass es widerspiegelt, wer sie sind.

So wie wir etwas Bestimmtes erledigen, erledigen wir alles, lautet die Lehre, die Eltern ihren Kindern vermitteln müssen. Ein Chaos zu hinterlassen, ist nicht nur ein Chaos, sondern zeigt, dass man selbst ein *Chaos* ist.

7. Mai
VERMITTELN SIE IHNEN KEIN EGO

Sie lieben Ihre Kinder über alles. Sie sehen in ihnen ein Geschenk Gottes (was sie tatsächlich für Sie sind!). Sie sollen wissen, was Sie für sie empfinden, und Sie fühlen sich unwohl, wenn sie sich unwohl fühlen. Das alles sind völlig gesunde und lobenswerte Gefühle.

Gleichzeitig gilt es, darauf zu achten, dass wir durch unser ständiges Lob ihr Ego nicht aufblähen. Wir müssen unserer Neigung, vor allem ihre Tugenden zu sehen, sowie unserer Blindheit gegenüber ihren Lastern Grenzen setzen. Wie Seneca schrieb, erfordert dies, ehrlich und freundlich mit ihnen zu sprechen und sie für ihre Handlungen zur Verantwortung zu ziehen. Auch wenn uns das schmerzt. Seneca sagt:

> »Schmeicheleien müssen von Kindern ferngehalten werden. Ein Kind soll die Wahrheit hören und sie manchmal sogar fürchten, sie aber immer respektieren. Lassen Sie zu, dass das Kind in Gegenwart der Älteren das Wort ergreift. Lassen Sie nicht zu, dass es etwas erreicht, indem es in Wut gerät. Wenn es sich ruhig verhält, soll es bekommen, was ihm verwehrt wurde, als es danach geschrien hat. Lassen Sie es den Reichtum seines Vaters betrachten, aber nicht nutzen. Es soll wegen dem, was es falsch gemacht hat, gerügt werden.«

Seneca wusste, dass es keinem Elternteil leicht fällt, für dieses Gleichgewicht zu sorgen. Aber wenn wir ausgeglichene und selbstbewusste Kinder heranziehen wollen, müssen wir dafür arbeiten. Auch wenn wir instinktiv auf sie zueilen, um ihnen zu sagen, dass sie die großartigsten und außergewöhnlichsten Kinder sind, die es je gab.

8. Mai
DURCH STRAFEN SOLLTEN SIE SICH BESSERN

»Andere zu bestrafen ist so, als würde man noch mehr Holz ins Feuer legen. Jedes Verbrechen beinhaltet nämlich bereits eine Strafe, und die ist grausamer und gerechter als die von Menschen erdachte.«

LEO TOLSTOI

Randall Stutman wird von den CEOs und Führungskräften, mit denen er als Führungskräfte-Coach arbeitet, oft mit Fragen zur Elternschaft bombardiert. Wir kennen bereits seine Ermahnung, die Arbeit schnell hinter sich zu lassen und nicht mit nach Hause zu nehmen, aber er hat noch einen weiteren Rat für Spitzenführungskräfte, die auch großartige Eltern sein wollen:

»Durch Strafen sollten sie sich bessern.«

Das ist ein recht passender Rat von einem Coach. Denken Sie darüber nach: Ein Basketballtrainer, der von der Leistung eines Spielers enttäuscht ist, lässt ihn Sprints oder Liegestütze machen. Das ist kein Vergnügen, *aber* es stärkt den Spieler. Ein Fußballspieler, der den erforderlichen Notendurchschnitt nicht erreicht hat, muss zusätzliche Lerneinheiten absolvieren. Ein Sportler, der außerhalb des Spielfelds in Schwierigkeiten gerät, muss vielleicht gemeinnützige Arbeit leisten oder einen Entschuldigungsbrief verfassen. Das sind keine einfachen Abschreckungsmaßnahmen, sondern Strafen, durch die die Betroffenen sich sowohl als Spieler als auch als Mensch bessern sollen.

Wenn Sie sich aufregen, wenn Sie Ihr Kind bei etwas Unerlaubtem erwischen, bestrafen Sie es nicht, solange in Ihnen ein Gefühlchaos herrscht – egal, ob es sich um Wut, Angst oder Scham handelt. Lassen Sie sich einen Moment Zeit. Wählen Sie eine Strafe, die zu seiner Besserung beiträgt. Etwas, das Ihr Kind nicht mag, das aber gut für es ist. Wortschatzübungen, das Auswendiglernen von Hauptstädten, irgendwo ehrenamtlich arbeiten, Müll aufsammeln oder das Haus anstreichen.

Ihre Kinder werden das nicht mögen, aber eines Tages werden sie Ihnen vielleicht sogar dafür danken.

9. Mai
ZU BESCHÄFTIGT, UM BÖSE ZU SEIN

Harry Truman wurde einst gefragt, ob er als Kind je in Schwierigkeiten geraten sei. »Höchst selten«, erwiderte er. »Ich war zu beschäftigt. Bis zu meinem 14. Lebensjahr hatte ich alle 3000 Bücher in der Bibliothek gelesen.« Gab es in Ihrer Nachbarschaft oder in der Schule Störenfriede? »Da gab es Jungen, die wirklich schlimm waren«, sagte er. »Aber ich war zu beschäftigt mit den Büchern, um ihnen böse zu sein.«

Im Septemberkapitel dieses Buchs geht es darum, wie wertvoll es ist, ein Kind zum Lesen zu erziehen, aber Truman gibt hier im Mai bereits einen guten Hinweis: Menschen, die gerne lesen, geraten höchst selten in Schwierigkeiten. Sie sind zu beschäftigt. Sie leben bereits in einer Welt, in der viel auf dem Spiel steht – in der Welt der Geschichte, der großen Romane, der sagenhaften Geschichten –, warum also sollten sie das Bedürfnis verspüren, auch noch in der realen Welt für Dramen und Probleme zu sorgen?

Natürlich gibt es viele Gründe, aus denen Kinder in Schwierigkeiten geraten. Aber »nichts Besseres zu tun zu haben« ist ein Problem, das Sie augenblicklich lösen können. Führen Sie Ihre Kinder in die Welt der Bücher ein. Fordern Sie sie heraus und regen Sie sie zum Lesen an. Sorgen Sie dafür, dass sie sich in die Welt der Bücher verlieben und dort beliebig oft verweilen.

Das wird Ihnen sowie Ihren Kindern viel weniger Ärger bescheren.

10. Mai

BESINNEN SIE SICH DARAUF, WIE ERFOLG AUSSIEHT

Die Bibel vermittelt eine recht gute Definition für ein erfolgreiches Leben. »Ein Ältester muss untadelig sein, seiner Frau treu, ein Mann, dessen Kinder vertrauenswürdig sind, nicht dem Vorwurf ausgesetzt, ungebärdig und ungehorsam zu sein.«

Auch geschlechtsneutral formuliert, ist dies wahr. Unsere Aufgabe besteht darin:

- ein ehrenwertes Leben zu führen
- unseren Ehepartner gut zu behandeln (und unsere Ehe zu respektieren)
- unseren Kindern beizubringen, ehrlich und zuverlässig zu sein
- sie nicht zu sehr zu verwöhnen

Wenn Sie außerdem noch in Ihrem Beruf erfolgreich sind, berühmt sind oder respektiert werden – fantastisch! Doch denken Sie daran: Keine noch so große Menge an weltlichen Gütern wird von Bedeutung sein – besonders nicht am Ende Ihres Lebens –, wenn Sie es versäumt haben, ein Elternteil für die jungen Menschen zu sein, mit denen Sie diese Güter am liebsten teilen würden.

11. Mai
GEHÖREN SIE ZU DEN GUTEN LEUTEN?

In Cormac McCarthys Roman *The Road* fragt der Junge seinen Vater: »Sind wir noch die guten Jungs?«

Die Sanftmut des Jungen, sein Beharren trotz der Dunkelheit der Welt das Richtige und Gute zu tun, hält den Vater davon ab, in Verzweiflung oder Unmenschlichkeit zu verfallen.

Gehören Sie zu den guten Leuten? Oder sind Sie gemeinsam mit Ihrer politischen Partei erstarrt? Sind Sie von Ihrem Arbeitgeber korrumpiert worden? Sind Sie angesichts all der Verantwortung und aus Stress abgestumpft und gleichgültig geworden? Sind Sie allzu sehr mit Ihrer Hypothek und Ihrem Golfspiel beschäftigt, um sich um andere Menschen zu kümmern? Sind Sie schon zu weit gegangen, um sich zu ändern? Um sich zu hinterfragen und zu reflektieren? Um alles aus einer neuen Perspektive zu betrachten?

Die gute Nachricht ist, dass Sie einen Jungen wie diesen in Ihrem Leben haben. Ihre Kinder sind eine wunderbare Quelle der Unschuld und Reinheit. Sie sehen die Dinge mit wachen Augen, sind noch nicht abgestumpft. Sie bilden auch eine Art Garantie. Warum sollten Sie sich ändern? Warum sollten Sie zu den guten Leuten gehören? *Ihren Kindern zuliebe.*

Schenken Sie ihnen Hoffnung. Seien Sie ihnen ein Vorbild. Seien Sie einer der guten Menschen.

12. Mai
WAS WICHTIGER IST ALS ERGEBNISSE

Die Schauspielerin Tracee Ellis Ross hat eine berühmte erfolgreiche Mutter: die mehrfache Grammy-Preisträgerin und Motown-Legende Diana Ross. Man könnte annehmen, dass jemandem, der so viel erreicht hat, der Erfolg sehr wichtig ist. Der ehrgeizige Elternteil treibt seine Kinder an, gute Noten zu bekommen, Spiele zu gewinnen, die Stärksten, Attraktivsten oder Beliebtesten zu sein und in ihre Fußstapfen zu treten. Die hohen Standards des Elternteils reichen bis zu dem College, das die Kinder besuchen, oder dem Beruf, den sie ausüben.

Aber Tracee hatte Glück. Ihre Mutter verhielt sich richtig. Die meisten Eltern würden ihre Kinder fragen: »Wie sind deine Noten?«, »Hast du gewonnen?«, »Bist du der Beste in deiner Klasse?« Aber nach der Schule fragte Diana Ross: »Hast du dein Bestes gegeben? Wie denkst du darüber, Tracee?« Tracee, die nach einigen Anläufen eine sehr erfolgreiche Schauspielerin wurde, erklärte, dass ihre Mutter sie lehrte, wie wichtig es sei, die Dinge aus einer bestimmten Perspektive zu betrachten: »Wie man sein Leben danach ausrichtet, wie man sich dabei fühlt, und nicht, wie die anderen darüber denken.«

Bedeutsamer als die Schulnoten Ihrer Kinder sind die Prioritäten, die sie setzen, und die Werte, die sie von Ihnen übernehmen. Die Frage lautet also: Vermitteln Sie ihnen, dass Testergebnisse wichtig sind oder dass *Lernen* zählt? Bringen Sie ihnen bei, dass Erfolg darin besteht, irgendwelche Wettbewerbe zu gewinnen, oder darin, eine starke Persönlichkeit zu entwickeln?

Ergebnisse zählen nicht – auf jeden Fall nicht die, die ins Auge fallen. Was zählt, ist die Persönlichkeit, die Ihre Kinder entwickeln, und wie Sie ihnen dabei helfen.

13. Mai

STELLEN SIE IHNEN JEDEN TAG DIESE FRAGE

»Wo immer ein Mensch ist, gibt es eine Gelegenheit zur Freundlichkeit.«

SENECA

Ständig stellen wir unseren Kindern Fragen. *Wie war's in der Schule? Wie lief das Baseballtraining? Hast du keinen Ärger gemacht? Was hat dein Lehrer über deine Mathenote gesagt? Hattest du Spaß mit deinen Freunden?*

Wir stellen diese Fragen, um im Gespräch zu bleiben. Wir stellen diese Fragen, weil wir uns Sorgen machen. Wir stellen diese Fragen, weil uns die Antworten wichtig sind. Unsere Kinder merken das. Sie sind klug genug, um zu begreifen, dass diese Fragen die Werte ihrer Eltern widerspiegeln sowie die Art, wie die Welt einen Menschen beurteilt und wie Erfolg in der Welt auszusehen hat.

Deshalb müssen wir uns bemühen, Fragen zu stellen, die auf das abzielen, was wirklich im Leben zählt. Wir sollten darin nicht nur einen banalen Small Talk sehen. Die Art und Weise, wie Diana Ross sich bei Tracee Ellis Ross nach ihrem Tag erkundigte, ist ein gutes Beispiel dafür.

Hier ist noch ein weiteres. Statt Ihre Kinder zu fragen, ob sie sich gut benommen haben, gut gespielt haben oder Spaß hatten, fragen Sie sie, *ob sie etwas Gutes getan haben.* Fragen Sie jeden Tag nach. *Welche gute Tat hast du heute vollbracht? Was genau hast du für einen anderen Menschen getan? Wem hast du geholfen?*

Überlegen Sie, welche Botschaft das aussendet. Denken Sie daran, wie dies Ihre Kinder dazu bringt, über ihren eigenen Tag nachzudenken – darüber, wie mitfühlend sie gehandelt haben und welche Auswirkungen ihr Handeln auf andere hat. Denken Sie an die Prioritäten, die Sie durch diese Fragen setzen – dass es ihre Eltern nicht interessiert, wie viele Fragen sie richtig beantwortet, sondern was sie alles richtig gemacht haben. Stellen Sie sich vor, wie viel besser die Welt wäre, wenn jeder so denken und jeder so erzogen würde.

14. Mai

WETTEIFERN SIE IN DIESER HINSICHT

»Mach dir selbst Konkurrenz, und feuere alle anderen an.«

CANDICE MILLARD

Wir Eltern stehen alle im Wettbewerb mit anderen Eltern. Wenn wir unsere Kinder vor der Schule abliefern, sehen wir, wie unser Auto im Vergleich zu dem der anderen Eltern abschneidet, oder wir werfen uns für die Schulspendenaktion in Schale und hoffen aufzufallen. Sehr schnell kann sich diese Art von Konkurrenz auf unsere Kinder übertragen: Wir achten darauf, dass sie dieselbe Ausstattung haben wie ihre Klassenkameraden, sehen uns um, welche Colleges für sie im Vergleich mit ihren Freunden infrage kommen, und drängen sie, Abschlussredner oder Kapitän des Baseballteams oder Sprecher der Schülervertretung zu werden.

Das ist nicht nur ein oberflächlicher Wettbewerb, sondern ein alberner und eventuell sogar schädlicher (wie uns im Varsity-Blues-Skandal die Eltern, die eine Gefängnisstrafe absitzen, zeigen), und zwar nicht nur deshalb, weil wir ihn unweigerlich verlieren werden – es wird immer jemanden geben, der reicher ist, gefragter, jemanden, dessen Kinder von Natur aus talentierter sind –, sondern auch, weil er auf die schlimmste Weise auf unsere Kinder einwirken kann.

Wir sollten unseren Kindern sagen: Wenn du mit jemandem konkurrieren willst, dann mach dir selbst Konkurrenz und sei die beste Version von dir selbst. Wetteifere um etwas, was du *wirklich kontrollieren kannst.* Und natürlich sollten wir diesen Rat auch selbst befolgen.

Machen Sie sich selbst Konkurrenz, um präsenter zu sein, freundlicher zu sein und mehr Spaß mit Ihren Kindern zu haben ... um noch zu übertreffen, was Ihnen Ihre eigenen Eltern gegeben haben. Konzentrieren Sie sich auf das, was in Ihrer Hand liegt und ein Beispiel für Ihre Kinder sein kann, sodass sie zu den Erwachsenen heranwachsen, die Sie sich wünschen.

15. Mai
BRINGEN SIE IHNEN EMPATHIE BEI

Studien haben gezeigt, dass die Lektüre von Belletristik unsere Empathie fördert. Indem wir uns mit dem Seelenzustand der Protagonisten vertraut machen, werden wir daran erinnert, dass nicht alle Menschen so denken und handeln wie wir und nicht alle so viel Glück gehabt haben wie wir.

Manchmal lehrt die Belletristik uns diese Empathie auch durch konkrete Ratschläge und Ermahnungen. Vielleicht erinnern Sie sich an diese ersten Zeilen aus *Der große Gatsby:*

> »In meinen jüngeren und wehrloseren Jahren erteilte mir mein Vater einen Rat, den ich seit jener Zeit immer wieder überdenke. ›Wann immer du jemanden kritisieren willst‹, erklärte er mir, ›denk daran, dass nicht alle Menschen dieser Welt die Vorteile genossen haben, die du hattest.‹«

Das müssen wir unseren Kindern vermitteln. Deshalb sollten sie *Der große Gatsby* und andere berühmte Romane lesen. Wir müssen es ihnen explizit vor Augen führen, genau wie es Nick Carraways Vater in diesem Roman tat. Das Wichtigste: Wir sollten uns selbst ein Beispiel daran nehmen.

16. Mai
WAS WIR TUN, HINTERLÄSST SPUREN

»Die Geschichte der Menschheit ist durch zahllose Akte des Muts geprägt. Immer wenn ein Mensch sich für ein Ideal einsetzt, etwas tut, um das Los anderer Menschen zu verbessern, oder gegen Ungerechtigkeit vorgeht, löst er eine winzige Welle der Hoffnung aus. Und diese aus einer Million unterschiedlicher Zentren der Energie und des Mutes stammenden Wellen kreuzen sich, vereinigen sich zu einem Strom, der die gewaltigsten Mauern der Unterdrückung und des Widerstands niederreißen kann.«

ROBERT KENNEDY

In dem wunderbaren Kinderbuch *Each Kindness* erzählt Jacqueline Woodson die Geschichte eines jungen Mädchens namens Chloe, das so unbekümmert, wie Kinder nun mal sind, eine Klassenkameradin grausam behandelt. Doch eines Tages ändert sie ihr Verhalten, als ihr Lehrer der Klasse demonstriert, wie sich Wellen ausbreiten, wenn ein Stein ins Wasser geworfen wird.

Genauso verhält es sich mit der Freundlichkeit, erklärt der Lehrer. Wenn wir jemandem etwas Nettes tun, breitet es sich in seinem Leben und in der Welt aus. Chloe wird davon inspiriert ... aber es ist zu spät. Das Mädchen, das sie grausam behandelt hat, ist weggezogen. Wenn Chloe jetzt einen Stein in den Teich in der Nähe ihres Hauses wirft, muss sie immer an die Gelegenheiten denken, die sie hatte, um das Leben eines Mitmenschen zu verbessern, ihm den Tag zu verschönern. Sie hat sie verpasst.

Das müssen wir unseren Kindern beibringen, ja, es ihnen *vorleben.* Indem wir sie gut behandeln, indem wir ihnen Empathie und bedingungslose Liebe entgegenbringen, helfen wir nicht nur ihnen, sondern auch ihrem Umfeld. Wir sollten es tun, weil wir wissen, dass diese Herzlichkeit – im Großen und im Kleinen – ihr Leben beeinflussen wird, noch lange nach ihrem Auszug von zu Hause, wenn sie erwachsen und wir Eltern längst tot sind.

17. Mai

ERMUTIGEN SIE SIE, IHR BESTES ZU GEBEN

Rudyard Kiplings schönes Gedicht *If*, das als Ratschlag für Kiplings Sohn gedacht war, handelt von Zähigkeit und Tugend, Ehre und Pflicht. Eine Zeile findet jedoch weniger Beachtung, vielleicht weil sie etwas verwirrend ist:

> »Wenn du erfüllst die herzlose Minute,
> mit tiefstem Sinn, empfange deinen Lohn«

Kipling betont, wie wichtig es sei, sich voll und ganz für etwas einzusetzen, sei es physisch oder anderweitig. Im Sport gibt es den Ausdruck »bis zum Abpfiff spielen«. Beim Boxen und bei den Kampfsportarten kämpft man so lange mit dem Gegner, bis man die Glocke hört. Beim Laufen geht es darum, über die Ziellinie zu laufen. Es gilt, bis zum Ende dranzubleiben. 100 Prozent zu geben. *Auf die richtige Art zu spielen.*

Das ist eine wichtige Lektion für unsere Kinder. Wir hören nicht an der Ziellinie auf. Wir setzen uns voll für etwas ein. Wir konzentrieren uns auf eine einzige Aufgabe, bis sie erledigt oder die Zeit abgelaufen ist. Wir füllen diese gnadenlose Minute aus.

Das ist die richtige Art und Weise zu spielen ... und zu leben.

18. Mai
BRINGEN SIE IHNEN BEI, DAS RICHTIGE ZU TUN

»Tu einfach das Richtige. Der Rest ist unwichtig.«

MARK AUREL

In dem unterhaltsamen und heiteren Roman *Ein Mann namens Ove* arbeitet der junge Ove auf demselben Rangierbahnhof wie sein Vater. Als er zusammen mit seinem Kollegen Tom einen Wagen reinigt, finden sie eine liegen gelassene Aktentasche. Instinktiv beschließt Tom, sie zu stehlen. Ove ist überrascht. Ein paar Augenblicke später findet er eine Brieftasche, die ein anderer Fahrgast vergessen hat, und nimmt sie an sich.

In diesem Moment taucht Oves Vater auf. Er fragt Ove, was er mit der Brieftasche vorhabe. Ove schlägt vor, sie beim Fundbüro abzugeben. Dort wird sie bald von der Frau, die sie verloren hat, abgeholt. »Nicht viele Menschen haben je so viel Geld abgegeben«, bemerkt die Frau. »Nun«, erwidert Oves Vater, »viele Menschen haben auch keinen Anstand.« Später am Abend fragt Ove seinen Vater, warum er der Geschäftsleitung nicht gemeldet habe, dass Tom eine Aktentasche gestohlen habe. Sein Vater schüttelt den Kopf und erwidert: »Wir gehören nicht zu den Leuten, die über das, was andere tun, Geschichten erzählen.«

In beiden Fällen zeigt Oves Vater seinem Sohn, was Anstand bedeutet. Anstand ist das, was man *tut*. Es geht nicht um einen Standard, den man an das Handeln anderer anlegt. Anstand ist, was *Sie* mit gefundenem Geld tun. Es geht darum, wie Sie *Ihre* Kinder erziehen. Es ist nicht etwas, was Sie ausüben; es ist nichts, worüber Sie tratschen. Es ist etwas, was Sie verkörpern und sich zu eigen machen.

19. Mai

BRINGEN SIE IHNEN BEI, GRÖSSE ZU ZEIGEN

Der zehnjährige Jim Lawson ging eine Straße entlang, als er an einem Auto vorbeikam, in dem ein kleines Kind saß, das ihn anstarrte und ihn mit dem N-Wort beschimpfte. Völlig fassungslos über so viel Hass und Gemeinheit, griff Lawson ins Auto und schlug dem Jungen ins Gesicht.

Als seine Mutter davon erfuhr, war sie verständlicherweise sehr besorgt. In den damals rassistischen Südstaaten, in denen Rassentrennung herrschte, konnten die Handlungen eines kleinen schwarzen Jungen tragische Folgen haben. Doch noch mehr wünschte sie sich, dass ihr Sohn nicht durch den Hass seiner Umwelt geprägt und verändert würde.

»Was hat das genützt, Jimmy?«, fragte ihn seine Mutter. »Wir alle lieben dich und Gott liebt dich«, erklärte sie, »und wir alle glauben an dich, daran, wie gut und klug du bist. Wir haben ein gutes Leben, und du wirst ebenfalls ein gutes Leben haben. Welche Bedeutung hat bei all dieser Liebe eine dumme Beleidigung? Keine. Es sind nur bedeutungslose Worte aus dem Mund eines ignoranten Kindes, das in dem Augenblick, als es sie ausgesprochen hat, bereits wieder aus deinem Leben verschwunden ist.«

Diese Worte sollten sein Leben verändern. Sie wiesen Jim Lawson seinen Weg der weltverändernden Gewaltlosigkeit. (In den 1960er-Jahren organisierte er die ersten Sit-ins in Nashville.) Sie halfen ihm zu erkennen, dass er über all dem Schrecklichen stand, das andere Menschen sagten und taten, denn im Grunde zählte das, *was er sagte und tat.* Wichtig war, mit Freundlichkeit und Liebe zu reagieren. Was zählte war das Wissen, gut zu sein, geliebt zu werden und dass die Meinungen anderer nichts daran ändern konnten.

Lawsons Eltern schenkten ihm die Gabe, zu erkennen, dass er größer war als die engstirnigen Menschen um ihn herum. Dass *er* die stärkere Persönlichkeit sein und Größeres *vollbringen* konnte. Und Sie? Können Sie sich Ihren Kindern gegenüber genauso verhalten?

20. Mai

GEHEN SIE NICHT DAVON AUS, DASS ES GELINGEN WIRD

In seinem Werk *Meditationen (Selbstbetrachtungen)* erwähnt Mark Aurel die »Bosheit, Hinterlist und Heuchelei, die durch Macht erzeugt werden kann« und die »eigenartige Rücksichtslosigkeit, die häufig von Menschen aus sogenannten ›guten Familien‹ an den Tag gelegt wird«.

Auch wenn Sie eine gute Ausbildung genossen und sich Ihrer Familie gegenüber einwandfrei verhalten haben und keineswegs ein Monster sind, müssen diese lobenswerten Charakterzüge nicht garantiert auf Ihre Kinder übergehen. Das Leben ist voller Versuchungen. Nur allzu leicht erliegt man schlechten Gewohnheiten und Einflüssen. Denken Sie an Mark Aurels Kinder. Er und seine Frau waren ausgeglichen und weise ... und doch lief etwas schief mit Commodus, ihrem Sohn und Erben. Er war psychisch krank und ein Albtraum für das Imperium – genauso, wie er in dem Film *Der Gladiator* dargestellt wird, wenn nicht noch schlimmer.

Der Punkt ist: Nur weil man erfolgreich ist, es sich leisten kann, seine Kinder auf erstklassige Schulen zu schicken, nur weil man besser dasteht als die eigenen Eltern, heißt das noch nicht, dass man über den Berg ist. Es ist eine schwierige Aufgabe, zu der wir uns verpflichtet haben. Es steht viel auf dem Spiel, und der Spielraum für Fehler ist begrenzt. Kinder »entwickeln« sich nicht einfach zu guten Menschen. Sie werden dazu *gemacht,* durch die Vorfahren geformt, durch Beispiele geleitet und durch die ständige Präsenz der Eltern beflügelt.

Sie sollten für all das sorgen, dürfen nicht nachlassen. Nehmen Sie nicht an, dass sich alles von selbst regelt. Ihre Kinder brauchen Sie.

21. Mai

»UND WAS HAST DU GETAN?«

In den 1920er-Jahren, lange bevor er Dichter wurde, bevor er Kriegsdienstverweigerer war und bevor er selbst Kinder hatte, war William Stafford einfach nur ein Kind, das in einer Zeit heranwuchs, in der sich Mobbing, Rassismus und alle Arten von Grausamkeiten in aller Öffentlichkeit abspielten.

Eines Tages kam der kleine William nach Hause und berichtete seinen Eltern, zwei junge schwarze Mitschüler seien in der Schule verspottet worden. Seine Eltern stellten ihm nur eine einzige Frage: »Und was hast du getan, Billy?«

Beachten Sie, dass Williams Eltern das Ganze nicht einfach abtaten, weil es *nicht ihr* Kind betraf. Sie eilten auch nicht ans Telefon, um seine Lehrer anzurufen. Sie schrien nicht, stellten auch keine Vermutungen an. Sie nutzten den Vorfall als Gelegenheit, um eine grundsätzliche Lebensweisheit hervorzuheben: Wir sind füreinander verantwortlich. Wir können uns nicht passiv verhalten, wenn sich vor unseren Augen schlimme Dinge abspielen.

Höchstwahrscheinlich hofften sie auf eine Antwort, die zeigte, dass ihr Sohn das verinnerlicht hatte, was sie ihm sein Leben lang beizubringen versucht hatten. Wie alle guten Eltern wollten sie mit dieser Frage testen, ob ihr Sohn verstanden hatte, dass Tugend, Pflicht, Freundlichkeit und menschlicher Anstand geübt werden müssen, um all dies zu perfektionieren. Man kann sich ausmalen, was sie empfanden, als sie seine Antwort hörten …

»Ich bin zu ihnen gegangen und habe ihnen geholfen.«

22. Mai
BRINGEN SIE IHNEN DIESE DREI PFLICHTEN BEI

Das Leben ist irritierend, besonders, wenn man noch klein ist. Als Kinder sind wir ständig mit Situationen konfrontiert, die uns unbekannt sind, auf die wir nicht vorbereitet sind und auf die es keine klare, eindeutige Antwort zu geben scheint. Einige dieser Situationen sind gravierend, wie zum Beispiel Mobbing oder ein gebrochener Arm, andere eher banal, wie die Nervosität vor der ersten Pyjamaparty oder der Neid auf den besten Freund, der etwas bekommen hat, was man sich selbst gewünscht hat. Manchmal ist es ein Segen, manchmal der Fluch des Missgeschicks.

Wie sollen Ihre Kinder darauf reagieren? Es ist Ihre Aufgabe, es ihnen zu zeigen. Denn auch wenn jeder Augenblick des Lebens noch so unterschiedlich, irritierend und einzigartig sein mag, hat jeder von uns eine Reihe von Pflichten, an denen wir uns in jeder Situation orientieren können.

Lehren Sie Ihre Kinder, auf alles, was auf sie zukommt, auf diese Arten zu reagieren:

1. mit harter Arbeit
2. mit Ehrlichkeit
3. indem sie andere, so gut sie können, unterstützen

Natürlich wird dies nicht immer zum Erfolg führen, aber immer zu etwas, auf das sie stolz sein können. Es wird ihnen immer von Nutzen sein. Ob es sich nun um einen Rückschlag aus heiterem Himmel handelt oder ein unerwartetes großzügiges Geschenk, ob die Schuld bei ihnen oder einem unbeteiligten Fremden liegt – das Leben verlangt von ihnen: Arbeit, Ehrlichkeit, Mitgefühl. Das erwarten wir als Eltern von ihnen.

23. Mai
ES IST BESSER, FREUNDLICH STATT SCHLAU ZU SEIN

Über Jeff Bezos, den Gründer von Amazon, kursiert eine Geschichte aus der Zeit, als er noch ein kleiner Junge war. Jeff saß bei seinen Großeltern, die beide Raucher waren, im Auto auf dem Rücksitz. Er hatte kurz zuvor im Radio einen Beitrag gegen das Rauchen gehört, in dem erläutert wurde, um wie viele Minuten jede Zigarette die Lebenszeit eines Menschen verkürzt. Und so wendete dieses altkluge Kind sein mathematisches Können auf das Neugelernte an und erklärte stolz seiner Großmutter, die gerade eine Zigarette paffte: »Grandma, du hast neun Jahre deines Lebens verloren.«

Die typische Reaktion auf diese unschuldige Keckheit wäre ein Tätscheln des Kopfes samt des Lobs gewesen, wie clever er sei. Jeffs Großmutter tat das nicht. Stattdessen brach sie verständlicherweise in Tränen aus. Bezos Großvater nahm danach seinen Enkel beiseite und erteilte ihm eine Lektion, die Jeff, wie er sagte, den Rest seines Lebens prägen sollte. »Jeff«, sagte sein Großvater »eines Tages wirst du begreifen, dass es schwieriger ist, liebenswürdig zu sein als schlau.«

Schlau zu sein fällt leicht, wenn man Aufmerksamkeit erregen will. Doch es kostet Mühe, ein liebenswürdiger Mensch zu sein, und Geduld, den Lohn zu ernten. Es ist anstrengend, innezuhalten und darüber nachzudenken, wie sich das, was man sagt und tut, auf andere Menschen auswirkt. Aber ein wahrhaft erfolgreicher Mensch – ein wirklich großartiges Kind – stammt von Eltern ab, die sich die Zeit nehmen, ihm diese Fähigkeit nahezubringen. Eltern, die es für seine Freundlichkeit und sein Mitgefühl belohnen, nicht nur für seine Intelligenz, seine guten Noten oder seine Redegewandtheit. Denn diese egozentrischen Eigenschaften können sich, falls nicht durch Empathie und Freundlichkeit ausgeglichen, in Kombination negativ auswirken und einsam machen.

24. Mai

DENKEN SIE SO ÜBER DIE MEISTEN MENSCHEN

»Kein intelligenter Mensch glaubt, dass irgendjemand je absichtlich einen Fehler begeht oder absichtlich niederträchtige oder schlimme Taten begeht.«

SOKRATES

Es gibt viele egoistische Menschen auf der Welt. Grausame Menschen. Dumme Menschen. Sogar böse Menschen. Manchmal vereint sich alles in einer Person. Ihre Kinder werden einige dieser Leute kennenlernen. Sind sie bereit? Vielleicht sollte die Frage eher lauten: Sind Sie bereit? Um sie vor den übelsten Exemplaren zu schützen, aber auch, um sicherzustellen, dass Ihr Zynismus gegenüber der Welt, gegenüber den *Menschen*, Ihre Kinder nicht zu früh beeinflusst.

Es gibt ein wunderbares Kinderbuch mit dem Titel *Most People*, das uns daran erinnert: Die meisten Menschen sind gut. Die meisten Menschen bemühen sich, so gut sie können. Die meisten Menschen werden Ihnen helfen, sofern sie es können. Die meisten Menschen wollen dasselbe, so das Buch. Die meisten Menschen sind glücklich – und selbst die, die nicht glücklich sind, schreibt der Autor, wären es lieber, wenn sie wählen könnten.

Aufgrund unserer Lebenserfahrung können wir dies vielleicht kaum glauben. Doch wir dürfen die psychische Last unserer eigenen frustrierenden Erfahrungen mit den Menschen aus unserer Vergangenheit nicht weitergeben. Diesen schwierigen Balanceakt müssen wir als Eltern hinbekommen. Es gilt, unsere Kinder auf eine Welt vorzubereiten, in der nicht nur eitel Sonnenschein herrscht. Aber wir müssen ihnen auch erklären, dass die Welt nicht völlig dunkel ist. Ja, dass dort eher selten Dunkelheit herrscht.

Wir wollen, dass unsere Kinder die Flamme weitertragen, um die Helligkeit zu bewahren. Diese sollten sie auch bei anderen Menschen suchen. Außerdem wollen wir, dass sie wie die meisten Leute sind: Gut. Freundlich. Glücklich. Hilfsbereit.

Wir sind es, die diesen Weg vorgeben.

25. Mai
VERMITTELN SIE IHNEN WERTE?

»Jedes Erziehungssystem, das keine moralischen Werte vermittelt, fördert lediglich das intellektuelle Rüstzeug, mit dem Männer und Frauen ihren Stolz, ihre Gier und ihre Lust besser befriedigen können.«

Hyman Rickover

Uns liegt natürlich daran, dass unsere Kinder gute Schulen besuchen. Sie sollen so viel wie möglich lernen. Deshalb kontrollieren wir ihre Noten. Deshalb sind wir Eltern besorgt über Änderungen des Lehrplans, deshalb sparen und investieren wir, um das College bezahlen zu können.

Aber achten wir wirklich auf die richtigen Aspekte? Hier geht es nicht nur um das altbewährte Argument, Bildung müsse unseren Kindern konkrete berufliche Fertigkeiten vermitteln, die sie in ihrem Leben brauchen können. Es geht auch um die Frage, ob unseren Kindern beigebracht wird, wie sie gute Menschen sein können – zu Hause, in der Schule und draußen in der Welt.

Viele Kinder besuchen teure Privatschulen oder schaffen es in die Ivy League. Und doch enden sie schließlich als korrupte Politiker oder seelenlose Geschäftsleute, welche die Wirtschaft in den Abgrund steuern. Viele Kinder lernen, erfolgreich zu sein, doch die Fähigkeiten und der erforderliche Anstand, mit diesem Erfolg moralisch und verantwortungsvoll umzugehen, werden ihnen nicht vermittelt.

Der Zweck der Erziehung besteht nicht darin, Ihre Kinder egoistischer, gieriger und überzeugter von ihren eigenen Vorstellungen oder ihrer Überlegenheit zu machen. Nein, die Erziehung soll bessere Bürger, bessere Menschen und hoffentlich eines Tages bessere Eltern aus ihnen machen.

26. Mai
BEINAMEN FÜR IHR KIND

Einer der interessantesten Abschnitte in den *Meditationen (Selbstbetrachtungen)* von Mark Aurel lautet:

> »Beinamen für dich selbst: Rechtschaffen. Bescheiden. Ehrlich. Ausgewogen. Hilfsbereit. Versuche nicht, sie gegen andere zu tauschen.«

Dies waren im Wesentlichen die Eigenschaften, nach denen Mark Aurel leben wollte – seine Prinzipien, möglichst kurz zusammengefasst. Wie wäre es, wenn Sie als Elternteil sich einmal hinsetzen – am besten zusammen mit Ihrem Ehepartner – und herausfinden würden, was diese Begriffe für jedes Ihrer Kinder bedeuten? Anders ausgedrückt: Was für ein Kind wollen Sie großziehen? Welche Prinzipien möchten Sie Ihren Kindern durch Ihre Entscheidungen als Eltern vermitteln?

Einige eindeutige: *Freundlich. Loyal. Moralisch. Ehrlich.*

Und vielleicht noch ein paar speziellere, die ihnen helfen, im Leben zurechtzukommen. *Kreativ. Zweisprachig. Fleißig. Ein Leben lang wissbegierig.*

Für manche Eltern mag es wichtig sein, dass ihre Kinder sportlich sind. Für andere, dass sie Leseratten sind. Wieder andere legen Wert darauf, dass ihre Kinder hilfsbereit sind. Hier gibt es eine Menge Optionen, und zum Glück werden die meisten Ihrer Antworten richtig sein. Es ist nicht so wichtig, welche Beinamen Sie wählen, sondern, dass Sie überhaupt eine Entscheidung getroffen haben.

Denn wenn Sie nicht wissen, was Sie anstreben, wie können Sie dann erwarten, ein Ziel zu treffen? Wie wollen Sie wissen, dass Sie ihnen nicht versehentlich beibringen, einen Beinamen gegen einen anderen einzutauschen? Die Wahrheit ist, dass es so nicht funktioniert. Also fangen Sie an zu schreiben.

27. Mai
DAS WICHTIGSTE, WAS WIR IHNEN BEIBRINGEN MÜSSEN

Michael Schurs unterhaltsames Buch über Moralphilosophie *How To Be Perfect* schließt mit einer Meditation über eine der schwierigsten Aufgaben selbst für die besten und klügsten Eltern: Wie wir unseren Kindern die wichtigsten Lektionen des Lebens vermitteln können.

Diese Passage bringt den Kern dieser Lektionen auf den Punkt:

> »Sie alle sind Menschen auf der Erde. Sie sind nicht allein hier, und das bedeutet, dass Sie den anderen Menschen auf dieser Welt bestimmte Dinge schulden. Sie schulden ihnen mehr oder weniger, dass sie nach Regeln leben, die sie nicht als unfair ablehnen würden (sofern sie anständige, vernünftige Menschen sind).«

Er schlägt auch eine großartige kurze Übung für seine Kinder vor. Wenn ihr durchs Leben geht und etwas plant, so Schurs, dann fragt euch, ob euer Bruder oder eure Schwester eure Idee gut fände. Fragt anschließend einen Freund, ob er es für eine gute Idee hält, oder einen Lehrer, ja sogar ein Kind, das ihr nicht mögt, aber für klug haltet. Und um einem fünfjährigen Jungen den kategorischen Imperativ beizubringen, sollten wir Eltern ihn fragen: »Wäre es in Ordnung, wenn jeder sich so verhielte? Wie sähe die Welt aus, wenn jeder einzelne Mensch das tun dürfte, was ich gerade tue?«

Man erzieht anständige und freundliche Menschen, indem man ihnen beibringt, wie sich ihr Handeln auf andere Menschen auswirkt und was ihre Pflichten gegenüber anderen Leuten sind. Man muss kein Philosoph sein, um das zu schaffen, sondern nur ein guter, anständiger Mensch.

28. Mai
ES IST EHER KEIN ZUFALL

Florence Nightingale war eine außergewöhnliche Frau. Sie revolutionierte die Krankenpflege und rettete Tausende von Menschenleben. Für die High Society im viktorianischen England war das eine Sensation, denn Frauen sollten keinen Beruf ausüben, geschweige denn etwas so Praktisches tun, wie in einem Krankenhaus zu arbeiten.

Angesichts ihres Familienstammbaums war Florences Initiative allerdings keine Überraschung. Sie war nicht irgendeine, aus dem Nichts aufgetauchte Heilige. Ihr Urgroßvater war ein Philanthrop, der die amerikanische Revolution unterstützte und sogar einen großen Teil seines Landbesitzes in Savannah dafür spendete. Sein Sohn, Florences Großvater, war Mitglied des britischen Unterhauses und einer der führenden Abolitionisten im Vereinigten Königreich. Seine Tochter Fanny, Florences Mutter, die sich anscheinend wenig für Menschen interessierte, die nicht mit dem goldenen Löffel zur Welt gekommen waren, bildete eine Ausnahme in der Familie.

Es war kein Zufall, dass Florence Nightingale zu Wohltätigkeit und Selbstlosigkeit neigte. Sie lernte dies auf die Art und Weise, in der alle großen Traditionen entstehen – durch die Entscheidungen ihrer Familie. Ihre Vorfahren inspirierten sie.

Wir können uns unseren Stammbaum nicht aussuchen. Aber als Eltern können wir entscheiden, an *welchen Menschen* in unserem Stammbaum wir uns orientieren wollen. Wir können wie Florence Nightingale auswählen, von welchen Familienmitgliedern wir uns inspirieren lassen und wessen Vorbild wir folgen wollen. Als Eltern können wir aussuchen, mit welchen Zweigen der Familie wir unsere Kinder vertraut machen wollen, welche Geschichten wir besonders hervorheben und welche Lektionen wir ihnen vermitteln.

Dass unsere Kinder großartig, selbstlos und mutig sind, verdankt sich nicht dem Zufall. Wir müssen sie dazu erziehen. Sie sind es nicht *sui generis* oder *ex nihilo*. Sie entstammen einer Tradition. Sie kommen *von uns*.

29. Mai

BEDENKEN SIE IMMER, WIE ES ANDEREN MENSCHEN GEHT

Vielleicht kennen Sie die Bibelstelle, in der Moses mit Gottes Hilfe das Rote Meer teilt. Es war ein Wunder gewaltigen Ausmaßes, denn dadurch konnten die Israeliten es durchqueren und somit den Ägyptern, die sie verfolgten, entkommen. Weniger bekannt ist, was danach geschah. Als Moses das Meer wieder zurückfluten ließ, saßen die Ägypter in der Falle. Das Meer brach über sie herein und Tausende ertranken.

Natürlich jubelten und sangen die Israeliten. Als die Engel in ihre Gesänge mit einstimmten, tadelte Gott sie, wie der Talmud berichtet: »Wie könnt ihr es wagen, Jubelgesänge anzustimmen, wenn Meine Geschöpfe sterben.«

Es ist unerheblich, ob diese Ereignisse überhaupt stattgefunden haben – die Lektion bleibt dieselbe. Inmitten von Sieg und Erfolg ist es leicht zu denken, wie wunderbar das Erreichte für Sie ist. Es ist auch leicht, dabei zu vergessen, wen Sie besiegt haben und wie sich Ihr Sieg auf die anderen ausgewirkt hat. Wahrscheinlich haben sie mehr verloren, als Sie gewonnen haben.

In diesem Leben ist es vorrangig, anständige Menschen, empathisch und achtsam genug zu sein, um zu erkennen, dass die Situation für andere nicht so großartig ist wie für uns. »Freu dich nicht über den Sturz deines Feindes, dein Herz juble nicht, wenn er strauchelt.« (*Das Buch der Sprüche*, 24,17)

Wir müssen unseren Kindern diese alten und zeitlosen Lektionen vermitteln. Sie können immer noch genießen, was Sie haben, und Sie sollten weiter danach streben, im Leben erfolgreich zu sein. Aber ignorieren Sie nicht, dass andere Menschen leiden; seien Sie nicht so selbstsüchtig, sich nicht dafür zu interessieren. Und erziehen Sie Ihre Kinder nicht dazu, dass ihnen beides gleichgültig ist.

30. Mai

IHRE KINDER BÜSSEN FÜR IHRE SCHULDEN

Keiner schrieb so anschaulich über die Geschichte von Eroberungen und Abenteuern wie Theodore Roosevelt. Und niemand schrieb poetischer über Krieg, Ruhm und das Empire als Rudyard Kipling.

Doch letzten Endes war all dies der Grund, warum sie um ihre vielgeliebten Söhne trauern mussten. Roosevelts Sohn Quentin wurde über Frankreich abgeschossen. Kipling verlor seinen Sohn Jack in den Schützengräben des Ersten Weltkriegs (1915). Er war durch »Schüsse und Granaten« dermaßen entstellt, dass seine Leiche nicht identifiziert werden konnte. Roosevelt brach der Verlust seines ältesten Sohnes das Herz, und er starb bald nach dessen Tod. Kipling, der für seinen Sohn »If« geschrieben hatte, als dieser gerade zwölf Jahre alt war, verfasste eines seiner letzten Gedichte in Trauer um ihn:

»Hast du Neuigkeiten von Jack, meinem Jungen?«
Nicht bei dieser Flut.
»Wann glaubst du, kommt er zurück?«
Nicht bei diesem stürmischen Wind und dieser Flut.

Das waren tragische, niederschmetternde Ereignisse, die kein Elternteil jemals durchmachen sollte. Unbestritten ist jedoch auch, dass diese beiden berühmten Männer nicht schuldlos an dem Geschehen waren – und zwar nicht nur aufgrund des Drucks, den sie auf ihre Kinder ausübten, und ihrer unmöglichen Erwartungen an sie, sondern weil sie zu einer Generation gehörten, welche die Politik, die zu dem Blutbad führte, in dem ihre Söhne umkamen, gefördert, gefeiert und leichtfertig unterstützt hatte.

Es ist ein warnendes Beispiel für *alle* Eltern. Unsere Generation trifft, genau wie frühere Generationen, Entscheidungen in der Gegenwart, deren Auswirkungen in erster Linie von künftigen Generationen getragen werden. Unsere Kinder und Enkelkinder werden in der Welt, die unsere Maßnahmen geschaffen haben, leben ... und wir selbst sind vielleicht lange genug auf der Welt, um erleben zu müssen, wie es uns das Herz bricht.

31. Mai
EINE THEORIE ÜBER DAS LEBEN

In den 1930er-Jahren schrieb der junge Walker Percy einen Brief an Will Percy, seinen Onkel und Adoptivvater. Walker, der sich gerade durchs College quälte und bemühte, den Erwartungen seiner berühmten Familie gerecht zu werden, rechnete vermutlich damit, als Antwort einen Vortrag über seine Noten zu erhalten. Oder eine Ermahnung, weil er die Familie enttäuscht hatte. Oder vielleicht, dass man ihm Geld schickte, um einen Tutor zu engagieren.

Die Antwort überraschte ihn jedoch, denn nichts davon traf zu. Stattdessen winkte der Onkel seine Bedenken ab und erklärte ihm:

> »Meine Theorie über das Leben beinhaltet, dass Ruhm und Leistung bei Weitem weniger bedeutend sind als die Herausbildung des Charakters und das gute Leben jedes einzelnen Menschen.«

Ist das nicht großartig? Ist das nicht genau das, was jedes gestresste, selbstkritische und verwirrte Kind über das Leben hören sollte? *Wer du bist ist wichtiger, als was du tust. Mir wäre es lieber, dass du gut statt erfolgreich bist. Der Charakter ist wichtiger als Geld.*

Dies verliert man leicht aus den Augen. Wir alle wissen, wie wettbewerbsorientiert die Welt ist, und wir erkennen das Potenzial unserer Kinder. Wir wollen nicht, dass sie dieselben Fehler begehen wie wir. Aber letztlich wird sich das von selbst erledigen, wenn wir sie richtig erziehen.

Die Alten wussten, dass der Charakter Schicksal ist, und wir dürfen das im Hinblick auf unsere eigenen Kinder nicht vergessen. Ein gutes Leben, das man richtig führt und in dem man viel Gutes bewirkt, wird ein erfolgreiches Leben sein – und auch ein sinnvolles.

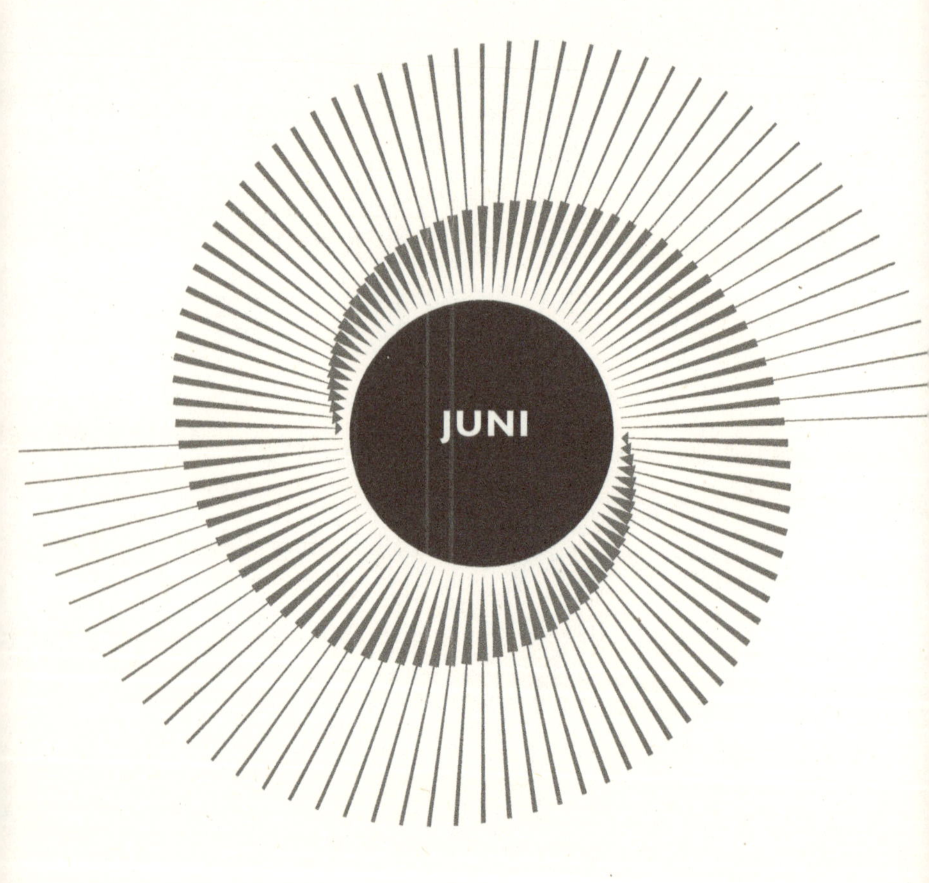
JUNI

VERNACHLÄSSIGEN SIE SICH NICHT SELBST

(LEKTIONEN IN SELBSTFÜRSORGE)

1. Juni

ES IST IN ORDNUNG, UM HILFE ZU BITTEN

»Schäm dich nicht, wenn du Hilfe brauchst. Wie ein Soldat, der eine Festungsmauer erstürmen soll, hast du eine Mission zu vollenden. Und wenn du nun verwundet bist und einen Kameraden brauchst, der dich hochhebt?«

Mark Aurel

Würde Ihr Kind sich mit etwas quälen, möchten Sie es von ihm erfahren, oder? Wenn es etwas im Unterricht nicht verstanden hat, möchten Sie, dass es den Lehrer fragt. Wenn Ihr Nachbar etwas bräuchte, hätten Sie nichts dagegen, wenn er Sie um Hilfe bäte. Wenn Ihr Ehepartner überfordert wäre und Beistand benötigte, würden Sie erwarten, dass er sich an Sie wendet.

Gut. Aber was ist mit Ihnen? *Geht es Ihnen gut?* Noch wichtiger: Bitten Sie um Hilfe, wenn es Sie sich nicht wohlfühlen?

Denken Sie daran, dass wir unseren Kindern das von ihnen erwartete Verhalten vorleben müssen. Sollten Sie also nicht nach dem Weg fragen wollen, wenn Sie sich offensichtlich verfahren haben, was lehrt sie das dann? Wenn Sie nicht zugeben mögen, etwas nicht zu wissen, und Sie sich eine Antwort auf eine Frage zurechtlegen, anstatt sie mit Ihren Kindern zusammen zu erforschen, was erfahren sie dann über Lernen und Problemlösungen? Warum sollte es für sie normal sein, sich einem Arzt oder Therapeuten sowie Mama und Papa gegenüber verletzlich zu zeigen, wenn sie regelmäßig erleben, dass man sich dessen schämen muss?

Aber hier geht es noch um mehr als nur das. *Sie können kein guter Elternteil sein, wenn Sie leiden und sich keine Hilfe holen. Sie können kein guter Elternteil sein, wenn Sie ganz auf sich allein gestellt sind.* Keiner von uns ist eine Insel oder unbesiegbar oder allwissend. Um unser Bestes geben zu können, müssen wir fähig sein zu lernen, uns auf andere zu verlassen, Fehler einzugestehen und um Beistand zu bitten. Zeigen Sie ihnen, dass es in Ordnung ist, sich Hilfe zu holen. Seien Sie ihnen ein Vorbild, indem Sie um die benötigte Hilfe bitten.

2. Juni

DAS IST IHRE WICHTIGSTE ENTSCHEIDUNG

»Die wichtigste Entscheidung, die Sie treffen, ist, gut gelaunt zu bleiben.«

VOLTAIRE

Wissen Sie, was Ihre Kinder denken, wenn Sie schlechter Laune sind? *Sie vermuten, dass es etwas mit ihnen zu tun hat.* Sie begreifen nicht, wie viel Verantwortung Sie tragen. Ihre Kinder wissen nichts von dem Kollegen, dessen Dummheit Sie den ganzen Tag ertragen mussten, oder von der schlechten Laune Ihres Chefs und seinen unrealistischen Erwartungen. Sie erkennen nicht, wie gestresst Sie dadurch sind. All dies sind komplexe emotionale Probleme, die ein Kind nur schwer verstehen kann, insbesondere, wenn diese Sorgen außerhalb seiner eigenen Lebenserfahrung liegen.

Unsere Stimmungen und Entscheidungen sowie unsere Beispiele wirken sich immer auf unsere Kinder aus, verändern ihren Blick auf die Welt und sich selbst. Wie wir mit all diesen Dingen umgehen, sorgt dafür, dass sie sich besser oder schlechter, wertvoll oder wertlos, sicher oder verletzlich fühlen. Und dabei geben wir ihnen ein Muster vor, an das sie sich leicht halten können – im Guten wie im Schlechten.

Ihre Kinder leiden entweder unter Ihren Stimmungen und Emotionen oder profitieren davon. Verhalten Sie sich entsprechend!

3. Juni

WACHSEN SIE ÜBER DIESE BITTERE MATHEMATIK HINAUS

»Wenn du heiratest, opferst du 50 Prozent deines Lebens«, wurde die Romanautorin Susan Straight von ihrer Mutter gewarnt. »Und was ist mit der anderen Hälfte?«, fragte die junge Susan voller Hoffnung. »Wenn du ein Baby bekommst, opferst du auch noch die andere Hälfte«, erwiderte ihre Mutter sachlich.

Ach du Schande!

Ja, die Ehe und Beziehungen sind kein Honigschlecken. Und in der Vergangenheit waren sie für Frauen besonders grausam und bedrückend. Seit jeher zwingt die Elternschaft zu Veränderungen. Kinder bringen uns Eltern um den Schlaf, kosten uns Geld und nehmen uns Freiheiten, die wir für selbstverständlich hielten. Aber bedeutet das, dass wir uns selbst und alle unsere Freiheiten aufgeben müssen? Keineswegs.

Wir können über die bittere Mathematik hinauswachsen, indem wir an uns selbst und an unseren Beziehungen arbeiten. Indem wir um Hilfe bitten. Indem wir uns weigern, unsere Träume aufzugeben, auch wenn wir älter werden. Indem wir uns auf all das konzentrieren, was uns die Ehe und die Kinder ebenfalls *geben*, auf all unsere Erfahrungen und die Chancen, die sich uns bieten.

Wenn wir uns selbst aufgeben, geben wir gleichzeitig unsere Kinder auf – was für sie eine bittere Lektion bedeutet.

4. Juni

SCHÜTZEN SIE IHREN WOHLSTAND

»Die größte aller Torheiten ist, seine Gesundheit aufzuopfern, für was es auch sei.«

ARTHUR SCHOPENHAUER

Natürlich ist es unsere Aufgabe, für unsere Kinder zu sorgen. Hart zu arbeiten. Das Geld klug auszugeben und vernünftig zu sparen. Etwas Geld auf die Seite zu legen, wenn nicht für ihre Zukunft, dann um über die finanziellen Mittel zu verfügen, ihre Bedürfnisse zu befriedigen und für den Notfall eine Reserve für unsere Familie bereitzuhalten. Aber all die Arbeit für unser finanzielles Wohlergehen wird uns nicht weit bringen, wenn wir nicht ähnlich sorgfältig mit unserer psychischen Gesundheit umgehen.

Reichtum ist nicht nur eine Frage der Finanzen. Charlamagne tha God, ein Bestsellerautor und Moderator der Radiosendung *The Breakfast Club*, hat dazu beigetragen, das Konzept des *psychischen Wohlstands* – Ihrer psychischen Gesundheit, Ihres Wohlbefindens und Ihres Glücks – bekannt zu machen. Es ist wirklich schwierig, ein guter Elternteil zu sein und seine Familie gut zu *versorgen*, wenn man überfordert oder deprimiert ist, wenn man die Freundschaften und wichtigen Ressourcen nicht gepflegt hat, um psychisch gesund zu bleiben.

So wie Sie versuchen, Ihren finanziellen Wohlstand zu schützen, sollten Sie auch Ihren psychischen Wohlstand schützen. Scheuen Sie sich nicht, Geld für einen Therapeuten auszugeben. Oder für ein Buch. Oder sogar auf Überstunden zu verzichten, weil Sie einfach zu müde sind. Ihre geistige Gesundheit, Ihre Klarheit, Ihr Wohlbefinden – all das ist wichtig. Es ist nicht egoistisch, sich darum zu kümmern, sondern selbstlos. Denn Ihre Aufgabe ist es, der bestmögliche Elternteil zu sein. Und dazu brauchen Sie einen vollen Speicher an psychischem Wohlstand.

5. Juni

SORGEN SIE AUCH FÜR SICH SELBST

»Als ich mit dem Schreiben begann ... musste ich die Zeit nutzen, bevor sie ›Mama‹ riefen – und das war immer gegen fünf Uhr morgens.«

TONI MORRISON

Eines haben viel zu viele Eltern gemeinsam: Sie schieben es immer wieder vor sich her, sich um sich selbst zu kümmern. *Ich werde ins Fitnessstudio gehen, wenn sie besser schlafen. Ich werde gesünder essen, wenn sie beim Essen nicht mehr so wählerisch sind. Wenn die Kinder erst ausgezogen sind, werden meine Frau und ich unsere Beziehung wieder in Ordnung bringen.*

Dies alles mag durchaus gute Gründe haben, aber die Ergebnisse nutzen niemandem. Sie sollten sich um sich selbst kümmern. Und zwar jetzt! Glauben Sie, Ihre ungesunden Essgewohnheiten tragen nicht zu Ihrer Gereiztheit bei? Natürlich sind Sie griesgrämig – Sie fühlen sich wie ein ekeliges Stück Dreck! Meinen Sie, Ihren Kindern einen Gefallen zu tun, indem Sie Ihre Lebenszeit verkürzen? Glauben Sie, ein Beispiel eines guten Menschen abzugeben, wenn Sie sich die Treppe hinaufquälen oder sich mit einer Einkaufstüte abmühen? Meinen Sie, Sie vermitteln ihnen das Gefühl von Sicherheit und Liebe, wenn Sie Ihre Beziehung emotional verkommen lassen?

Sie sollten für sich selbst sorgen. Ihren Kindern zuliebe. Sich selbst zuliebe. Denn gesund, glücklich und klug werden Sie ein besserer Elternteil sein. Schieben Sie es nicht auf. Es ist nicht egoistisch, sondern unerlässlich.

6. Juni

ES BRAUCHT EIN TEAM

Es ist unmöglich, dies alles zu bewältigen, nicht wahr? Uns obliegen all die Aufgaben, Verantwortlichkeiten und Vorhaben, die wir schon immer hatten – essen, schlafen, arbeiten, Steuern zahlen, den Müll rausbringen und unsere Träume verfolgen –, aber jetzt müssen wir uns vor allem um kleine Menschen kümmern. Kleine, hilflose Menschen mit unendlichen Bedürfnissen. Wie können wir das alles bewältigen?

Ursula Le Guin war Vollzeitschriftstellerin. Sie war überaus produktiv, veröffentlichte 23 Romane, 13 Kinderbücher, zwölf Bände mit Kurzgeschichten, elf Gedichtbände, fünf Essaysammlungen und vier Übersetzungen. Außerdem arbeitete sie als Redakteurin und unterrichtete College-Studenten.

Oh ... sie war auch Mutter von drei Kindern und die Ehefrau des Geschichtsprofessors Charles Le Guin.

Wie bewältigte sie das alles? Und wie gelang es ihm? Sie schafften es beide nicht.

»Ein Mensch kann nicht zwei Vollzeitjobs gerecht werden«, erklärte Le Guin einmal. »Schreiben ist ein Vollzeitjob, genauso die Kindererziehung. Aber zwei Menschen können drei Vollzeitjobs bewältigen ... Deshalb plädiere ich so stark für die Partnerschaft, sie kann etwas Großartiges sein.«

Es ist sehr schwer, Kinder allein großzuziehen. Allzu lange mussten zu viele Mütter dies allein schaffen, waren dazu gezwungen. Aber natürlich sind wir stärker, wenn wir, die Eltern unserer Kinder, sie gemeinsam großziehen. Gemeinsam kommen wir weiter. Es ist die einzige Möglichkeit, unsere Aufgabe erfolgreich zu erfüllen – nicht nur zum Wohle der Kinder, sondern auch zum Wohle der Eltern.

7. Juni

SIE MÜSSEN SICH DIESE ZEIT NEHMEN

Irgendjemand brauchte ihn immer für irgendetwas. Seine Frau, eines seiner 13 Kinder, ein Höfling, die dringenden Staatsgeschäfte. Aber Mark Aurel war jeden Tag für ein paar Minuten bis zu einer Stunde – manchmal morgens, manchmal abends – nicht erreichbar. Der amerikanische Philosoph Brand Blanshard (20. Jhdt.) staunte über das, was Mark dort im »mitternächtlichen Halbdunkel«, mutterseelenallein mit seinen Gedanken und seinem Tagebuch, zustande brachte. Es spielte keine Rolle, wo er sich befand oder was geschah; Mark Aurel gönnte sich die Zeit, dazusitzen, nachzudenken und zu schreiben.

Tun Sie das auch? Nehmen Sie sich diese Zeit?

James Clear, Autor des großartigen Bestsellers *Atomic Habits,* sagte, er nehme sich, seit er Vater geworden sei, morgens »zwei heilige Stunden« fürs Schreiben. Manchmal ein bisschen mehr, aber nie weniger. Diese beiden Stunden sind maßgeblich dafür, ob es ein guter oder ein vergeudeter Tag wird, ob er produktiv ist und vorankommt ... oder auf der Stelle tritt.

Ein paar Minuten oder ein paar Stunden – morgens, abends oder mitten am Tag –, diese Idee einer heiligen Zeit ist wichtig. Sie sollten sie sich nehmen. Halten Sie sich wie ein Uhrwerk an den Zeitplan, hüten Sie ihn wie einen Arzttermin oder eine wichtige Besprechung. Natürlich ist das nicht die einzige Zeit, die Sie benötigen, sondern nur das Minimum. Sorgen Sie also dafür, dass Sie sich diese Zeit zugestehen oder abzweigen.

Sie werden sich wundern, was Sie in diesen wenigen heiligen Minuten, die Ihnen ganz allein gehören, vollbringen können.

8. Juni

DANN SIND SIE AM GLÜCKLICHSTEN

Vor seinem tragischen Tod erklärte Anthony Bourdain in einem Interview, er sei am glücklichsten, wenn er im Garten stehe und den TV-Dad spiele. Bevor er Vater wurde, führte er ein exotisches, glamouröses Leben, ausgefüllt mit Reisen, Ruhm, Geld und natürlich exquisiten Restaurants. Es war aber auch von Kämpfen geprägt – Sucht, Depressionen und Verlust. Aber es fühle sich so normal an, sagte er, einfach eine normale Familie zu haben, im Garten zu stehen, eine Schürze zu tragen und Burger zu braten. »Wenn ich das tue«, so Bourdain, »bin ich einfach überglücklich.«

Nicht lange danach befand sich Bourdain weit entfernt von dieser idyllischen Szene wieder auf Reisen, um eine weitere Sendung vorzubereiten. Die Depression und die Sucht begleiteten ihn und entrissen ihn schließlich dem, was er am meisten liebte – seiner Familie. Dies ist eine ernüchternde Mahnung an uns alle. Erstens, die Gegenwart zu genießen, solange das möglich ist. Zweitens, daran zu denken, wie wenig wir brauchen, um glücklich zu sein, wie wunderbar alltägliche Momente sein können. Drittens, zu begreifen, wie schnell uns das alles genommen werden kann.

Wenn Sie gegen eine Sucht ankämpfen, in diesem tiefen Loch der Depression stecken, dann denken Sie bitte daran: So schwer es auch ist, zu kämpfen und sich aus der Krise zu befreien, Sie werden wieder gemeinsam mit Ihren Lieben die einfachen Freuden, die Zärtlichkeit und das Mitgefühl erleben, und dann werden Sie einfach überglücklich sein.

9. Juni
IHRE KINDER BRAUCHEN STRUKTUREN (UND SIE AUCH)

»Wenn ein Mensch regelmäßig ein gewisses Maß an Anstrengung unternimmt, um die Rituale und die Normen der Rechtschaffenheit einzuhalten, erhält er das Doppelte zurück.«

Xunzi

Wenn Sie mit einem Schlafexperten über ein Schlaftraining für Ihr Kind sprechen, wird er Ihnen sagen: Kinder brauchen Struktur und Routine. Wenn Sie mit einem Bildungsexperten darüber reden, wie Sie Ihrem Kind bei seinen Schulleistungen helfen können, wird er Ihnen erklären: durch Struktur und Routine. Wenn Sie mit einem Verhaltensexperten darüber sprechen, wie Sie Ihrem Kind helfen können, sich besser zu benehmen, wird er Ihnen antworten: durch Struktur und Routine. Und in einem Gespräch mit einem Hundetrainer wird dieser Ihnen dasselbe für Ihr Haustier raten: durch Struktur und Routine (und Bewegung).

Um welches Problem es sich auch handeln mag, Struktur und Routine sind die Zauberworte. Das ergibt Sinn. Die Welt ist für Ihre Kinder beängstigend. So vieles daran ist neu und überwältigend. Aber wenn man den Kindern eine Struktur vorgibt und sie an eine Routine gewöhnt, können sie sich entspannen, weil sie weniger herumrätseln und sich weniger sorgen müssen. Stattdessen können sie erkunden, können sich an ihr Umfeld gewöhnen und es akzeptieren. Sie können sich sicher fühlen.

Aber wie sieht es mit Ihnen aus? Mit Mama und Papa? Halten Sie sich selbst an die Struktur und die Routine? Sie bringen Ihre Kinder jeden Abend zur selben Zeit ins Bett, aber improvisieren Sie danach? Sie planen das Abendessen Ihrer Kinder im Voraus ... aber wie sieht es mit Ihrem Mittagessen am Arbeitsplatz aus? Sie räumen Ihren Kindern nachmittags Spielzeit und an den Wochenenden lernfreie Zeit ein. Aber gönnen Sie sich auch selbst regelmäßig eine Auszeit? Struktur und Routine sind wichtig, egal, wer oder wie alt Sie sind. Sie sind wichtig für die Kinder und auch für die Eltern.

Und wissen Sie was? Wenn Sie sich an eine Routine halten, fällt es leichter, die Kinder ebenfalls dazu zu bringen.

10. Juni

SIE SIND FÄHIG, SICH ZU ÄNDERN

Ted Williams war ein großartiger Baseballspieler, aber lange Zeit war er ein wirklich egoistischer, rücksichtsloser Mensch. Er hatte eine schreckliche, von Missbrauch geprägte Kindheit hinter sich und kämpfte darum, jemanden lieben und sich um ihn sorgen zu können.

Aber Williams' Geschichte bietet genug Hoffnung, um selbst die hartgesottensten und widerwilligsten Väter zu inspirieren. Denn im Laufe der Zeit vollzog Ted Williams einen Wandel. Ein Freund formulierte es wie folgt:

> »Es war unglaublich, zu beobachten, wie er sich in seine Kinder verliebte ... Es ging ihm völlig gegen den Strich, dem Einfluss von außen, dem seiner Kinder, nachzugeben. Er wurde von der Liebe beherrscht, fühlte sich verletzlich – eine Verletzlichkeit, die er nie zuvor empfunden hatte.«

Diese Weichheit zeigte sich anfangs in kleinen Hinweisen. Es waren Einträge in Williams Angeltagebuch, in das er zum ersten Mal über die Kinder schrieb, die er lange ignoriert hatte. Es war ein signiertes Poster, das seine Tochter nach dem Tod ihres Vaters unter Stapeln von Erinnerungsstücken fand. Darauf stand lediglich: »Für meine schöne Tochter. Ich liebe dich. Dad.«

Sie sind nun ebenfalls verletzlich. Dieselben starken Kräfte nagen jetzt hoffentlich auch an Ihnen, an dem starken Panzer, den Sie als Schutz vor der Welt entwickelt haben. Sie dürfen zulassen, dass die Elternschaft Sie verändert. Sie dürfen zulassen, dadurch besser zu werden. Sie dürfen sogar damit anfangen – egal, wie weit Sie auf Ihrem Weg fortgeschritten sind, so wie es Williams erging – Fehler wiedergutzumachen, die Ihnen eventuell in den Anfängen Ihrer Elternschaft unterlaufen sind. Es ist nie zu spät.

11. Juni
SEIEN SIE AUCH MAL VERRÜCKT

Douglas MacArthur liebte die Routine, wie die meisten Militärangehörigen. Es dürfte also nicht überraschen, dass das Familienleben nach der Geburt seines Sohnes Arthur einem routinemäßigen Ablauf folgte. Doch anders als zu viele Eltern, bei denen die Routine auch der Kontrolle dient, begann MacArthurs Morgenroutine mit Frohsinn. Wie William Manchester in seinem Buch *American Caesar* schreibt, war diese Routine wie ein geplanter verrückter Spaß:

> »Gegen 7:30 Uhr wurde die Tür zum Schlafzimmer des Generals aufgerissen, und der Junge stapfte herein, sein Lieblingsspielzeug im Arm ... MacArthur sprang sofort aus dem Bett und stand stramm. Dann marschierte der General im Laufschritt durch den Raum, während sein Sohn den Takt zählte: »Boom! Boom! Boomity boom.« Nachdem sie mehrmals das Bett umrundet hatten, hielt sich der Junge die Augen zu, während MacArthur das Geschenk des Tages hervorzauberte: ein Bonbon oder einen Buntstift oder ein Malbuch. Das Ritual endete im Badezimmer, wo sich MacArthur rasierte und Arthur ihm zusah. Dabei sangen sie Duette.«

Niemand ist zu bedeutend oder zu beschäftigt, um nicht ein paar ausgelassene Minuten zu Hause zu verbringen. Niemand ist davor sicher, von seinem Kind im Bett drangsaliert zu werden. Kein Vater sollte sich scheuen, aus voller Kehle beim Rasieren zu singen. Das sind die besten Momente. Wenn sie selten vorkommen, machen Sie etwas falsch.

Die Spaßmomente sollten regelmäßig stattfinden und zur Routine gehören.

12. Juni

WIR SIND ALLE KOMPLIZIERT

Natürlich wollen wir für unsere Kinder perfekt sein, vor allem deswegen, weil wir in ihren ersten Lebensjahren nichts falsch machen und ihnen recht geben wollen. Da wir aber wissen, dass wir nicht perfekt sind, fühlen wir uns zwangsläufig schuldig oder unzulänglich, wenn wir sie enttäuschen – auch wenn sie sich dessen noch nicht bewusst sind. Dieses Gefühl, nicht zu genügen, kann so stark sein, dass wir es verbergen wollen oder lügen oder, noch schlimmer, uns heuchlerisch verhalten.

Man könnte annehmen, der Komiker Pete Davidson, der seinen Vater am 11. September verlor, sei völlig fertig gewesen, als er erfuhr, dass sein Vater keineswegs perfekt war. Die Ehe seiner Eltern war nicht glücklich (weshalb sie sich getrennt hatten und kurz vor seinem Tod scheiden ließen). Sein Vater hatte Drogen genommen und war als Erwachsener diverse Male in Schwierigkeiten geraten. Als Pete älter wurde und immer mehr über seinen heldenhaften Vater erfuhr, der beim Einsturz der Zwillingstürme bei der Rettung von Menschen ums Leben kam, war er nicht enttäuscht, sondern motiviert.

Die Schwächen und Marotten ließen seinen Vater auf eine Weise menschlich erscheinen, wie es die Geschichten, die seine Freunde und seine Familie dem damals siebenjährigen Pete erzählten, nicht vermochten. »Dadurch erkannte ich, dass er seine eigenen Probleme hatte«, äußerte Pete gegenüber Judd Apatow in *Sicker in the Head.* »Er hatte Probleme wie jeder andere. Aber ich erkannte auch, dass er trotz allem ein moralisch eingestellter Mensch war, und dass nichts ihn davon abhielt, ein Held zu sein.«

Niemand ist perfekt, auch Sie nicht. Wir sind alle kompliziert. Wir sind alle unfertige Geschöpfe (die Betonung liegt auf *unfertig*). Sie brauchen das nicht zu verbergen, brauchen sich auch nicht schuldig zu fühlen. Es wird Sie nicht davon abhalten, diese wichtige Aufgabe bestens zu erfüllen ... auch nicht davon, ein Held zu sein, wenn es die Situation erfordert.

13. Juni
BÜRDEN SIE IHNEN KEINE ZUSÄTZLICHE LAST AUF

Wir alle haben unsere Probleme. Und das wissen wir. Unser Ziel als Eltern ist es, sie nicht weiterzugeben. Den Kreislauf des Leidens zu beenden. Nicht zuzulassen, dass unsere Dämonen eine leichtere Beute in unseren Kindern finden.

Aber noch dringlicher ist, zu verhindern, dass unsere Dämonen noch mehr von ihrer Sorte zum Fest einladen. Wir sollten möglichst nicht noch mehr Schaden anrichten oder noch mehr Probleme schaffen. Diese Verse aus Philip Larkins Gedicht *This Be The Verse* bringen es auf den Punkt:

> Bist abgefuckt von Mam und Pap! Sie meinens nicht. Sie tun es doch.
>
> Rolf-Peter Wille (Übersetzer)

Noch schlimmer ist, so Larkin, dass sie uns nicht nur ihre eigenen Fehler vermitteln, sondern noch ein paar zusätzliche.

Die Buddhisten sprechen von *Samsara,* wie das Leiden von Generation zu Generation weitergegeben wird. Warum ist das so? Wie kommt es, dass Leiden selten nur eine Generation betrifft und die nächste frei davon bleibt, um ungehindert zu gedeihen? Es liegt daran, dass wir unsere Aufgabe nicht erledigen und uns manchmal nicht einmal unseres Leidens bewusst sind. Und wenn wir es wahrnehmen und trotzdem unsere Aufgabe nicht erfüllen, dann oft deshalb, weil wir meinen, hilflos zu sein.

Ja, wir werden es vermasseln. Das ist unvermeidlich. Wir sind unvollkommene Menschen und wir sind unfähig, perfekte Kinder aufzuziehen. Das soll aber nicht heißen, dass wir unseren Dämonen hilflos ausgeliefert sind. Wir können an uns arbeiten. Wir können uns auch in Therapie begeben, damit unseren Kindern vielleicht genau dies erspart bleibt. Wir können uns bemühen, gesund zu leben, damit sie mit der Vorstellung groß werden, das sei normal. Wir können versuchen, unsere eigene Wut, unseren Frust und unseren Schmerz zu überwinden, damit unsere Kinder zumindest nicht unsere Lasten erben.

14. Juni
LASSEN SIE SICH NICHT UNTERKRIEGEN

»Und jetzt, wo du nicht perfekt sein musst, kannst du gut sein.«
JOHN STEINBECK

Niemand hat eine perfekte Erfolgsbilanz vorzuweisen, kein Elternteil kann das. Wir alle machen Fehler und versagen. Wir verlieren die Beherrschung und die Geduld. Wir gehen mit bestimmten Situationen auf eine Weise um, wie wir es lieber nicht getan hätten.

Gibt es etwas Schlimmeres als dieses Gefühl, es vermasselt zu haben, Ihre Kinder vielleicht verletzt zu haben?

Shane Parrish, Schöpfer des beliebten *Farnam-Street*-Blogs, erklärte:

> »Ich erinnere mich, dass ich eines Abends erschöpft und überfordert meine verstorbene Mutter anrief. Ich hatte gegenüber den Kindern die Beherrschung verloren. Sie erteilte mir einen Rat, der für immer in meinem Gedächtnis haften blieb: »Wenn du es nicht schaffst, deine Fehler heute abzulegen, werden sie morgen noch viel schlimmer werden. Geh schlafen und fang morgen wieder neu an.« Daran denke ich immer, wenn ich als Vater einen schlechten Tag erlebe. Morgen muss ich aufstehen und neu anfangen.«

Sie können die Zeit nicht zurückdrehen und Ihr gestriges Verhalten ungeschehen machen. Sie können den Augenblick, in dem Sie aus der Haut gefahren sind oder etwas Bedauerliches gesagt haben, nicht aus dem Gedächtnis Ihrer Kinder streichen. Aber Sie können dafür sorgen, dass dies lediglich ein einzelner Vorfall in einer Reihe großartigerer und positiverer Erinnerungen ist. Sie können ihnen vor Augen führen, dass dieser eine Moment nicht für Sie steht. Sie können sich bemühen, sich zu bessern.

Lassen Sie sich nicht unterkriegen. Versuchen Sie es morgen noch einmal.

15. Juni

DAS IST DAS GEHEIMNIS

Betrachtet man erfolgreiche Menschen mit Kindern, kann man leicht über all das, was sie erreicht haben, ins Staunen geraten: Wie schaffen sie das? Wie bekommen sie alles unter einen Hut?

Zum Glück handelt es sich nicht um Zauberei: Sie holen sich Hilfe. Sie beschäftigen Kindermädchen, Nachhilfelehrer und Hausverwalter. Sie haben Stabschefs, persönliche Assistenten und Personal Trainer. Auf diese Weise schaffen sie das alles. Wenn Sie es sich leisten könnten, wären Sie genauso effizient und scheinbar sorglos wie sie.

Diese Erklärung soll Sie nicht neidisch machen oder auf die Differenzen in unserer Gesellschaft hinweisen. Ganz im Gegenteil: Sie soll Sie motivieren, es nachzumachen. Natürlich übersteigt es die finanziellen Möglichkeiten der meisten von uns, jemanden einzustellen, aber sicherlich tun Sie einiges, ohne es zu müssen, und könnten jemanden dafür engagieren. Und doch machen Sie es weiterhin selbst ... Warum? Weil Ihr Vater den Ölwechsel an seinem Auto selbst erledigt hat? Weil Ihre Mama immer selbst gekocht hat? Weil Sie Schuldgefühle hätten, wenn Sie das eine oder andere in fremde Hände geben würden?

Also los, vergessen Sie einfach die Geschlechterrollen. Vergessen Sie »wie es früher war«. Denn das führte meistens dazu, dass die Eltern *viel weniger Zeit mit ihren Kindern verbrachten, als wir es heute tun.*

Nehmen Sie sich heute ein paar Minuten Zeit und überlegen Sie, wie viel eine Stunde Ihrer Zeit wert ist. Überlegen Sie, wie viel mehr Zeit Sie mit Ihren Kindern verbringen könnten, wenn Sie weniger zu tun hätten. Sie müssen nicht alles anderen übertragen, für alles eine Hilfe organisieren, aber Sie brauchen auch *nicht alles selbst zu übernehmen.*

Nehmen Sie Hilfe in Anspruch!

16. Juni

HALTEN SIE SICH AN IHRE WORTE

An einem ganz gewöhnlichen Tag nahm Jimmy Carters Vater seinen Sohn beiseite, um sich mit ihm zu unterhalten. »Jimmy«, sagte er (gewöhnlich nannte er ihn nie Jimmy), »ich muss mit dir über etwas Wichtiges sprechen.« »Ja, Sir, Daddy«, erwiderte Jimmy. »Du musst mir etwas versprechen«, fuhr sein Vater fort. »Ich möchte nicht, dass du bis zu deinem 21. Geburtstag auch nur eine Zigarette rauchst.«

Das war in den späten 1930er-Jahren, als etwa 40 Prozent der Bevölkerung rauchten und Zigarettenwerbung auch Kindern noch verkündete: »Ärzte ziehen die Marke Camel allen anderen Zigaretten vor!« Auch Carters Vater war zigarettenabhängig. »Ich werde nicht rauchen«, versprach Jimmy. Und dann machte ihm sein Vater den Deal schmackhaft: »Wenn es so weit ist, schenke ich dir eine goldene Uhr.«

Als Jimmy Carter 21 war und die Marineakademie besuchte, versuchte er es endlich mit einer Zigarette. Aber es war zu spät. Die Zigarette schmeckte ihm nicht, er verabscheute sie sogar. Nie wieder griff er nach einer Zigarette. Tragisch war, dass Carters Mutter und drei seiner Geschwister in die Fußstapfen des Vaters traten. Alle starben an Bauchspeicheldrüsenkrebs. Während ich dies schreibe, ist Carter 98.

Bei wichtigen Entscheidungen, die sich aufs Leben auswirken, sollten Sie Ihren Kindern – wie Carters Vater – Versprechen abnehmen. Aber Sie sollten auch aus eigenem Versagen lernen und als Vorbild dienen. Sich nicht daran zu halten, kann alles entscheidend sein.

17. Juni

FINDEN SIE IHRE LEUTE

»Such nur die Gesellschaft von Menschen, die dich aufrichten und dein Bestes zutage fördern.«

EPIKTET

Michael Chabon sorgte sich um seinen Sohn, wie alle Väter. Dieser schien einsam zu sein, sich nicht für das zu interessieren, was seine Altersgenossen begeisterte. Eines Tages besuchten sie im Rahmen von Chabons Arbeit eine Modeveranstaltung. Und sein Sohn war fasziniert.

Diese kreativen Künstler unterschieden sich grundlegend von den Eltern seiner Freunde oder den Kindern in seiner Schule. Er fühlte sich lebendig, geradezu ansteckend begeistert, worauf die anderen Teilnehmer freundlich reagierten. Nach der Veranstaltung schaute Chabon seinen Sohn an, der plötzlich so zuversichtlich und entschlossen wirkte wie noch nie zuvor, und sagte: »Du warst bei den richtigen Leuten. Du hast sie gefunden.« Sein Sohn nickte. Voller Stolz und Verständnis meinte Chabon: »Es ist schön, dass du es schon jetzt herausgefunden hast.«

Wir müssen unseren Kindern helfen »Menschen zu finden, die zu ihnen passen«. Das auch für uns zu erreichen, wäre von großem Nutzen. Ein altes Sprichwort besagt: »Lebst du mit einem Lahmen zusammen, lernst du zu hinken.« Wir passen uns den Leuten an, mit denen wir die meiste Zeit verbringen. Den Menschen, mit denen Sie zur Schule gingen oder die Sie bei der Arbeit kennengelernt haben oder den Eltern der Freunde Ihrer Kinder? Begnügen Sie sich nicht damit!

Finden Sie die Menschen, die zu *Ihnen* passen. Bauen Sie auf ihre Unterstützung und entwickeln Sie sich dadurch weiter.

18. Juni

DAS IST ALLES, WAS ZÄHLT

Flea, einer der größten Musiker aller Zeiten, nahm hin und wieder Drogen und trank auch mal Alkohol. Doch im Gegensatz zu den übrigen Bandmitgliedern der Red Hot Chili Peppers war Flea nie völlig zugedröhnt. Er ließ sein Leben nicht von Drogen zerstören oder sich davon in einen Zombie verwandeln. Er wusste, wie ungesund es war, und redete sich ein, seine Sucht unter Kontrolle zu haben – nahm in Anwesenheit seiner Kinder nie Drogen und vernachlässigte auch keine Verpflichtungen deswegen. Wie kam es, dass er plötzlich ganz darauf verzichtete?

Er erklärte es in einem Interview mit dem Comedian und Podcaster Marc Maron:

> »Ich erinnere mich, wie ich einmal mit jemandem darüber sprach, wie es ist, Vater zu sein. Damals war meine Tochter etwa vier. Ich griff zu Drogen, wenn ich nicht in ihrer Nähe war, und sagte: ›Oh, ich lasse die Finger davon, wenn ich in ihrer Nähe bin.‹ Und mein Gesprächspartner meinte: ›Alles, was als Elternteil zählt, ist für dein Kind da zu sein und mit ihm zu kommunizieren. Und du musst auch mit ihm kommunizieren, wenn du nicht in seiner Nähe bist.‹ Ja, das musst du – du musst dich immer in einem Zustand befinden, in dem du für dein Kind da bist. Du musst mental präsent sein, wann immer sie dich brauchen. Und das hat mich wirklich berührt. Ich liebe meine Kinder sehr, und ich dachte: ›Genau das, ich muss bei ihnen sein.‹«

Präsent zu sein, *da zu sein*, ist der Schlüssel zur Elternschaft. Und Drogen, Sucht und ungelöste Probleme in unserem Leben bedeuten nichts anderes als *nicht da zu sein*. Deshalb müssen wir auf Drogen verzichten und gegen unsere Dämonen ankämpfen. Denn auch wenn Letztere sich nicht auf unser Zuhause auszuwirken scheinen, tun sie es doch. Sie entfremden uns von unseren Kindern. Aus diesem Grund sind wir nicht für sie da, wenn sie uns brauchen (und sie werden uns brauchen).

Eine solche selbstverschuldete Trennung ist inakzeptabel.

19. Juni

KOMMEN SIE ZUR RUHE

»Allen tiefgründigen Dingen und Emotionen geht die Stille voraus; sie alle werden von ihr begleitet ... Stille ist die allgemeine Weihe des Universums.«

Herman Melville

Diese Veränderung, die wir herbeigeführt haben, diese Entscheidung, Eltern zu werden – hat alles auf den Kopf gestellt. Es ist so, als wären wir plötzlich in einen Orkan geraten. Im Haus herrscht Chaos. Unsere Zeit ist mehr als ausgefüllt. Wir schlafen nie genug, und der Tag hat nie genug Stunden.

Selbst die kühle, stille Dunkelheit wird vom Schrei eines Mannes gestört, der auf einen Stapel Legosteine getreten ist ... und dieser Schrei kommt aus Ihrem Mund. Doch wenn wir in unserem Job und als Väter gut sein wollen, müssen wir auch zur Ruhe kommen. Denn wir brauchen Zeit, um nachzudenken, uns zu konzentrieren, um die Ruhe zu finden, die uns wieder aufbaut und neu durchstarten lässt.

Wie schaffen wir das? Bestimmt nicht in den knappen zwei Wochen Urlaub, auch nicht, indem wir weglaufen und fliehen. Nein, wir müssen *inmitten* des Chaos zur Ruhe kommen. Diese Augenblicke der Ruhe scheinen angesichts schreiender Babys oder streitender Teenager nicht möglich zu sein, aber sie sind es.

Wie können wir zur Ruhe kommen? Das kann uns gelingen, wenn wir den frühen Morgen nutzen, bevor die Familie aufwacht, oder die kostbaren Augenblicke, nachdem die Kinder im Bett sind. Wir müssen diese Augenblicke in uns aufsaugen, um sie optimal zu nutzen. Wir können diese Chancen nicht zugunsten unserer Handys oder von Netflix aufschieben. Wir sollten uns Zeit für die Zeitungslektüre nehmen. Wir müssen diese wenigen Schritte von der Schule zum Auto oder vom Auto zurück ins Haus genießen. Absorbieren Sie die Stille. Speichern Sie diese Augenblicke in Ihrer Seele, damit sie für immer darin ruhen.

Kommen Sie zur Ruhe. Es hängt so viel davon ab.

20. Juni
WERDEN SIE WIEDER ZUM KIND

Die Dunkelheit des Zweiten Weltkriegs umgab ihn. Er war ein alter Mann mit einer Fülle großer Sorgen. Er besaß Macht, hatte Erfolg und schon alles gesehen. Doch als Winston Churchill 1944 in der Downing Street Nr. 10 einen jungen Soldaten antraf, der für Churchills Enkel eine Spielzeugeisenbahn zusammenbaute, war er völlig fasziniert.

Wie Erik Larson in seinem fesselnden Buch *The Splendid and the Vile* beschreibt, hielt der Soldat inne, um den Premierminister zu grüßen. Churchill winkte ab und blieb stehen, um dem Soldaten zuzusehen. Nachdem dieser fertig war, bat Churchill ihn, den Zug zu testen, und gemeinsam beobachteten sie, wie dieser über die Gleise fuhr. »Sie haben ja zwei Lokomotiven«, bemerkte er. »Stellen Sie die andere ebenfalls auf das Gleis.« Der Soldat tat, wie ihm geheißen. Dann ging Churchill – der Führer des Britischen Empire, der Mann, der sich gegen Hitler gestellt und sein Land vor dem Abgrund gerettet hatte – in die Hocke und sagte grinsend: »Und jetzt lassen wir sie zusammenstoßen!«

Einer der absoluten Vorteile, Kinder (und Enkelkinder) zu haben, besteht darin, dass sie uns wieder das Kind sein lassen, das nie völlig verschwindet. Sie bieten uns einen Vorwand, uns auf den Boden zu legen und zwei Züge zusammenstoßen zu lassen. Oder um etwas Großartiges aus Legosteinen zu bauen. Um uns an Halloween zu verkleiden. Bei einer Teegesellschaft albern zu sein, die Musik unserer Jugendzeit zu hören und uns unsere alten Lieblingsfilme anzusehen.

Sie flüchten sich nicht einfach nur in den Spaß, sondern leben etwas Wichtiges aus. Genießen Sie diese Freude und diesen Spaß – und laden Sie Ihre Kinder dazu ein.

21. Juni
ES IST GUT, DARÜBER NACHZUDENKEN

»Großartig daran, Kinder zu haben, ist, dass sie einen zwingen, aktiv Liebe zu geben, ob man dazu bereit ist oder nicht.«

Michael Ian Black

Die Frage trifft Sie an einer empfindlichen Stelle. Trifft Sie, wenn Sie am wenigsten damit rechnen ... und doch ist sie stets da: *Bin ich ein guter Elternteil oder vermassle ich es?*

Ihre eigenen Eltern wollen Sie sicher beruhigen. »Jeder Elternteil denkt so«, werden sie sagen. Aber das stimmt nicht. Denn es gibt zwei Arten von Eltern, die nie so denken würden. Eltern, die sich derart für das Zentrum des Universums halten, dass sie sich nie infrage stellen, sich nie fragen, was sie falsch machen. Und Eltern, die nicht engagiert genug sind, um sich das überhaupt zu fragen. Obwohl sich diese beiden Arten von Eltern stark voneinander unterscheiden, sind sie gleich: Sie sind keine guten Eltern.

Und Sie? Sind Sie der Typ, der sich ständig hinterfragt und überlegt: *Tue ich genug?* Wen *kümmert* es eigentlich, ob Sie als Elternteil Ihre Sache gut machen? Sie sind per definitionem ein guter Elternteil, weil Sie zuerst an Ihre Kinder denken und nicht an sich selbst. Das ist der Beweis, dass Sie sich kümmern und reflektiert sind, dass Sie immer versuchen, sich zu verbessern. Indem Sie innehalten, um sich selbst zu beurteilen, und zur uneingeschränkten Hingabe bereit sind, liefern Sie den nötigen Beweis für Ihre Selbstbestätigung.

Falls Ihnen also heute diese negativen Gedanken – diese Zweifel – kommen, sorgen Sie sich nicht. Es bedeutet, dass Sie Ihren Kindern Priorität einräumen und Ihre Aufgabe gut erledigen.

22. Juni
GEHEN SIE EINFACH ZU BETT

»Der Schlaf ist der an den Tod zu zahlende Zins, je pünktlicher und reichlicher der Mensch zu dieser Zinszahlung bereit ist, desto später wird das Kapital zurückgefordert.«

Arthur Schopenhauer

Sie wissen, dass Ihre Kinder nicht zu gebrauchen sind, wenn sie nicht geschlafen haben. Deshalb halten Sie sich strikt an das Ritual der Schlafenszeit. Sie wissen, dass Ihre Kinder, sich selbst überlassen, in Schwierigkeiten geraten können. Deshalb hat sich Ihr Teenager an eine Deadline zu halten, auf der Sie bestehen.

Und doch sind Sie selbst noch spät auf und schauen sich gedankenlos etwas im Fernsehen an. Und mal wieder sind Sie am Morgen müde, weil Sie viel zu lange herumtelefoniert haben. Sie hätten zu Bett gehen können, wissen, wie wichtig das ist, aber Sie sind aufgeblieben.

Wer leidet? Ihre Kinder. Weil Sie mürrisch sind. Weil Sie kraftlos sind. Weil Sie zu spät dran sind. Weil Ihre Kinder vielleicht spüren, dass Sie heucheln!

Wenn Sie ein besserer Elternteil sein wollen, dann gehen Sie früher zu Bett. Nehmen Sie sich eine bestimmte Schlafenszeit vor, die Sie einhalten und respektieren. Legen Sie Wert auf den Schlaf. Passen Sie auf sich auf, denn das kommt allen zugute.

23. Juni

DAS HAT SIE UNBESIEGBAR GEMACHT

Die Elternschaft ist genau wie der Sport ein Wachstumsprozess durch Schmerz und durch Kampf gegen Widerstand. Es wäre traumhaft, wenn Kindererziehung einfach wäre, wenn Sie ihnen wenig abverlangen würde, aber so funktioniert das einfach nicht.

Wir haben unter Schlafentzug gelitten. Wir haben uns Sorgen gemacht. Wir wurden getreten und sogar gebissen. Wir wurden bewertet. Unsere Kinder haben unsere Hilfe in Anspruch genommen, und das war dann selbstverständlich. Wir wurden von Kleinkindern wachgehalten und später von Kindern, die lange ausgingen und nicht, wie verabredet, früh heimkamen. Wir sind beschuldigt, genervt und wegen ihrer Wünsche und Bedürfnisse schikaniert worden. Es ist ein Spießrutenlauf durch ein Minenfeld, bei dem man am Ende ohne Trophäe dasteht. Dennoch sind wir hier. Notgedrungen sind wir inzwischen fähig zu Dingen, die wir uns früher nie hätten vorstellen können.

Leonardo da Vinci meinte, Geduld sei bitter, aber ihre Frucht süß. Dies gilt für viele der Tugenden, die wir als Eltern verkörpern sollten. Wir waren geduldig, wir waren flexibel, mutig, selbstlos, zurückhaltend, unerschütterlich und leise ... wovon nichts zu der betreffenden Zeit besonders spaßig war.

Aber daraus resultierend sind wir stärker geworden. Unsere Familien haben überlebt und sind gediehen. Da wir als Eltern so weit gekommen sind, stehen unsere Kinder heute da, wo sie sind. Auf der anderen Seite des elterlichen Minenfelds gibt es keine Trophäe, aber eine glückliche, gesunde und innig verbundene Familie. Und das ist der denkbar schönste Lohn.

24. Juni

RAFFEN SIE SICH WIEDER AUF

Vielleicht waren Sie in letzter Zeit nicht so effizient als Elternteil, wie Sie es gerne wären. Sie hingen zu oft am Handy. Sie waren unbeherrscht, Ihre Arbeit kam vor der Familie. Sie haben sich zu sehr in Ihre Erwartungen verstrickt, waren zu schroff und weigerten sich, die Dinge mit den Augen Ihrer Kinder zu sehen.

Und nun? All das ist Vergangenheit. Es ist geschehen. Es hätte nicht geschehen sollen, aber so ist es nun mal. Und Sie können es nicht rückgängig machen. Die Frage lautet: Was nun? Uns bleibt jederzeit die Option, umzukehren. Wir können uns immer wieder entscheiden, zu dem Standard zurückzukehren, dem wir als Eltern gerecht werden wollen.

Das ist wie bei einer Diät. Ein kleiner Ausrutscher, dann ein größerer, und schon ist die ganze Keksdose leergegessen. Okay, es ist passiert. Aber morgen ist ein neuer Tag. Und Sie haben die Wahl. Werden Sie es besser machen? Werden Sie das Richtige tun? Werden Sie sich an den Plan halten, den Sie vor dem Keksausrutscher für sich entworfen haben?

Kein Elternteil hat die Zeit, in Selbstmitleid zu schwelgen. Und kein Elternteil kann sich erlauben, dauerhaft zu versagen. Wir vermasseln es. Wir versagen schon mal. Wir sind nicht so, wie wir sein wollen, wie wir es uns selbst versprochen haben, wie wir es unseren Kindern schulden. Und? Wir können sofort entscheiden, wieder in die Spur zu kommen, es besser zu machen.

25. Juni

DAS WÜRDEN SIE IHNEN SAGEN. ALSO SAGEN SIE ES AUCH SICH SELBST

»Aber ich konnte meinen Traum nicht ohne einen Vorbehalt vorbringen. ›Ich weiß nicht‹, sagte ich, ›wenn ich mit der Schule fertig bin, werde ich 50 sein.‹ Er lächelte mich an. ›Du wirst so oder so 50 sein‹, meinte er.«

Dr. Edith Eger

Es gibt wohl kaum eine Situation, die Sie Ihrem Kind als hoffnungslos beschreiben würden. »Tut mir leid, es ist zu spät, du bist ein Versager«, würde kein Elternteil jemals sagen. Wenn Ihr Kind in Mathe hinter seinen Klassenkameraden zurückbliebe, würden Sie ihm erklären, dass es nur eine Frage der Zeit und des Fleißes sei. Wenn es nah dran wäre, sich als Baseballspieler aufzugeben, würden Sie ihm erklären, dass viele Sportler Spätzünder waren, und es ja noch *so* jung sei, dass es nächstes Jahr stärker und besser zurückkommen und sich das Blatt zu seinen Gunsten wenden könne. Selbst wenn es eine Krebsdiagnose mit wenig Hoffnung erhalten würde, würden Sie es ermutigen, zu kämpfen, nie aufzugeben und den Zweiflern das Gegenteil zu beweisen.

Sie würden das nicht einfach dahinsagen, sondern es so *meinen*, weil es stimmt. In diesem Leben wird nichts festgelegt, das Sie nicht selbst bestimmen. Nichts ist von Dauer. Insbesondere dann nicht, wenn man im Innersten gut und anständig ist und über viel Potenzial verfügt.

Okay. Warum reden Sie sich dann das genaue Gegenteil ein? Dass Sie sich damit abzufinden haben, dass Ihre Träume verloren sind. Sagen Sie sich, *ich war früher gut in Form – aber das ist Vergangenheit*?

Nein, es ist nie zu spät! Sie haben noch so viel Zeit vor sich. So viele Fähigkeiten, so viel Potenzial zu erschließen. Sie entscheiden, wie es weitergeht. Es liegt ganz an Ihnen. Aber das ist der wichtige Teil: Die Fortsetzung der Erzählung, die Sie für sich selbst festlegen, wird auch bestimmen, an welche Geschichten Ihre Kinder glauben. Ihre Geschichte dient als Orientierung, als Landkarte auf der Reise, die sie zum Realismus, zum Optimismus, zur Skepsis, zum Zynismus oder zum Fatalismus führen wird.

Welche wird es sein?

26. Juni

STELLEN SIE SICH IHREN FEHLERN

Jeder von uns schleppt Ballast aus der Kindheit mit sich herum. Wir alle haben Probleme. Wir haben Fehler. Uns für Kinder zu entscheiden, bedeutet, dass wir uns diesen Fehlern stellen müssen. Jessica Lahey, die großartige Autorin von *The Gift of Failure* (ein empfehlenswertes Buch für Eltern und Lehrer), antwortete auf die Frage, was sie als Mutter gelernt habe:

> »Ich musste mich den Fehlern stellen, von denen ich annahm, ich könnte sie geheim halten und vor der Welt verbergen, weil ich für dieses kleine Menschenkind besser sein wollte ... Die Fehler an mir, die ich so meisterhaft verbergen konnte, weil ich mich akademisch hervorgetan oder Charisma bewiesen habe, zeigen sich, weil sie für jemand anderen als mich von Bedeutung sind. Für mich sind diese Fehler die Abwehrhaltung gegenüber meinen potenziellen Schwächen, meine Neigung, mich von dem, was sich gerade vor mir abspielt, abzulenken und mich auf das zu konzentrieren, was als Nächstes kommt, insbesondere dem Drogenmissbrauch. Hätte ich keine Kinder gehabt, hätte ich das vermutlich verdrängen können, aber die Elternschaft verlangte, dass ich mich damit auseinandersetze ... um meinen Kindern ein normales, liebevolles und produktives Leben vorzuleben.«

Als vorbildlicher Elternteil sollten Sie sich mit Ihrem eigenen Kram auseinandersetzen. Sie dürfen keine Last mit sich schleppen – das ist zu gefährlich, wenn ein Kind mit im Spiel ist. Sie laufen Gefahr, ihm den Ballast aufzubürden. Sie können sich weder verstecken noch etwas aufschieben. Die Rechnung ist fällig, und Sie sollten sie bezahlen: in einer Therapie, in Gesprächen mit Ihrem Ehepartner und in Ihrem Tagebuch. Stellen Sie sich Ihren Fehlern. Denn da sind kleine Menschenkinder, die nicht von sich aus beschlossen haben, in einem Haus mit Ihnen zu leben, und die nicht mit einem Monster oder einem Elternteil mit einem Herzen aus Stein belastet sein sollten.

27. Juni
WERDEN SIE NICHT CYBERKRANK

»Wenn Sie im Internet etwas Gemeines finden wollen, werden Sie es finden.«

JUDD APATOW

Wir kennen inzwischen einen großartigen Begriff dafür, was geschieht, wenn wir zu viel Zeit mit unserem Handy verbringen. Ob ein Erwachsener zwanghaft negative Nachrichten liest oder ob ein Kind einem YouTube-Link nach dem anderen folgt. Sie alle werden *cyberkrank*, wenn sie zu lange auf den Monitor starren.

Sie kennen das, wie Ihre Kinder verrücktspielen, wenn Sie plötzlich den Fernseher ausschalten. Ihren katatonischen Zustand, wenn sie sich mit einem Videospiel beschäftigen und die Welt um sie einstürzen könnte, ohne dass sie eine Miene verziehen würden. Nach zu vielen Stunden am Computer hält Ihr Teenager die Fantasiewelt am Bildschirm für wahr. Und Sie? Sie kennen die Symptome: Sie sind mürrisch und hassen die Menschheit, nachdem Sie zu viel von den Schattenseiten der sozialen Medien gesehen haben. Sie können sich nur noch auf Ihre E-Mails konzentrieren. Die Phantomvibrationen des Handys verfolgen Sie wie ein Geist.

Die gute Nachricht lautet, dass diese Krankheit offensichtlich leicht zu heilen ist. Bereits ein handyfreier Tag kann helfen. Nach ein paar Stunden an der frischen Luft können Sie sich wieder auf sich selbst besinnen und sich wieder neu orientieren. Die schlechte Nachricht ist, dass die Menschen, die Ihr Handy und alles, was damit zusammenhängt, entwickelt haben, wissen, dass es auch eine rentable Investition ist. Deshalb haben sie so viel Zeit, Energie und Geld investiert, um Wege zu finden, Sie bei der Stange zu halten, Sie vom Handy abhängig zu machen, ihm zu verfallen. Dagegen gilt es anzukämpfen.

Lassen Sie nicht zu, dass die Technologie Sie benutzt; Sie sollten immer derjenige bleiben, der die Technologie benutzt. Nur so entwickeln Sie eine normale Beziehung zu Ihrem Handy und stecken sich nicht mit der allseits herrschenden Bildschirmkrankheit an.

28. Juni

DIE FREUDE, SICH SELBST ZU VERBESSERN

Zu erleben, wie ein Vater sich offensichtlich gehen lässt, ist deprimierend. Er nimmt zu, vernachlässigt seine Ehe. Vielleicht wird er auch zum Trinker. Er findet sich damit ab, seinen Job zu hassen. Ihm ist es egal, welche Noten seine Kinder von der Schule nach Hause bringen. Er überlässt es anderen, sich darüber den Kopf zu zerbrechen, was seine Kinder anstellen.

Wenn wir so einen Vater sehen, denken wir: *So möchte ich nie werden.*

Nun gut. Aber was unternehmen Sie dagegen? Bei den Start-ups heißt es, ein Unternehmen, das nicht mehr wächst, geht bankrott. In gewisser Weise trifft das auch auf Menschen zu. Wenn Sie sich nicht aktiv weiterentwickeln, was geschieht dann? Sie verkümmern, verschlechtern sich zunehmend. Die Entropie gewinnt die Oberhand.

Epiktet zitierte gerne Sokrates, der sagte, er freue sich, wenn er sich Tag für Tag ein wenig verbessere. Großartig! Genau darüber sollten Sie nachdenken. Wie verbessern Sie sich täglich? Treiben Sie Sport? Lesen Sie? Setzen Sie sich selbst Ziele? Investieren Sie genauso viel Zeit für die Familie wie für den Job?

Ihren Kindern geht es besser mit einem Elternteil, der sich stetig weiterentwickelt. Noch wichtiger ist, dass Ihr Beispiel sie inspirieren wird. Zeigen Sie ihnen, dass Sie sich bemühen – dass man nie damit aufhören sollte –, und sie werden Ihnen auf ihre Weise folgen.

29. Juni
IHR LEBEN IST NICHT VORBEI

Susan Straight half ihrer Mutter beim Umzug, als sie in der Mülltonne ein altes Gemälde entdeckte. Da sie vermutete, dass ihre Mutter es nicht gekauft hatte, wollte sie von ihr wissen, was es damit auf sich habe. »Ich habe einen Malkurs beim YMCA (Christlicher Verein Junger Menschen) belegt«, erklärte ihre Mutter. »Dann fand ich ein Buch – wie man sich das Malen selbst beibringen kann.« Straight erinnert sich: »Meine Mutter war eine Künstlerin. Sie fertigte wunderschöne Skizzen von unserem Garten und unserem Haus in der Schweiz an.«

Überrascht und bewegt begannen sie, sich über das Bild zu unterhalten. War das Malen ein heimliches Hobby, von dem Susan nichts gewusst hatte? Hatte ihre Mutter eine kreative Seite, von der niemand etwas ahnte? Gab es noch weitere Gemälde? Leider nein. »Kurz nachdem ich mit diesem fertig war«, erklärte ihre Mutter kurz und bündig, »kamst du zur Welt, und dann habe ich nie wieder einen Pinsel in die Hand genommen. Mein Leben war gelaufen.«

Autsch!

Und doch können wir uns irgendwie in sie hineinversetzen, oder? Zum Teil beschlich uns, als sich plötzlich Babygeschrei und Windeln in unserem Haus breitmachten und Fahrgemeinschaften und Fußballtrainings unsere Routinen beeinträchtigten, das Gefühl, das Leben sei vorbei. Oder zumindest das unbeschwerte, freie, *gute* Leben. Es blieb keine Zeit mehr für Hobbys, keine Energie für Selbstreflexion, geschweige denn für Selbstverwirklichung.

Sicherlich werden wir so in Anspruch genommen und belastet, wie wir es nie erwartet hätten. Aber wir dürfen nicht resignieren. Wir sollten die Elternschaft nicht als Ausrede benutzen. Im Gegenteil. Da unsere Kinder uns beobachten, müssen wir uns immer wieder antreiben. Wir müssen uns überwinden. Wir müssen uns verbessern. Wir dürfen uns selbst und unsere Interessen nicht aufgeben.

Unser Leben ist nicht vorbei, nicht einmal annähernd. In gewisser Weise fängt es gerade erst an.

30. Juni

SO HELFEN SIE ANDEREN ELTERN

Es gibt das berufliche Du und das elterliche Du. Sinnvoll ist, diese beiden Bereiche voneinander zu unterscheiden und zu trennen. Wir haben sogar eine Bezeichnung für diese Unterscheidung. Wir nennen sie »Grenzen« oder »Work-Life-Balance« (Vereinbarkeit von Beruf und Privatleben). Und es ist gut, unsere beruflichen Angelegenheiten möglichst im Büro zu lassen, wenn wir nach Hause gehen.

Aber eine Möglichkeit, anderen Eltern – oder künftigen Eltern – zu helfen, besteht darin, dass wir unsere Kinder nicht zu Hause lassen ... im übertragenen Sinne. Indem wir über unsere Kinder sprechen, Fotos von ihnen aufhängen, indem wir ehrlich und offen darüber reden, wie wir uns bemühen, Beruf und Familie unter einen Hut zu bringen, helfen wir uns alle gegenseitig.

Viel zu lange mussten Eltern im Stillen klarkommen. Sie waren überfordert oder ausgebrannt. Sie kämpften mit Prioritäten. Sie sorgten sich, sie fühlten sich verletzt, haben sich gefragt, *was zum Teufel sie tun sollten.* Sie haben all das allein durchgestanden, auch wenn die Kollegin oder der Kollege im Büro nebenan durch dieselbe Hölle ging und der Chef oder die Chefin sich genau dieselben Gedanken über ihre Kinder machte.

Wir können einander unterstützen, indem wir dieser Farce ein Ende bereiten. Wir können den uns bekannten Eltern helfen, indem wir ein offenes und sicheres Umfeld schaffen und nicht länger so tun, als würden wir nicht alle versuchen, zwei Aufgaben gleichzeitig im höchsten Maße gerecht zu werden.

JULI

HELFEN SIE IHNEN, DIE ZU WERDEN, DIE SIE SIND

(LEKTIONEN IN ERZIEHUNG UND FÖRDERUNG)

1. Juli

IST ES VERANLAGUNG ODER ERZIEHUNG?

Plutarch berichtet, wie Lykurg die rebellische, rüpelhafte und verweichlichte Gesellschaft von Sparta in eine selbstdisziplinierte, maßvolle und mutige umgestaltete. Er züchtete zwei Hunde aus demselben Wurf und zog dann einen im Haus und den anderen auf den Jagdfeldern auf. Als sich beide Hunde richtig eingewöhnt hatten, brachte Lykurg sie zu einer öffentlichen Versammlung mit. Er stellte einen Futternapf für den Haushund hin und dann einen für den Jagdhund. Bevor er die Hunde freiließ, ließ er einen Hasen laufen. Der Haushund widmete sich seinem Futternapf. Der Jagdhund jagte den Hasen.

»Ihr seht, liebe Mitbürger«, sagte Lykurg, »diese Hunde stammen aus demselben Wurf, aber infolge der Disziplin, der sie unterworfen wurden, haben sie sich völlig unterschiedlich entwickelt, und man kann erkennen, dass die Erziehung wirksamer ist als die Veranlagung.«

Nachdem er bewiesen hatte, wie die Erziehung die Natur übertrumpft, sagte Lykurg: »Auch in unserem Fall, liebe Mitbürger, bringt die edle Geburt, die alle so bewundern, und unsere Abstammung von Herkules keinen Vorteil, es sei denn, wir tun das, wofür er als ruhmreichster und edelster aller Menschen bekannt war, und sind bereit, unser Leben lang zu üben und zu lernen, was gut ist.«

Und so verhält es sich mit Ihrer eigenen Familie. Um großartige Kinder zu erhalten, müssen wir uns ins Zeug legen. Wir müssen ihre wünschenswerten Eigenschaften fördern und die unerwünschten korrigieren.

2. Juli

HELFEN SIE IHNEN, DIE ZU WERDEN, DIE SIE SIND

»Viele Eltern tun alles für ihre Kinder, lassen sie aber nicht sie selbst sein.«

BANKSY

In seiner Autobiografie führt uns Bruce Springsteen in die Zeit zurück, als er sieben war und den Auftritt des umstrittenen Rockstars Elvis Presley in der *Ed Sullivan Show* verfolgte:

> »Ich saß wie gebannt vor dem Fernseher, war total aufgeregt. Ich hatte immer noch dieselben beiden Arme, Beine und Augen. Ich sah grässlich aus, aber das war mir klar … Was fehlte also? DIE GITARRE! Am nächsten Tag überredete ich meine Mutter, mit mir zu Diehl's Music in der South Street in Freehold zu gehen. Da wir kein Geld hatten, eine Gitarre zu kaufen, mieteten wir eine.«

Unsere Aufgabe als Eltern besteht nicht darin, unsere Kinder zu unseren Nachfolgern oder zu Superstars heranzuziehen, sondern, sie darin zu unterstützen, das zu werden, was sie werden sollen. Wir zeigen ihnen alle möglichen Dinge, lassen sie herausfinden, was sie interessiert, und fördern dann diese Interessen. Wir sollten weder Druck noch Kritik ausüben. Wir sollten an sie glauben, sie anfeuern, stolz auf sie sein … und bereit, sie aufzufangen, wenn sie auf dem Weg zu dem, was sie sein sollen, hinfallen oder versagen.

3. Juli

HELFEN SIE IHNEN, DIES ZU ENTDECKEN

Fast jeder talentierte und erfolgreiche Mensch kann sich daran erinnern, wie er auf das gestoßen ist, was dann *sein Ding* werden sollte. In *Mastery* untersucht Robert Greene zahlreiche Beispiele dieses wunderbaren Prozesses, durch den einige weltbekannte Koryphäen ihre »Lebensaufgabe« entdeckten. Er berichtet zum Beispiel davon, wie Martha Graham zum ersten Mal eine Tanzaufführung besuchte, und er erzählt die Geschichte des Kompasses, den Albert Einstein im Alter von fünf Jahren von seinem Vater geschenkt bekam:

> »Der Junge war sofort von der Nadel gebannt, die entsprechend der Bewegung des Kompasses die Richtung änderte. Die Vorstellung, dass eine Art magnetischer Kraft auf diese Nadel einwirkte, die für die Augen unsichtbar war, berührte ihn zutiefst.«

Den Kern der meisten dieser Geschichten bilden ein paar wichtige Zutaten: Glück, Offenheit und Neugier. Und natürlich häufig ein Elternteil, das seinem Kind hilft, verschiedene Dinge zu entdecken.

Es liegt an Ihrem Kind, herauszufinden, was es im Leben erreichen möchte. Kein Elternteil kann oder sollte sein Kind zu etwas zwingen. Aber es ist Ihre Aufgabe – vor allem, wenn das Kind noch klein ist –, ihm die Augen zu öffnen, den Glücksfall mit in die Gleichung aufzunehmen, und es mit allen Möglichkeiten des Lebens vertraut zu machen.

Zeigen Sie Ihren Kindern, wie die Welt da draußen aussieht. Helfen Sie ihnen, sie zu entdecken.

4. Juli

LASSEN SIE IHREN ADLER FLIEGEN

Als die junge Florence Nightingale damit begann, ehrenamtlich in Krankenhäusern zu arbeiten, waren ihre aristokratischen Eltern schockiert. Es war bereits schwierig genug gewesen, ein frühreifes Kind großzuziehen. Und jetzt wollte sie sich auch noch mit einer nicht standesgemäßen Arbeit erniedrigen? Sie waren peinlich berührt. Was würden ihre Freunde denken? Was für einen Eindruck würde es machen? Wie viele Eltern mit willensstarken, eigenständigen Kindern fühlten sie sich vor den Kopf gestoßen. Sie nahmen an, ihre Tochter wolle mit ihren Entscheidungen die ihrer Eltern anzweifeln.

»Wir sind Enten, die einen wilden Schwan ausgebrütet haben«, jammerte ihre Mutter einmal. Aber ein Biograf gab die richtige Antwort: »Es war kein Schwan, den sie ausgebrütet haben, sondern entsprechend der berühmten Formulierung in Lytton Stracheys Essays – *ein Adler.*«

Sie dürfen Ihre Kinder nicht zurückhalten. Sie dürfen es ihnen nicht verübeln, anders zu sein. Sie dürfen sie nicht mit veralteten Vorstellungen über Geschlecht oder Stand abspeisen. Ihre Entscheidungen sagen nichts über Ihre Entscheidungen aus. Sie sind eigenständig und haben Anspruch auf ihr eigenes Leben. Sie verdienen Ihre Unterstützung und Ihre Förderung, egal, wohin das Sie oder Ihre Kinder führen wird.

Aus diesem Grund sind wir hier. Das dürfen wir nicht vergessen.

5. Juli

FRAGEN SIE IHRE KINDER, OB SIE LERNEN WOLLEN

Arthur Ashe wurde aufgrund einer Frage zu einem überragenden Tennisspieler und einem leidenschaftlichen Bürgerrechtsaktivisten. Er war sieben, saß in einem Park in Richmond, Virginia, und sah einem versierten schwarzen Tennisspieler namens Ron Charity beim Training zu. Ashes Vater war ein Parkwächter, der während seiner Arbeit seinen Sohn häufig sich selbst überließ. Nach einer knappen Stunde legte Ron Charity eine Pause ein und kam auf den Jungen zu. »Möchtest du Tennisspielen lernen?«, fragte er freundlich. Dank dieser einfachen, großzügigen Frage veränderten sich Ashe und das Tennisspiel.

»So einfach«, meinte Ashe, »veränderte sich mein Leben.« Wie viele Menschenleben haben sich schon auf ähnliche Weise verändert? Weil ein Erwachsener sich die Zeit nahm, das Interesse eines Kindes wahrzunehmen, die Geduld hatte, ihm etwas zu zeigen, und bereit war, ihm eine Fertigkeit oder ein Handwerk beizubringen?

Natürlich können wir uns nicht bloß auf die Freundlichkeit von Fremden verlassen. Es ist unsere Aufgabe als Eltern, uns die Zeit zu nehmen, auf die Interessen unserer Kinder einzugehen. Wir müssen die aufflackernde Neugier unserer Kinder zu einer glühenden Liebesbeziehung werden lassen, müssen ihre Energie in produktive Beschäftigungen fließen lassen. Wir müssen ihnen etwas beibringen.

Vor allem das, wonach sie sich nicht zu fragen trauen, oder das, von dem sie nicht einmal wissen, dass sie danach fragen sollten. Häufig liegt hier die Magie verborgen.

6. Juli

SIE MÜSSEN SICH BEMÜHEN. WIR ALLE BRAUCHEN ES.

»Ich denke, die Hauptaufgabe von Eltern und Erziehern besteht darin, den Kindern den göttlichen Auftrag näher zu bringen, der in ihnen existiert.«

William Ellery Channing

Cormac McCarthy spricht in seinem eindrucksvollen Roman *Die Straße*, den er für seinen Sohn schrieb, vom »Tragen des Feuers«. Alanis Morissette interpretierte dies auf ihre Weise in ihrem wunderschönen Song *Ablaze*, den sie für ihre beiden Kinder schrieb.

»An mein Mädchen, all deine Unschuld und dein Feuer«, singt sie, »meine Mission ist es, das Licht in deinen (ihren) Augen in Flammen zu halten.« Und für ihren Sohn, den sie, mit all seiner wilden Energie, einen wunderbaren, sanften Krieger nennt, singt sie dasselbe.

Wir müssen dafür sorgen, dass unsere Kinder so bleiben, wie sie auf die Welt kamen, was, wie *Die Straße* uns zeigen will, *von Grund auf gut* bedeutet. Unschuldig. Rein.

Wir sollten ihnen helfen, das Feuer zu tragen, und dafür sorgen, dass das Licht in ihren Augen weiterleuchtet. Egal, wie dunkel die Welt wird. Wir müssen uns mehr denn je gerade jetzt bemühen, *weil* die Welt dunkel ist. Das ist unsere Aufgabe, unser Auftrag.

Sollten wir scheitern ... dann helfe uns Gott!

7. Juli

IHRE KINDER WERDEN ZU DEM, WAS SIE AUS IHNEN MACHEN

Die Holocaust-Überlebende, spätere Psychologin und Autorin Dr. Edith Eger hatte einen Sohn, der mit athetoider Zerebralparese zur Welt gekommen war. Einem Facharzt gegenüber berichtete Dr. Eger von ihren Ängsten und Sorgen. Er gab ihr einige wertvolle Ratschläge, die sich an *alle* Eltern richten, unabhängig davon, ob sie je mit einer solchen Widrigkeit konfrontiert werden oder nicht.

»Ihr Sohn wird zu dem, was Sie aus ihm machen«, erklärte der Arzt. »John wird all das tun, was alle anderen auch tun, aber er wird dafür länger brauchen. Sie können ihn drängen, aber das wird nach hinten losgehen, dennoch wäre es auch falsch, ihn nicht genug zu motivieren. Sie müssen ihn so antreiben, dass er sein Potenzial ausschöpfen kann.«

Ihre Kinder werden zu dem, was Sie aus ihnen machen. Niemand behauptet, dass es leicht sein wird. Niemand behauptet, es sei fair, mit Legasthenie oder einer Behinderung leben zu müssen, ein Flüchtling zu sein oder seinen Job zu verlieren, ein Genie zu sein oder kleinwüchsig zu sein. Entscheidend ist, wie wir unsere Kinder (und uns selbst) motivieren. Was zählt ist die Freundlichkeit, die Liebe und die Geduld, die damit einhergehen.

Wir können nicht alles für unsere Kinder tun, aber wir können an sie glauben und sie unterstützen, an sich selbst zu glauben. Wir können ihnen helfen, ihr Potenzial zu verwirklichen. Wir können sie zu dem machen, wozu sie fähig sind.

8. Juli
ABER WELCHE TEILE VON IHNEN WERDEN SIE FÖRDERN?

»Die Erziehung, die Sie genossen haben, ist entscheidend dafür, wie Sie in der Welt vorankommen.«

MALCOLM GLADWELL

Die folgende interessante Annahme unterstützt die Wissenschaft vielleicht nicht völlig, sie trifft aber derart zu, dass sie mit der Erfahrung übereinstimmt: Bereits bei der Geburt oder in der frühen Kindheit tragen wir alle Tugenden und Laster in uns, die unser Leben prägen werden. All unsere Stärken und Schwächen sind mehr oder weniger von Beginn an vorhanden. Es stellt sich also für einen Vater sowie für Erzieher und Mentoren die Frage: Welche dieser Stärken und Tugenden werde ich fördern? Welche Laster lasse ich gewähren?

In ihrem wunderschönen Roman *Ich zähmte die Wölfin. Die Erinnerungen Hadrians* erzählt Marguerite Yourcenar, wie Hadrian dem jungen Mark Aurel, seinem Adoptivenkel, sein Herz ausschüttet. Er erklärt: »Mit 20 war ich mehr oder weniger so, wie ich heute bin, aber nicht durchweg. Nicht alles an mir war schlecht, hätte es aber sein können: Die guten oder die besseren Teile von mir unterstützen auch die schlechteren.«

Wir alle verfügen über gute und schlechte Eigenschaften. Bei Ihrer Aufgabe als Elternteil kommt es darauf an, Ihren Kindern zu helfen, ihre guten Seiten zu fördern und sie darin zu unterstützen, ihre schlechten zu bekämpfen. Wir müssen ihnen helfen, die zu werden, die sie sein *können*. Wir müssen sie anleiten, beständig zu sein, immer die beste Version von sich selbst zu sein.

9. Juli

SORGEN SIE DAFÜR, DASS SIE SICH NICHT WÜNSCHEN, NICHT SO ZU SEIN

Pete Buttigieg (der sich offen zu seiner Homosexualität bekennt) erlebte während des bahnbrechenden Wahlkampfs für das Präsidentenamt in South Carolina einen der verletzlichsten Momente seines Lebens, als er darüber sprach, wie er mit seiner Identität, seiner Sexualität zu kämpfen hatte.

> »Als ich jünger war, hätte ich alles dafür gegeben, nicht schwul zu sein. Als ich anfing, halbwegs zu begreifen, was es bedeutete, dass ich gegenüber anderen Menschen so empfand, wie ich es tat ... löste dies etwas in mir aus, das ich nur als eine Art Krieg beschreiben kann. Und wenn dieser Krieg nach meinen Bedingungen entschieden worden wäre ... würde ich jetzt nicht hier stehen. Hätte man mir eine Pille angeboten, um nicht mehr schwul zu sein, hätte ich sie ohne Zögern geschluckt. Es fällt mir jetzt schwer, darüber nachzudenken. Es ist bitter, der Wahrheit ins Auge zu sehen, zuzugeben, dass es Zeiten in meinem Leben gab, in denen ich das Stück in meinem Leib herausgeschnitten hätte, das für mein Schwulsein verantwortlich ist.«

Kein Elternteil möchte je hören, dass sein Kind einen Teil von sich herausschneiden möchte, dass sein Sohn oder seine Tochter Krieg mit sich selbst führt. Natürlich hatten Petes Scham und Zweifel eher nichts mit seinen Eltern zu tun, sondern mit der Zeit und der Kultur, in der er aufwuchs. Aber dennoch ...

Lassen Sie Ihre Kinder wissen, dass sie nichts an sich Ihren Wünschen gemäß ändern sollten, sofern es ihnen möglich wäre. Zeigen Sie ihnen, dass Sie *alles* an ihnen lieben, sie so lieben, wie sie sind. Vermitteln und beweisen Sie ihnen durch Ihre Worte, Ihr Handeln und Ihre Entscheidungen, dass sie allein durch ihr Dasein und ihre Authentizität die Welt besser machen.

10. Juli
HELFEN SIE IHNEN, IHREN WEG ZU FINDEN

»Kinder sollen nicht dem gegenwärtigen, sondern dem zukünftig möglich bessern Zustande des menschlichen Geschlechts, das ist: der Idee der Menschheit und deren ganzer Bestimmung angemessen erzogen werden.«

Immanuel Kant, *Über Pädagogik*

John Adams' Vater wollte unbedingt, dass sein Sohn aufs College ging. Doch John Adams wollte alles andere als die Schule besuchen. Er schwänzte oft den Unterricht, um zu fischen oder zu jagen oder seinen Drachen steigen zu lassen. Seine Lehrer waren ihm verhasst. Ihm schien es nicht so, als würde er etwas Nützliches lernen, und er interessierte sich nicht dafür, sich zu bilden.

Als er erklärte, er wolle Farmer werden, nahm ihn sein Vater mit in die Salzmarsch, wo er mit ihm Reet schnitt und durch den Schlamm watete, um ihm zu zeigen, wie diese Arbeit tatsächlich aussähe. Am nächsten Tag ging John wieder zur Schule, doch schon bald hatte er wieder Probleme. »Ich mag meinen Lehrer nicht«, sagte er zu seinem Vater. »Er ist so nachlässig und böse, dass ich bei ihm nichts lernen kann.« Am nächsten Tag meldete Adams' Vater ihn in der Privatschule am Ende der Straße an. Dort vollzog sich mit dem Jungen unter dem Lehrer Joseph Marsh ein dramatischer Wandel. Er lernte fleißig und fing an, regelmäßig zu lesen. Nach knapp einem Jahr galt der 15-Jährige als »collegetauglich«. Im Herbst darauf schrieb er sich an der Harvard University ein.

Als Eltern sollten wir unseren Kindern ein Umfeld bieten, in dem sie sich entwickeln und entfalten können. Unsere Aufgabe ist es, mit ihnen zusammen ihren Weg zu finden. Vielleicht ist dieses Umfeld nicht unbedingt die erste Schule, bei der wir sie anmelden. Vielleicht bedarf es mehrerer Versuche und diverser Experimente. Es erfordert sicherlich Geduld, aber das spielt keine Rolle.

Wichtig ist, dass wir unseren Kindern helfen, zu erkennen, was in ihnen steckt.

11. Juli
LASSEN SIE SIE ENTSCHEIDEN

»Wenn ich einen Wunsch für meine Kinder frei hätte, dann wäre es der, dass jedes von euch sich trauen würde, Dinge zu tun, die für euch individuell wichtig sind, ohne euch zu sorgen, wenn ihr es nicht jedem recht macht.«

LILLIAN CARTER

Als Will Ferrell die Middle School besuchte, qualifizierte er sich für das für begabte und talentierte Schüler vorgesehene Aufbauprogramm, das auf die Schulstunden folgte. Seine Mutter meldete ihn also dafür an. Als Will das herausfand, sagte er ihr, es gebe ein Problem, da er sich für Square Dance angemeldet habe. Er konnte ja nicht beides gleichzeitig tun.

Für Eltern ist die Entscheidung klar, ohne jede Diskussion. Wir wissen, wobei wir mehr lernen, was vielversprechender für die Karriere ist, was »cooler« ist. Aber unsere Kinder haben weder Ahnung von Entscheidungsfindung noch von mentalen Modellen. Sie haben keine Vorstellung von langfristigen Konsequenzen oder zweitrangigem Denken. Sie wissen nicht, wie man das Für und Wider abwägt, oder was das Beste für sie ist. Ihnen ist nur bewusst, was ihnen gefällt, was sie fasziniert, was sie *in diesem Moment* wollen.

Aber wie die Schauspielerin und Saturday-Night-Live-Darstellerin Ana Gasteyer berichtet, hat Wills Mutter all das beiseitegeschoben. Sie sah ihren Sohn an und sagte: »Es liegt ganz bei dir, du entscheidest.« Will wählte Square Dance. »Und das«, sagte Gasteyer, »ist für mich ein Sinnbild dafür, warum Will der erstaunliche Will Ferrell ist.« Ihrer Meinung nach erklärt dies, wie Will Ferrell einer der größten Komödienschauspieler aller Zeiten wurde. Seine Eltern hatten *ihm* Mut gemacht und ihm diesen Weg *ermöglicht*. Sie drängten ihm nicht ihre Prioritäten auf, sondern ließen ihn der Stimme seines Herzens folgen.

Wenn Ihre Kinder sich zu etwas Kreativem und Erfüllendem hingezogen fühlen, ist es Ihre größte Todsünde als Eltern, sie von dieser Richtung abzuhalten. Ihre Aufgabe ist es – und es lohnt sich, dies bei jeder Gelegenheit zu wiederholen –, sie zu ermutigen, so zu sein, wie sie sind, ihren natürlichen Neigungen zu folgen, zu entscheiden, was *sie* nach ihrem Schulabschluss machen wollen.

12. Juli

BEURTEILEN SIE SIE NICHT ZU HART ... ODER ZU SCHNELL

Im Frühjahr 1921 erhielt der junge Baseballspieler Louis Gehrig auf den Polo Grounds ein Probetraining bei dem berühmten John McGraw. McGraw war der Manager der New York Giants und einer der erfolgreichsten Talentsucher in der Geschichte des Baseballs.

Es war ein gutes Probetraining. Gehrig gelangen ein paar tief geschlagene Bälle. Er war quirlig und schnell. Er besaß bereits einen ausgeprägten Unterkörper, der entscheidend für die Schlagkraft an der Homeplate war. Aber dann spurtete er zur First Base ... wo er sich prompt einen einfachen Ball durch die Beine schlüpfen ließ. Biografen zufolge endete das Probetraining fast sofort. McGraw hatte alles gesehen, was er sehen musste.

Wir könnten diesen Moment als McGraws Torheit bezeichnen. In einem Augenblick schätzte er dieses Kind ein und beurteilte es – und Gehrig war mit Sicherheit noch ein Kind. Er war schüchtern, behütet und unerfahren ... und McGraw ließ sich aufgrund seiner Unfähigkeit oder seines Unwillens, dies bei seiner Bewertung zu berücksichtigen, eines der größten Baseball-Talente entgehen.

Gehrig war später der First Baseman der Yankees, schlug Hunderte von Homeruns, gewann sechs World Series und hielt über 50 Jahre lang den Rekord für die längste Serie von aufeinanderfolgenden Spielen. Vielleicht hätte sich etwas mehr Geduld gelohnt? Etwas mehr Toleranz?

Es ist wichtig, dass wir in puncto Talent aus Fehleinschätzungen lernen. Menschen sind wie Geheimcodes, sogar unsere eigenen Kinder. Wir schätzen Fähigkeiten nicht annähernd so gut ein oder geben so treffend Prognosen ab, wie wir annehmen. Daher gilt es, nachsichtig zu sein und keine voreiligen Schlüsse zu ziehen. Wir müssen den Kindern einen Vertrauensvorschuss geben. Wir sollten sie anfeuern und dürfen sie nicht einfach abschreiben.

13. Juli

LASSEN SIE SIE ENTSCHEIDEN

»Wenn deine Entscheidungen schön sind, wirst du es auch sein.«

EPIKTET

Es ist plausibel, dass Eltern meistens für ihre Kinder entscheiden. Eltern wissen mehr. Kinder wissen im Grunde nichts. Über das Leben. Darüber, wie das Wetter morgen wird, überhaupt, wie die Welt funktioniert.

Problematisch ist, dass Sie Ihren Kindern somit eine maßgebliche Fähigkeit vorenthalten: Entscheidungen zu treffen. Verwundert es unter diesen Umständen, wie sehr es viele Teenager überfordert, sich für ein bestimmtes College zu entscheiden? Oder für ein Studienfach? Für die meisten von ihnen ist es die erste wirkliche Entscheidung, vor der sie in ihrem Leben stehen.

Deshalb sollten Sie als Elternteil aktiv daran arbeiten, nicht alles für sie zu entscheiden. Fragen Sie sie, ob sie in den Park gehen oder im Garten spielen wollen. Lassen Sie sie wählen, welchen Film sie sehen, was sie abends essen wollen. Ob sie am Abend duschen oder lieber ein Bad nehmen wollen. Ob sie lieber zum Baseball- oder zum Basketballtraining gehen wollen. Ob sie irgendwie anders im Haushalt helfen möchten, als den Rasen zu mähen. Ob sie heute lieber lange oder kurze Hosen tragen wollen. Lassen Sie sie wählen.

Bringen Sie ihnen bei, wie man seine Wahl trifft. Unterstützen Sie sie. Erklären Sie ihnen, wie sie sich entscheiden können, und stehen Sie hinter ihren Entschlüssen, selbst wenn diese sich als falsch erweisen sollten. Es ist irrelevant, dass Sie mehr wissen. Wichtig ist, dass Sie ihnen beibringen, sich zu entscheiden.

Ein Leben ist die Summe der Entscheidungen eines Menschen. Bereiten Sie sie darauf vor, die richtige Wahl für sich zu treffen, damit sie bestmöglich leben können.

14. Juli

PASSEN SIE SICH AN

Der Vater der Wissenschaftlerin Jennifer Doudna war Englischprofessor. Erst als er eine kleine Tochter hatte, erkannte er, dass fast alle Bücher, die er seinen Studenten empfahl, von Männern geschrieben worden waren. Als Vater einer Tochter wurde ihm bewusst, wie überaus unfair das war, weil seinen Studenten somit wertvolle Perspektiven und Inspirationsquellen vorenthalten wurden. Wie Walter Isaacson in seiner faszinierenden Biografie über Jennifer Doudna und ihre Forschungsarbeit, für die sie den Nobelpreis erhielt, schreibt, nahm ihr Vater stillschweigend Doris Lessing, Anne Tyler und Joan Didion in seine Literaturempfehlungen mit auf. Und er brachte seiner Tochter Bücher mit, um sie zu inspirieren.

Als guter Vater (und Mensch) passte er sich an. Nicht um politisch korrekt, sondern um empathisch zu handeln. Und wie wirkte es sich aus? Verlor er sein Rückgrat oder seine Männlichkeit? Siegte die Zensur? Nein, seine Entscheidung machte die Welt besser. Seine Studenten schrieben bessere Noten und er konnte besser mit seiner Tochter kommunizieren. Jahrzehnte später profitierte die Welt von seiner Anpassungsfähigkeit (Sie dürfen Doudna und damit auch ihrem Vater danken, dass Ihre Familie mit dem COVID 19-mRNA-Impfstoff geschützt werden kann).

Bleiben Sie nicht stehen. Verschließen Sie sich nicht. Seien Sie offen ... und anpassungsfähig.

15. Juli

BEACHTEN SIE IMMER IHRE INTERESSEN

»Vergessen Sie nicht, dass jeder Mensch vom selben Geist beseelt wird wie wir.«

Arthur Schopenhauer

Es wird immer eine Kluft zwischen Eltern und ihren Kindern bestehen, zumindest in Fragen des Geschmacks. So sollte es auch sein. Ihr Geschmack hat sich durch jahrelange Erfahrung herausgebildet und der Ihrer Kinder durch die noch ungetrübte Freude am Entdecken. Warum sollten Sie gut finden, was Ihre Kinder mögen? Sie haben doch viel mehr Erfahrung!

Dennoch ist es unerlässlich – um mit Ihren Kindern zu kommunizieren, sie zu formen und zu ermutigen –, dass Sie immer ihre Interessen berücksichtigen, denn Sie sollten herausfinden, was ihnen gefällt, und sie anleiten, es zu erforschen.

Oh, dieser Film hat ihnen gefallen? Hier ist noch einer, den sie vielleicht gut finden. Oh, sie mögen dieses Buch? Hier ist das Gesamtwerk des Autors zu ihrem Geburtstag. Oh, sie lieben Dinosaurier? Hier sind die Museumsbesuche am Wochenende; hier die Fotos, wie Sie im United Terminal in O'Hare vor dem Brachiosaurus standen. Und hier kommt ein Dinosauriervideo, um es gemeinsam mit Ihren Kindern anzuschauen.

Wenn ihre Interessen auch Ihre werden, entstehen Gelegenheiten, sich zusammenzutun, zu forschen und zu teilen. Lassen Sie Ihre Kinder fahren, während Sie lediglich den Treibstoff liefern.

16. Juli

ORIGINELL IST BESSER ALS CLEVER

»Mittelmäßige Schüler beherrschen die Welt.«

Harry Truman

Uns liegt an klugen Kindern. Deshalb überwachen wir ihre Noten, engagieren Nachhilfelehrer und helfen ihnen, sich auf die Aufnahmeprüfungen an Universitäten vorzubereiten. Wir ertappen uns sogar dabei, sie zu loben: *Du bist so klug!*

Aber ist das wirklich die richtige Grundlage für ein erfolgreiches Leben? Der Essayist, Unternehmer und Risikokapitalgeber Paul Graham warnt Eltern davor, mit allen Mitteln zu versuchen, ihre Kinder auf ein gutes College zu schicken, damit sie später einen guten Job ergattern. Einstein war keine Ausnahmeerscheinung, weil er *klug* war, schreibt Graham, sondern weil er *originelle Ideen* hatte.

Denken Sie an die Menschen, die wir am meisten bewundern: Sie weisen eben diese Eigenschaft auf. Entscheidend war nicht, wie klug sie waren, sondern, dass sie die Welt auf ganz eigene Art betrachteten. Sie waren einzigartig, und in dieser Einzigartigkeit (oft gekoppelt mit Intelligenz) haben sie Großes vollbracht. Wenn Sie also versuchen, Ihr Kind zu formen – nun, lassen Sie es vielleicht lieber bleiben und begnügen Sie sich damit, es dabei anzuleiten, sich weiterzuentwickeln.

Ermuntern Sie Ihre Kinder, ihr ursprüngliches einzigartiges Selbst zu sein. Ermutigen Sie sie, zu forschen, Neues zu entdecken. Die Welt ist voller kluger Menschen, aber die meisten sind unerträglich langweilig und unscheinbar. Was wir brauchen, sind unverbrauchte Denker und kreative Menschen. Was wir brauchen, sind Originale.

17. Juli

ZEIGEN SIE IHNEN MÖGLICHKEITEN AUF

Im Lauf der Zeit hat sich das Klischee, die Kinder erfolgreicher Eltern seien verwöhnt und faul, öfter als wahr herausgestellt, als es diese Eltern zugeben würden. Aber zahlreiche Beispiele widerlegen dieses Vorurteil auch. Viele Kinder von Profisportlern wurden ebenfalls Profis. Sowohl John Quincy Adams als auch George W. Bush hielten nach ihren Vätern Einzug ins Weiße Haus. Viele Kinder von Schriftstellern und Künstlern machten sich später in der Kunstszene einen Namen.

Wie ist das möglich? Offensichtlich bestand kein Mangel an Naturtalenten, außerdem florierte die Vetternwirtschaft. Diese Kinder waren talentiert und genossen große Vorteile. Aber es ist auch noch eine andere Kraft im Spiel, über die alle Eltern sich Gedanken machen sollten. War es vielleicht das größte Privileg dieser Kinder, zu erleben, wie ein Elternteil leidenschaftlich eine Karriere verfolgte, die sich die meisten Menschen nicht einmal im Traum vorstellen können? Und dass ihre eigentliche Gabe darin bestand, mitzuerleben, dass man seine Träume *tatsächlich* verwirklichen kann? Und dass es keine Magie war, sondern einfach eine Menge harte Arbeit?

Zu viele Eltern verwenden Zeit darauf, ihre Kinder bewusst oder unbewusst zu lehren, klein zu denken, realistisch zu sein und die Chancen abzuwägen. Mit einem Profisportler, einem Staatschef oder einem preisgekrönten Autor aufzuwachsen, vermittelt hingegen eine starke Botschaft: *Es ist machbar!* Es erfordert einfach nur Arbeit, Hingabe und natürlich Zuversicht.

Ungeachtet Ihres Berufs ist dies Ihre eigentliche Aufgabe. Eröffnen Sie Ihren Kindern Möglichkeiten. Spornen Sie sie an, es zu versuchen, was immer es auch sein mag.

18. Juli

GEBEN SIE IHNEN DAS NICHT WEITER

Das größte Hindernis für ein glückliches Leben ist etwas, was viele von uns bereits in jungen Jahren kennengelernt haben: Scham.

Die Scham ist der böse Zwilling der Schuld. Diese bedeutet, sich wegen etwas, das man getan hat, schlecht zu fühlen; Scham bedeutet, sich wegen *dem, was man ist,* schlecht zu fühlen – wegen Dingen, die man nicht kontrollieren kann, zum Beispiel normale biologische Bedürfnisse zu haben, unkoordiniert zu sein, besondere künstlerische Vorlieben zu pflegen, Probleme im gesellschaftlichen Umfeld zu haben und einen wenig ausgeprägten oder extrem abenteuerlichen Geschmack zu pflegen. Wir können uns potenziell wegen unendlich vieler persönlicher Eigenheiten schämen.

Das Tragische an der Scham ist jedoch, dass sie nicht angeboren ist. Beobachten Sie ein unschuldiges Kind, das intensiv mit seinem Essen herumspielt oder so tut, als wäre es eine Prinzessin oder ein Drache – es empfindet keinerlei Scham. Weil dem Kind bisher noch nicht beigebracht wurde, sich dieser Dinge wegen zu schämen.

Scham wird vererbt. Sie wird weitergegeben, häufig von den Eltern, und zwar durch abfällige Bemerkungen, überflüssige Beurteilungen und unbedachte Entscheidungen. Es liegt in Ihrer Hand, Ihre Kinder vor Scham zu bewahren.

Es liegt an Ihnen, sie so sein zu lassen, wie sie sind, dafür zu sorgen, dass sie sich in ihrer Haut wohlfühlen – ob sie vorgeben, Drachen zu sein, sich zu der Musik austoben, die Sie nicht mögen, etwas ausprobieren, was Sie nie versuchen würden; es spielt keine Rolle, solange es Ihren Kindern etwas bedeutet.

Akzeptieren Sie Ihre Kinder, damit sie das annehmen, was sie einzigartig macht, ihre Individualität hervorhebt. Dessen brauchen sie sich nicht zu schämen.

19. Juli

ERMUTIGEN SIE SIE, IHR BESTES ZU GEBEN

Manche Eltern möchten einfach nur, dass ihre Kinder Spaß haben. Andere Eltern drängen ihre Kinder dazu, stets zu gewinnen. Die einen glauben, der Wettbewerb sei unwichtig; die anderen meinen, er sei das Einzige, was zählt. Wie bei so vielen zweiseitigen Debatten gibt es eine dritte Option, die den beiden anderen weit überlegen und auch ausgewogener ist.

Der große John Wooden – einer der erfolgreichsten Trainer in der Geschichte des College-Basketballs – erklärte einmal, was er von seinem Vater gelernt habe:

> »Dads Botschaft über Basketball – und das Leben – war folgende: »Johnny, versuch nicht, besser zu sein als andere, aber bemüh dich stets, so gut wie möglich zu sein. Darüber hast du die Kontrolle, über das andere nicht.« Es war ein einfacher Rat: Bemühe dich nach Kräften um die Dinge, die du kontrollieren kannst, und verbring keine schlaflosen Nächte über den Rest.«

Wenn Sie Ihr Kind zum Fußball oder in den Debattierclub schicken, wenn Sie mit ihm über seinen Status in der Klasse oder seine Laufzeit beim Sportfest sprechen, dann vermitteln Sie ihm unbedingt, dass es weit weniger wichtig ist, wie es im Vergleich mit anderen abschneidet, sondern inwieweit es *sein eigenes Potenzial* ausschöpft. Jemand, der bei allem, was er tut, sein Bestes gibt, wird im Leben weiterkommen (und glücklicher sein) als jemand, der um jeden Preis gewinnen möchte oder sich aus Angst zu verlieren nie ernsthaft bemüht.

Erklären Sie also Ihrem Kind, dass es so gut wie möglich sein und sich an seinem eigenen Potenzial und seinem eigenen Fortschritt messen soll. Dies führt oft nicht nur zum Erfolg, sondern so halten es auch Gewinner.

20. Juli

HELFEN SIE IHNEN, ES HERAUSZUFINDEN

Der junge Kwame Onwuachi half gerade seiner Mutter in ihrer Wohnung in der Bronx beim Kochen, als plötzlich ein seltsamer Geruch durch die Räume zog. In seinen Memoiren schreibt er: »Der dichte aromatische Geruch von Curry war so stark, dass wir beide innehielten und hochschauten.« Doch das, woran er sich eigentlich erinnerte, war nicht der Duft, sondern das, was seine Mutter als Nächstes tat.

»Lass ihn uns finden«, sagte sie in heller Aufregung. Dann rannten sie gemeinsam die Flure der einzelnen Stockwerke ihres Gebäudes entlang und versuchten, ausfindig zu machen, woher der Geruch kam. Als sie im dritten Stock aus dem Aufzug stiegen, wussten sie, dass sie in der Nähe des Curryaromas waren. Ohne zu zögern klopfte seine Mutter an die Tür, hinter der es so verlockend duftete. »Ich heiße Jewel«, stellte sie sich vor. »Das ist mein Sohn Kwame. Wir wohnen im sechsten Stock. Wir haben eben gerochen, was Sie gerade Köstliches kochen.«

Die Frau war sprachlos. Ihre Miene verriet Angst. Wollten die beiden sich beschweren? Sie beleidigen? Nein, das sah seiner Mutter nicht ähnlich. »Es duftet köstlich«, sagte sie. »Ich weiß nicht, wie ich es sagen soll, aber wir würden gerne davon kosten.«

Wie gelang es Kwame, noch vor seinem 24. Geburtstag seinen eigenen Catering-Service zu gründen, einen Abschluss am Culinary Institute zu machen, bei Per Se zu arbeiten und eines der bekanntesten Restaurants in Amerika zu eröffnen? All das verdankt sich diesem surrealen Gespräch. Seine Mutter zeigte ihm in diesem Augenblick so viele wunderbare Eigenschaften: Neugier, Zuversicht, Durchsetzungskraft, Vorstellungsvermögen, Leidenschaft und gute Nachbarschaft.

All diese Dinge können und müssen wir unseren Kindern auf unsere eigene Art und Weise vermitteln. Und wir können einfach beginnen, indem wir unserer Nase folgen.

21. Juli
VERSUCHEN SIE NICHT, SIE ZU ÄNDERN

»Die Aufgabe meiner Frau und mir besteht darin, für unsere Kinder zu sorgen, sie zu beschützen, zu lieben und zu fördern. Es geht darum, herauszufinden, wer unsere Kinder sind, ihre Vorlieben und Abneigungen zu ermitteln und zu versuchen, ihnen zu helfen, das Leben zu meistern, sich selbst zu finden. Es geht hier nicht um uns.«

Dwyane Wade

Wir sollten möglichst immer von Eltern lernen, die es schwerer hatten als wir, die wirklich harte Zeiten durchstehen mussten.

Brandon Boulware ist der Sohn eines Methodistenpfarrers. Er ist Anwalt, bekennender Christ, Ehemann und Vater von vier Kindern. 2021 hielt er vor dem Repräsentantenhaus in Missouri eine bewegende Rede über seine Probleme mit seiner transgeschlechtlichen Tochter. Er berichtete, wie er lange Zeit aus Angst, Liebe und Schutzbedürfnis versucht habe, sein Kind davon abzuhalten, Mädchenkleidung zu tragen und in Mädchenmannschaften mitzuspielen. Eines Tages fragte sie dann ihren Vater, ob sie mit den Nachbarkindern spielen dürfe. Er wandte ein, das Abendessen sei gleich fertig. *Aber wenn ich Jungenkleidung trage, darf ich dann mit ihnen spielen?*, fuhr das Kind fort. Da fiel es ihm plötzlich wie Schuppen von den Augen: Er hatte seinem Kind unwillkürlich beigebracht, es werde belohnt, wenn es sich selbst verleugnete.

Boulware mahnt in dieser Rede alle Eltern: »Lassen Sie ihnen ihre Kindheit. Lassen Sie Ihre Kinder so sein, wie sie sind.«

Vielleicht sind Sie künstlerisch begabt und Ihr Kind nicht. Vielleicht sind Sie sportlich, und Ihr Kind ist es nicht. Vielleicht sind Sie nicht religiös, und Ihr Teenager ist es. Vielleicht sind Sie liberal, und Ihr Kind ist es nicht. Worum es sich auch immer handeln mag, lassen Sie Ihre Kinder so sein, wie sie sind. Gestehen Sie ihnen zu, zu experimentieren. Erlauben Sie ihnen, sich selbst zu finden – gewähren Sie ihnen, ihre Wahrheiten zu entdecken. Und lassen Sie ihnen ihre Kindheit.

Was dabei herauskommt, ist vielleicht nicht nach Ihrem Geschmack. Vielleicht stellen sie Ihre tief verwurzelten Anschauungen infrage. Aber wissen Sie was? Das ist dann *Ihr* Problem.

22. Juli

SIE WISSEN NICHT, WAS SIE WOLLEN

»Niemand weiß irgendwas.«

William Goldman

Als Elternteil ist es nicht schwierig, seine Kinder zu etwas zu zwingen, denn Sie sind größer als sie und verfügen über Geld. Ihre gesetzliche und moralische Autorität leitet sie an, das zu tun, was Ihrer Meinung nach das Beste für Ihre Kinder ist. Aber wenn Sie diese Macht ausüben, ohne mit ihnen zu sprechen, vermitteln Sie ihnen das Gefühl, ohnmächtig zu sein, keine Kontrolle zu haben, und dass ihre Wünsche in Ihrer Familie und in diesem Leben nicht zählen.

Und Sie gewöhnen sich so auch etwas Negatives an. Sie werden nicht ewig diese Macht auf Ihre Kinder ausüben. Sie wollen auch sicher nicht respektlos oder desinteressiert dem gegenüber sein, was ihnen vorschwebt. Denn eines Tages werden sie ihr Studienfach wechseln oder herumreisen wollen. Vielleicht wollen sie auch ihren Lebensstil ändern, was Sie nicht billigen werden. Sie werden vielleicht mit einer seit Langem bestehenden Familientradition brechen. Sie werden aber so sehr daran gewöhnt sein, es immer besser zu wissen und stets zu entscheiden, dass Sie dann nicht damit umgehen können. Besonders wenn sie nicht mehr auf Sie hören müssen. Aber noch schlimmer ist, dass Ihre Beziehung zu Ihren Kindern die Folgen Ihrer Egotrips nicht überstehen wird.

Ihre Kinder wissen nicht immer, was sie wollen. Aber wissen Sie was? Niemand weiß es. Finden Sie also heraus, wie Sie sie dirigieren können, ohne tyrannisch zu erscheinen, wie Sie es im Allgemeinen besser wissen, ohne ein Besserwisser zu sein. Sie sollten lernen, Ihre Erfahrungen bestmöglich zu nutzen, um sie behutsam in die richtige Richtung zu lenken, statt auf Ihre starke Position als Elternteil zu pochen und sie in diese Richtung zu drängen.

Es wird nicht leicht sein ... aber so ist das Leben als Eltern nun einmal.

23. Juli
WIE OFT SAGEN SIE NEIN?

Selbst diejenigen von uns, die sich nicht als strenge Eltern betrachten, sollten innehalten und überlegen, wie oft ihre Kinder ein *Nein* von ihnen hören.

Zum Beispiel: »Nein, lass das!« »Nein, du darfst heute Abend nicht ausgehen.« »Nein, komm da runter.« »Nein, wir müssen nach Hause.« »Nein, das nehme ich dir nicht ab.« »Nein, so macht man das nicht.«

Es hat nichts damit zu tun, dass wir fordernd sind, wir machen uns einfach nur Sorgen. Dies mag wohl zur Sicherheit unserer Kinder beitragen, aber der Nachteil ist, dass die Eltern aus der Sicht eines Zweijährigen oder eines 20-Jährigen immer nur Nein sagen. Nein, nein, nein, nein.

Harry Truman, Vater einer Tochter namens Margret, hatte hierzu einen klugen Rat auf Lager: »Ich habe festgestellt, dass die beste Möglichkeit, seinen Kindern einen Rat zu erteilen, darin besteht, herauszufinden, was sie wollen, und ihnen dann zu raten, es anzustreben.«

Truman meint damit, dass sich niemand gern vorschreiben lässt, was er zu tun hat. Sie sollten sie nicht drängen, all dem zu folgen, was Ihrer Meinung nach angebracht ist, sondern ihnen dabei helfen, das zu tun, was sie mögen (wobei natürlich alles sicher und vernünftig ablaufen sollte).

Schließlich ist es ihr Leben. Lernen Sie, Ja zu sagen. Lernen Sie, ihnen bei dem, was sie ohnehin tun werden, mit Rat zur Seite zu stehen, um sie zumindest vorzubereiten, wenn Sie sie schon nicht davon abhalten können. Seien Sie der hilfsbereite Elternteil und nicht der blockierende.

24. Juli
HÖREN SIE ZU

»Die Natur hat uns *nur einen Mund*, aber *zwei Ohren* gegeben, was darauf hindeutet, dass *wir* weniger sprechen und mehr zuhören sollten.«

ZENON VON ELEA

Dr. Stewart Friedman, ein preisgekrönter Psychologe und führender Wissenschaftler auf dem Gebiet der Führung und Work-Life-Balance, wurde kurz nach der Veröffentlichung seines Buchs *Parents Who Lead* nach seinen bahnbrechenden neuen Erkenntnissen oder Einsichten gefragt. »Am wichtigsten war für mich die Erkenntnis«, sagte er, »wie viel Eltern gewinnen können, wenn sie es lernen, ihren Kindern zuzuhören, und dabei erfahren, was diese wirklich benötigen.« Dr. Friedman schrieb:

> »Es ist oft recht überraschend, zu hören, was Ihren Kindern tatsächlich durch den Kopf geht, und wie Sie ein besseres Familienoberhaupt sein können, wenn Sie wissen, was in den Herzen und Köpfen jener wertvollen jungen Menschen, die zu Ihnen aufschauen, vor sich geht. Ein Vater, der sehr interessiert daran war, seinem Sohn den Wert von Neugier und Lernen beizubringen, fragte ihn, was er gerne lernen würde. Zu seiner großen Freude erwiderte sein Sohn: »Ich möchte lernen, wie man einen Staubsauger bedient.« Sein Sohn wollte nützlich sein; er wollte seinen Beitrag leisten und für sich selbst einen Sinn finden. Mit anderen Worten: Man weiß nicht wirklich, was in einem Menschen steckt, bis man voller Engagement und Mitgefühl darauf achtet, wie es effektive Führungskräfte tun.«

Ihr kleiner Sohn versucht ständig, Ihnen etwas zu sagen. Natürlich ist nicht immer ganz klar, was er meint. Aus »Ich möchte lernen, nützlich zu sein« wird vielleicht: »Ich möchte lernen, einen Staubsauger zu bedienen« und aus »Ich will ein guter Freund sein« wird: »Kannst du mich zu Bobby fahren?« Manchmal lässt sich »Ich will Schriftsteller werden« wie folgt interpretieren: Ihr Kind hat keine Lust, die Sportsendung mit Ihnen anzuschauen.

Doch Ihre Kinder versuchen immer, Ihnen etwas mitzuteilen. Und wenn Sie aufmerksam zuhören, werden Sie begreifen, was sie Ihnen sagen.

25. Juli

LEHREN SIE SIE NICHT, SO ZU WERDEN, WIE SIE FRÜHER WAREN

Tim Hardaway jr. ist der Sohn eines Mitglieds der NBA Hall of Fame. Als Heranwachsender hatte er es schwer, der Sohn eines Spitzen-Baseballspielers zu sein, zumal er in die Fußstapfen seines Vaters treten wollte.

Im Auto, auf dem Heimweg von irgendwelchen Spielen, hob Tim sr. die Fehler von Tim jr. hervor, die Würfe und die Spielzüge, die er hätte machen sollen. Er bemerkte dann: »Du bist nicht gut genug« und »Schau, dass du besser wirst, oder wir werden dich nie wieder Basketball spielen lassen.« Wenn Tim jr. keine Lust hatte, sich ein Basketballspiel im Fernsehen anzuschauen, schüttelte Tim sr. den Kopf und sagte: »Du bist nicht heiß genug auf das Spiel.«

Tim sr. behauptete, er habe aus Liebe diesen Druck auf seinen Sohn ausgeübt: »Ich wollte, dass er so spielt, wie ich gespielt habe, dass er das Spiel so ernst nimmt, wie ich es einst ernst genommen habe, das Spiel so versteht, wie ich es einst verstanden habe.«

Es »funktionierte« insofern, als Tim Hardaway jr. ebenfalls ein großartiger Basketballspieler wurde ... aber kam das wirklich davon, dass sein Vater ihn oft heftig rügte? Oder ihm sogar drohte? Oder könnte es auch daran liegen, dass er 1,90 Meter groß ist, eine Spannweite von ca. 1,90 Meter hat und auf dem College unter John Beilein gespielt hat? Nehmen wir mal an, es hätte nicht oder weniger gut funktioniert. Glauben Sie nicht, dass Vater und Sohn dies akzeptiert hätten, wenn sich dadurch ihre Beziehung verbessert hätte?

Wie bereits erwähnt, müssen wir unsere Kinder dabei unterstützen, das zu werden, was sie sind. Es geht nicht darum, ihnen zu helfen, so zu werden, wie wir waren. Es ist nicht ihre Aufgabe, Ihr Erbe anzutreten, Ihren Sport zu praktizieren und dieselbe Nummer wie Sie zu tragen.

26. Juli
WOZU VERANLASSEN SIE SIE?

»Ein Ausspruch von Aristoteles, den uns der Historiker Will Durant überliefert hat, lautet:
Wir sind das, was wir wiederholt tun. Vorzüglichkeit ist daher keine Handlung, sondern eine Gewohnheit.«

ARISTOTELES

Was wir uns als Elternteil wirklich fragen müssen, ist also: *Wozu veranlassen wir unsere Kinder?*

Vorzüglichkeit ist nicht unser Ziel, sondern etwas, das wir bei unserem täglichen Verhalten anstreben. Tagein, tagaus. Sowohl im Kleinen als auch im Großen. Es ist etwas, das sich herauskristallisiert, wenn wir bei allen Handlungen stets danach streben. Und als Eltern müssen wir unseren Kindern helfen, dies zu verstehen, sie anleiten, zu erkennen, wer sie durch ihr tägliches Tun und durch das, was sie heute machen, sind.

Wir sind das, was wir gewohnheitsmäßig tun.

27. Juli
WARUM? WARUM? WARUM?

»Mir sind Fragen lieber, die nicht beantwortet werden können, als Antworten, die nicht infrage gestellt werden können.«

RICHARD FEYNMAN

Als Elternteil hört man immer wieder solche Fragen: *Warum?* Warum nicht? Warum darf ich nicht? Warum muss ich es? Warum funktioniert das so? Warum? Warum? Warum? Warum? Warum?

Das nervt zweifellos, aber Sie sollten diese Fragen nicht unterbinden. So vieles von dem, was wir als Eltern und als Menschen für selbstverständlich halten, ist willkürlich und schlecht begründet. Vielleicht liegt das daran, dass unser eigener Impuls zu hinterfragen und zu erforschen in jungen Jahren unterdrückt wurde. Wir haben nicht gelernt, zu erkennen, dass die meisten Regeln und Grenzen der Welt eben nicht auf Logik, Vernunft oder sogar Moral basieren.

Wenn wir fragten: »Warum?«, erklärte man uns: »Weil es so ist.« Basta. Wir wurden nicht ermutigt, Annahmen zu hinterfragen, den Status quo anzuzweifeln, zu *lernen*, warum die Dinge so sind, wie sie sind. Und unser eingeschränkter Zugang zu Weisheit und Wahrheit hat uns wiederum Grenzen gesetzt.

Beenden wir diese Tradition. Lassen Sie uns mit dieser Generation einen neuen Anfang machen – mit der Generation, die *wir* dabei unterstützen sollen, die beste Version ihrer selbst zu werden. Wir wollen, dass unsere Kinder die Welt zu einem besseren Ort machen; wir wollen, dass sie alles besser machen; wir wollen, dass sie besser sind als wir.

Das ist jedoch nicht möglich, wenn sie überheblich sind, wenn sie leichtgläubig sind, wenn sie meinen, sie dürften ihre Realität nicht hinterfragen und Antworten fordern.

»Warum?« ist eine gute Frage. Helfen Sie Ihren Kindern, dies zu erkennen.

Und helfen Sie ihnen dann, sie zu beantworten.

28. Juli

LASSEN SIE IHNEN SPIELRAUM

Wenn Sie nicht achtgeben, ist das Leben Ihrer Kinder mit tausenderlei Dingen ausgefüllt.

Fußballtraining. Schule. Cellounterricht. Kleine Aufgaben im Haushalt. Sie wollen nicht, dass sie den ganzen Tag vor dem Fernseher sitzen; Sie wollen nicht, dass sie ihr Leben vergeuden oder hinterherhängen. Sie wollen, dass sie etwas aus sich machen.

Aber Sie sollten aufpassen. Bereits vor 2000 Jahren warnte Plutarch die Eltern davor, das Leben ihrer Kinder zu sehr zu verplanen und zu überfrachten. »Kindern muss eine Atempause von ständigen Aufgaben vergönnt sein«, schrieb er, »denn wir müssen bedenken, dass unser gesamtes Leben zwischen Entspannung und Anstrengung aufgeteilt ist.«

Ist Ihre Leistung optimal, wenn Sie erschöpft und überfordert sind? Macht ein voller Terminkalender Sie glücklich? Sind Sie es nicht leid, Ihre Kinder ständig irgendwohin chauffieren zu müssen? Stellen Sie sich vor, wie sie sich fühlen. Sie begreifen nicht einmal richtig, was Stress oder Burn-out bedeuten. Es ist also Ihre Pflicht, sie davor zu schützen.

Lassen Sie ihnen genug Spielraum. Geben Sie ihnen die Möglichkeit, sich zu entspannen. Das ist Ihre Aufgabe.

29. Juli
BLOCKIEREN SIE NICHT IHRE PRIMÄREN NEIGUNGEN

Sie wollen Ihren Kindern Ihre Lieblingsfilme zeigen. Ihre Lieblingsbands. All die Orte, an denen Sie als Kind gern waren. Die Sportarten, die Sie gern betreiben oder bei denen Sie gern zuschauen.

Das ist etwas Besonderes und Wunderbares, denn Sie teilen nicht nur Erfahrungen, Sehenswürdigkeiten, Geräusche oder Geschmäcker, sondern geben auch viel von sich selbst. Diese Dinge haben Sie zu dem gemacht, der Sie sind, zu der Person, die Sie geworden sind. Wenn Sie das mit Ihren Kindern teilen, ermöglichen Sie ihnen, Sie als Elternteil besser zu verstehen. Aber bleiben Sie bei dem, was Sie ihnen erzählen, vorsichtig.

So wie Sie Ihre Kinder nicht eindeutig in eine bestimmte Richtung drängen sollten (»Du musst Medizin studieren«), so der Autor Robert Greene, sollten sich Eltern vor dem weniger erkennbaren Druck hüten – sie also dazu bringen zu wollen, sich für Ihre Interessen zu erwärmen, sie zu einer bestimmten Aktivität oder Sportart zu zwingen oder die Kunst oder das Unternehmertum als »riskant« und Künstler und Unternehmer als »verrückt« zu bezeichnen. Greene sagte:

> »Als Elternteil müssen Sie loslassen, müssen dafür sorgen, dass sich Ihr Kind entfaltet. Sie müssen Ihr Kind als Pflanze betrachten, die Sie pflegen und in ihrem natürlichen Wachstum nicht behindern wollen. Sie müssen Ihr Kind den Weg gehen lassen, den es gehen will. Wenn das Kind eine Neigung für etwas zeigt, dann ermutigen Sie es, diese Richtung einzuschlagen. Denn diese Neigung offenbart etwas sehr Mächtiges in seinem Inneren – enthüllt das, was ich als primäre Neigung bezeichne. Stemmen Sie sich in keiner Weise dagegen – das ist das Wichtigste, was Sie tun können.«

Vermeiden Sie jegliche Erwartungshaltung. Es gilt, Ihr Kind zu ermutigen, zu sich selbst zu stehen, und nicht so zu sein, wie Sie es gerne hätten oder wie Sie gerne gewesen wären. Zwingen Sie Ihren Kindern nicht Ihre Interessen auf. Achten Sie auf ihre natürlichen, primären Neigungen und fördern Sie diese.

30. Juli

DAS STEUERN SIE IMMER

Wir können uns die Körpergröße unserer Kinder nicht aussuchen, sie ebenfalls nicht. Es entzieht sich ihrer Entscheidung, ob sie hochgewachsen oder klein sind, ob sie die schnellsten Reflexe oder die stärksten Muskeln oder den schnellsten Verstand haben. Sie haben keinen Einfluss darauf, ob der Trainer sie mag ... oder ein Idiot ist. In den meisten Fällen steuern sie auch nicht, was im Klassenzimmer oder in der Umkleidekabine passiert. Wie Cheryl Strayed in *Tiny Beautiful Things* schreibt: »Du hast kein Recht auf die Karten, die du deiner Meinung nach hättest bekommen sollen.«

Worauf sollen sich unsere Kinder unserer Meinung nach konzentrieren? Was liegt immer bei ihnen?

Wie sie auf all diese Umstände reagieren. Es liegt bei ihnen, ob sie ihr Bestes geben oder nicht. Ob sie sich wirklich bemühen. Ob sie einen Weg finden, den Lauf der Dinge zu genießen und ihr Potenzial auszuschöpfen.

Nach dem Training, nach dem Spiel, nach dem großen Test sollten Sie dafür sorgen, dass Ihre Fragen und Ihre Beurteilung das widerspiegeln. Daher sollten Sie nicht sagen: »Habt ihr Jungs gewonnen?« oder »Hast du bestanden?«, sondern: »Hattet ihr Spaß?« oder »Habt ihr euer Bestes gegeben?« oder »Wie hättet ihr euch besser vorbereiten können?«

Wir haben keinen Einfluss auf die Karten, die uns ausgeteilt werden. Wir steuern nicht unsere biologischen Gegebenheiten, ebenso wenig wie unseren Platz in der Welt (geografisch oder sozioökonomisch). Aber unsere Kinder (oder Familien) entscheiden, wie wir ein Blatt spielen. Wir entscheiden, was wir daraus machen, entschließen uns, ob wir unser Bestes geben. Wir bestimmen, wer wir werden.

Bringen Sie ihnen das bei.

31. Juli

BEREITEN SIE SIE AUF DEN ANRUF VOR

Winston Churchill sagte einmal: »Für jeden von uns gibt es im Lauf des Lebens einen besonderen Moment, in dem ihm jemand symbolisch auf die Schulter klopft und die Chance bietet, etwas Besonderes zu vollbringen, das nur er kann und das seinem Talent entspricht. Was für ein Drama, wenn er auf diesen Moment nicht vorbereitet oder unqualifiziert für das ist, was seine Sternstunde hätte sein können.«

Tatsächlich hält das Leben viele solcher Augenblicke bereit, klopft uns öfter auf die Schulter: zu dienen, ein Risiko einzugehen, auf die Gefahr zuzulaufen statt vor ihr davonzurennen, etwas zu vollbringen, was andere für unmöglich halten.

Unsere Kinder werden aus mancherlei Gründen meinen, was sie vorhaben, sei falsch. Man wird sie unter Druck setzen, ihre Träume zu begraben. Ängste werden sich bemerkbar machen. Werden sie sich davon abhalten lassen, den potenziellen Anruf entgegenzunehmen? Werden sie das Telefon klingeln lassen? Werden sie im großen Augenblick unvorbereitet sein? Wird der Augenblick ihrer größten Chance an ihnen vorbeiziehen – wie ein Schiff in der Nacht?

Welch eine Tragödie wäre das. Als Eltern müssen wir das zum Wohl unserer Kinder verhindern. Wir müssen ihnen helfen, sich immer mehr dem zu nähern, was ihnen bestimmt ist, zu werden, was sie werden sollen. Wir müssen sie auf den besonderen Anruf, auf das Schulterklopfen vorbereiten, denn eines wissen wir ganz genau: Der Anruf wird kommen.

Werden sie vorbereitet sein, den Anruf entgegenzunehmen?

AUGUST

BLEIBEN SIE IMMER IHR FAN

(IHR GRÖSSTES GESCHENK FÜR SIE)

1. August
SIE KÖNNEN IHNEN DIESES GESCHENK MACHEN

Noch während er zur Highschool ging, schilderte Jim Valvano seinem Vater, was er für sein weiteres Leben plante. Er wollte mehr als nur Basketballtrainer am College werden, wie er seinem Vater erklärte: »Dad, ich werde eine nationale Meisterschaft gewinnen.«

Ein paar Tage nachdem Jim seinem Vater seinen Lebenstraum offenbart hatte, rief dieser ihn in sein Schlafzimmer: »Siehst du den Koffer da?«, fragte sein Vater und deutete auf das Gepäckstück in der Ecke. Verwirrt erwiderte Jim: »Ja, aber was soll das?« »Ich habe meinen Koffer gepackt«, erklärte sein Vater. »Wenn ihr spielt und die nationale Meisterschaft gewinnt, werde ich dabei sein. Mein Gepäck steht bereit.«

»Mein Vater«, sagte Jim später in seiner legendären ESPY-Rede, »machte mir das größte Geschenk, das man einem anderen Menschen geben kann: *Er glaubte an mich.*«

Haben auch Sie Ihren Kindern so etwas geschenkt? Unsere Aufgabe ist es, unsere Kinder zu großen Träumen anzuspornen, sie zu ermutigen, diese zu verfolgen, und ihnen das größte Geschenk zu machen, das man einem anderen Menschen geben kann: an sie zu glauben. Wenn nicht Sie an Ihre Kinder glauben, wer dann?

2. August
BLEIBEN SIE EINFACH IHR FAN

Vielleicht steht Ihr Kind auf abgefahrene Dinge. Vielleicht ist seine Heavy-Metal-Band richtig mies – oder sein Talent als Rapper kommt eher einer Beleidigung gleich. Vielleicht können Sie die Lieblingsshows Ihrer Kinder nicht ausstehen oder ihr Lebenstraum erscheint Ihnen bestenfalls merkwürdig. Möglicherweise sind sie aber auch außerordentlich talentiert und haben das Zeug zum Profi. Vielleicht könnten sie mit dem richtigen Anstoß und der richtigen Unterstützung wirklich etwas Besonderes werden, und Sie müssten nur darauf achten, dass sie nicht nachlassen und die entscheidenden Chancen, um ihr Ziel zu erreichen, nicht verpassen.

Aber ist das wirklich Ihre vorrangigste Aufgabe? Bleiben Sie vor allem ein Fan Ihrer Kinder. Einfach ein Fan. Von ihnen. Von ihren Talenten oder ihrem fehlenden Können. Von ihren Chancen oder den nicht vorhandenen.

Ihre Kinder brauchen keinen Ausbilder im Wohnzimmer. Sie brauchen niemanden, der sie zurechtweist. Sie benötigen niemanden, der ihnen die harten Wahrheiten unter die Nase reibt. Ihre Kinder sind auch nicht unbedingt auf Ihr Geld angewiesen, um es in diese großartige Liga zu schaffen. Sie brauchen Sie nicht, um ihre Lehrer anzumeckern und eine Sonderbehandlung zu verlangen. Sie benötigen Sie auch nicht, um von ihrer Idee besessen zu sein.

Aber sie brauchen einen Fan. Sie bedürfen eines Menschen, der sie unterstützt, der sie liebt und anfeuert. Sie brauchen einen Fan mit einer vernünftigen Einstellung zum Spiel – keinen Stalker oder Tyrannen.

Bleiben Sie einfach ihr Fan, das ist gar nicht so schwer.

3. August
WORAUF WERDEN SIE SICH KONZENTRIEREN?

Sie können all das Negative in der Welt in sich aufnehmen. Sie können sich auf die dunklen Wolken über Ihnen fokussieren. Oder Sie können den Silberstreifen am Horizont und die Lichtblicke suchen. Sie kennen doch sicherlich den berühmten Ausdruck vom halb leeren und vom halb vollen Glas. Nun, welche Weltanschauung werden Sie Ihren Kindern vermitteln?

Werden Sie in Ihrem Heim Weltuntergangsstimmung und Pessimismus verbreiten? Oder werden Sie Ihren Kindern beibringen, voller Hoffnung zu sein, an ihre Fähigkeit zu glauben, etwas bewirken zu können, und in den Hindernissen des Lebens Chancen zu sehen?

Der Schriftsteller Alex Haley sagte einmal, seine Aufgabe als Schriftsteller bestehe darin, »das Gute zu finden und es zu loben«. Das beschreibt auch die Aufgabe von Eltern. Wir werden stets mehr Erfolg haben, wenn wir das gute Verhalten unserer Kinder belohnen, statt ihr schlechtes Verhalten zu bestrafen. Wenn wir nach dem suchen, was wir in unseren Kindern sehen *wollen*, und uns darauf konzentrieren, bringt uns das viel weiter, als wenn wir Streit suchen und sie kritisieren. Dieser Grundsatz gilt auch für unsere Wahrnehmungen und unsere Darstellung der Welt. Es ist für uns alle besser, das anzusprechen, was wir sehen wollen, anstatt ständig über das Böse und die Ungerechtigkeit zu jammern, denen wir scheinbar nicht entkommen können.

Wir haben die Wahl: unsere Kinder zu inspirieren oder zu desillusionieren, sie zu stärken oder zu schwächen. Wofür entscheiden wir uns?

4. August

HALTEN SIE SIE NICHT KLEIN

»Ein die Charakterstärke fördernder Erziehungsstil dient auch den meisten anderen Dingen: Fordern Sie sie in hohem Maße, und unterstützen Sie sie nach Kräften.«

Angela Duckworth

Ed Stack war ein großartiger Sohn. Er arbeitete unauffällig und loyal im Familiengeschäft Dick's Sporting Goods. Er sparte so viel Geld, dass er schließlich seinen Vater auszahlen und das Familienunternehmen ausbauen konnte. Gern erzählt er, wie er das erste großflächige Kaufhaus eröffnete. Zuvor hatte die Firma Kaufhäuser betrieben, die höchstens ein paar tausend Quadratmeter groß gewesen waren. Dieses neue Kaufhaus erstreckte sich über eine Fläche von über 20 000 Quadratmetern – eine grundlegende Veränderung für das Unternehmen, dessen Absatz nun sprunghaft anstieg.

Vertreter von Nike sagten im Gespräch mit Eds Vater, dem ursprünglichen Gründer, er müsse sehr stolz auf seinen Sohn sein. Schließlich sei dieser ja so erfolgreich und das Geschäft erreiche durch ihn eine neue Größenordnung. Ed erklärte: »Mein Vater, der unfähig war, Komplimente zu machen, sah sie an und sagte: ›Sie haben recht, sie haben gute Geschäfte gemacht. Sie haben im ersten Monat 25 Prozent mehr Umsatz gemacht, als sie erwartet hatten. Sie sind also keineswegs so clever, wie sie glauben.‹«

Wer hat so etwas nicht schon einmal von jemandem gehört, den er unbedingt stolz machen wollte? Solch zweideutige Komplimente? Diese Art, jemanden niederzumachen, nach dem berühmten Haar in der Suppe zu suchen, sich auf die Unsicherheiten des anderen zu stürzen? Was für ein Schwachsinn! Statt seine Liebe zu zeigen, bringt so jemand sein eigenes schwaches Selbstwertgefühl ins Spiel.

Das Mindeste, was man von einem guten Elternteil verlangen kann, ist, seine Kinder *nicht kleinzumachen*. Suchen Sie nicht nach dem, was falsch sein könnte, sondern nach dem, was richtig ist ... und feiern Sie es! Machen Sie Ihre Kinder nicht runter, sondern bauen Sie sie auf. Spornen Sie sie an, denn das wünschen sie sich mehr als alles andere.

5. August

MAN KANN AUF BESSERE ART MOTIVIEREN

Im Sport, in der Politik, in der Geschäftswelt und sogar in der Kunstszene gibt es ein Thema, das die Menschen, die am ehrgeizigsten sind, am härtesten arbeiten und am risikofreudigsten sind, bewegt. Ob es sich um Männer oder Frauen handelt: Sie alle scheinen etwas beweisen zu wollen und sich nach etwas zu sehnen. Nach der Anerkennung ihres Vaters, der Liebe ihrer Familie. Danach, es den Zweiflern unter die Nase zu reiben und ihren Traumata so weit wie möglich zu entkommen.

Tatsächlich handelt es sich dabei um echten, produktiven Treibstoff. Eltern sollten diese Art zu motivieren allerdings ignorieren, Punkt. Denn man kann auch ganz anders motivieren, sodass es weder Schmerzen verursacht noch mit dem häufig angewandten Missbrauch einhergeht. Tiger Woods spornte die übertriebene Aufmerksamkeit seines Vaters, begleitet von der Vernachlässigung, zu seiner erfolgreichen Golfkarriere an. War das für ihn von Nutzen? Gewiss. Aber dank seines unglaublichen Talents, seiner Cleverness und seines Fleißes hätte Tiger es höchstwahrscheinlich in jedem Fall weit gebracht, ohne wie ein Kriegsgefangener gequält worden zu sein.

Sie können Ihre Kinder harten und schwierigen Umständen aussetzen, die dazu beitragen können, dass sie erfolgreich werden. Möglicherweise sind auch *Sie* auf diese Weise zum Erfolg gelangt. Gebrüll. Harte Wahrheiten. Endlose Trainingseinheiten. Emotionale Manipulation – all das funktioniert, aber zu einem hohen emotionalen Preis. Doch Ihre Kinder anzuspornen und wirklich zu unterstützen, funktioniert genauso gut und bietet zudem die Vorteile, Sie Ihren Kindern näherzubringen und sie zu besseren Menschen zu machen.

Entscheiden Sie sich für die richtige Art zu motivieren. Nicht für die härteste.

6. August

EIN ENTMUTIGENDES WORT SOLLTE SELTEN FALLEN

»Dem unschuldigen und hilflosen Wesen, das ihnen vom Himmel geschenkt wurde, dessen Erziehung zum Guten und dessen künftiges Schicksal in ihren Händen lag, den Weg zum Glück oder zum Unglück zu weisen.«

Mary Wollstonecraft Shelley

Wenn Sie nicht aufpassen, verfallen Sie ohne Weiteres in eine oberflächliche, gedankenlose Negativität: *Warum ist dein Zimmer so schmutzig? Warum hast du heute so schlechte Laune? He, lass das! Fass das nicht an! Nein, du darfst jetzt nicht fernsehen. Warum ist dein Zimmer nicht aufgeräumt? Nein, das bekommst du nicht. Ich bin enttäuscht über dein Abschneiden bei diesem Test. Das ist nicht realistisch; solltest du nicht überlegen, etwas anderes zu versuchen? Ich glaube nicht. Du kennst die Antwort bereits ... und sie lautet »Nein«.*

Das passiert Ihnen nicht, weil Sie ein schlechter Elternteil sind, sondern eher, weil Sie ein guter sind. Sie haben Regeln und setzen sie durch. Sie erwarten so einiges und drängen Ihre Kinder, es zu erfüllen. Sie wissen, was das Beste ist. Sie wollen, dass sie sich geborgen fühlen, und Sie haben einen Haushalt zu führen.

Doch wenn Sie nicht aufpassen, wird fast jede Interaktion zwischen Ihnen und Ihren Kindern negativ verlaufen. Aus ihrer Sicht kann es sich wie eine endlose Kaskade von Enttäuschungen anfühlen. Und dann werden Sie, bevor Sie sich dessen bewusst sind, unwillkürlich zur Stimme der *Entmutigung*.

Sind das Sie? Möchten Sie eine solche Beziehung führen? Wenn nicht, dann sollten Sie aufpassen. Achten Sie auf Ihre Worte. Zählen Sie Ihre *Jas* und *Neins*. Machen Sie sich bewusst, worauf Sie sich fokussieren. Lassen Sie Banales beiseite. Bleiben Sie positiv.

7. August

MIT IHREN KINDERN ZU SPIELEN, IST DAS GRÖSSTE

Die Jahre vor dem Bürgerkrieg waren hart für Ulysses S. Grant. Er kämpfte darum, seiner Familie ein gutes Leben bieten zu können. Sein Dasein war trostlos, eine endlose, von Frustrationen und Enttäuschungen geprägte Plackerei mit einer gescheiterten Karriere und einer Misere nach der anderen.

Es gab lediglich eine Atempause. Wenn Grant nach der Arbeit nach Hause kam und die Haustür aufschloss, wartete sein kleiner Sohn Jesse auf ihn, um ihn zum Kampf herauszufordern. Jesse brüstete sich, seinen Vater besiegen zu können. Grant schaute seinen kleinen Sohn mit gespieltem Ernst an und erwiderte auf die Herausforderung: »Jesse, mir ist nicht nach kämpfen zumute, aber ich kann es nicht ertragen, von einem Mann deiner Größe derart eingeschüchtert zu werden.« Dann stürzte sich Jesse auf seinen Vater, bis er ihn zu Boden gezwungen hatte. Grant bat, am Boden liegend, um Gnade und schrie, es sei unfair, einen schon geschlagenen Gegner anzugreifen.

Wenige Jahre später sollte Grants eiserne Hartnäckigkeit und Zähigkeit das Land erschüttern – und retten. Grant brach der konföderierten Armee das Rückgrat, indem er eine blutige Schlacht nach der anderen schlug. Aber wer ihn am besten kannte, wusste, dass er im Grunde genommen ein Softie war, der seine Familie über alles liebte.

Egal, womit Sie Ihren Lebensunterhalt verdienen oder wie trostlos die Situation sein mag – es ist immer wunderbar, mit Ihren Kindern zu spielen. Spielen Sie mit ihnen, wenn sie noch klein sind. Spielen Sie mit ihnen, wenn sie älter werden und Sie ebenfalls. Haben Sie Spaß mit ihnen. Seien Sie wieder Kind und spielen Sie nach Herzenslust mit ihnen.

8. August

WARTEN SIE DARAUF, STOLZ ZU SEIN

Die Geschichte ist so alt wie die Elternschaft selbst. Das Kind bemüht sich unermüdlich um die elterliche Anerkennung, die es offenbar nie erlangt. Schmerz, Groll und Verwirrung folgen daraus. Erst nach großem Leid stellt sich heraus: Das Kind hatte das, was es sich die ganze Zeit wünschte, jedoch ohne es zu ahnen.

So verlief die Geschichte von Claudia Williams, der Tochter von Ted Williams. Unter einem Stapel von Erinnerungsstücken vergraben fand sie eine Notiz, die ihr Vater, den sie nie zufriedenstellen konnte, hinterlassen hatte.

»Für meine schöne Tochter«, stand da. »Ich liebe dich. Dad.«

Und so in etwa lautet auch die Geschichte des genialen Verlegers Sonny Mehta. Roger Cohen schrieb in seinem Nachruf für Mehta:

> »Als Mehtas Vater, ein Diplomat, in Wien starb, fand Mehta in seinem Schreibtisch einen Ordner mit allen Artikeln, die je über ihn veröffentlicht worden waren. Der Stolz seines Vaters, der ihm nie seine Anerkennung ausgesprochen hatte, war offenkundig.«

Es bricht einem das Herz. Warum konnten sie das nicht in Worte fassen, als sie noch lebten? War es typisch für diese Generation? Meinte sie, ihre Kinder würden somit besser und stärker? Warum konnten sie nicht wie Jim Valvanos Vater und damit ein wohlwollender Fan sein?

Die Antworten auf diese Fragen werden für immer offen bleiben. Aber wir wissen, dass wir unsere Kinder nicht so behandeln dürfen. Wir sollten nicht warten, bis wir irgendwann einmal stolz sind. Wir dürfen unsere Gefühle für sie nicht unter Papierstapeln oder in einer Schublade unseres Schreibtisches verborgen halten. Wir müssen sie ihnen jetzt offenbaren, sie ihnen jetzt zeigen. Sie sollen wissen, dass wir sie anspornen. Dass wir sie lieben. Dass wir an sie glauben. Dass wir stolz auf sie sind, denn so ist es. Und unsere Kinder verdienen es, das zu erfahren, bevor es zu spät ist.

9. August

WIR LASSEN KEIN GRAS WACHSEN

In seiner Rede anlässlich seiner Aufnahme in die Baseball Hall of Fame im Jahr 1984 erzählte Harmon Killebrew, wie er einst mit seinem Vater und seinem Bruder im Vorgarten gespielt habe. Seine Mutter kam heraus, um sie zum Abendessen zu rufen, und tadelte sie, weil sie den Rasen aufgewühlt hatten. Doch Harmons Vater erwiderte: »Wir sorgen nicht dafür, dass das Gras wächst, wir ziehen Jungs auf.«

Der Erfolg als Elternteil offenbart sich nicht durch ein Auto mit makellos sauberen Rücksitzen oder ein perfekt eingerichtetes Haus mit zerbrechlichen Gegenständen, die nie kaputtgehen dürfen. Einem Kinderzimmer sollte man ansehen, dass darin gespielt wird. Ein Haus sollte einen bewohnten Eindruck vermitteln. Wir sollten überall die Fingerabdrücke unserer Kinder entdecken – buchstäblich und im übertragenen Sinne.

Ist es Ihre Aufgabe, ein Kind großzuziehen, das nie Widerworte gibt? Das im Gleichschritt oder auf Zehenspitzen durchs Leben geht? Oder sollten Sie nicht eher ein Kind mit eigener Meinung und eigenen Träumen aufziehen, gepaart mit dem Selbstvertrauen, diese zu äußern, und der Fähigkeit, sie zu verwirklichen?

Der Hof ist zum Spielen da. Das Fahrrad soll benutzt werden und nicht unberührt in der Garage stehen. Ihr Fußboden wird Kratzer bekommen, beim Essen wird gekleckert werden, es wird Unordnung herrschen und laut zugehen.

Nun, uns liegt nicht daran, ein makellos sauberes, ruhiges Haus zu führen, sondern gesunde, ausgeglichene und glückliche Kinder aufzuziehen.

10. August

BESCHÄFTIGEN SIE SICH MIT SCHLEIM

Seit Langem gab es in Jeannie Gaffigans Haus eine Regel dafür, wo, wann und wie Schleim hergestellt werden durfte. Vielleicht sind Ihre Kinder zu groß, um sich mit Schleim zu beschäftigen, aber Jeannies Dilemma ist leicht nachzuvollziehen. Bestimmt macht es den Kindern Spaß, mit Schleim zu spielen, aber es ist nervig, ihn wegzuwischen. Und wer steht dann wohl mit Schrubber und Papierhandtüchern bereit?

Doch irgendwann änderte Jeannie Gaffigan, Mutter von fünf Kindern, Ehefrau und langjährige Mitarbeiterin des Komikers Jim Gaffigan, ihre Regeln – insbesondere nachdem sie mit einem lebensbedrohenden Gehirntumor zu kämpfen gehabt hatte: »Mir wurde klar, dass ich nie gefragt hatte: Kannst du mir zeigen, wie man Schleim macht? Ich habe mich nie für den Schleim interessiert, sondern nur dafür, den Schleim wegzumachen.«

Das Leben ist zu kurz, um zu ignorieren, woran Ihre Kinder Spaß haben, nur weil Sie sich anschließend nicht um das Chaos kümmern wollen. Denken Sie darüber nach: Wie viele Verbotsregeln stellen wir in Bezug auf *Unordnung* auf? Essensreste im Wohnzimmer, Schuhe auf dem Teppich, Spielzeug außerhalb des Kinderzimmers. Diese Regeln sollen unser Leben als Eltern erleichtern, aber eine ihrer unbeabsichtigten Nebenwirkungen ist die, dass unsere Kinder weniger Spaß im Leben haben.

Gleichzeitig scheinen wir auch *eher wenige* positive Regeln für *uns selbst* aufzustellen. Warum gibt es keine Regel, Interesse zu bekunden? Warum besteht keine Regel für gemeinsames Spielen und Spaß? Warum gibt es keine Regel, all das, was unsere Kinder begeistert, zu fördern, anstatt es einzuschränken?

Lassen Sie uns mit dem Schleim und nicht gegen ihn arbeiten.

11. August

WAS FLÜSTERN SIE IHNEN EIN?

Sie hören sie ständig, schon Ihr Leben lang. Die Stimme in Ihrem Kopf. Die Stimme, die Ihnen sagt, was richtig ist, was Sie tun sollten. Diese Stimme kann unangenehm werden, Ihnen zuflüstern, Sie seien nicht gut genug, alle würden Sie durchschauen, Sie könnten nie mithalten.

Der Leistungspsychologe Dr. Jim Loehr, der das Leben zahlreicher Sportler und Führungspersönlichkeiten erforscht hat, sieht diese Stimme als Schlüssel zum Erfolg. »Ich erkannte«, sagte er in einem Interview, »dass es wirklich in hohem Maße auf den Ton und den Gehalt dieser ungehörten Stimme ankommt. Ich begriff, dass der ultimative Coach in unser aller Leben diese innere Stimme ist.«

Woher kommt sie? Woher stammt diese Stimme ursprünglich? In erster Linie von Ihren Eltern. Loehr erklärt: »Wir wissen, dass sie sich bereits im Alter von fünf Jahren herausbildet. Sie kommt hauptsächlich von den Autoritätspersonen in Ihrem Leben ... so funktional oder dysfunktional sie auch sein mögen.«

Das sollte uns als Eltern zur Vernunft bringen. *Wir* sind verantwortlich für die Stimme, die sich für immer im Kopf unserer Kinder einnistet. Wir entscheiden, ob diese Stimme einem klugen und geduldigen Vorfahren oder einem grausamen und unberechenbaren Geist gehören wird. Wir legen fest, ob es eine Stimme des Gewissens und der Freundlichkeit oder des Zweifels und der Unsicherheit sein wird. Wir entscheiden es durch *das, was wir unseren Kindern sagen, durch das, was wir ihnen zeigen.*

Und das jeden Moment eines jeden Tages.

12. August
DARAUF KOMMT ES AN

»Die beste Möglichkeit, Kinder zu guten Menschen zu erziehen, ist die, sie glücklich zu machen.«

OSCAR WILDE

Der Autor Rich Cohen liebt Eishockey. Er sieht gerne seinen Kindern zu, wenn sie erfolgreich spielen. Wie jeder Elternteil möchte er nicht, dass sie sich abmühen müssen oder, noch schlimmer, dass sie zu kurz kommen – egal, ob es die Spielzeit betrifft oder ob es um Respekt geht.

In seinem großartigen Buch *Pee Wees: Confessions of a Hockey Parent* berichtet Rich von einem Gespräch mit dem Trainer seines Sohnes. Der Junge erhielt Richs Meinung nach nicht so viel Zeit auf dem Eis, wie er verdient hätte. Daher setzte er sich dafür ein. Doch der Trainer reagierte ungeduldig. »Sagen Sie mir bitte: Ist Micah glücklich?« »Ja«, räumte Rich ein. »Hat Micah Spaß?« »Ja«, antwortete Rich. Daraufhin erteilte ihm der Trainer eine Lektion, die jeder Elternteil erhalten sollte: »Worin liegt dann das Problem?«

Wenn unsere Kinder Spaß haben, wenn sie glücklich sind, wenn sie lernen, wenn sie gut mit ihren Teamkameraden auskommen, dann ist alles andere unwichtig. Unsere Aufgabe als Eltern lautet nicht, unsere Kinder auf Erfolg zu trimmen, sondern ihnen beizubringen, präsent zu sein, etwas zu finden, das sie interessiert, und wie sie ein guter Mensch sein und auf die verschiedenen Situationen des Lebens reagieren können. Das ist alles.

Und sonst? Was kümmert es uns?

13. August
ACHTEN SIE AUF DIE FOLGEN

König Georg VI. bezeichnete seine Töchter als seinen »Stolz und seine Freude«. Genauer gesagt, nannte er die beiden »Stolz« und »Freude«. Prinzessin Elizabeth verkörperte den »Stolz« und Prinzessin Margaret die »Freude«. Erst im Lauf der Zeit erkannten die beiden die traurigen Folgen seiner Bemerkung – auf die eine war er stolz, und mit der anderen hatte er Spaß. Das bedeutete, dass er weniger Freude an der Ersten hatte und weniger stolz auf die Zweite war. Hätte es sich doch nur um ein kluges Bonmot gehandelt. Wenn nicht etwas Wahres dahintergesteckt hätte – und er nicht entsprechend gehandelt hätte, wäre es nicht weiter wichtig gewesen.

Es ist so leicht, über unser »einfaches« Kind und unser »schwieriges« zu scherzen, über unser »Lieblingskind«, über unser »besonderes Kind« und darüber, wer oder was »unser Untergang sein wird«. Der Himmel weiß, was wir schon alles unbesonnen ausgeplaudert haben.

Seien wir uns der Folgen leichtfertig dahingesagter Worte bewusst. Denn unsere Kinder hören uns zu, und *sie bekommen genau mit, was wir sagen*. Sie versuchen immer, sich selbst und ihren Platz in der Welt zu verstehen. Was wir heute sagen, solange sie jung sind, wird ihnen wieder einfallen, wenn sie älter sind, und sie werden diese Worte, im Guten wie im Schlechten, in das Narrativ ihres Lebens einfügen.

14. August

MACHEN SIE IHREN ERFOLG NICHT ZU IHREM EIGENEN

Joan Didion wurde in Stanford abgewiesen. Sie war am Boden zerstört. Ihr Vater sah sie schulterzuckend an. Sie mögen denken, durch seinen Mangel an Empathie sei sie noch betroffener und enttäuschter gewesen. Doch mit der Zeit begriff sie, dass ihr Vater sich in diesem Augenblick völlig richtig verhalten hatte.

»Wann immer ich Eltern über die Chancen ihrer Kinder sprechen höre, denke ich mit großer Dankbarkeit an dieses Schulterzucken«, schrieb Didion 1968 in ihrem wunderbaren Essay über das College. »Es beunruhigt mich, wie Eltern die Chancen ihrer Kinder mit ihren eigenen verbinden und von ihrem Kind verlangen, dass es nicht nur für sich selbst einen Erfolg verbucht, sondern auch den Ruhm seiner Eltern vergrößert.«

Ihr Vater zuckte mit den Schultern, weil er seine Identität nicht mit der Collegeauswahl seiner Tochter verband. Vielleicht hätte er sich etwas mehr bemühen sollen, zu verstehen, wie viel von *ihrer* Identität in der Entscheidung steckte. Aber vielleicht war das der Sinn des Ganzen: ihr zu zeigen, wie wenig Bedeutung es eigentlich hatte – dass ihr Erfolg oder Misserfolg im Leben auf etwas viel weniger Oberflächlichem als auf der Zulassung zum College beruhte.

Und so müssen auch wir verfahren. Wir spornen unsere Kinder an. Wir wollen sie auf den Erfolgskurs bringen. Aber wir sollten ihren Ruhm nicht zu unserem eigenen machen. Sie sollen nicht glauben, uns beeindrucken, uns stolz machen zu müssen. Und sie sollen sich keine Sorgen machen müssen, uns im Stich gelassen oder uns enttäuscht zu haben. Auf keinen Fall sollen sie wegen uns denken, die Schule, die sie besuchen (oder nicht) wirke sich *irgendwie* darauf aus, wer sie für uns sind ... oder was sie aus ihrem Leben machen können.

15. August
ES SOLLTE DAS EINFACHSTE AUF DER WELT SEIN

Kinder zu erziehen, ist sehr anspruchsvoll. Als Elternteil müssen Sie dafür sorgen, dass sich Ihre Kinder geborgen fühlen. Sie müssen sie ernähren, auf die besten Schulen schicken und darauf achten, dass sie dort gute Noten bekommen. All dies müssen wir schaffen, während wir uns in einer Welt bewegen, in der Murphys Gesetz gilt, in der wir Rechnungen bezahlen und unsere Schlamassel selbst in Ordnung bringen müssen, da niemand uns das abnimmt.

In diesem Sinne ist Kindererziehung eine unmögliche Aufgabe mit unmöglichen Erwartungen. Doch in einem anderen, sehr realen Sinn ist sie im Grunde die leichteste Aufgabe der Welt. Denn was benötigen Kinder wirklich? Was wird von Ihnen gefordert? *Dass Sie sie lieben. Dass Sie sie akzeptieren. Dass Sie sie unterstützen und ermutigen. Dass Sie sie anfeuern. Dass Sie ihr größter Fan sind.*

Nichts – buchstäblich nichts außer dem Tod – kann Sie davon abhalten, all dies zu tun. Jetzt mal im Ernst, wie schwer fällt es Ihnen, an Ihre Kinder zu glauben? Wie schwer fällt es Ihnen, sie zu ermutigen? Wie schwer fällt es Ihnen, ihnen zu versichern, dass es Ihnen egal ist, was passiert ist, was andere sagen, und dass Sie wissen, wie viel Gutes und wie viel Potenzial in ihnen steckt?

Die Sache ist die: Auch der Tod kann Sie nicht davon abhalten, diese Dinge zu tun, denn wenn Sie sie sich ihnen jetzt widmen – wenn Sie Ihren Kindern fröhlich, regelmäßig und aufrichtig das geben, was sie brauchen – dann wird dies als Stimme in ihren Köpfen bleiben, und zwar so lange sie und ihre eigenen Kinder leben.

16. August

SIE BRAUCHEN JEMANDEN DAFÜR

Vielleicht stellen Sie sich Muhammad Ali nicht als jemanden vor, der überhaupt jemanden brauchte, der an ihn glaubte, aber nur deshalb, weil Sie ihn erst in seinen späteren Jahren gesehen haben.

Sie erlebten den selbstbewussten Boxer, den genialen Selbstdarsteller, den Boxchampion und den furchtlosen Kämpfer.

Aber es gab eine Zeit, in der er ein verängstigtes Kind war, sich nicht von Gleichaltrigen unterschied. Er war ein kleiner schwarzer Junge namens Cassius Clay in einem Amerika der Rassentrennung, der sich an der Central High School in Louisville, Kentucky, abmühte. Seine Eltern, aufgerieben vom Leben und der Arbeit, erwarteten nicht viel von ihm, die Welt sogar noch weniger.

Doch eine Person glaubte an Cassius Clay, und das genügte, um alles zu verändern.

»Meine Damen und Herren, hier ist er«, rief sein Schuldirektor Atwood Wilson, als er ihn sah: »Cassius Clay! Der nächste Weltmeister im Schwergewicht. Dieser Junge wird eine Million Dollar verdienen!« Als einige Lehrer Cassius durchfallen lassen wollten, da ihm der Sport wichtiger war als die Schule, griff Wilson ein und hielt eine denkwürdige Rede. »Glauben Sie etwa, ich werde Direktor einer Schule sein, an der Cassius Clay keinen Abschluss gemacht hat?«, erklärte er. »In meiner Schule wird er nicht durchfallen, und ich werde sagen: ›Ich habe ihn unterrichtet!‹«

Alle Kinder brauchen jemanden wie ihn, einen, der an sie glaubt. Warum war Muhammad Ali ein so großartiger Kämpfer? Weil jemand für ihn gekämpft hat. Wissen Sie, wer sich so für Ihre Kinder einsetzen kann? Wer muss ihr erster, lautester und entschlossenster Cheerleader sein? Sie.

17. August

GEBEN SIE IHNEN JEDE MENGE DAVON

»Es kann nie schaden, ein gutes Wort für seinen Spieler einzulegen.«

BILL RUSSELL

Königin Elizabeth II. hatte einen außergewöhnlichen Beruf. Worin bestanden ihre täglichen Pflichten? Das ist schwer zu sagen. Es ist einfacher, all das aufzuzählen, was sie *nicht* erledigt hat. Sie erließ nie Gesetze, ernannte nie Mandatsträger, äußerte nie ihre Meinung.

Doch sie verlieh eine Menge Auszeichnungen. Im Lauf ihrer 70-jährigen Regentschaft buchstäblich Hunderttausende. Sie sagte einmal:

> »Manchmal brauchen die Menschen einen freundlichen Klaps auf die Schulter, sonst ist die Welt sehr düster.«

Sehr weise.

Niemand hat diesen Klaps nötiger als Ihre Kinder – und es gibt niemanden, von dem sie es sich mehr wünschen als von Ihnen. Nehmen Sie sich heute extra viel Zeit, um Ihren Kindern klarzumachen, was besonders an ihnen ist. Geben Sie ihnen diesen Klaps auf die Schulter.

18. August
SIE SIND DAS SPIELZEUG

»Es ist eine glückliche Gabe, zu wissen, wie man spielt.«

RALPH WALDO EMERSON

Ihr Sohn möchte mit Ihnen Eisenbahn spielen, also holen Sie sie aus dem Regal. Ihre Tochter möchte ein Puzzle zusammensetzen, also legen Sie die Teile aus. Dann verlieren Ihre Kinder aus irgendeinem, für Eltern aller Zeiten nicht nachvollziehbarem Grund plötzlich das Interesse – genau dann, wenn Sie machen, was sie wollen. Oder sie halten sich nicht an die Spielregeln oder wollen etwas anderes, oder sie wollen augenblicklich in ein anderes Zimmer gehen.

Wenn Sie sich aufregen – *welches Spielzeug willst du denn?* –, begreifen Sie das Wesentliche nicht oder verstehen das Ganze falsch. Denn *Sie sind das Spielzeug*. Sie wollen mit Ihnen spielen – sie wollen keine Marionette, sondern an Ihren Fäden ziehen.

Wenn Sie das verstehen, ist alles einfacher – ungeachtet des Alters Ihrer Kinder. Warum rebelliert Ihr Teenager? Zum Teil, um Sie zu provozieren. Warum ist Ihr Mittelstufler ein Besserwisser? Um zu testen, wie Sie darauf reagieren. Warum verlangt Ihr Kleinkind aus dem Schlafzimmer nach Wasser und will dann lieber einen Saft, um schließlich zu erklären, dass es eigentlich den *anderen* Saft gemeint hat, nur, um dann zu fragen, ob es auf die Toilette gehen kann? Weil es lustig ist, weil es ein Spiel ist. Weil Ihre Kinder mit ihrem Hauch von Macht in dieser seltsamen, unkontrollierbaren Welt spielen – mit ihrer Macht über die Erwachsenen, die wiederum Macht über sie haben.

Atmen Sie also tief durch. Machen Sie einfach mit. Begreifen Sie, was vor sich geht. Es geht nicht um das Puzzle, um rein gar nichts. Sie sind das Spielzeug.

19. August
SIE SOLLTEN HINTER IHNEN STEHEN

Als Sir Archibald Southby im Parlament Randolph Churchills Kriegsbilanz hinterfragte, meinte er dies keineswegs persönlich. Direkt danach versuchte er, Winston Churchill die Hand zu schütteln, und das Ganze als Politikkram abzutun.

Doch so etwas war für die Churchills undenkbar.

»Sprechen Sie mich nicht an«, erklärte Winston Churchill dem Mann betont kühl. »Sie haben meinen Sohn als Feigling bezeichnet. Sie sind mein Feind. Sprechen Sie mich nicht an.«

Randolph Churchill war keineswegs perfekt, aber das hinderte seinen Vater nicht daran, sich für ihn einzusetzen und hinter ihm zu stehen. Wir sollten uns genauso verhalten. Winston Churchills eigener Vater hatte seinen Sohn weder unterstützt noch an ihn geglaubt. Winston wollte nicht denselben Fehler begehen und beschloss, es besser zu machen. Er unterstützte seinen Sohn, setzte sich für ihn ein. Er gab Randolph zu verstehen, dass er immer auf ihn zählen könne.

Wir müssen uns genauso verhalten. Unsere Kinder werden Fehler machen, müssen aber wissen, dass wir sie nie abschreiben werden. Unsere Kinder müssen sicher sein, dass wir auf ihrer Seite stehen, für sie kämpfen und es nie zulassen werden, dass jemand sie zu Unrecht beschimpft oder angreift, ohne dass wir darauf reagieren.

20. August

UNTERSTÜTZEN SIE DEN TRAUM

Es ist nicht so, dass Eltern nicht an ihre Kinder glauben, aber sie wissen, dass es in der Welt erbarmungslos zugeht, die Chancen gering sind. Und kein Elternteil möchte, dass seine Kinder Schaden erleiden oder herbe Enttäuschungen hinnehmen müssen. Deshalb raten wir ihnen davon ab, die Schule abzubrechen und eine Karriere als Musiker anzustreben, oder ihren Job zu kündigen, um ihre eigene Firma zu gründen. Wir machen uns einfach Sorgen um sie.

Will Ferrell – wie bereits erwähnt einer der größten Comedians aller Zeiten – stellte für seine Eltern sicherlich eine Herausforderung dar. *Du hast doch wohl nicht ernsthaft vor, ein Sketch-Comedian zu werden?* Selbst sein Vater, ein Profimusiker, sorgte sich, weil Will eine so unsichere, instabile Berufslaufbahn anstrebte. Zum Glück änderte er seine Meinung, bevor Will ihn um seinen Rat bat. Roy Lee Ferrell stellte seine völlig natürlichen, verständlichen Sorgen zurück, unterstützte ihn und glaubte an ihn: »Weißt du, was? Ich glaube, du hast das Talent dazu, aber du brauchst auch eine Menge Glück. Solltest du es nicht schaffen, mach dir nichts daraus. Du versuchst dann einfach etwas anderes.«

Roy Lee hatte selbst erfahren, wie schwer und unwahrscheinlich es war, in einem dieser heiß begehrten Berufe Erfolg zu haben, und gab diese Erfahrung an seinen Sohn weiter. Er sagte: *»Du hast Talent und ich glaube an dich, aber es wird wirklich schwer werden, so schwer, dass du, wenn es nicht funktioniert, begreifen musst, dass es nur an der Branche liegt und nicht an dir als Mensch.«*

Dies ist ein unglaubliches Geschenk, das man seinen Kindern machen kann. Ihnen zu erlauben, es zu versuchen ... und ihnen gleichzeitig zu gewähren, zu scheitern. So vermitteln Sie Ihren Kindern, dass Sie sie in jedem Fall unterstützen werden und dass sich nichts ändert, egal, welchen Weg sie wählen, wie weit sie kommen oder welche Ziele sie verfehlen.

21. August
NEHMEN SIE ES NICHT SCHWERER ALS IHRE KINDER

In einer weiteren großartigen Szene aus Rich Cohens faszinierendem Buch über die Elternschaft aus der Perspektive des Jugendhockeys will Rich seinen Sohn trösten, nachdem dieser es aufgrund eines unfairen Vorgangs nicht ins Team geschafft hat. Rich rechnete damit, dass sein Sohn wütend oder sich zumindest des Vorfalls bewusst sein würde. Er schreibt: »Er war genervt, aber nicht am Boden zerstört oder außer sich, was mich wiederum ärgerte. Warum nahm ich es wichtiger als er?«

Das ist eine gute Frage. *Warum nehmen Sie es schwerer als Ihre Kinder?* Warum erklären Sie ihnen lang und breit, dass sie eine Schlappe erlitten haben (obwohl das gar nicht stimmt)? Warum sollen sie alles so ernst nehmen wie Sie?

Wenn unsere Kinder älter werden, wird einiges davon ihr Problem werden. Aber im Augenblick? Lassen Sie ihnen ihre Kindheit. Sie sind jung; sie verstehen und empfinden Dinge anders als Sie. Gehen Sie nicht davon aus, dass die »erwachsene« Perspektive besser oder zwangsläufig korrekter ist. Ihre Unschuld ist weise – respektieren Sie sie oder akzeptieren Sie sie zumindest genug, um sie nicht zu beeinträchtigen.

22. August

EIN SCHWIERIGER BALANCEAKT

Als Eltern müssen wir einen Ausgleich zwischen dem Unterstützen und dem Antreiben unserer Kinder finden.

Es ist wie das Erlebnis im Park, wenn Ihre Kinder zum ersten Mal eine Schaukel ausprobieren. Anfangs geht es nur darum, ihnen zu helfen, während sie damit klarkommen, dass die Schaukel hin und her pendelt. Doch dann stupsen Sie sie etwas kräftiger an. Schiebt man jedoch zu früh zu kräftig an, kann ein Kind nach vorne fallen oder aus dem Sitz fallen, wenn die Schaukel wieder zurück nach unten schwingt. Mit der Zeit gewöhnen sich die Kinder an das Auf- und Abschwingen, sie halten sich an den Ketten fest und lernen, die Wucht immer kräftigerer Schübe und die folgenden immer größeren Schwünge in die andere Richtung einzuschätzen. Und wenn es endlich so weit ist, unterstützen sie mit ihren Beinen die Pendelbewegung und schwingen auf der Schaukel so hoch wie möglich – höher, als Sie ihnen zugetraut hätten.

Als Eltern müssen wir jederzeit diese Balance finden und halten, wenn wir es unseren Kindern recht machen wollen, denn niemand kommt im Leben voran, der sich nicht von der Stelle bewegt.

Im Unternehmen von Michael Dell, dem Gründer von Dell Computers, drückt ein großartiges Mantra diesen Gedanken aus: »Erfreut, aber niemals zufrieden.« Vielleicht können wir unseren Kindern diese Denkweise in Bezug auf Ehrgeiz, Fortschritt und persönliche Entwicklung beibringen und mit etwas Einfühlungsvermögen auch auf unseren eigenen Erziehungsstil anwenden. Beherzigen Sie: Hervorragende Trainer sind unerbittlicher zu ihren Teams, wenn sie *gewinnen*, als wenn sie verlieren. Sie sind erfreut, aber niemals zufrieden. Denn sie kennen das eigentliche Potenzial ihres Teams, und sie wollen ihm helfen, es auszuschöpfen. Genauso wie Sie es bei Ihren Kindern halten sollten.

23. August
SIE BRAUCHEN KEINE BELEHRUNG, SONDERN GEDULD UND DISZIPLIN

»Welcher Lehrer ist würdiger ... derjenige, der seine Schüler schikaniert, wenn ihr Gedächtnis sie im Stich lässt oder ihre Augen beim Lesen unsicher zucken, oder derjenige, der lieber korrigiert und Ermahnungen erteilt, die den Schülern die Röte in die Wangen treibt? Zeig mir einen brutalen Tribun oder Zenturio, und ich zeige dir einen, der die Soldaten dazu bringt, zu desertieren, was nur verständlich ist.«

SENECA

In der Zeit, als John Steinbeck *Jenseits von Eden* schrieb, nahm sein Sohn Tom die Schule nicht ernst und sorgte für Ärger. Steinbecks Frau meinte, Tom verdiene eine Belehrung. Steinbeck, der gerade über zwei gegensätzliche, widerspenstige Söhne schrieb, wusste, dass es damit nicht getan war. »Er braucht mehr als das«, vermerkte er in sein Tagebuch. »Er braucht endlose Geduld und Disziplin.«

Nicht nur Ihre Kinder benötigen das, sondern wir *alle*. Geduld und Disziplin. Freundlichkeit gepaart mit Stabilität, und zwar *unendlich* viel. Niemand will belehrt werden. Niemand will genervt werden. Was wir brauchen, ist verstanden zu werden und verantwortlich zu bleiben.

Denken Sie an Ihre Probleme als Kind zurück. Als Sie für Ärger gesorgt haben, die Schule nicht ernst genommen haben, in Schwierigkeiten geraten sind. Hat es Ihnen dann geholfen, angeschrien zu werden? Was Sie wirklich wollten – was Sie brauchten –, war jemand, der verstand, *weshalb* Sie sich so verhielten. Sie haben jemanden gebraucht, der Sie wieder auf den rechten Weg brachte und Sie die Folgen erkennen ließ, wenn Sie ihn verlassen hatten.

Geduld und Disziplin. Genau das brauchten Sie. Vermitteln Sie das Ihren Kindern, denn sie verdienen es.

24. August
SEIEN SIE ETWAS UND JEMAND

E. H. Harriman war ein hervorragender Geschäftsmann und ein erstaunlich guter Vater. Er galt als habgieriger Industrieller, aber zu Hause war er sanft und beschäftigte sich mit seinen Kindern. Er war geduldig und vermittelte ihnen positive Werte.

Einmal schrieb er an den Schuldirektor seines Sohns, um sich nach den schulischen Leistungen des Jungen zu erkundigen. »Seine Noten sind ordentlich«, lautete die Antwort mit dem Zusatz, dass der junge Averell sich ständig verbessere. Das ermutigte ihn, seinen Sohn in einem Brief zu fragen, ob er sich in Englisch vielleicht etwas verbessern könne. »Ich weiß, dass du dich verbessern kannst, ebenso in einigen anderen Fächern«, schrieb er. »Es freut mich, dass du dich so verbessert hast, und ich bin überzeugt, du wirst dich durchsetzen und es schaffen, etwas aus dir zu machen und jemand zu sein.«

Das ist hervorragend ausgedrückt. Er schrieb seinem Sohn nicht, er müsse Bestnoten erzielen. Er erklärte ihm auch nicht, er sei wertlos, weil er schlecht weggekommen sei. Oder dass Erfolg zwangsläufig bedeute, alle anderen zu übertrumpfen. Wie der Vater von Jim Valvano wollte der ältere Harriman sagen, er wisse, wozu sein Sohn fähig war, und, was noch wichtiger ist, was von einem Menschen mit seinem Potenzial erwartet wird: *etwas und jemand zu sein.*

Unsere Kinder müssen nicht finanziell erfolgreich, besonders einflussreich oder berühmt sein. Aber wir erwarten von ihnen, dass sie etwas aus sich machen – *jemand sind*, entweder ein angesehenes Mitglied ihrer kleinen Glaubensgemeinschaft oder Leiter eines Gesetzgebungsorgans. Und wir erwarten von ihnen, dass sie *etwas mit ihrem Leben anfangen*, denn es ist ein Geschenk.

Soll man es vergeuden? Nur das Mindeste tun? Nein, denn das hieße, dass sie und wir gescheitert sind. Verstärken wir also unsere Bemühungen und unsere Erwartungen an sie.

25. August
SAGEN SIE IHNEN DAS AUCH?

Der jungen Romanschriftstellerin Susan Straight riet ihr Mentor, der großartige James Baldwin, dringend: »Du musst weiter schreiben. Das ist unumgänglich.« Wie sehr unterschied sich das von dem Beispiel ihrer Mutter, wie wir bereits erwähnt haben. Denn diese meinte, ihr kreatives Leben sei aufgrund ihrer Mutterschaft vorbei.

Wir müssen uns fragen: Für welchen Weg entscheiden wir uns? Raten wir unseren Kindern, ihr Potenzial unbedingt weiter auszuschöpfen? Oder vermitteln wir ihnen durch unser Handeln (oder *Nicht*handeln) das Gegenteil? Sind wir unbewusst zu Traumkillern geworden oder werden wir tatkräftig zu Traumschöpfern?

Das ist die Frage. Und sie ist absolut unerlässlich.

Es bringt nichts, sich selbst aufzugeben. Klar, Sie sollten sich mit den Fakten auseinandersetzen und einen Beruf einem anderen vorziehen, aber das ist nicht dasselbe wie *aufzuhören*. Mit dem, was man gerne tut, Geld zu verdienen, ist nicht so wichtig wie das Bestreben, sich darin zu vervollkommnen und sein Potenzial maximal auszuschöpfen.

Als Eltern müssen wir unsere Kinder unbedingt anfeuern, ihre Fans sein. Wir sollten sie ermutigen und anspornen, weiterzumachen. Ihnen vermitteln, dass noch mehr und Besseres auf sie wartet. Die Welt stellt genug Stoppschilder auf, errichtet genug Hindernisse und sorgt für viel Kummer und Leid. Wir müssen nicht auch noch dazu beitragen, sondern das Gegenteil tun. Wir müssen *an sie glauben*.

26. August

ES IST IHRE AUFGABE, SICH ZU MELDEN

Niemand in der US-amerikanischen Fernsehserie *Seinfeld* stiehlt allen so sehr die Show wie Georges Eltern Frank und Estelle Costanza. Und natürlich macht niemand George das Leben mehr zur Qual als die beiden. Sie sind ein verrücktes, bizarres Elternpaar.

In einer Folge ruft George wie immer einmal die Woche bei seinen Eltern an, was ihm so schwerfällt und so lästig ist, dass er im Voraus Gesprächsthemen vorbereiten muss. Das Absurde daran ist, dass es Georges Eltern genauso vor diesen Anrufen graut. »Und jeden Sonntag diese Anrufe«, beklagen sie sich schließlich.

Warum meldet sich George? Es wäre die Aufgabe seiner Eltern.

Ihre Kinder haben sich dieses Leben nicht ausgesucht, sondern Sie. Was bedeutet das? Ihre Kinder sollten, wenn sie älter werden, nicht ständig hören: »Warum rufst du nie an?« Denn das liegt in Ihrer Verantwortung.

Um mit Ihren Kindern eine Beziehung zu pflegen, in der *diese* Sie anrufen, sich melden und aus ihrem Leben berichten, sollten Sie damit anfangen, solange die Kinder noch sehr jung sind. Zu einer Zeit, in der Sie nicht erwarten können, dass Ihre Kinder sich Ihnen gegenüber öffnen und alles mit Ihnen teilen. In der Sie sich bei ihnen melden müssen, *weil sie nicht wissen, dass sie Probleme haben* oder es etwas mitzuteilen gibt. Kinder verfügen noch nicht über die Erfahrung oder die Weitsicht, um das eine oder andere zu wissen.

Bei solchen Dingen reicht es nicht, »einfach da zu sein«. Sie sollten den Weg zu Ihren Kindern suchen, die Hand ausstrecken, behutsam Zugang zu ihnen finden. Helfen Sie ihnen, ihre eigenen Gefühle zu erkennen. Es genügt nicht, nur da zu sein – Sie müssen aktiv handeln.

27. August
ANDERE MENSCHEN VERSUCHEN DAS AUCH

Die Menschen, mit denen oder für die Sie arbeiten, oder Ihre Mitarbeiter haben auch noch ein Leben außerhalb ihres Jobs. Genau wie Sie sind sie eine Mutter oder ein Vater, ein Sohn oder eine Tochter. Genau wie Sie haben sie Kinder und Beziehungen und bemühen sich, alles unter einen Hut zu bringen. Genau wie Sie versuchen sie, die Familie an die erste Stelle zu setzen und ein Fan ihrer Kinder zu sein.

Der legendäre NBA-Coach Gregg Popovich ist ein ehrgeiziger Chef, aber er tut sein Bestes, um den Menschen in seinem Team zu helfen. Sein ehemaliger Co-Trainer Mike Brown berichtet davon, wie er eine Trennung durchmachte. Seine beiden Söhne lebten bei ihrer Mutter in Colorado, waren aber gerade eine Woche lang zu Besuch bei ihm in San Antonio. Brown brachte sie zum Flughafen, bevor er zu einem Auswärtsspiel der Spurs fliegen musste. Seine Jungs weinten und flehten ihn an, nicht ins Flugzeug steigen zu müssen, sondern bei ihrem Papa bleiben zu dürfen. Brown rief Gregg Popovich an, berichtete von seinem Problem und bat ihn, dafür zu sorgen, dass das Mannschaftsflugzeug ein paar Minuten später starte. Popovich empfahl Brown, bei seinen Kindern zu bleiben. »Nein, nein, nein«, erwiderte Brown, »mit den Jungs wird schon alles klar gehen.«

»Wenn du beim Mannschaftsflugzeug auftauchst«, erklärte ihm Popovich, »bist du gefeuert.« »Ach komm, Mann! Ich werde da sein,« erwiderte Brown. »Vergiss nicht, wenn ich dich in dem Flugzeug sehe, bist du deinen Job los«. *Klick*. Popovich beendete das Gespräch mit seinem Co-Trainer. Brown und seine Jungs verpassten ihre jeweiligen Flüge und verbrachten noch drei weitere Tage zusammen.

Können Sie sich vorstellen, wie es sich anfühlen würde, wenn jemand Ihnen das gewähren würde? Vielleicht nicht. Aber Sie könnten es besser nachempfinden, wenn Sie es *für jemand anderen tun.*

28. August

BENUTZEN SIE IHRE KINDER NICHT

Die sozialen Medien schlachten einen der verletzlichsten Teile unserer Psyche aus: unser Bedürfnis, gesehen, gehört und anerkannt zu werden. Die genialen Programmierer dieser Netzwerke wissen, wie sie diesen süchtig machenden Impuls mit Likes, Kommentaren und Followerzahlen belohnen können. Sie haben aus unseren größten Schwächen ein Spiel gemacht.

Darüber sollten Eltern nachdenken. Wenn Sie sich unsicher fühlen und bestätigt werden wollen, widerstehen Sie dem Impuls, noch mehr Fotos von Ihrem Kind zu posten. Fragen Sie sich: *Will mein Kind das wirklich? Ist es normal oder angemessen? Oder nutzen Sie einfach eine billige Möglichkeit, um mit niedlichen Kinderfotos Aufmerksamkeit zu erregen und Ihr Selbstwertgefühl zu steigern?*

Als Fan Ihrer Kinder brauchen Sie nicht mit ihnen angeben oder versuchen, mit ihnen Eindruck zu schinden – bei Gesprächen, beim Dinner oder in den sozialen Medien. Es geht nicht darum, damit zu prahlen, welches College sie besuchen oder wie hübsch sie zu ihrem Geburtstag gekleidet waren.

Wir sollen für sie sorgen und dürfen sie nicht ausnutzen. Missbrauchen Sie Ihre Kinder und die wertvollen Erfahrungen mit ihnen nicht für die Sensationslust der Medien.

29. August

BRINGEN SIE IHNEN BEI, SICH SPORTLICH ZU VERHALTEN

Wie jemand mit Gewinnen und Verlieren umgeht, verrät viel über seinen Charakter. Je früher Kinder das lernen, desto besser werden sie auf die reale Welt vorbereitet sein (in der beides häufig vorkommt).

In seinem Essay *Über den Zorn* erteilt Seneca Vätern ein paar konkrete Ratschläge, ihre Kinder zu fairen Sportlern zu erziehen. Er schreibt:

> »Im Wettkampf mit seinen Kameraden sollten wir ihm nicht erlauben, mürrisch zu werden oder in Wut zu geraten; wir müssen dafür sorgen, dass er mit denen, gegen die er kämpft, freundlich umgeht, damit er es lernt, im Kampf selbst den Wunsch zu verspüren, seinen Gegner nicht zu verletzen, sondern zu besiegen: Wann immer er den Sieg davongetragen oder etwas Lobenswertes vollbracht hat, sollten wir es zulassen, dass er seinen Sieg genießt, aber nicht in einen Freudentaumel ausbricht, denn Freude führt zu einem Hochgefühl und dieses wiederum zu Angeberei und einem übertriebenen Selbstwertgefühl.«

Das ist wichtig. Wir wollen bei unseren Kindern Siegeswillen hervorrufen, aber dieser soll sie nicht beherrschen. Sie sollen sich gut fühlen, wenn sie gewinnen, ohne so abhängig oder süchtig nach diesem Gefühl zu sein, dass sie am Boden zerstört sind, wenn sie unweigerlich irgendwann verlieren. Wir wollen nicht, dass ihr Erfolg ihr Ego aufbläht oder dass ihre Fehler auf dem Spielfeld zu Unsicherheit oder Selbstverachtung führen.

Wie bei allem geht es auch hier um das rechte Maß. Und vor allem darum, respektvoll und verantwortungsbewusst zu sein und den Prozess mehr zu genießen als die Ergebnisse.

30. August

DAS IST NÖTIG, UM SICH ENTFALTEN ZU KÖNNEN

Vor einigen Jahren machte der Schriftsteller Malcolm Gladwell darauf aufmerksam, wie erstaunlich es ist, dass selbst in der NBA, in der sich jede Menge talentierter Spitzensportler tummeln, manchmal ein Teamwechsel oder ein Austausch des Cheftrainers (oder eines Coaches) erforderlich ist, damit ein Spieler sich entfalten kann. Sie haben vielleicht bei zwei oder drei Clubs gespielt und mehrere enttäuschende Saisons hinter sich, laufen dann aber plötzlich, wenn das Umfeld stimmt und sie die nötige Unterstützung bekommen, zur *Höchstform auf*.

Gladwell meint damit: Wenn sogar Sportler, die Millionen von Dollars für ihre Leistungen erhalten, dies brauchen, wie können wir dann *erwarten*, dass Kinder, die wir in irgendein altes Klassenzimmer stecken, erfolgreich sind? Wir sind so schnell bereit, Kinder (sogar unsere eigenen) als schlecht in Mathe, als mäßige Schüler mit Konzentrationsschwäche oder dergleichen abzuschreiben. Viel zu schnell!

Aber natürlich ist das Umfeld entscheidend. Selbstverständlich ist das richtige Unterstützungsteam das A und O. Auch das Timing ist maßgeblich. Wir müssen geduldig und flexibel sein. Wir dürfen nicht aufhören, sie anzufeuern und an sie zu glauben. Wir können uns ein Beispiel an diesen Sportteams nehmen, die begriffen haben, dass sie über einen wertvollen Vermögenswert verfügen, und nicht verzweifeln, wenn nicht alles sofort gelingt. Nein, wenn es nicht funktioniert, investieren sie noch mehr und geben nicht dem Spitzensportler die Schuld. Sie machen das System verantwortlich ... und versuchen dann, es in Ordnung zu bringen. Und die ganze Zeit über jubeln die Fans ausgelassen.

Unsere Kinder sind noch unbezahlbarer als jeder Basketballspieler. Und ihre Erziehung ist sogar noch wichtiger, als ein gutes Spiel zu liefern.

31. August

ES IST NICHT EINFACH, EIN FAN ZU SEIN

Zu jener Zeit waren Frauen nicht erwerbstätig, geschweige denn als Autorinnen mit veröffentlichtem Werk aktiv. Auf jeden Fall keine ehrenwerten Frauen. Trotzdem reichte Jane Austens Vater Janes Werke bei einem Verleger ein. »Da ich mir sehr wohl bewusst bin, wie wichtig es ist, dass ein Werk dieser Art unter einem ehrenwerten Namen erscheint, wende ich mich an Sie«, schrieb er laut Claire Tomalins Buch *Jane Austen: A Life* an den bekannten Verleger Cadell.

Ein Fan seiner Kinder zu sein, heißt nicht nur, sie gelegentlich beim Fußballspiel anzufeuern oder ihnen zu sagen, dass sie etwas Besonderes sind. Es bedeutet auch, sich ins Zeug zu legen und etwas für sie zu riskieren. Es bringt auch mit sich, unsere Kinder zu ermutigen, sich über Konventionen hinwegzusetzen, wenn sie glauben, dass ihre Berufung es erfordert.

Sie haben stets versucht, ein Kind großzuziehen, das sich in seiner Haut wohlfühlt, selbstbewusst und kompetent ist und das Zeug zum Erfolg hat. Wenn Ihre Mühe Früchte trägt, kommen die echten Herausforderungen. Wenn die Kinder an die Grenzen ihrer Komfortzone stoßen, werden sie vielleicht auch Sie aus Ihrer Bequemlichkeit hinausstupsen. Aber das ist gut so, denn genau das wollen wir.

Wir müssen an unsere Kinder glauben und ihre Fans bleiben. Bereit sein, für sie und mit ihnen Risiken einzugehen. Wenn wir nicht an unsere Kinder glauben, wer wird es dann? Seien Sie ein echter Fan. Es ist nicht leicht, aber wo wäre die Welt, wenn großartige Eltern es sich immer einfach gemacht hätten?

SEPTEMBER

EINEN LESER GROSSZIEHEN

(LEKTIONEN ÜBER DAS LERNEN UND DIE NEUGIER)

1. September

DER GROSSE GLEICHMACHER

Nicht alle Eltern können ihren Kindern Reichtum bieten. Oder einflussreiche Beziehungen. Oder gar hervorragende Gene. Sind unsere Kinder dadurch im Nachteil? Sind sie deswegen aufgeschmissen? Keineswegs. Denn es gibt einen großartigen Gleichmacher – einen, den wir ihnen zeigen und den sie jederzeit nutzen können.

Pete Carril, der bekannte Princeton-Basketballtrainer, pflegte folgende Worte an seine jungen Sportler zu richten:

> »Mein Vater stammte aus der spanischen Provinz León in Kastilien und arbeitete 39 Jahre lang für die Bethlehem Steel Company. Jeden Tag, bevor er sich zur Arbeit aufmachte, erinnerte er meine Schwester und mich daran, wie wichtig es sei, klug zu sein. ›In diesem Leben‹, pflegte er zu sagen, ›profitieren die großen, starken Jungs immer von den kleineren, schwächeren Jungs, aber ... die klugen Jungs profitieren von den Starken.‹«

Es ist eine einfache väterliche Weisheit: Benutze dein Gehirn, denn es ist die Geheimwaffe aller Underdogs, eine Waffe, die für alle verfügbar und immer kostenlos ist.

2. September
SO BRINGEN SIE ES IHNEN BEI

»Es heißt, ich würde sehr viele Geschichten erzählen. Vermutlich stimmt das, aber ich weiß aufgrund langjähriger Erfahrung, dass *einfache* Menschen, egal, wie sie sind, durch eine herausragende und humorvolle Darstellung am besten zu *beeinflussen* sind.«

ABRAHAM LINCOLN

Schenkt man der Bibel Glauben, dann schien Jesus nur selten aus sich herauszugehen und zu sagen, was er meinte. Stattdessen gab er lieber Gleichnisse, Geschichten und kleine Anekdoten zum Besten, die zum Nachdenken anregen sollten. Er erzählte zum Beispiel von den Dienern und den Talenten, dem verlorenen Sohn, dem barmherzigen Samariter, dem Senfkorn und dem verlorenen Schaf. Wie sich herausgestellt hat, ist dies eine effektive Methode, um ein Geschehen einprägsam wiederzugeben.

Und so ist es auch bei Ihren Kindern. Wir lernen durch Geschichten – sei es nun die von Cincinnatus oder eine Erzählung aus der Zeit, als Sie im Alter Ihrer Kinder waren. Wir lernen, wenn Menschen Momente der Verletzlichkeit und ihrer hart erkämpften Erfahrungen teilen. Wir mögen es nicht, wenn man uns *sagt*, worum es geht; wir ziehen es vor, wenn man es uns *zeigt*.

Bemühen Sie sich also nicht, Ihren Kindern alle Antworten geben zu wollen, sondern lassen Sie sich Geschichten einfallen, um die Antworten offensichtlich erscheinen zu lassen. Das ist die beste Art, ihnen etwas beizubringen.

3. September
ZEIGEN SIE IHNEN DIE (SYMPATHISCHE) WELT DER IDEEN

»Unsere vordringlichste Aufgabe und unsere Verantwortung bestehen darin, unseren Kindern ein Gefühl für das Lernen, für die Lust am Lernen, zu vermitteln.«

BARACK OBAMA

Der Marine-General und ehemalige US-Verteidigungsminister Jim Mattis erzählte einst von seiner idyllischen Kindheit in Pullman, Washington. Er verbrachte dort viel Zeit in der freien Natur, erforschte sie, hatte auch mal Ärger und erlebte eine typische amerikanische Kindheit. Er erzählt liebevoll von einem Elternhaus voller Bücher, von seinen Eltern, die ihre Kinder nicht nur zum Lesen anspornten, sondern auch dazu, das Gelesene zu hinterfragen. Er erinnert sich: »Sie machten uns mit einer Welt großartiger Ideen bekannt – keiner angsteinflößenden Welt, sondern einer Welt der Freude.«

Was für eine Aussage! Ein Ziel für uns alle, nach dem wir mit unseren Kindern streben sollten.

Lehren Sie Ihre Kinder, neugierig und offen zu sein und gerne zu forschen. Ihre Aufgabe ist es, ihnen nahezulegen, wie man sich eine eigene fundierte Meinung bildet, wie man selbst entscheidet, wie man mit unangenehmen Themen am besten umgehen kann. Ideen sind unsere Freunde. Sie werden Ihren Kindern nutzen, wenn Sie sie früh und häufig damit konfrontieren.

Die Welt ist ein Ort großartiger Ideen. Es gibt nichts, wovor wir uns zu fürchten brauchen ... außer vor Angst und Ignoranz.

4. September

BRINGEN SIE ES IHNEN FRÜH BEI – SOLANGE SIE ES NOCH KÖNNEN

»Lernen bedeutet lediglich, etwas mit sich machen zu lassen. Und sich schnell überreden zu lassen, ist für diejenigen normal, die weniger fähig sind, Widerstand zu leisten.«

PLUTARCH

Wir müssen unseren Kindern schon früh das Wesentliche beibringen, auch wenn sie dafür noch viel zu jung erscheinen. Denn wenn wir zu lange warten, werden sie in der Lage sein, gegen uns anzukämpfen. Dann werden sie die entsprechenden Worte finden und sich entschlossen gegen die Lektionen stemmen, von denen wir wissen, dass sie sie im Leben für die Kämpfe brauchen werden, die sie nicht absehen können.

Wir müssen Zugang zu ihnen finden, solange sie noch jung und beeinflussbar sind. Es gilt, ihre Vorbehalte aus dem Weg zu räumen. Natürlich würden sie sich lieber mit Videospielen beschäftigen. Selbstverständlich macht es mehr Spaß, einfach nur rumzuhängen. Doch jetzt ist der richtige Zeitpunkt. Bevor sich unsere Kinder entschlossen gegen uns wehren können. Bevor der Zement vollkommen hart geworden ist.

5. September
MACHEN SIE DAS BEIM ABENDESSEN?

> »Wer seine Gedanken nicht auf Eis zu legen versteht, der soll sich nicht in die Hitze des Streites begeben.«
>
> Friedrich Nietzsche

Viele Familien sehen während des Abendessens fern. Manche Familien essen getrennt. Wieder andere reden gelangweilt über ihren Tag. Doch das Dinner im Haus von Agnes Callard verläuft anders. Sie und ihre Kinder *diskutieren.*

Da sie Philosophin ist, sind viele der Diskussionen philosophisch geprägt. Wenn ein siamesischer Zwilling ein Verbrechen begangen hat, sollten dann beide Zwillinge bestraft werden? Ist es möglich, dass der andere Zwilling völlig unschuldig ist? Aber einige der Diskussionsthemen sind auch banal, wie zum Beispiel, als ihre damals Siebenjährige über die ideale Art von Handschuhen reden wollte.

Natürlich zählte nicht der Inhalt der Diskussion, sondern die Aktivität, die Diskussion, die sie als Familie führten. Und wie bei den meisten funktionierenden Erziehungsstrategien, handelte es sich nicht um etwas Erzwungenes oder Formelles. Es war weder eine Pflicht noch eine Routine. Diese Debatten begannen zwischen ihr und ihrem Mann und weiteten sich dann auf die Kinder aus. Sie entwickelten sich mit der Zeit. Die Regeln wurden ad hoc aufgestellt. Diese Diskussionstradition entwickelte sich organisch, prägte die Familie und ihr intellektuelles Leben.

Können Sie dasselbe über Ihre Abendessen sagen? Falls nicht, sollten Sie darüber reden, ja, sogar darüber diskutieren.

6. September

WIE MAN SIE ZUM LESEN BEWEGT (ODER ZU IRGENDETWAS ANDEREM)

»Ein Leser lebt tausend Leben, bevor er stirbt. Der Mensch, der niemals liest, lebt nur eines.«

GEORGE R. R. MARTIN

Margarita Engle beschreibt in ihrem klassischen Gedicht *Tula* [»Bücher sind türförmig«] Bücher als »türförmige Portale«, was so treffend wie hübsch ist. Bücher tragen uns über Meere und Jahrhunderte hinweg, schreibt sie, mit dem zusätzlichen Vorteil, dass wir uns weniger allein fühlen. Stephen King meinte, Bücher seien »eine einzigartige tragbare Magie«.

Wir wollen unseren Kindern den Zugang zu dieser Magie ermöglichen; wir wollen, dass sie durch diese Portale gehen. *Wir wollen, dass sie lesen.*

Irgendetwas zu lesen ist allemal besser, als zu viel Zeit vor dem Fernseher zu verbringen, mit dem iPad zu spielen oder unzählige SMS loszuschicken. Aber motivieren wir unsere Kinder genug, nach einem Buch zu greifen? Dienen wir als gutes Beispiel?

Wie oft erleben Ihre Kinder, dass Sie in eine Lektüre vertieft sind?

Wie oft sehen sie Sie mit einem Buch in der Hand? Sie wollen, dass sie lesen, aber lesen Sie ihnen auch regelmäßig vor? Sie erklären ihnen, Bücher seien wichtig, würden Spaß machen, aber beweisen Sie es?

Wenn Sie wollen, dass Ihre Kinder mehr lesen, wenn Sie sich wünschen, dass sie sich diese magischen, türförmigen Portale erschließen, zeigen Sie ihnen, wie ein Leser aussieht. Sprechen Sie mit ihnen über Bücher. Sorgen Sie dafür, dass Bücher wesentlich zu Ihrem Haushalt gehören – und zu Ihrem Leben.

7. September

DAS LEBEN GROSSARTIGER PERSÖNLICHKEITEN ERINNERT UNS DARAN

Warum erzählen wir unseren Kindern Geschichten? Warum unterweisen wir sie in Geschichte, informieren sie über Martin Luther Kind jr., George Washington, Porcia Cato, Cincinnatus, Florence Nightingale, Jesus und Mark Aurel? Weil es wichtig ist.

Der Schriftsteller Longfellow schrieb:

> »Das Leben großartiger Menschen erinnert uns daran, dass wir unser Leben erhaben führen und beim Abschied unseren Fußabdruck im Sand der Zeit hinterlassen können.«

Wir versuchen, unseren Kindern die wichtigste und dringlichste Lektion von allen zu vermitteln: *dass sie etwas bewirken, die Welt verändern können.*

Wir erzählen unseren Kindern Geschichten, um sie zu inspirieren. Das ist der Sinn von Gute-Nacht-Geschichten – nicht der, dass sie müde werden, um einschlafen zu können. Der Geschichtsunterricht soll sie nicht mit den bösen Taten längst verstorbener alter weißer Männer langweilen. Wir wollen vielmehr, dass sie erkennen: Die Menschen können etwas bewirken und ein wunderbares Leben führen. Menschen können Fußabdrücke im Sand der Zeit hinterlassen.

Das können nicht nur irgendwelche Menschen, Helden oder Mitglieder vermögender Dynastien, sondern auch *Ihre Kinder.* Sie sind dazu fähig. Und indem Sie ihnen helfen, dies zu erkennen, bewirken *Sie* selbst etwas.

8. September
BRINGEN SIE SO ETWAS MIT NACH HAUSE?

»Ein Kind lernt in einem Sekundenbruchteil, in dem es ein Stöckchen schnitzt, mehr als an den Tagen, an denen es einem Lehrer zuhört.«

SIMÓN RODRIGUEZ

Orville und Wilbur Wright waren Fahrradverkäufer in Ohio. Sie waren weder Ingenieure noch hatten sie einen Collegeabschluss oder eine technische Ausbildung. Derweil beschäftigten sich Ingenieurteams der besten Universitäten mit demselben Problem. Ein Team wurde durch ein Stipendium des US-Kriegsministeriums finanziert.

Wie konnten die Wrights ohne ein vermögendes Elternhaus zu den Erfindern und Pionieren werden, als die wir sie heute kennen?

»Es begann mit einem Spielzeug«, schreibt David McCullough in *The Wright Brothers,* »einem kleinen Hubschrauber, den ihr Vater, Bischof Milton Wright, überzeugt vom pädagogischen Wert von Spielzeug, mit heimbrachte ... Der kleine Hubschrauber war nicht viel mehr als ein Stöckchen mit zwei Propellern und zusammengedrehten Gummibändern und kostete vermutlich rund 50 Cent.«

Es ist schwer vorstellbar, dass ein Spielzeug das Leben eines Kindes verändern soll, aber natürlich vermag es das. Wie Simón Rodriguez viele Jahre zuvor geäußert hatte, kann ein Kind von einem Stock genauso viel lernen wie von einem Lehrer. Spielsachen sind mehr als nur etwas zum Spielen. Sie stellen Welten dar, die es zu erkunden gilt. Sie sind Dinge, für die man verantwortlich ist, die man auseinandernehmen und wieder zusammensetzen kann. Sie sind Labore fürs Leben.

Wir verbringen viel Zeit damit, unsere Kinder mit der Welt der Ideen bekannt zu machen. Wir sollten uns auch die Zeit nehmen, cooles Spielzeug mit nach Hause zu bringen, Spielzeug mit pädagogischem Wert. Spielzeug, das ihnen andere Kulturen nahebringt. Spielzeug, das ihr Interesse am Fliegen, an der Wissenschaft, an der Mathematik, an der Geschichte oder an der Technologie weckt. Spielzeug, das ein Gefäß für Ideen darstellt.

Wer weiß, wozu ihre Entdeckerfreude führen wird.

9. September
LEHREN SIE SIE, AUFMERKSAM ZU SEIN

»Sei aufmerksam. Es geht vor allem darum, aufmerksam zu sein. Es geht darum, so viel wie möglich von dem, was da draußen ist, aufzunehmen.«

SUSAN SONTAG

Als der ehemalige Diplomat und Verteidigungsminister Robert Lovett noch ein Kind war, gingen er und sein Vater morgens und abends ähnliche Wege zur Arbeit und zur Schule. Und da sie beide zu etwas unterschiedlichen Zeiten von diesen Orten nach Hause zurückkehrten, gab dies ihnen die Gelegenheit zu einem interessanten Spiel.

Laut den Biografen Walter Isaacson und Evan Thomas pflegte Lovetts Vater nach dem Abendessen Fragen über das, was sein Sohn tagsüber gesehen hatte, zu stellen. »Wie viele Pferde zogen den Wagen?«, wollte er im Zusammenhang mit einem Bauprojekt im Stadtzentrum wissen. »Wie viele Tragbalken befanden sich auf dem Wagen?« »Wie waren die Pferde an den Wagen angeschirrt?« Wenn der junge Robert richtig antwortete, gab es ein paar Quarter als Belohnung. Sagte er aber etwas Falsches auf eine Frage, konnte ihm ein Quarter abgezogen werden.

Dies war mehr als nur ein albernes Spiel von Vater und Sohn, obwohl solche Dinge wunderbar sind. Sein Vater wollte ihm damit *die Kunst, aufmerksam zu sein,* vermitteln. Robert lernte zu beobachten, auf Details zu achten, seine Umgebung nicht einfach hinzunehmen, sondern *präsent* zu sein. Diese Fähigkeit war ihm von großem Nutzen, als er sich im Außenministerium nach oben arbeitete.

Natürlich müssen Sie es den beiden nicht nachmachen, aber Sie können Ihre eigene Methode entwickeln, Ihre Kinder zur Aufmerksamkeit zu inspirieren, und sie dafür belohnen. Der Quarter und das Schulterklopfen, die Ihre Kinder dafür vielleicht einheimsen, sind zwar im Augenblick schön, verblassen aber im Vergleich zum Wert des eigentlichen Geschenks, das Sie ihnen gemacht haben und das ihnen ein Leben lang erhalten bleiben wird.

10. September
»SCHÖN« IST, WAS SIE DAFÜR HALTEN

Es gibt eine alte LEGO-Werbung aus den frühen 1980er-Jahren. Sie zeigt ein kleines rothaariges Mädchen mit Zöpfen, das seine LEGO-Kreation in der Hand hält. Was ist das? Ehrlich gesagt, ist das schwer zu sagen. Im Grunde genommen handelt es sich hier um wahllos zusammengesteckte Blöcke. Einer der LEGO-Männer hat einen Baum auf dem Kopf. Es erübrigt sich zu erwähnen, dass kein Architekt so etwas akzeptieren würde. Aber das Lächeln auf dem Gesicht des niedlichen kleinen Kindes spricht für sich.

»Haben Sie so etwas schon mal gesehen?«, steht in der Werbeanzeige. »Nicht nur, was sie geschaffen hat, sondern wie stolz sie darauf ist. Diesen Blick sieht man immer dann, wenn Kinder etwas selbstständig geschaffen haben. Egal, was es ist ... Die LEGO Universal Building Sets helfen Ihren Kindern dabei, etwas ganz Besonderes zu entdecken: sich selbst.«

Als Eltern – als Erwachsene – ist man leicht versucht, einzugreifen und den Kindern zu erklären, wie etwas funktionieren sollte. *Bäume wachsen nicht auf den Köpfen der Menschen! Ein Fenster dort ist sinnlos! Aber wo sollen sie schlafen? Hunde und Katzen sind keine Freunde! Im Weltraum gibt es keine Luft!* Wir glauben, wir würden helfen oder Lektionen erteilen. Aber im Grunde genommen tun wir nichts anderes, als ihre Schöpfer- und Vorstellungskraft einzuschränken. Eventuell berauben wir sie des schönen stolzen Blicks, den das kleine Mädchen in der Werbeanzeige zeigte und der entsteht, wenn man ganz allein etwas geschaffen und dabei sich selbst entdeckt hat.

Die Spielzeit ist zum Spielen da. Sie soll ausgelassen sein. Sie soll Spaß machen. Es gibt keine Regeln. Nichts davon ist wichtig ... es sei denn, Ihre Kinder finden es wichtig. Lassen Sie ihnen etwas Freiraum. Spornen Sie sie an. Sehen Sie einfach zu und lassen Sie Ihre Kinder schön sein.

11. September
SO WERDEN SIE SCHLAU

»Ich habe keine besondere Begabung, sondern bin nur leidenschaftlich neugierig.«

Albert Einstein

Evan Thomas' brillantes Buch *First* enthält eine Geschichte über Sandra Day O'Connor. »Während einer der Zikadenplagen, die alle 17 Jahre in Washington auftreten«, schreibt er, »sammelte O'Connor eine Reihe der großen, toten Insekten ein und schickte sie in einem Schuhkarton ihren Enkelkindern in Arizona.«

Ihre Sekretärin war verblüfft. O'Connor erklärte: »Für mich gehört es zu den wichtigsten Dingen, dass meine Kinder und Enkel neugierig sind. Denn ist man nicht neugierig, dann ist man auch nicht schlau.«

Es entzieht sich unserem Einfluss, wie das Gehirn unserer Kinder bei ihrer Geburt beschaffen ist. Wir haben es im Grunde genommen nicht einmal in der Hand, auf welche Art von College sie gehen werden. Sind sie mathematisch oder künstlerisch begabt? Werden sie von der rechten oder der linken Gehirnhälfte gesteuert? Das können wir nicht lenken. Aber wir können darauf einwirken, dass sie neugierig sind. Wir können diesen Instinkt fördern, indem wir ihnen Fragen stellen und es honorieren, wenn sie von sich aus fragen. Wir können diesen Instinkt so intensiv kultivieren, dass er zu einem Persönlichkeitsmerkmal wird, indem wir unsere Kinder auf alle möglichen interessanten Dinge aufmerksam machen. Und wir können es demonstrieren – können den Funken der Neugier, den sie zeigen, entzünden, indem wir uns mit Inhalten beschäftigen, die auch unsere Neugier wecken.

Wir können unsere Kinder nicht zu Genies machen. Aber wir können sie schlau machen, indem wir ihnen zeigen, wie man neugierig ist.

12. September

DARIN SOLLTE MAN INVESTIEREN

»Wenn ich ein wenig Geld bekomme, kaufe ich mir davon Bücher. Wenn dann noch etwas übrig ist, kaufe ich mir Essen und Kleidung.«

ERASMUS

Sie arbeiten hart für Ihre Familie, schuften für jeden Dollar, sodass es Ihnen vielleicht schwerfällt, diese Dollar auszugeben. Vor allem, wenn Sie irgendwelche Investitionen im Auge haben – jeder Dollar, den Sie jetzt ausgeben, schmälert künftige Renditen.

Das ist *eine* Sichtweise des Ganzen, aber es ist nicht die *einzige*. Mark Aurel schrieb, er habe von seinem Urgroßvater gelernt, »öffentliche Schulen zu meiden, gute Privatlehrer zu engagieren und die Kosten dafür als gut investiertes Geld zu sehen«.

Mark Aurel meinte damit, dass Sie in die Bildung Ihrer Kinder *investieren* sollten – in welcher Form auch immer. Vielleicht in einen Lehrer, der Ihrem Kind ein paar Spanischstunden pro Monat gibt? Oder in einen Klavierlehrer? In eine Jahreskarte für das Museum in der Innenstadt? In das Benzin für die Autofahrt zur Eliteschule am anderen Ende der Stadt anstatt der weniger guten Schule in der Nähe? In Nachhilfestunden? In die Zeit, sie zu Hause zu unterrichten, indem ein Elternteil weniger arbeitet?

Das alles ist nicht geschenkt. Aber sehen Sie es nicht als Ausgabe, sondern als Investition. Es ist die wichtigste Geldanlage, die Sie tätigen können – die Investition in das Wissen Ihrer Kinder, in ihre Ausbildung in eine Zukunft, die ihnen bessere Chancen bietet. Diese Anlage lohnt sich.

13. September
SETZEN SIE DIESE MACHT FREI

Erst während des Jurastudiums entfaltete der zukünftige Außenminister Dean Acheson seine Persönlichkeit. Er habe, so sagte er, mit Hilfe seiner Professoren etwas »Fantastisches entdeckt«:

> »Die Entdeckung der Macht der Gedanken. Ich wurde mir nicht nur dieses machtvollen Mechanismus – des Gehirns – bewusst, sondern auch der unbegrenzten Masse an Material, das in der Welt herumliegt und darauf wartet, in das Gehirn gestopft zu werden.«

Diese Offenbarung trieb Acheson an, nicht nur einer der brillantesten Juristen seiner Zeit, sondern schließlich auch der bedeutendste Diplomat des Landes zu werden. Doch seine Geschichte ist auch ein wenig traurig. Er besuchte die Groton School, das Yale College und die Harvard Law School. Seine Eltern waren ebenfalls sehr klug, aber irgendwie war niemand fähig (oder interessiert?), ihm bis Mitte seiner 20er-Jahre die *Macht der Gedanken* nahezubringen. Unglaublich!

So wie wir unseren Kindern helfen sollten, die Welt der Gedanken kennenzulernen, müssen wir sie auch unterstützen, die unglaubliche Macht der Gedanken zu entdecken. Wir müssen ihnen ein Gefühl für die Unerschöpflichkeit des menschlichen Potenzials vermitteln, das in diesem drei Pfund schweren Gewebe zwischen unseren Ohren steckt. Wir sollten ihnen zeigen, über welch mächtigen Mechanismus sie verfügen; und dann müssen wir ihnen vermitteln, wie sie ihn nutzen können.

Es gilt, das Potenzial ihres Gehirns freizusetzen ... und zwar so früh wie möglich.

14. September

NICHT NUR LESEN, SONDERN KRITISCH LESEN

»Schriften aufmerksam lesen, mich nie mit oberflächlicher Betrachtung zufrieden geben und Schwätzern nicht vorschnell beipflichten.«

MARK AUREL

Eine ungebildete Welt ist keine gute, aber eine Welt, in der die Menschen unreflektiert alles Gelesene glauben und akzeptieren, ist auch nicht viel besser. Es ist also großartig, dass Sie Ihren Kindern das Lesen beibringen, aber lernen sie auch, *kritisch* zu lesen?

Sie sollten erfahren, dass Autoren nicht immer recht haben, dass man sie infrage stellen darf, dass ein Buch kein einseitiges Gespräch, sondern ein Dialog zwischen dem Leser und dem Autor, zwischen der Vergangenheit und der Gegenwart ist. Bringen Sie Ihren Kindern bei, sich Notizen zu machen und anderer Meinung als der Autor sein zu können, wie sie das Gelesene hinterfragen und wie sie an dem Dialog teilnehmen können, der in ihrer Lektüre begonnen hat.

Sie sollen erkennen, dass kein Buch »allwissend« ist. Keine Schule und kein System halten alle Antworten bereit. Empfehlen Sie ihnen Bücher von Andersdenkenden. Lesen Sie gemeinsam ein Buch ... und lesen Sie dann etwas, das einen anderen Standpunkt vertritt. Erklären Sie Ihren Kindern, wie wichtig Diskussionen sind und wie man vergleicht. Bringen Sie ihnen bei, nicht nur ein Leser, sondern ein weitblickender, kritischer Leser zu sein. Jemand, der hinterfragt, der überprüft. Ein *Denker.*

15. September
SCHÜTZEN SIE DIESEN IMPULS

Der berühmte französische Fotograf Henri Cartier-Bresson ging seinen Lehrern regelrecht auf die Nerven. Der Unterricht langweilte ihn und er passte nicht auf. Ständig wurde er dabei erwischt, wie er etwas las, das nichts mit der Schule zu tun hatte, Bücher, die oft unpassend für sein Alter waren.

Eines Tages, kurz bevor er in die sechste Klasse versetzt werden sollte, erwischte ihn der Schuldirektor, wie er sich mit den Gedichten der beiden berühmten französischen Dichter Mallarmé und Rimbaud befasste. Im ersten Moment schien der Schuldirektor endgültig genug vom Verhalten dieses Schülers zu haben. »Wir wollen den Lehrplan nicht auf den Kopf stellen«, herrschte er ihn an und benutzte das informelle *du*. Jedes Mal, wenn Henri so angesprochen wurde, folgte die Strafe auf dem Fuß. Doch dann sagte der Schulleiter plötzlich freundlich: »Du wirst jetzt in meinem Büro lesen«, und führte ihn dorthin. Den Rest seiner Schulzeit verbrachte Henri, ein frühreifer, neugieriger Leser, immer wieder in diesem Büro.

Dieses Gespräch – dieses kleine Bisschen intellektuelle Vormundschaft und dieser Schutz seiner Neugier – half Henri, die Grundlagen und die Freiheit zu erarbeiten, die ihn zu einem der größten Fotografen in der Geschichte machen sollten.

Wir dürfen nicht vergessen, dass unsere Aufgabe als Eltern, als Erzieher, nicht darin besteht, unsere Kinder um ihrer selbst willen im Zaum zu halten. Es geht nicht darum, ihre Initiative zu unterdrücken, nur weil sie störend, unbequem oder schwierig für uns ist. Wir müssen sie ermutigen und Freiraum für unsere Kinder schaffen.

Was ist, wenn sie lesen wollen? Lassen Sie sie um Gottes willen gewähren. Und wenn sie sich zu viel auf einmal vornehmen oder vom konventionellen Weg abweichen? Spornen Sie sie an. Vielleicht haben Ihre Kinder gerade ihren eigenen Weg gefunden.

16. September
DER RICHTIGE AUGENBLICK IST ENTSCHEIDEND

»Es gibt einige wenige Schriftsteller, die für jeden zugänglich sind, egal in welchem Alter oder Lebensabschnitt – Homer, Shakespeare, Goethe, Balzac, Tolstoi – und dann gibt es jene, deren Bedeutung sich erst in einem Moment richtig erschließt.«

STEFAN ZWEIG

Vielleicht können Ihre Kinder bereits mit elf *Das große Spiel* verstehen oder aber erst mit 17. Möglicherweise begreifen sie bereits auf der Highschool die Botschaft von *Der große Gatsby* oder es wäre besser, diesen Roman später gemeinsam mit der Familie zu lesen. Vielleicht entdecken sie schon früh ihre Ader für die Poesie oder auch nicht. Vielleicht mögen sie *Der kleine Prinz* oder *Charlotte's Web* genauso sehr wie Sie einst, aber es mag auch sein, dass heute Abend einfach nicht der richtige Moment dafür ist.

Mit 20 entdeckte Stefan Zweig zum ersten Mal Michel de Montaignes *Essays*, ein einzigartiges Werk. Aber er hatte »wenig Ahnung, was er damit anfangen sollte«. Erst im letzten Jahr seines Lebens, nach zwei Weltkriegen und einem erzwungenen Exil, griff er erneut zu Montaignes wunderbarem Werk. Dieses Mal sprach es ihn sofort an, berührte ihn zutiefst – denn es war genau der richtige Moment.

Denken Sie daran, dass wir Leser *heranziehen* wollen. Aber wie bei der Gartenarbeit gibt es bestimmte Zeiten und gute Umfeldbedingungen, in denen bestimmte Dinge Wurzeln schlagen. Bis es so weit ist, benötigen Sie vor allem Geduld.

17. September
VERSCHAFFEN SIE IHNEN DEN ZUGANG

»Die Geschichte von Theodore Roosevelt ist die eines kleinen Jungen, der über große Männer gelesen hatte und beschloss, wie sie zu sein.«

Hermann Hagedorn

Theodore Roosevelt erfreute sich des Privilegs, aus einer wohlhabenden Familie der obersten Gesellschaftsschicht zu stammen, mit einer Villa in Manhattan. Doch laut Doris Kearns Goodwin war sein wichtigster Vorteil eher bescheiden:

> »Nur wenige Kinder lasen so viel oder hatten solch leichten Zugang zu Büchern wie der junge Roosevelt. Er brauchte sich nur einen Band von einem Regal der riesigen Hausbibliothek auszusuchen oder sich lautstark für ein bestimmtes Buch zu interessieren, und schon hielt er es wie durch Zauberhand in Händen. Während eines Familienurlaubs, so berichtete Teddy stolz, hatten er und seine jüngeren Geschwister Elliott und Corinne 50 Romane verschlungen! Thee [Theodores Vater] las abends nach dem Essen den Kindern laut vor ... Vor allem versuchte er, anhand von Geschichten, Fabeln und Maximen didaktische Prinzipien der Pflicht, der Ethik und der Moral zu vermitteln.«

Es wäre wunderbar, unseren Kindern einen berühmten Familiennamen, ein Erbrecht auf eine Zulassung in Harvard oder einen Treuhandfonds mitgeben zu können, aber das ist nicht so einfach.

Was Sie jedoch schaffen können, vielmehr *sollten*, ist, Ihren Kindern den Zugang zu einer Bibliothek zu verschaffen, zu einer unbegrenzten Zahl von Büchern. Erziehen Sie sie in einem Haus, das zwar keinen Reichtum oder berühmten Namen wie bei den Roosevelts zu bieten hat, aber zumindest eine große Leidenschaft fürs Lesen ermöglicht.

18. September

DIESE ZWEI WICHTIGSTEN FÄHIGKEITEN GILT ES ZU LEHREN

Als Gerald Ford auf seinen erstaunlichen Weg zur Präsidentschaft zurückblickte, bedauerte er vor allem die Wahl seines Studiengangs. Er schrieb in seinen Memoiren, dass er, wenn er noch einmal entscheiden könne, diese zwei Kurse belegen würde: Schreiben und öffentliches Reden. Gut zu schreiben und selbstsicher und klar verständlich vor einem Publikum zu sprechen, waren die beiden wichtigsten Fähigkeiten, die er in allen Bereichen seines Lebens als Präsident benötigte, und gerade darin wurde er, wie die meisten Studenten, am wenigsten unterwiesen.

In Anbetracht all dessen, was sich seit Fords Collegezeit in den 1930er-Jahren getan hat, stellt man erstaunt fest, dass sich in diesem Punkt wenig geändert hat. Nichts ist wichtiger als effektive Kommunikation.

Im Sportunterricht lernen die Kinder tanzen, aber öffentliches Reden und Debattieren sind optionale Aktivitäten. Wie abwegig ist das? Kinder werden nach standardisierten Tests beurteilt ... als ermögliche Multiple Choice effektive Kommunikation. Die Fragen und Textstellen in standardisierten Tests sind oft der Inbegriff mangelhaften Schreibens und ineffektiver Kommunikation!

Wenn es die Schulen nicht tun, müssen wir Eltern uns darum kümmern. Wir sollten unseren Kindern diese wichtigen Fähigkeiten beibringen und darauf achten, dass sie sich schriftlich und mündlich gut ausdrücken können. Wir müssen ihnen die Chancen einräumen, sich an ein Publikum zu wenden, und ihnen das erforderliche Selbstvertrauen vermitteln. Sie sollten sich dabei wohlfühlen.

Was auch immer die Zukunft bringen mag: Die Kommunikation wird der Schlüssel (und der König) bleiben. Es ist Ihre Aufgabe, Ihre Kinder entsprechend zu erziehen.

19. September
GEHEN WIR DEN DINGEN AUF DEN GRUND

»Wie könnten junge Leute besser lernen zu leben, als dadurch, dass sie das Experiment des Lebens auf der Stelle wagen? Ich glaube, das würde ihren Verstand genauso trainieren wie die Mathematik.«

Henry David Thoreau

Die Autorin Susan Cheever gibt eine Geschichte von Henry David Thoreau zum Besten, der vor seinem Erfolg als Schriftsteller Lehrer war. Die Schule, in der er unterrichtete, befand sich in der Nähe eines Flusses, der die Kinder vor allem wegen der vielen interessanten Wassergeräusche faszinierte.

»Es wurde darum gestritten, ob Frösche die Geräusche verursachten«, erklärte ein Schüler später. »Mr. Thoreau jedoch fing drei winzige Frösche, von denen zwei gerade quakten. Als er sie nach Hause trug, quakte einer in seinem Hut.«

Ist das nicht wunderbar? Er tat ihre Frage nicht einfach mit einer knappen Antwort ab. Er zeigte ihnen, wie man den Dingen auf den Grund geht – wie wichtig es ist, seine Neugier zu befriedigen. Thoreau liebte solche Demonstrationen. Er wies zum Beispiel jedem seiner Schüler ein kleines Stück Land zu und lehrte sie, wie man es gemeinsam vermessen kann, wie man Pflanzen anbaut und wie man beobachtet, was auf diesen Grundstücken vor sich geht.

Natürlich sind wir beschäftigt. Ja, wir wissen so einiges. Aber wir sollten unseren Kindern nicht nur sagen, was wir wissen. Wir müssen es ihnen zeigen. Wir sollten die Ärmel hochkrempeln, unsere Hüte abnehmen und gemeinsam den Dingen auf den Grund gehen.

20. September

VERSCHAFFEN SIE IHNEN DIESEN BESONDEREN VORTEIL

Über drei Jahrzehnte nach ihrem berühmten ersten Flug fragte ein Journalist Orville und Wilbur Wright, wie ihnen dieser gelungen sei. Wie schafften zwei Brüder »ohne Geld, ohne Einfluss oder andere besonderen Vorteile« etwas, das Experten, die über all das verfügten, nicht erreicht hatten?

»Es ist nicht ganz richtig zu behaupten, wir hätten keine besonderen Vorteile gehabt«, korrigierte Orville. »In der Kindheit hatten wir ungewöhnliche Vorteile, ohne die wir wohl nicht viel erreicht hätten.« Und worin bestanden diese? »Der größte Vorteil war der«, erklärte Orville, »dass wir in einer Familie aufwuchsen, in der die intellektuelle Neugier immer sehr gefördert wurde. Wäre mein Vater nicht der Mensch gewesen, der seine Kinder stets anspornte, intellektuellen Interessen nachzugehen, ohne an den Profit zu denken, wäre unsere frühe Neugier in Bezug aufs Fliegen bereits im Keim erstickt worden.«

Wir müssen uns genauso verhalten. Wir sollten die Neugier unserer Kinder kultivieren, worum sie sich auch immer drehen mag. Es gilt, ihre Interessen zu fördern, ohne zu erwägen, ob sie ihnen etwas einbringen oder nicht.

Wir müssen keine Experten sein, um ihnen diesen besonderen Vorteil zu bieten.

21. September
ERZIEHEN SIE SIE ZU »WARUM«-KINDERN

In F. Scott Fitzgeralds Kurzgeschichte *Head and Shoulders* erklärt das Wunderkind Horace:

> »Ich war ein »Warum«-Kind. Ich wollte sehen, wie sich die Räder drehen. Mein Vater war ein junger Wirtschaftsprofessor an der Princeton University. Als ich heranwuchs, beantwortete er mir jede Frage, die ich ihm stellte, so gut er konnte.«

Ein »Warum«-Kind – was für ein herrlicher Ausdruck! Wollen wir nicht genau so ein Kind großziehen? Ein Kind, das weiß, wie man etwas erforscht. Ein Kind, das nicht alles unbesehen glaubt, das sich nicht mit einfachen Erklärungen abspeisen lässt.

Kann das lästig sein? Unbedingt. Es kann ihnen sogar Ärger einbringen. Aber neugierig ist besser als selbstzufrieden, und lästig ist besser als ignorant.

Natürlich werden Sie manchmal zu müde sein, um auf ihre Fragen zu antworten. Es wird auch Momente geben, in denen Sie ihre Fragen als unangemessen empfinden. Aber dann sollten Sie innehalten, tief durchatmen und daran denken, dass Sie diese Gewohnheit säen. Sie müssen sie auch wässern – und sich so gut wie möglich bemühen, sie nie auszumerzen.

Je mehr Ihre Kinder fragen, desto besser. Nicht nur für Sie oder für Ihre Kinder, sondern auch für die Welt, in der sie leben.

22. September
ZEIGEN SIE IHNEN, WAS ES IHNEN BRINGT

Der große Bücherfan Robert Greene meinte, die beste Methode, einem Kind die Liebe zu Büchern zu vermitteln, bestehe darin, an seine Interessen zu appellieren. *Zeigen Sie Ihrem Kind, was ihm die Bücher bringen.* Spürbar. Sofort. Besser noch: *Wählen Sie ein Buch für Ihr Kind aus, das ihm von großem Nutzen sein wird.*

Präsident Joe Biden zufolge half es im, sein Stottern in den Griff zu bekommen, als er über den Sprachfehler des Redners Demosthenes gelesen habe. Glauben Sie nicht auch, dass eine solch frühe Erfahrung einen Menschen zu einem leidenschaftlichen lebenslangen Leser macht? Suchen Sie Bücher für Ihre Kinder aus, die sie unterhalten, für die sie schwärmen können. Die sie zum Lachen bringen. Die ihre Lehrer zur Weißglut treiben. Die sie zu neuen Fähigkeiten anleiten oder dazu, ein Problem zu lösen oder sich weniger einsam zu fühlen.

Denken Sie an die Rendite – denn genau das sind Bücher: Investitionen. Sie geben ein paar Dollar aus, opfern ein paar Stunden, und bekommen etwas zurück. Um das Interesse Ihrer Kinder fürs Lesen zu wecken, sollten Sie natürlich selbst ein überzeugter Leser sein, aber vermitteln Sie ihnen auch, was das Lesen ihnen bringen wird. Warum sonst sollten sie sich die Mühe machen?

23. September
MACHEN SIE SICH NIE DESWEGEN ÜBER SIE LUSTIG

Ihre Kinder werden allen möglichen Unsinn treiben. Sie werden stolpern und fallen. Und ja, manchmal können Sie sich das Lachen nicht verkneifen und werden sie damit aufziehen. Ihre Kinder werden höchst amüsante Fehler machen, und sie werden sich belustigt an ihre kindlichen Albernheiten erinnern. Ihre Familie wird noch allerhand Spaß daran haben.

Das ist in Ordnung, ist wunderbar. Genau das verbindet Menschen miteinander – die Fähigkeit, einander zu hänseln, Erinnerungen und Erfahrungen zu teilen.

Einer von Harry Trumans Biografen stellte fest, dass der ehemalige Präsident »eine beachtliche Anzahl von Wörtern falsch aussprach, was mich anfangs verwirrte. Dann wurde mir bewusst, dass er sie wohl häufig gelesen, aber selten, wenn überhaupt, laut ausgesprochen hatte, und sie in vielen Fällen nicht einmal laut gehört hatte«.

Es ist wichtig, dass Ihre Kinder zu Hause im Kreis der Familie Wörter falsch aussprechen dürfen. Lassen Sie nicht zu, dass sie beim Lesen oder im Umgang mit Themen außerhalb ihrer Komfortzone gehemmt sind. Auf diese Weise wachsen sie. Nehmen Sie sie auf den Arm und amüsieren Sie sich mit ihnen über vieles. Aber wenn sie ein Wort falsch aussprechen? Respektieren Sie es. Fördern Sie es ... und wenn Sie das Problem lösen wollen, dann fangen Sie damit an, Ihren eigenen Wortschatz zu erweitern.

24. September

ZEIGEN SIE IHNEN, WIE MAN LERNT?

»Lebe, als würdest du morgen sterben. Lerne, als würdest du ewig leben.«

GANDHI

Was erschien Ihnen in Ihrer Kindheit als das Beste am Erwachsensein? Als Erwachsener muss man nicht mehr in die Schule gehen, keine schweren Bücher mehr herumschleppen oder Hausaufgaben machen, sich auch nie mehr für die eine oder andere Schule bewerben. Es ist allerdings schade, dass wir unseren Kindern immer wieder zeigen, dass Bildung irgendwann aufhört. Dass das Erwachsensein zwar nicht immer lustig ist, aber den Vorteil hat, keinen Unterricht mehr besuchen zu müssen. Dass zu lernen mit dem Schulabschluss ein Ende hat.

Aber es muss nicht zwangsläufig so sein. Es gibt folgende Geschichte von Epiktet: Als er eines Tages unterrichtete, verursachte das Eintreffen eines Schülers Unruhe im hinteren Teil des Raums. Um wen handelte es sich? Um Hadrian, den Kaiser. Hadrians Beispiel wirkte sich offensichtlich auf seinen Nachfolger und Adoptivenkel Mark Aurel aus. Gegen Ende seiner Regierungszeit beobachtete ein Freund, wie Mark mit einem Stapel Bücher das Haus verließ. »Wohin gehst du?«, fragte er. Mark war auf dem Weg zu einer Vorlesung über Stoizismus. Er sagte: »Es ist etwas Gutes, zu lernen, auch für jemanden, der alt wird. Ich bin gerade auf dem Weg zu Sextus, dem Philosophen, um das zu lernen, was ich noch nicht weiß.«

Wenn Ihre Kinder gerne lernen sollen, wenn Sie sich wünschen, dass sie sich stets weiterbilden, nachdem Sie so viel Zeit, Geld und Sorgfalt in ihre Bildung investiert haben, dann zeigen Sie ihnen einen Erwachsenen, der sich lebenslangem Lernen verpflichtet hat. Wir sollten ihnen vermitteln, dass wir noch kein Examen haben, nicht in den Sommerferien sind und nie aufgehört haben, zu lernen.

Unsere Kinder müssen lernen, dass wir immer weiter nach Weisheit streben müssen.

25. September
ACHTEN SIE DARAUF, DASS SIE ZEIT MIT ÄLTEREN MENSCHEN VERBRINGEN

Der ehemalige Senator Ben Sasse behandelt in seinem Buch *The Vanishing American Adult* die Frage, was wohl ein Mensch aus der fernen Vergangenheit an unserer modernen Gesellschaft seltsam fände. Abgesehen von der Technologie, meinte er, würde ihm wohl die extreme *Alterstrennung* ins Auge fallen. Heutzutage verbringen wir unsere Zeit fast ausschließlich mit Menschen unserer Altersgruppe.

Unsere Kinder gehen mit anderen Kindern zur Schule. Wir arbeiten mit anderen Erwachsenen zusammen. Unsere Eltern und Großeltern werden in Seniorenzentren und Altenheime abgeschoben und auf Kreuzfahrtschiffe verfrachtet. Das Durchschnittsalter im US-Senat, dem Sasse angehörte, lag bei 61. Zu der Zeit, als er das Buch schrieb, waren lediglich zehn Senatoren jünger als er. Kommen Senatoren überhaupt mit jungen Leuten in Kontakt, so handelt es sich um Sommerpraktikanten, Hotelpagen und junge Referenten.

Wann waren Sie zuletzt bei jemandem, der doppelt so alt war wie Sie? Wie oft unterhalten Sie sich mit Menschen, die ohne das aufgewachsen sind, was für Sie selbstverständlich ist?

In Lori McKennas Song *Humble and Kind* geht es darum, »den Opa bei jeder Gelegenheit zu besuchen«. Aber im Grunde genommen ist mehr als das erforderlich, es genügt nicht, nur die eigene Familie zu sehen. Sie sollten dafür sorgen, dass Ihre Kinder sich nicht in einen Kokon verkriechen und ein Leben fern von anderen Menschen, außer Gleichaltrigen, führen.

Achten Sie stattdessen darauf, dass sie Zeit mit älteren Menschen verbringen. Bringen Sie sie mit Leuten zusammen, die sich an die guten und die schlechten Ereignisse erinnern, die die Menschen in der jüngsten und länger zurückliegenden Vergangenheit vollbracht haben. Machen Sie sie mit Leuten bekannt, die schmerzliche Lektionen gelernt haben, und mit Personen, die Unglaubliches geleistet haben.

Ansonsten könnte all diese Weisheit verloren gehen – zum Schaden Ihrer Kinder.

26. September

ES GEHT UMS LERNEN, NICHT UMS AUSWENDIGLERNEN

»Etwas auswendig wissen, bedeutet nicht, dass man etwas weiß.«
MICHEL DE MONTAIGNE

Es ist Zeit, das Einmaleins zu wiederholen, erklären Sie Ihren Kindern. Lasst uns eure Vokabelkarteikarten durchgehen. Vielleicht gehören Sie aber auch zu den Eltern, die ihre Kinder Gedichte oder Theaterstücke vortragen lassen oder sie für Sprachwettbewerbe anmelden. Vielleicht üben Sie gerade mit ihnen für einen Buchstabierwettbewerb.

Sie reden sich ein, dass all dies Ihre Kinder klüger macht. Aber stimmt das? Oder bringen Sie ihnen lediglich bei, wie man sich schlau *verhält*?

Wir wollen keine Roboter großziehen. Wir wollen Kinder, die *denken* können, die etwas ergründen können. Wen interessiert es, was sie rezitieren können? Uns liegt daran, dass sie *die Bedeutung von etwas* kennen und wissen, *was es ist*. Wir wollen, dass sie begeistert lernen, sich nicht mit Nebensächlichem abgeben! Sorgen Sie also dafür, dass die Prioritäten aufeinander abgestimmt sind. Planen Sie Aktivitäten, die Sie diesem Ziel näherbringen. Fokussieren Sie sich auf das Richtige.

Bringen Sie Ihren Kindern *Wissen* bei, denn genau das zählt.

27. September
WELCHES SPIEL BRINGEN SIE IHNEN BEI?

In diesem Leben gibt es zwei Spielarten: endliche und unendliche. Endlichen Spielen widmet man sich nur einmal – und dann sind sie vorbei. Ein unendliches Spiel ähnelt eher dem Leben selbst – es geht immer weiter, alles ist miteinander verbunden und unabhängig voneinander. Im ersten Fall handelt es sich um ein Nullsummenspiel, im zweiten um ein Nicht-Nullsummenspiel.

Tobias Lütke, der Gründer von Shopify, versucht, das Leben als ein unendliches Spiel zu betrachten. Er achtet darauf, seinen Kindern keine widersprüchlichen Botschaften zu vermitteln. Wir erklären unseren Kindern die Bildung als ein unendliches Spiel, meinte er. Wir sagen, dass es um die Begeisterung fürs Lernen, um ein lebenslanges Bemühen geht, darum, uns so gut wie möglich weiterzuentwickeln … aber dann schicken wir sie mit der Erwartung los, dass sie am Ende die Besten sein werden.

Das kommt Ihnen bekannt vor? Wir ertappen uns dabei, die Noten unserer Kinder mit denen der anderen zu vergleichen. Wir unterhalten uns mit anderen Eltern, um zu erfahren, auf welchem Niveau ihre Kinder lesen und rechnen und wie hoch ihr Leistungsniveau landesweit liegt. Wir fixieren uns auf Durchschnittsnoten und standardisierte Testergebnisse, als wären sie Schlüssel zum Königreich. Dann nehmen wir unsere College-Kinder ins Gebet, um zu erfahren, ob sie schon ihr Hauptfach gefunden haben und ob dieses ihnen einen gut dotierten Job einbringen wird.

Sie wollen Kinder, die sich ihr Leben lang weiterentwickeln. Sie wünschen sich Kinder, die nicht in Nullsummenbegriffen denken. Bringen Sie ihnen das unendliche Spiel bei. Zeigen Sie es ihnen, indem Sie es selbst spielen.

28. September
SIE MÜSSEN DAVON UMGEBEN SEIN

»Kein Mensch hat das Recht, seine Kinder ohne Bücher großzuziehen.«

HORACE MANN

Kennen Sie die Lewin-Gleichung? Wenn Sie Folgendes lesen, erfahren Sie ihre Bedeutung:

$$V = f\,(P, U)$$

Das Verhalten (V) ist eine Funktion einer Person (P) und ihres Umfelds (U). Unser Umfeld bestimmt unsere Gewohnheiten, unser Handeln und unser Leben.

Was bedeutet das für uns als Eltern? Nun, wir sind weitgehend die Architekten des Umfelds unserer Kinder. Wir haben alle unterschiedliche Mittel und Ziele, aber im Rahmen dieser Mittel kontrollieren wir, womit wir unsere Kinder umgeben. Die Einflüsse. Die Farben. Die Stimmungen. Die Menschen. Die Interaktionen. Und natürlich das Wichtigste für die intellektuelle Entwicklung eines Kindes: die Bücher.

Wenn Sie wollen, dass sich Ihre Kinder fürs Lesen begeistern, gestalten Sie für sie eine Lese-Umgebung, ähnlich wie ein Architekt. Versorgen Sie sie mit Büchern. Mit guten, lustigen, umfangreichen, kurzen, gebrauchten und neuen. Sie sollten die Bücher in Ihrem Haus gut sichtbar präsentieren. Nehmen Sie Ihre Kinder in Bibliotheken und Buchläden mit. Wie soll sich sonst ihre Leselust entwickeln?

29. September

BEHANDELN SIE SIE BEIM THEMA BÜCHER NICHT WIE KLEINKINDER

»Moderne Kinderbücher sind fürchterlich, vor allem, wenn man sie in der Masse sieht.«

George Orwell

Vor nicht allzu langer Zeit lernten Kinder Latein und Griechisch, um die Klassiker in der jeweiligen Originalsprache lesen zu können. Denken Sie an Äsops *Fabeln*. Denken Sie an Plutarchs *Die Kunst zu leben*, aus der die Eltern ihren Kindern vorlasen. Das ist keine leichte Lektüre, und das aus gutem Grund. Wenn man alte Schulbücher liest, macht man Bekanntschaft mit den rätselhaften, doch vorbildhaften Gestalten der antiken Welt und zeigt gleichzeitig die Bereitschaft, sich mit zeitlosen und moralisch komplexen Themen auseinanderzusetzen.

Heutzutage wimmelt es in den Kinder- und Jugendbuchabteilungen der Buchhandlungen von bevormundendem Eskapismus, fantastischen Melodramen, einfach von absurdem Unsinn. Die Miesepeter unter uns schieben dies auf die Generation Y und die Generation Z. Ihre Faulheit und ihre schwankenden Vorlieben sind der Grund dafür, weshalb wir in diesem Zeug ersticken.

Aber glauben Sie allen Ernstes, dass unsere Kinder dümmer sind als die Kinder zu Orwells Zeiten? Oder zu noch weiter zurückliegenden Zeiten? Natürlich nicht. Sie sind Kinder, und *wir sind das Problem*. Die Eltern, die Erwachsenen, die Pädagogen und die Verleger. Wir alle glauben nicht mehr daran, dass unsere Kinder fähig sind, anspruchsvolle Bücher zu lesen. Also beschaffen wir ihnen »Kinderausgaben« und alberne Bilderbücher, statt sie beim Lesen anzuleiten. Und dann wundern wir uns, dass sie mit anspruchsvoller Lektüre nicht zurechtkommen.

Schluss damit. Drängen Sie sie, drängen Sie sich selbst. Sie sind keine Babys mehr. Sollten es zumindest nicht mehr sein, nachdem sie fähig sind, selbst zu lesen.

30. September
HABEN SIE EIN PROJEKT?

Meisterschaft entsteht nicht, indem man etwas auswendig lernt, sondern dadurch, dass man für etwas brennt. Natürlich ist sie mit harter Arbeit verbunden, aber unerlässlich ist auch die Leidenschaft für ein Thema, ein Handwerk oder ein Fachgebiet. Vergessen Sie Bewertungen; bieten Sie Ihren Kindern etwas an, für das sie sich leidenschaftlich engagieren können.

Paul Graham schrieb hierzu:

> »Wenn ich zu wählen hätte zwischen guten Noten und eigenen ehrgeizigen Projekten für meine Kinder, würde ich mich für die Projekte entscheiden. Nicht, weil ich ein nachgiebiger Vater bin, sondern weil ich es selbst erfahren habe und weiß, was mehr Aussagekraft hat. Als ich für Y Combinator Start-ups aussuchte, interessierte ich mich nicht für die Noten der Bewerber. Aber wenn sie an eigenen Projekten arbeiteten, wollte ich alles darüber wissen.«

Sie sollten es ebenso halten, wenn Sie ein Kind mit echten Fähigkeiten und wahrer Leidenschaft in dieser Welt großziehen wollen.

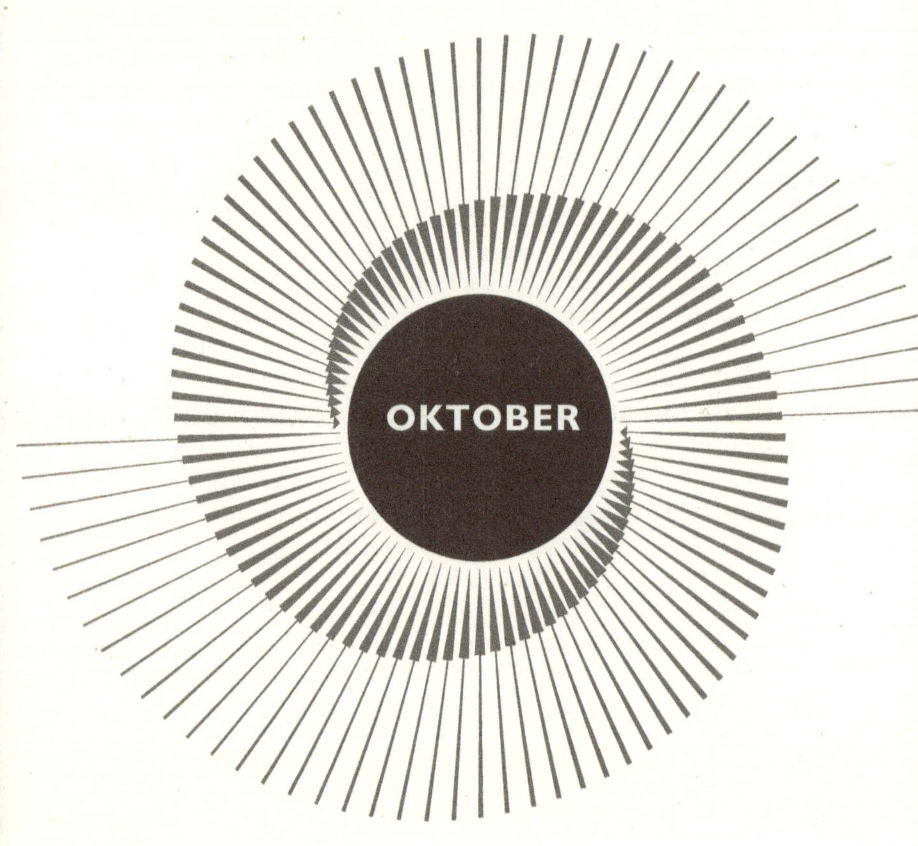
OKTOBER

KÄMPFEN UND VORANKOMMEN

(WIE MAN IHRE WIDERSTANDSFÄHIGKEIT STÄRKT)

1. Oktober

DAS LEBEN EINES KINDES SOLLTE GUT, ABER NICHT EINFACH SEIN

Der Stoaphilosoph Seneca erlebte hautnah, wie gravierend sich miserable Kindererziehung auswirken kann. 49 n. Chr. holte man ihn aus der Verbannung zurück, um einen zwölfjährigen Jungen namens Nero zu unterrichten. Der römische Historiker Cassius Dio berichtet uns, dass Kaiserin Agrippina, die Mutter des Jungen, das gesamte Reich unter ihrer Fuchtel hatte und mittels ihrer Macht dafür sorgte, dass ihr Sohn nie um etwas kämpfen musste. Heute würde man sie als Helikoptermutter bezeichnen. Indem sie ihm alle möglichen Hindernisse aus dem Weg räumte, schuf Agrippina ein Monster, einen der abscheulichsten Menschen der Geschichte.

Es ist offensichtlich, warum Seneca immer wieder darüber schrieb, wie wichtig es sei, zu kämpfen und Widrigkeiten zu überwinden. Die Aufgabe »guter Eltern«, so sagte er, bestünde darin »aus Liebe zum Kind als Trainer [zu wirken] und das Kind zahlreichen Prüfungen zu unterziehen«. Die Pflicht guter Eltern sei es, dafür zu sorgen, dass das Leben des Kindes gut, aber nicht einfach sei.

Es gibt einen großartigen lateinischen Spruch: »*Luctor et emergo*«, was bedeutet: »Ich kämpfe und komme voran« oder: »Ich bemühe mich und überwinde mich.« Die Götter, schreibt Seneca, »wollen, dass wir so gut und tugendhaft wie möglich sind, und weisen uns deshalb ein Schicksal zu, das uns zum Kampf herausfordert«. »Ohne Kampf«, sagte er, »wird niemand wissen, wozu er fähig ist, nicht einmal er selbst.«

Es ist schwierig, *kein* Helikopterelternteil zu sein. Wir lieben unsere Kinder so sehr, wollen nur das Beste für sie. Wir können den Gedanken nicht ertragen, geschweige denn den Anblick, dass sie zu kämpfen haben. Aber wir müssen zulassen, dass sie sich durch das Gestrüpp und die Fallstricke des Erwachsenwerdens kämpfen. Und wir müssen uns Tag für Tag daran erinnern: *Das Leben eines Kindes sollte gut, aber nicht einfach sein.*

2. Oktober
SIE KÖNNEN IHRE FEHLER NICHT VERHINDERN

In dem Roman *Siddhartha* versucht der Titelheld verzweifelt, seinen Sohn von der Bedeutung einer einfachen Lebensweise zu überzeugen, nachdem er durch schmerzliche Erfahrungen den Sinn eines solchen Daseins kennengelernt hat. Wie Sie, wie alle Eltern, beobachtet er, wie sein Sohn seine Warnungen in den Wind schlägt, und ist unglücklich, als dieser den falschen Weg wählt. Nachdem Siddhartha seine Enttäuschung seinem Freund Vasudeva anvertraut hat, fragt dieser ihn:

> »Glaubst du wirklich, dass du deine Dummheiten begangen hast, damit dein Sohn davor verschont bleibt?«

Es wäre wunderbar, wenn unsere Kinder nicht durch Experimente und Irrtum lernen müssten, sondern einfach unseren Rat annehmen und dort anfangen könnten, wo wir aufgehört haben, statt auf die sprichwörtliche heiße Herdplatte fassen zu müssen. Aber inzwischen sollten wir als Menschen klug genug sein, um zu wissen, dass das Leben so nicht funktioniert. Vieles von dem, was wir lernen, müssen wir durch eigene Erfahrung erarbeiten. Einige Fehler sind unerlässlich, um sie nachvollziehen zu können. Sagt Ihnen das nicht Ihre eigene Erfahrung? Wie viele der Warnungen Ihrer Eltern haben Sie wirklich beherzigt?

Sie können Ihre Kinder nicht davor bewahren, Fehler zu machen. Sie sollten ihnen den Freiraum eigener Erfahrungen zugestehen. Aber trösten Sie sich damit, ihnen den Charakter, das Bewusstsein und die Bereitschaft anerzogen zu haben, um die Hilfe zu bitten, die sie benötigen, um sich von den Fehlern, die sie unweigerlich machen werden, wieder zu erholen.

3. Oktober
DAS IST DIE WICHTIGSTE LEKTION

»Die Hauptaufgabe im Leben besteht darin, die Dinge zu erkennen und zu unterscheiden, um mir klarmachen zu können, über welche äußeren Umstände ich keine Macht habe, und welche von Entscheidungen abhängen, die in meiner Macht stehen. Wo finde ich dann das Gute oder Böse? Nicht in den Dingen, die nicht in meiner Macht stehen, sondern in mir selbst, in den Entscheidungen, die ich treffe.«

Epiktet, *Lehrgespräche*, 2.5, 4–5

In fast allem, was wir unseren Kindern beibringen wollen, steckt eine Lektion – eine, die es in sich hat ... und dabei sehr einfach ist. Die Lektion, die es zu vermitteln gilt, ist zufällig der Kern der stoischen Philosophie und auch der Schlüssel zum Erfolg im Leben: *Wir haben keine Kontrolle über das, was im Leben geschieht, aber wir kontrollieren, wie wir reagieren.*

Ihre Tochter findet einen Lehrer ungerecht und mag ihn nicht? Gut, das könnte durchaus zutreffen. Was wird sie also dagegen unternehmen? Der Trainer behauptet, Ihr Sohn sei als Basketballspieler zu klein? Was tun? Ihr Sohn hat eine Mathearbeit vermasselt oder sogar eine Matheprüfung nicht bestanden? Ein Rüpel macht den Spielplatz unsicher? Ihr Sohn hat es nur in die weniger gute Schule geschafft? Was tun? Was tun? Was tun?

Lehren Sie Ihre Kinder, sich nicht endlos mit diesen Fehlschlägen zu beschäftigen, sondern sich auf das zu konzentrieren, was *als Nächstes zu tun ist.* Bringen Sie ihnen bei, ihre Energie auf ihre Reaktion zu richten, denn diese liegt in ihrer Hand. Das ist die Superkraft, über die sie verfügen. Wenn Sie ihnen das vermitteln, werden sie zurechtkommen.

4. Oktober
SIE SOLLEN IHR DING MACHEN

»Setz dich und bete, dass deine Nase nicht läuft! Oder putz dir einfach die Nase und hör auf, einen Sündenbock zu suchen.«

EPIKTET

Es gibt eine großartige Geschichte über eine junge Spartanerin namens Gorgo, die eines Tages Königin werden sollte. Trotz ihres königlichen Status wurde sie wie alle Spartaner dazu erzogen, selbstgenügsam, bescheiden und anspruchslos zu sein.

Stellen Sie sich also Gorgos Verwunderung vor, als sie beobachtete, wie ein vornehmer Besucher Spartas sich von einem Diener die Schuhe anziehen ließ. »Schau, Vater«, sagte sie arglos zu ihrem Vater König Leonidas, »der Fremde hat keine Hände!«

Leider könnte man auch bei einigen unserer Kinder zu dem Schluss kommen, dass sie keine Hände haben. Und keinen Verstand. Wir kleiden sie an, und wir entscheiden für sie. Wir räumen den Weg für sie wie ein Schneepflug. Wir kreisen wie ein Helikopter über ihnen, für den Fall, dass etwas schiefläuft. Wir tun *alles* für sie.

Dann wundern wir uns, warum sie so hilflos sind. Wir fragen uns, warum sie mit Ängsten und einem geringen Selbstwertgefühl zu kämpfen haben. Selbstvertrauen ist etwas, das man sich erarbeitet. Es kommt aus der Selbstständigkeit, entsteht durch Erfahrung. Wenn wir unsere Kinder verwöhnen und wie Babys behandeln – wenn wir sie der Fähigkeit berauben, sich ihrer Hände zu bedienen, nehmen wir ihnen diese wichtigen Werte.

Das ist weder richtig noch fair.

5. Oktober
UNTERLASSEN SIE DAS

Anfang 2021 kritisierten Eltern auf der ganzen Welt zu Recht den Musiker John Roderick, weil er offenbar nicht wusste, wie man Kindern etwas beibringt.

Seine Tochter war hungrig und er war beschäftigt. Sie wollte ein Bohnengericht kochen. Er wollte, dass sie es ohne seine Hilfe ausprobierte. Während er sich mit einem Puzzle beschäftigte, bemühte sie sich, mit einem Öffner die Dose mit den weißen Bohnen aufzubekommen. Sie versuchte es nach Kräften. Dann sagte sie: »Kannst du mir wenigstens bitte die Dose öffnen?« Doch das tat er nicht, denn er wollte, dass sie es selbst lernte. Sie probierte es weiter und er machte weiterhin Vorschläge (und twitterte darüber). Das zog sich *sechs Stunden* lang hin, bis es ihr endlich gelang, die Dose zu öffnen.

Roderick erhielt anschließend den Spitznamen »Bohnen-Dad«. Es besteht ein Unterschied zwischen unterstützenden Eltern und einem Bohnen-Dad. Es ist ein Unterschied, sein Kind mit Schwierigkeiten kämpfen zu lassen, damit es sich weiterentwickelt, oder zuzusehen, wie es sich mit einer Dose abmüht, damit man eine Geschichte twittern kann.

Nein, unsere Aufgabe ist es nicht, jede Dose für sie zu öffnen. Aber auch nicht, sie sechs Stunden lang zappeln zu lassen. Schreiten Sie ein, zeigen Sie Ihren Kindern, *wie* sie selbstständig werden können. Zeigen Sie ihnen, wie der verdammte Dosenöffner funktioniert! Öffnen Sie die Dose beim ersten Versuch für sie, und überlassen Sie es von da an ihnen.

Leiten Sie Ihre Kinder an, aber seien Sie kein Bohnen-Dad.

6. Oktober

HELFEN SIE IHNEN, ES ZU SCHMIEDEN

»Wie man bei schönem Wetter alles, was beim Sturm nötig ist, in Bereitschaft hält, so sollte man in der Jugend Disziplin und Selbstbeschränkung als Vorsorge fürs Alter aufspeichern.«

PLUTARCH

Theodore Roosevelt hatte in den ersten zwölf Lebensjahren fast täglich mit quälendem Asthma zu kämpfen. Die Anfälle, die ihn fast jede Nacht plagten, kamen einer Nahtoderfahrung gleich. Manchmal war er wochenlang ans Bett gefesselt. Da er aus einer reichen, angesehenen Familie stammte, hätte er sich lebenslang versorgen lassen können. Eines Tages kam sein Vater in sein Zimmer und sagte etwas, was das Leben des Jungen verändern sollte: »Theodore, du bist wohl mit Verstand gesegnet, hast aber einen schwachen Körper, und ohne den Körper kann der Verstand sich nicht so entfalten, wie er es sollte.« Roosevelts jüngere Schwester, die Zeugin des Gesprächs war, erinnerte sich, wie der Junge mit dem zerbrechlichen Körper seinen Vater ansah und entschlossen erwiderte: »Ich werde meinen Körper trainieren.«

So begann er, sich auf »das mühselige Leben«, wie er es nannte, vorzubereiten. Von da an trainierte er täglich. Mit Anfang 20 hatte er das Asthma überwunden. Durch eisernes Training hatte Roosevelt diese körperliche Schwäche besiegt.

Nicht alle fügen sich in ihr Schicksal, sondern bringen ihren Körper und ihr Leben durch Aktivitäten und Sport in Form. Sie rüsten sich für den dornenreichen Weg. Hoffen sie, ihn nie einschlagen zu müssen? Gewiss. Doch sie sind auf jeden Fall darauf vorbereitet.

Sind Ihre Kinder auch gerüstet? Niemand kommt mit einem Rückgrat aus Stahl auf die Welt, es muss erst geschmiedet werden.

Ihre Aufgabe ist es, Ihren Kindern dabei zu helfen.

7. Oktober

LEHREN SIE SIE, DINGE ZU REGELN

Robert Lovett, US-Verteidigungsminister unter Präsident Truman, sagte einmal: »Vielleicht halten Sie es für nicht so wichtig, aber Sie wären erstaunt, wie viele Menschen ich während des Kriegs in Washington getroffen habe, die es nie gelernt hatten, mit irgendetwas allein fertigzuwerden.«

Wenn Ihr Kind sich von anderen unterscheiden soll, wenn es Erfolg haben soll, dann bringen Sie ihm bei, selbstständig zu handeln, *Probleme zu lösen.* Denn genau das wird Ihr Kind einzigartig machen. Es gibt viele Ivy-League-Absolventen, die sich schwertun, gute Entscheidungen zu treffen, sich um ihre Angelegenheiten zu kümmern, klar zu denken und sich deutlich auszudrücken. Es gibt auch geniale Menschen, die, ehrlich gesagt, Dinge sagen und tun, über die man nur den Kopf schütteln kann, sodass man sich fragt, wie sie es überhaupt schaffen, eine Straße zu überqueren, ohne überfahren zu werden.

Das soll nicht heißen, dass Sie Ihre Ansprüche herunterschrauben sollten. Sie sollten nur darauf achten, das Richtige anzustreben. Sind Examina und beeindruckende Zeugnisse das Einzige, das zählt? Was spielen sie für eine Rolle, wenn Ihre Kinder nicht selbstständig sind, es nicht schaffen, Dinge selbst zu regeln?

8. Oktober

LASSEN SIE SIE KÄMPFEN

Keine Eltern möchten ihre Kinder leiden sehen. Sie schmerzt es fast noch mehr als Ihre Kinder, wenn sie über ihre Worte stolpern, sich bei den Hausaufgaben den Kopf zerbrechen oder sich in dem ersten Jahr ihrer Karriere nicht zurechtfinden. Aber wenn sie nie um etwas kämpfen müssen, können sie nicht wachsen, nicht lernen, keine Fortschritte erzielen.

Der geniale Thomas Edison, ein erfolgreicher Geschäftsmann, hatte genau damit Probleme. Er war so einzigartig, so eigenwillig, so klar in seinen Vorstellungen, dass er nicht fähig war, seinen Söhnen genug Freiraum zu geben, um sich zu entfalten und zu lernen. Er konnte nicht unterscheiden zwischen seiner Stellung als Chef und als Vater.

Seine Frau schrieb ihm einmal einen beeindruckenden Brief, der als Ratschlag für alle Eltern gilt.

> »Du hast dein Leben erfolgreich gemeistert, diverse Industriezweige aufgebaut, sodass du es nicht mehr nötig hast, der Welt dein Können zu beweisen – alle wissen es. *Kannst du dich nicht damit zufrieden geben, dass die Jungs sich durchschlagen* und du ihnen den Weg zeigst? Vergiss ein bisschen, dass du Charlies Chef bist, und sei ein Vater – ein großartiger Vater!«

Natürlich ist es wunderbar, dass Sie sich um sie sorgen und für Ihre Kinder sterben würden, wenn es nötig wäre. Aber Sie sollten genau wie Edison etwas verdrängen – wie sehr Ihnen Ihre Kinder am Herzen liegen – damit sie lernen, zu kämpfen. Und dadurch werden Sie ihnen künftig viel Leid ersparen.

9. Oktober
STELLEN SIE SIE VOR HERAUSFORDERUNGEN

»Eine gute Hälfte der Lebenskunst ist Resilienz.«

ALAIN DE BOTTON

Natürlich wollen Sie, dass Ihre Kinder stark, aktiv, belastbar, gesund und kompetent sind. Sie sollen Hürden überwinden, sich wehren können und immer für die Höhen und Tiefen des Lebens gerüstet sein.

Aber man kann robuste Kinder nicht einfach *wollen*, man muss sie dazu *anleiten*.

Theodore Roosevelt war bekannt dafür, seine Kinder auf lange Spaziergänge mitzunehmen, sie über Geröll und durch dichte Wälder zu führen. Er wollte sie daran gewöhnen, sich anzustrengen und Probleme zu lösen. Cato der Ältere, der Urgroßvater von Cato dem Jüngeren, einem überragenden Stoiker, der zu einem der politisch einflussreichsten Bürger des alten Rom aufstieg, tat dasselbe. Er trainierte seinen Sohn Marcus »in der Leichtathletik, brachte ihm das Speerwerfen bei, lehrte ihn in der Rüstung zu kämpfen, zu reiten, beim Boxen die Fäuste richtig einzusetzen, extreme Hitze und Kälte zu ertragen und die tückischsten und reißendsten Abschnitte des Tibers zu durchschwimmen«.

Kinder werden robust, indem man sie mit Herausforderungen konfrontiert und ihnen deren Vorteile vor Augen führt. Sie helfen ihnen, fitter zu werden, indem Sie mit ihnen gemeinsam etwas durchstehen.

10. Oktober

SEIEN SIE NICHT ZU STRENG

Viele strenge Eltern mussten sich damit abfinden, dass jedes Kind anders ist und eigene Bedürfnisse hat. So erging es auch Cato dem Älteren mit den Herausforderungen, die er für seinen Sohn Marcus erdacht hatte. Er musste Marcus' eigene Persönlichkeit berücksichtigen. Plutarch schrieb hierzu:

> »Da sein Körper nicht robust genug war, um die extremen Strapazen zu ertragen, sah sich Cato gezwungen, die ungewöhnliche Härte und Selbstdisziplin seiner eigenen Lebensweise etwas zu lockern.«

Und so sollte es sein! Wir erziehen unsere Kinder zu robusten Menschen, indem wir ihnen liebevoll, geduldig und verständnisvoll vermitteln, über sich selbst hinauszuwachsen. Doch wir respektieren diese Grenzen. Wir stellen Herausforderungen für unsere Kinder auf, aber *wir* stellen nicht die Herausforderung dar. Wir sind vielmehr ihre Verbündeten, wir sind in ihrem Team. Wir lieben sie. Wir arbeiten mit und für sie, nicht gegen sie.

11. Oktober
SEIEN SIE WIE DER BOX-JUMP-DAD

Erinnern Sie sich an das virale Video eines kleinen vierjährigen iranischen Jungen namens Arat Hosseini, der versucht, Box Jumps zu machen? Arat versucht es und scheitert neunmal. Dann taucht sein Vater Mohamed auf und muntert seinen Sohn auf. Gleich beim nächsten Versuch gelingt Arat der Sprung. Oben auf der Box macht er zweimal eine Faust, bevor er seinem Vater in die Arme springt.

Darum geht es bei »Luctor et emergo« – »Ich kämpfe und komme voran«. Es handelt sich nicht um sinnloses Kämpfen, sondern darum, an ihrer Seite zu sein, sie zu ermutigen, sie aufzufangen, wenn sie fallen, ihnen zu sagen, was sie hören müssen, wenn Bedarf danach besteht. Es geht darum, wie Mohamed, der Box-Jump-Dad, zu sein und nicht wie John Roderick, der Bohnen-Dad.

12. Oktober

VERMITTELN SIE IHNEN, DASS SIE ÜBER DAS ENDE EINER GESCHICHTE ENTSCHEIDEN

Als Vizeadmiral James Stockdale über Vietnam abgeschossen wurde, geriet er in die Gefangenschaft der Nordvietnamesen. Fast acht Jahre lang wurde er gefoltert und war schlimmster Einsamkeit und unvorstellbarem Terror ausgesetzt. Er konnte nichts daran ändern, dass er abgeschossen und gefangen genommen worden war. Als man ihn fragte, wie er das überlebt habe, erwiderte er:

> »Ich habe nie den Glauben an das Ende der Geschichte verloren. Ich zweifelte nie daran, dass ich freikommen, mich letztlich behaupten und diese Erfahrung zum prägendsten Erlebnis in meinem Leben machen würde, das ich rückblickend gegen nichts eintauschen wollte.«

Stockdale suggerierte sich selbst, über unglaubliche Kraft zu verfügen – was ihm dabei half, diese grauenhafte Tortur sowie weitere auszuhalten. Er entschied, wie er diese Erfahrung für den Rest seines Lebens nutzen würde, egal, wie kurz oder lang es sein würde. Vermitteln Sie dies Ihren Kindern. Bringen Sie ihnen bei, schwierige Zeiten als Ansporn zu sehen. Lehren Sie sie, eine Chance zu erkennen, wo andere ein Hindernis sehen. Bringen Sie ihnen bei, dass sie trotz allem, was sich ihrer Kontrolle entzieht, eine unglaubliche Macht besitzen: die Macht zu entscheiden, was sie mit dem machen, was ihnen widerfährt. Sie können bestimmen, welchen Stellenwert sie einem Ereignis in ihrem Leben einräumen. Sie haben die Macht, das Ende ihrer eigenen Geschichte zu schreiben.

13. Oktober

FORDERN SIE SIE AUF, ES ZU BEWEISEN

In seinem faszinierenden Buch *Outdoor Kids in an Inside World* erzählt Steven Rinella von einem Campingurlaub mit seinen Kindern in Montana. Eines seiner Kinder behauptete voller Überzeugung, einen Skorpion gesehen zu haben. Als Steve ihm nicht glaubte, wurde das Kind immer ärgerlicher, denn es war sich sicher, tatsächlich einen Skorpion entdeckt zu haben. »Ich habe ihm gesagt, er könne mich nur überzeugen, wenn er mir einen Skorpion bringt«, schreibt Steve, »was mir völlig vernünftig und nicht verletzend erschien, da bekannt ist, dass es in Montana keine Skorpione gibt.«

Alle Eltern, die ihre Kinder schon einmal mit einer solchen unmöglichen Behauptung herausgefordert haben, wissen, was dann geschah. Innerhalb weniger *Augenblicke* waren die Kinder mit zwei Skorpionen auf einem Stein zurück. »Eine schnelle Recherche bei Google ergab, dass wir zwei Exemplare von Montanas einziger Skorpionart, dem Nordskorpion, vor uns hatten. Dieser kommt vor allem in den Rimrock-Areas des Yellowstone-Beckens vor, was neu für mich war.«

Wir zahlen alle Lehrgeld, wenn wir den Behauptungen unserer Kinder vertrauensselig glauben. Selbst wenn sie sich häufig irren, kommt Sie das eine Mal, in dem sie recht haben, teuer zu stehen. Das bedeutet aber nicht, dass sie es leicht haben sollten. Fordern Sie Ihre Kinder auf, an die Arbeit zu gehen. Ermuntern Sie sie, es zu beweisen. Sie sollen den Skorpion aufspüren. Sorgen Sie dafür, dass sie Beweise liefern, eine detaillierte Beschreibung abgeben und den Fall lösen. Noch besser: Tun Sie es gemeinsam. Bringen Sie ihnen bei, ihren Standpunkt zu vertreten, ihn zu untermauern und zu belegen … und so sorgen Sie gleichzeitig dafür, dass sie beschäftigt sind.

14. Oktober
SCHMERZ GEHÖRT ZUM LEBEN

»Auch wenn dir diese Kräfte frei und uneingeschränkt zur Verfügung stehen, nutzt du sie nicht, da du immer noch nicht weißt, was du hast und woher es kam … Ich will dir gerne zeigen, dass du Ressourcen hast und einen von Natur aus starken und unverwüstlichen Charakter.«

EPIKTET

Oh, wie sehr wünschen Sie sich, Sie könnten Ihren Kindern zusichern, dass sie niemals leiden werden. Aber Sie wissen natürlich, wie unmöglich das ist. Wie der Protagonist in Herman Hesses *Siddhartha* sagt, können wir unseren Kindern nicht das Leid ersparen, das wir in unserem Leben durchgemacht haben. Wir können sie nicht davor bewahren, zu leiden. Denn Leid und Schmerz gehören zum Leben.

Eltern streben danach, ihre Kinder so zu erziehen, dass sie stark genug sind – und *genug geliebt werden* –, um die Zumutungen des Lebens zu verkraften. Wir *wollen* nicht, dass sie leiden, aber wenn das Leid sie heimsucht (und das wird es definitiv), wünschen wir uns, dass sie den anfänglichen Schock überwinden, die Höhen und Tiefen meistern und aus den Folgen lernen.

Denken Sie heute darüber nach. Überlegen Sie, wie Sie Ihre Kinder abhärten und auf eine ungewisse Zukunft vorbereiten können. Denn das ist das eine, was wir mit Sicherheit wissen. Es wird hart werden, einiges wird schiefgehen. Sie müssen noch mit weiteren Pandemien, Notfällen, Rezessionen und noch mehr Kummer rechnen. Unsere Kinder müssen dafür gerüstet sein … und wir sollten sicherstellen, dass sie es sind.

15. Oktober

MUT IST GEFRAGT

2006 kaufte Benjamin Mee einen Zoo. Buchstäblich *einen Zoo.* Dieser war heruntergewirtschaftet und benötigte dringend einen fürsorglichen Eigentümer. Mee und seine Familie hatten ebenfalls zu kämpfen, denn auch bei ihnen lief nicht alles gut. Aber Mee – verkörpert von Matt Damon in der Verfilmung von Mees Buch *We bought a Zoo* –, erklärte seinem Sohn, dass unser Leben von den Momenten bestimmt wird, in denen wir uns selbst überwinden:

> »Weißt du, manchmal brauchst du nur 20 Sekunden ungewöhnlichen Muts. Buchstäblich nur 20 Sekunden unglaublichen Muts. Und ich verspreche dir, es wird etwas Großartiges daraus entstehen.«

Die Idee, den Mut in kleine Teile zu gliedern, ist für uns Eltern eine sehr nützliche, denn sie lässt sich leicht an unsere Kinder weitergeben. Im Allgemeinen ist der Mensch nicht mutig. Wir können nur für den Augenblick tapfer sein. Das gilt für uns und unsere Kinder oder Benjamin Mees Sohn genauso wie für die höchstdekorierten Soldaten.

Liest man zum Beispiel die Gründe für die Verleihung vieler Ehrenmedaillen, erkennt man, dass die heldenhafte Tat fast immer eine momentan bedingte war. Gewöhnlich ist es nicht der fünfstündige Kampf gegen zwölf Aufständische, der die Heldentat ausmacht, sondern der 20 Sekunden dauernde Sprint über eine offene, von drei Seiten unter feindlichem Beschuss stehende Ebene, um einem in Not geratenen Kameraden zu helfen.

Buchstäblich nur 20 Sekunden ungewöhnlichen, unglaublichen Muts. Genau das macht Tapferkeit aus. Vermitteln Sie Ihren Kindern also, wie sie diese paar Sekunden Mut aufbringen können. Lehren Sie sie, dass etwas Großartiges daraus entstehen wird. Versprechen Sie es ihnen.

16. Oktober

ALLES HAT SEIN GUTES

Als Elternteil muss man manchmal eine schwierige Situation nach der anderen meistern. Ein Kind ist krank. Das andere hat Probleme in der Schule. Ihr Nachbar hat Ihnen gerade am Telefon mitgeteilt, dass er Ihren Sohn gestern dabei ertappt hat, wie er sein Haus mit Steinen beworfen habe. Ihre Tochter wird gemobbt. Es sieht ganz danach aus, als werde Ihre gesamte Familie heute *viel zu* spät zum Fußballspiel kommen.

Ach, es ist frustrierend. Es ist überwältigend. Es kann so niederschmetternd sein.

In solchen Augenblicken sollten wir uns an folgenden Satz von Laura Ingalls Wilder erinnern:

»Alles hat sein Gutes; wir müssen es nur suchen.«

Wenn wir Eltern jede Herausforderung als Problem, als Belastung ansehen, werden wir im Nu erschöpft sein. Doch wenn wir stattdessen in jeder dieser Schwierigkeiten etwas Gutes erkennen können, wenn wir uns auf die Chance in jedem Hindernis konzentrieren, werden wir nicht nur besser damit fertig, sondern auch bessere Eltern sein.

17. Oktober
HELFEN SIE, ABER MACHEN SIE SIE NICHT HILFLOS

Es gibt so viel zu tun. Ihre Kinder müssen gekleidet und ernährt werden. Sie müssen zur Schule gehen und gute Noten heimbringen. Sie brauchen einen Job. Sie müssen es sich erarbeiten, wie sie eine Wohnung oder einen Ehepartner finden, wie sie die Schwierigkeiten der modernen Welt bewältigen.

Es gibt so viel zu tun ... und sie können das alles noch nicht. Wie also sollen sich die Eltern einmischen, ohne die Grenze zu überschreiten? Woher weiß man als Eltern, wo man helfen kann, was man für sie tun kann, wie man ihnen vermitteln kann, dass sie sich keine Sorgen zu machen brauchen? Leider gibt es keine Regeln. Niemand kann perfekte Anweisungen geben: Zahlen Sie für das College, aber nicht für das Auto Ihrer Kinder. Kochen Sie für sie, aber machen Sie nicht ihre Hausaufgaben. Räumen Sie die Küche auf, aber nicht ihr Zimmer.

Vielleicht sollten wir also stattdessen nach einem guten Prinzip suchen, an das wir uns halten können. Plutarchs Aussage über Führungsqualitäten könnte uns helfen:

> »Ein Elternteil sollte alles Mögliche tun, aber nicht alles.«

Eine große Führungspersönlichkeit scheut sich nie, die Ärmel hochzukrempeln. Genau wie ein großartiger Elternteil würde sie *alles Mögliche* für ihre Familie oder ihr Unternehmen tun. Aber sie weiß auch, dass sie nicht *alles* ausrichten kann. Das wäre weder gut für sie noch für andere.

18. Oktober
VERMITTELN SIE IHNEN, DASS ES SICH HERAUSFINDEN LÄSST

»Was ein Hindernis für unser Handeln war, wird zukünftig unser Handeln beschleunigen. Das Hindernis, das uns im Weg liegt, wird der Weg.«

MARK AUREL

In den Biografien kreativer und genialer Menschen kommt immer wieder eine Geschichte vor, die in etwa so lautet: Als Kinder haben sie eine Frage – vielleicht, wie die Automotoren funktionieren oder wie die Antarktis aussieht. Worum es bei der Frage geht – ob um Geschichte, Wissenschaft oder Tiere – spielt keine Rolle, denn die Väter der Kinder haben alle dieselbe Antwort: »Ich weiß es nicht, aber lass es uns herausfinden!« Also gehen sie in die Bibliothek oder an den Computer und suchen so lange, bis sie die Antwort gefunden haben.

Für die jungen Versionen dieser namhaften Persönlichkeiten brachte diese Erfahrung ein paar entscheidende Lektionen für ihren weiteren Weg mit sich: 1. Ihre Eltern hörten ihnen tatsächlich zu und nahmen ihre Fragen wichtig; 2. Neugier ist der Ausgangspunkt eines großen Abenteuers; und 3. Es gibt zum Beispiel Bibliotheken, das Internet oder einen klugen alten Nachbarn, die einem antworten können.

Vor allem aber haben Ihre Kinder etwas gelernt, das der Titel von Marie Forleos Buch *Everything Is Figureoutable* wunderbar ausdrückt: Probleme kann man lösen. Unwissenheit kann man beseitigen und Antworten kann man finden. Das Unbekannte kann man sich vertraut machen. Dinge kann man entdecken.

Zeigen Sie ihnen, wie das funktioniert. Weisen Sie sie auf die Bibliothek oder den Laptop, das Telefon oder ihren Naturwissenschaftslehrer hin. Vermitteln Sie ihnen, dass sich alles herausfinden lässt, im Großen wie im Kleinen.

19. Oktober
VERMITTELN SIE IHNEN, DASS ES SICH HERAUSFINDEN LÄSST, TEIL II

Als Charles Lindbergh sich an seinen ersten Transatlantikflug heranwagte, stieß er auf ein Problem: Er hatte keine Ahnung, wie groß die Entfernung war.

In seinen Memoiren beschreibt eine unglaubliche Passage über den Flug, wie Lindbergh in der frühen Vorbereitungsphase mit den Mechanikern über seinen Plan spricht, eine bestimmte Route von New York nach Paris zu nehmen.

»Wie weit ist das?«, fragt einer von ihnen.

»Ungefähr 3500 Meilen. Wir könnten es genau überprüfen, wenn wir es auf einem Globus messen würden. Weißt du, wo einer ist?«

»In der öffentlichen Bibliothek befindet sich ein Globus. Mit dem Auto sind wir schnell dort. Ich muss die Entfernung kennen, bevor ich genaue Berechnungen anstellen kann. Mein Auto steht draußen.«

Lindbergh war ein Mann, der es verstand, seine eigenen Probleme zu lösen, indem er Dinge *herausfand*. Lindbergh und sein Partner nahmen schließlich ein Stück Schnur, spannten es über die Krümmung des Globus von New York nach Paris und maßen dann die Entfernung. Sie kamen der tatsächlichen Entfernung äußerst nahe, so nahe, dass er den Flug überlebte.

Es ist nicht unsere Aufgabe, die Probleme unserer Kinder zu lösen. Wir müssen ihnen nicht beibringen, wie man etwas auswendig lernt. Wir sollten sie aber lehren, sich selbst zu helfen. Es gilt ihnen zu vemitteln, dass sich alles herausfinden lässt.

20. Oktober
DOSIEREN SIE IHRE UNTERSTÜTZUNG

Jeannie Gaffigan erfur 2016 von einem birnengroßen Tumor in ihrem Gehirn. Sie hätte daran sterben können. Und wenn sie überlebte, stand ihr eine langwierige und leidvolle Genesung bevor, und sie würde vielleicht nie wieder dieselbe sein. Es war eine überaus schwierige Zeit für die Familie Gaffigan. In einem Interview schilderte Jeannie, wie sehr sie befürchtete, ihre Familie könne ohne sie nicht funktionieren oder weiterleben:

> »Während ich in den OP gerollt wurde, glaubte ich, noch sagen zu müssen: »Mein PC-Passwort lautet …« und: »Das Fresh-Direct-Passwort lautet …« Ich glaubte, so viel weitergeben zu müssen. Aber als ich mich dann erholte, erkannte ich, dass man die Menschen, denen man alles abnimmt und für die man alles tut, völlig ihrer Funktionstüchtigkeit beraubt. Es gab also zwei Dinge zu beachten. Erstens: Ich begriff, dass ich mein Leben, meine Familie und meine Kinder zu sehr kontrollierte. Zweitens: Sie kommen auch gut allein zurecht. Sie brauchten kein Boot Camp unter meiner Führung.«

Wir meinen nicht, Sie oder der andere Elternteil Ihrer Kinder seien nicht wichtig. Das wäre absurd. Jeannie erkannte einfach, dass sie die Entwicklung ihrer Kinder hemmte, indem sie zu sehr klammerte und zu viel Unterstützung zeigte. »Ich war zu nichts zu gebrauchen«, sagte sie, »und allen ging es gut. Es ging ihnen sogar besser. Bei Jim kam eine Seite zum Vorschein, die er zuvor nie gezeigt hatte. Meine Kinder entwickelten Eigenschaften, die ich aus der Ferne beobachten konnte. Sie brauchten mich nicht, aber irgendwie wiederum doch.«

21. Oktober
SIE SOLLEN ES SELBST HERAUSFINDEN

Es wäre einfach, unseren Kindern alle Antworten zu geben, und außerdem täten wir das gerne. Alles würde viel schneller und reibungsloser ablaufen, und Sie könnten sich wieder auf das konzentrieren, womit Sie gerade beschäftigt waren. Aber so geht das einfach nicht.

An anderer Stelle haben wir bereits erwähnt, dass wir Kinder großziehen wollen, die wissen, wie sie zurechtkommen können. Was heißt das? Es bedeutet, dass Sie es Ihren Kindern *überlassen* sollen, etwas herauszufinden.

John Stuart Mill erinnerte sich, dass ihm in seiner Kindheit, als sein Vater ihn erzog, »nie etwas erklärt wurde, bevor ich es durch Nachdenken nicht selbst herausfand und alles getan hatte, um es zu ergründen«. Es ist nicht so, dass sein Vater ihm nie geholfen hätte – wie ein gewisser Bohnen-Dad, der seine Kinder zu Hause unterrichtete –, doch er spornte seinen Sohn an, es zuerst selbst zu versuchen. Er tat sogar mehr als das – er ließ ihn darum kämpfen, half ihm *nicht*, bis er es entweder lernte oder begriff, wie man lernt. Der Junge musste es selbst versuchen und erst scheitern, bevor er ihm half.

Luctor et emergo – erinnern Sie sich? Ich kämpfe und komme voran? Wir müssen unseren Kindern vermitteln, dass sie fähig sind, etwas selbst zu schaffen. Und falls sie noch nicht in der Lage sind, ist es am besten für sie, es sich durch Erfahrung, Neugier und Forschen zu erarbeiten. Wir halten Antworten nicht deshalb zurück, weil wir unsere Kinder nicht lieben, sondern weil wir sie so sehr lieben. Wir lassen sie kämpfen, *weil* wir an sie glauben und sogar noch mehr an das glauben, was sie erreichen werden.

22. Oktober
ES IST WICHTIG, WIE SIE ES SEHEN

»Entscheide dich, nicht verletzt zu werden, und du wirst dich nicht verletzt fühlen. Fühle dich nicht verletzt – und du bist auch nicht verletzt worden.«

Mark Aurel

Manches sucht man sich wirklich nicht aus – und wünscht es vor allem nicht den eigenen Kindern. Ob es um einen gebrochenen Arm geht oder um Mobbing; das Leben konfrontiert uns mit vielen Zumutungen. Mit frustrierenden Vorfällen, schmerzhaften Dingen, problematischen Ereignissen.

Auch wenn wir all das verhindern wollen, dürfen wir nicht vergessen, dass wir auch angesichts dieser Dinge noch in gewisser Weise wählen können: Wie James Stockdale, der über dem nordvietnamesischen Dschungel abgeschossen wurde, können wir entscheiden, wie wir schwierige Ereignisse angehen. Wir erfinden auch dann unsere eigene Geschichte.

Die Kraft dieser Vorstellung – ob sie nun akzeptiert oder abgelehnt wurde – zeigte sich in der Haltung von Eltern während der Pandemie. Zu viele Eltern verschlossen die Augen davor, dass ihre Kinder gelitten hatten, sei es durch den Videounterricht oder weil sie ihre Großeltern nicht sehen durften. Natürlich war das alles nicht wünschenswert. Und es *gab* Konsequenzen. Aber »gelitten«? Das ist eine subjektive Aussage. Es ist eine Entscheidung.

Werden Ereignisse Ihre Kinder beeinträchtigen? Weil sie wegen eines Umzugs mitten im Jahr die Schule wechseln müssen? Eine Brille tragen müssen? Wegen einer Scheidung? Wegen ihrer Lernprobleme? Ja. Es wäre unaufrichtig, das Gegenteil zu behaupten. Aber negativ *beeinträchtigt*? Das hängt von Ihnen ab. Denn wie Sie bestimmte Vorfälle sehen und noch wichtiger, wie Sie darauf reagieren, wirkt sich darauf aus, wie Ihre Kinder all dies wahrnehmen.

23. Oktober
NEHMEN SIE IHNEN NICHT ALLES AB

General H. R. McMaster und seine um die Jahrtausendwende geborene Tochter nennen ihre Generation spaßhaft die »Start-my-orange-for-me«-Generation. So konnten die Kinder, mit denen McMasters Tochter groß wurde, nicht einmal eine Orange schälen, ohne dass ihre Eltern halfen. Und jetzt als Erwachsene erleben sie die negativen Folgen. Denn so lange sie zurückdenken können, haben ihre Eltern alles Mögliche für sie erledigt. Ob es sich um Wissenschaftsprojekte handelte, die am Vorabend in Angriff genommen wurden, oder um Auseinandersetzungen mit Lehrern wegen (berechtigter) schlechter Noten, oder später um die Anzahlung für ein Haus, das sie sich nicht leisten konnten – McMasters Tochter war umgeben von erlernter Hilflosigkeit.

Dieser Helikoptererziehungsstil hat viele Ursachen: Narzissmus, Angst, Unsicherheit, finanzielle Ungewissheit und natürlich echte Liebe. Unabhängig von den emotionalen Aspekten: Die Folgen sind dieselben.

Unser Ziel ist es, eigenständige Kinder großzuziehen. Also lassen Sie sie ihre Orangen selbst schälen. Sie sollen natürlich nicht zuschauen, wie sie sich abmühen, so wie der Bohnen-Dad. Sondern ihnen vielmehr etwas *beibringen*, sie ermutigen. Sie dürfen etwas von ihnen erwarten. Lassen Sie sie eigenständig handeln.

24. Oktober

SIE KÖNNEN TROTZDEM ERFOLGREICH SEIN

Viele der erfolgreichsten Künstler, Unternehmer und führenden Politiker stammen aus schwierigsten Verhältnissen. Die Not prägte und formte sie, spornte sie sogar an, sich auszuzeichnen.

Sind Ihre Kinder nun etwa im Nachteil, weil Sie nach wie vor glücklich verheiratet sind, sie auf gute Schulen schicken und ihnen neue Kleidung kaufen können? Wohl kaum!

»Es wurde behauptet, dass für den Erfolg eine unglückliche Kindheit unerlässlich ist«, schrieb die Tänzerin und Schriftstellerin Agnes de Mille in ihrer Biografie über Martha Graham. »Schon möglich. Doch manch einer erlebt eine unglückliche Kindheit, ohne dass aus ihm etwas Besonderes wird, wobei eines so gut wie sicher ist: Er wird es nicht leicht im Leben haben.«

Tatsächlich kommen erfolgreiche Persönlichkeiten aus den unterschiedlichsten Verhältnissen. Franklin Delano Roosevelt hatte liebevolle Eltern, Churchill dagegen nicht. Doch beide waren gleichermaßen erfolgreich, und beide bemühten sich, ihren eigenen Kindern ein gutes, stabiles und liebevolles Zuhause zu bieten.

Wir alle versuchen nach Kräften, unseren Kindern eine glückliche Kindheit zu ermöglichen. Zweifeln Sie nicht an sich selbst. Ihre Kinder sollen ein gutes Leben führen. Doch vergessen Sie nicht: Gut ist nicht dasselbe wie leicht!

25. Oktober
NIEMAND MAG VERWÖHNTE KINDER

> »Jedes Kind verfügt über eine gewisse Schönheit: die Schönheit der Unschuld und der Fügsamkeit. Aber es gibt nichts Schönes an einem verwöhnten Kind.«
>
> DOUG MCMANAMAN

Es gibt nichts Schöneres und Großartigeres als ein Kind. Sein Lachen. Seine Freude. Wie süß es spricht. Aber Süßes kann auch schnell sauer werden.

Sie erweisen Ihren Kindern keinen Gefallen, wenn Sie ihnen jeden Wunsch erfüllen. Sie helfen ihnen nicht, wenn Sie ihnen jede Hürde aus dem Weg räumen und jegliche Widrigkeit von ihnen fernhalten. Sie erleichtern ihnen das Leben nicht, wenn Sie alle Kämpfe für sie austragen. Sie tun ihnen nichts Gutes, wenn Sie ihnen gegenüber zu nachsichtig sind.

Nein, Sie verwöhnen sie. Und damit erweisen Sie auch der Welt keinen Dienst. Stattdessen machen Sie Ihren Kindern das Leben schwerer und unangenehmer. Ja, Sie legen den Grundstein, dass sie schwach und unsympathisch sein werden.

Verwöhnen Sie sie nicht. Alles in Maßen, auch wenn Sie sie über alle Maßen lieben. Sicherlich ist es nicht einfach, das Gleichgewicht zu finden, aber es steht einfach zu viel auf dem Spiel, wenn man es nicht richtig macht.

26. Oktober

BERAUBEN SIE SIE NICHT DIESER FÄHIGKEIT

»Alle Probleme der Menschheit ergeben sich aus der Unfähigkeit des Menschen, allein in einem Raum still zu sitzen.«

BLAISE PASCAL

Instinktiv sorgen wir dafür, dass jeder Moment im Leben unserer Kinder ausgefüllt ist. Sie müssen zur Schule. Zum Schwimmtraining. Zum Gitarrenunterricht. Zum Spielen mit Freunden. Wir wollen, dass sie sich an der frischen Luft austoben. Sie sollen lesen, ihre Hausaufgaben machen oder ihr Instrument üben. Wir fragen sie, was sie als Nächstes tun wollen. Wir zwingen oder spornen sie ständig zu etwas an.

Gewöhnlich ist das gut gemeint. Aber es beraubt sie einer sehr wichtigen Fähigkeit im Leben – der Kompetenz, allein zu sein, sich ihren Gedanken hinzugeben, sich selbst zu unterhalten, mit Langeweile klarzukommen.

Manche Kinder sind extrovertiert. Andere wiederum introvertiert. Aber *jedes Kind sollte wissen, wie es ist, allein zu sein und sich dabei wohlzufühlen.* Es gibt viele Gelegenheiten, ihnen in dieser Hinsicht zu helfen, natürlich je nach Alter und Persönlichkeit. Wenn Ihre Kinder morgens aufwachen, sollten Sie nicht in ihr Zimmer stürmen. Wenn sie in aller Ruhe in ihrem Zimmer spielen, halten Sie sich zurück. Gönnen Sie ihnen, die Muße zu genießen. Lassen Sie zu, dass sie nach der Schule oder am Wochenende einfach mal nur herumliegen. Erlauben Sie ihnen ein wenig Zeit für sich selbst, damit sie eine gewisse Unabhängigkeit kultivieren können.

Wie jeder Erwachsene weiß, gehört auch das zum Leben. Kinder, die unfähig sind, sich allein in einem Raum aufzuhalten, sind unglücklich und anfällig für Sucht und Reizüberflutung. Vermitteln Sie es ihnen also jetzt. Oder genauer gesagt, lassen Sie ihnen den Freiraum, es selbst zu erfahren.

27. Oktober
ERZÄHLEN SIE IHNEN VON IHREN KÄMPFEN

Major Taylor war der größte Radrennfahrer seiner Generation. Er wurde 1878 als Schwarzer in Amerika geboren und schaffte es im Radrennsport bis ganz nach oben – ein überaus harter Kampf, weil er sich gegen brutalen Rassismus und Ungerechtigkeit durchsetzen musste. Die ewigen Kämpfe forderten ihren Tribut von Taylor. Schließlich verlor er nicht nur sein Ansehen und sein Vermögen, sondern auch seine geliebte Familie. Er starb einsam, mittellos und entfremdet von seiner kleinen Tochter Sydney.

Michael Kranish schreibt in *The World's Fastest Man,* Sydney sei viele Jahre lang der Meinung gewesen, ihr Vater habe sie im Stich gelassen, und natürlich war sie wütend auf ihn. »Sydney war verbittert über die augenscheinliche Strenge und Reserviertheit ihres Vaters. Erst später, so sagte sie, habe sie wirklich verstanden, welchen Strapazen er ausgesetzt war – den körperlichen infolge jahrzehntelanger Rennen und den mentalen aufgrund des Rassismus. Beides zusammen, so glaubte sie, hatte ihn langsam umgebracht.«

Sydney wusste nichts davon, wie ihr Vater kämpfte. Diese Kämpfe waren nicht sein Fehler … aber es war sein Versäumnis, nicht mit ihr darüber geredet zu haben. Wir alle haben Kämpfe durchzustehen. Es hat noch nie ein Elternteil (oder ein Mensch) existiert, der nicht für sich kämpfen musste. Wenn wir unseren Kindern dies nicht erklären, wenn wir ihnen gegenüber nicht ehrlich sind oder uns nicht verletzlich zeigen können, entsteht zwischen uns eine unüberbrückbare Kluft. Unwiderruflich verlieren wir dann zum einen Zeit und zum anderen die Verbindung zueinander.

Uns allen wird das entgleiten, was Sydney und Major verloren: die Chance, einander zu unterstützen, einander zu verstehen, aus den Kämpfen des anderen zu lernen und sich gegenseitig Liebe und Wertschätzung entgegenzubringen.

28. Oktober

SIE KÖNNEN ALLES ÜBERLEBEN

»Es war die beste Zeit, es war die schlimmste Zeit.«

Charles Dickens

Als Eltern zweifeln wir an uns selbst. Nicht nur manchmal, sondern immer. Wir fragen uns, ob wir genug tun, ob wir alles richtig machen, ob wir das Zeug dazu haben, gute Kinder heranzuziehen.

Nun, wir können das jetzt auf sich beruhen lassen. Die COVID-19-Jahre haben die Sache entschieden.

Sie wurden durch die Mangel gedreht. Sie haben die Feuerprobe bestanden. *Und Sie sind immer noch hier.*

Sie haben es überstanden. Sie haben Ihr Bestes gegeben. Vielleicht sind Sie ins Wanken geraten, aber Sie haben nie aufgegeben. Vielleicht sind Sie erschöpft – was nicht verwunderlich wäre –, aber Sie haben aus dieser Erfahrung auch große Kraft geschöpft.

Seneca zufolge ist das wahre Objekt des Mitleids jemand, der noch nie ein Unglück erlebt hat. Und diejenigen von uns, die es durchgemacht haben? Es war nicht leicht, aber zumindest wissen wir jetzt, was wir schaffen können.

Falls Sie sich je gefragt haben, ob Sie das Zeug dazu haben ... jetzt haben Sie den Beweis. Sie haben es.

29. Oktober
SIE MÜSSEN ES SO SEHEN

Falls Sie sich die berühmte »Good«-Rede von Jocko Willink noch nicht angehört haben, holen Sie es bei der nächstbesten Gelegenheit nach. Denn seine Navy-SEAL-Haltung richtet sich nicht nur an das Militär, an Unternehmer oder Führungskräfte. Sie ist auch ein Rezept für die Kindererziehung. Wir können seine Gedanken leicht als persönliches Mantra für einige Probleme verwenden, denen wir als Eltern tagein tagaus begegnen.

> Oh, meinem Kind war es heute Morgen schlecht? Gut, dann bleiben wir beide heute zu Hause.
>
> Die Bestellung fürs Essen zum Mitnehmen wurde in letzter Minute storniert? *Gut,* dann gibt es eben das Frühstück zum Abendessen.
>
> Sie haben Ihr Kind beim Lügen erwischt? *Gut*, dann bietet sich Ihnen jetzt die Gelegenheit, über Ehrlichkeit zu sprechen.
>
> Sie wurden wegen zu schnellen Fahrens von der Polizei angehalten? *Gut,* zeigen Sie Ihren Kindern, wie man mit Fehlern umgeht.
>
> Ihr Unternehmen steckt in Schwierigkeiten? *Gut,* sprechen Sie mit ihnen über Würde, wenn man unter Druck steht.
>
> Ihr Flug hat sich verspätet? *Gut,* dann amüsieren Sie sich mit der Familie am Flughafen.
>
> Sie stecken im Verkehrsstau? *Gut,* dann bleibt Ihnen mehr Zeit mit Ihren Kindern.
>
> Ihre Kinder haben Probleme mit Mathe? *Gut,* dann wird es Zeit, Ihre Algebrakenntnisse aufzufrischen.

Ihre Kinder verlassen sich auf Sie. Sie dürfen nicht verzweifeln, haben keine Zeit, zu klagen. Niemand wird Ihnen dieses Problem abnehmen. Es wurde Ihnen vom Schicksal oder vom Zufall zugewiesen, und nun liegt es bei Ihnen, damit zurechtzukommen, etwas daraus zu *machen.*

Machen Sie es *gut* … für Ihre Kinder.

30. Oktober

SCHENKEN SIE IHNEN DIESE GROSSE MACHT

Als sie etwa 13 Jahre alt war, kam Condoleezza Rice am Boden zerstört nach Hause, weil eine Klassenkameradin aufgestanden war und den Platz gewechselt hatte, um nicht neben einem schwarzen Mädchen sitzen zu müssen. Sie mögen denken, ihre Eltern hätten sie damit getröstet, dass Amerika noch einen langen Weg vor sich habe, und ihr versichert, sie sei so viel wert wie jede andere. Sie haben sich vielleicht tatsächlich so verhalten, aber ihr Vater gab seiner Tochter bei dieser Gelegenheit auch einen ziemlich kontraintuitiven Rat: »Es ist in Ordnung, dass sich eine engstirnige Person nicht neben dich setzen möchte, *solange sie diejenige ist, die den Platz wechselt.*«

Statt seiner Tochter das Gefühl zu vermitteln, das Opfer zu sein, *stärkte* er sie. In diesem Augenblick machte er ihr ein großes Geschenk: das der Würde und Stärke. Ja, er sagte ihr, sie könne nicht kontrollieren, was andere gedankenlose oder gemeine Menschen taten. Sie konnte jedoch beschließen, sich nicht davon beeindrucken zu lassen und auch nicht ihren Lebensstil oder die Gestaltung ihres eigenen Schultags davon einschränken zu lassen. Wenn ein rassistisches Kind (dessen Eltern offensichtlich ebenfalls rassistisch sind) seinen Sitzplatz wechseln wolle, dann sei dies seine Entscheidung. Aber sie müsse sich dadurch nicht verbiegen oder verändern lassen. Sie brauche es nicht an sich heranzulassen.

Die anderen können sich umsetzen. Sie brauchte nichts zu tun. Das war ihre Macht. Auch Ihre Kinder sollten wissen, dass sie diese Macht besitzen.

31. Oktober
SEIEN SIE NICHT SOLCHE ELTERN

Helikoptereltern weichen ihrem Kind nicht von der Seite, lassen es nicht aus den Augen. Sie folgen ihm zum Spielplatz, damit es ja nicht hinfällt. Sie lassen das Kind nicht mit dem Fahrrad zu einem Freund nach Hause fahren, damit es sich nicht verirrt. Solche Eltern entscheiden alles für ihr Kind. Sie kontaktieren ständig die Lehrer, um sich zu vergewissern, dass alles nach Plan läuft – *ihrem* Plan.

Schneepflugeltern schauen voraus, beseitigen jedes erdenkliche Hindernis und jede Hürde, die sich ihrem Kind in der Zeit zwischen Jugend und ... Ruhestand? ... in den Weg stellt. Dem Ruhestand der Kinder, nicht dem ihrigen.

Der Trainer hält ihr Kind nicht für geeignet, ein Starspieler zu werden? Dann gründen sie ihr eigenes Team. Wie steht es mit der College-Bewerbung? Die Eltern regeln alles, auch wenn dafür Regeln oder Gesetze gebrochen werden. Unter großen Mühen und Kosten sorgen sie dafür, dass ihr Kind sich nie plagen muss, ins Stolpern gerät oder abgelehnt wird.

Unnötig zu erwähnen, dass ein solches Vorgehen niemals zu dem Ziel führt, das sich alle guten Eltern wünschen: eigenständige, glückliche und ausgeglichene Kinder. Auch wenn viele Helikopter- oder Schneepflugeltern aus den besten Motiven handeln – sie lieben ihre Kinder so sehr, dass sie nur das Beste für sie wollen –, schaden sie ihnen im Grunde genommen.

Ihre Aufgabe ist es, für Ihr Kind *da* zu sein, aber nicht, für alles zuständig zu sein. Sie sollen Ihr Kind anleiten, aber es nicht davor bewahren, jemals zu versagen. Ja, Sie müssen es beschützen, aber nicht überbehüten. Nicht auf Kosten des Lebens selbst.

NOVEMBER

DANKEN UND BEZIEHUNGEN AUFBAUEN

(LEKTIONEN IN DANKBARKEIT UND VERBUNDENHEIT)

1. November
DIE ELTERNSCHAFT IST EIN BAND, DAS WIR ALLE TEILEN

»Wie Aristoteles schon vor langer Zeit feststellte, streben alle unsere Mitgeschöpfe danach, zu leben und für Nachkommen zu sorgen.«

MARTHA NUSSBAUM

Sie lieben Ihre Kinder über alles. Sie sind etwas Besonderes für Sie. Sie schließen die Augen, wenn Sie an sie denken, Ihr Herz wird weich. Sie würden alles für sie tun. Niemand bedeutet Ihnen mehr.

Denken Sie einen Moment lang an sie. Spüren Sie ihre Wärme? Fühlen Sie, wie diese Sie einhüllt? Am liebsten würden Sie sie umarmen, richtig? Vielleicht würden Sie am liebsten weinen. Genau das macht die Elternschaft aus.

Nehmen Sie sich einen Augenblick Zeit, um an die vielen Menschen zu denken, mit denen Sie dieses Gefühl teilen. Bedenken Sie, dass im Grunde genommen jeder einzelne Mensch, sogar der Mörder in der Todeszelle, sogar der Rüpel, der Sie gerade im Supermarkt angerempelt hat, sogar der Milliardär, der Ihrer Meinung nach unser politisches System zerrüttet, dasselbe für seine Kinder fühlt. Man kann es drehen und wenden, wie man will. Kleopatra empfand so für ihre Tochter, Frederick Douglass für seine Söhne. Auch Milliarden einfacher Menschen in kleinen Städten, in Höhlen und auf Schiffen in stürmischer See erging es so.

Die Elternschaft ist etwas Besonderes. Sie ist nahezu universell. Wir könnten freundlicher und nachsichtiger sein und mehr Gemeinsamkeiten entdecken, wenn wir uns etwas häufiger daran erinnern würden.

2. November

SIE WÜRDEN ALLES DAFÜR GEBEN, DOCH ...

Als Kobe Bryant am 26. Januar 2020 in seinem Hubschrauber in der Innenstadt von Los Angeles abhob, war er fünffacher NBA-Champion. Er wurde zweimal als wertvollster Spieler in der Endrunde ausgezeichnet und war zweifacher olympischer Goldmedaillengewinner. Er hatte zudem einen Emmy und einen Oscar gewonnen und war ein *New York Times*-Bestsellerautor. Er hatte im Lauf seiner Karriere Hunderte Millionen Dollar verdient und einen Risikokapitalfonds von über 100 Millionen Dollar gegründet.

Doch es versteht sich von selbst, dass er auf all das verzichtet hätte, um noch einen einzigen weiteren Tag mit seinen vier Töchtern zu erleben. Und Sie würden genau dasselbe tun.

Wer würde das nicht?

Wir wissen das. Wir würden es sagen, wenn man uns diese Frage stellte. Sie würden es auch sagen, oder? Und doch ... doch ... doch ... sehen Sie sich Ihre Entscheidungen an. Sie würden so viel aufgeben, um eine weitere Nacht mit Ihren Kindern zu erleben, doch jetzt sitzen Sie hier und telefonieren, während Ihr Kind in der Badewanne sitzt. Kein Geld der Welt könnte Sie für einen weiteren gemeinsamen Morgen mit Ihren Kindern entschädigen. Doch hier sind Sie, mürrisch, weil es noch so früh ist, und verärgert, weil Sie auf der Straße zur Schule im Stau stecken.

Sie haben in diesem Moment das in der Hand, wofür Kobe Bryant *alles* gegeben hätte. *Vergeuden Sie es nicht*. Danken Sie dafür.

3. November
DARÜBER KANN MAN SICH FREUEN

Manchmal tun sich Eltern schwer damit, ihre Gefühle auszudrücken. Nicht so sehr, weil man von ihnen erwartet, ihre Emotionen nicht preiszugeben, sondern weil ihre Gefühle so überwältigend und komplex sein können. Es ist ein emotionales Chaos: Liebe, Freude, Angst, Verrücktheiten, Erschöpfung, Verantwortung, Motivation und innigste Bindung.

Niemand hat Sie auf all das vorbereitet ... und es unterscheidet sich von allem, was Sie je zuvor erlebt haben. Wie drücken Sie es aus? Wie vermitteln Sie Ihrer Familie, was sie Ihnen bedeutet? Wie sie Sie um den Finger wickelt, dass sie Ihr ein und alles ist?

Vielleicht ist dieser Dialog aus *The Boy, the Mole, the Fox and the Horse* aufschlussreich:

> »Manchmal möchte ich euch allen sagen, dass ich euch liebe«, sagt der Maulwurf, »aber es fällt mir schwer.«
> »Wirklich?«, sagt der Junge.
> »Ja, und so sage ich etwas wie: Ich bin froh, dass wir alle hier sind.«

Ich bin froh, dass wir alle hier sind. Ist das nicht die perfekte Art, um Ihre Gefühle zu verdeutlichen? Freude und Dankbarkeit, dass Sie zusammen sind, dass dies geschieht. Dass Sie einander haben. Dass wir alle hier sind, genau jetzt, trotz allem.

4. November

SIE SIND GESEGNET

Charles de Gaulle hatte ein schweres Leben. Im Ersten Weltkrieg war er Kriegsgefangener. Im Zweiten Weltkrieg musste er aus Frankreich fliehen, um später das Land zu retten. Er musste Protestkundgebungen ertragen und wurde beinahe ermordet. Seine Tochter Anne kam mit dem Downsyndrom zur Welt. Als sie 1928 geboren wurde, wusste man noch nicht damit umzugehen – Kinder mit Behinderungen wurden häufig in Heime gesteckt. Den Eltern vermittelte man das Gefühl, sich schämen zu müssen, als seien sie verantwortlich für ein »zurückgebliebenes« Kind, wie es damals hieß.

Aber De Gaulle und seine Frau Yvonne machten es anders. Sie nahmen die Behinderung ihrer Tochter an. Sie richteten ihr Leben nach der herausfordernden, aber lohnenden Erfahrung aus, sie großzuziehen. »Ihre Geburt stellte für meine Frau und mich eine Prüfung dar«, sagte er. »Aber glauben Sie mir: Anne ist meine Freude und meine Kraft. Sie ist der Segen Gottes in meinem Leben ... Sie hat dafür gesorgt, dass ich mich gehorsam dem Willen Gottes unterwerfe.«

Jedes unserer Kinder ist anders. Jedes bringt sein eigenes Handicap, seine eigenen Probleme und seine eigene Persönlichkeit mit. Es ist unwichtig, ob sie schwer behindert sind, eine kleine Lernschwäche haben oder diese oder jene Herausforderung an uns stellen. Wir sind gesegnet. Sie sind ein Segen, eine Chance für uns, uns zu ändern und zu wachsen; sie bereiten uns Freude und geben uns eine Aufgabe, der wir engagiert nachgehen sollten.

5. November
LERNEN SIE, DANKBAR ZU SEIN?

Ihre Kinder sollten dankbar sein. Natürlich nicht gegenüber Mama und Papa, denn die machen nur ihren Job. Dazu sind sie *gesetzlich und biologisch* verpflichtet. Ihre Kinder sollten für alles dankbar sein. So wie wir alle. Denn es ist ein Wunder, dass überhaupt jemand von uns am Leben ist. Die Chancen sind astronomisch gering, dass wir hier sind, dass wir *wir* sind.

Es ist also wichtig, Ihren Kindern Dankbarkeit beizubringen. Jason Harris, CEO von Mekanism – eine preisgekrönte Werbeagentur – und Autor von *The Soulful Art of Persuasion* kennt eine interessante Methode, wie Kinder lernen, dem Leben dankbarer gegenüberzustehen. Er schreibt:

> »Jeden Sonntagabend tragen wir drei Dinge in unser Notizbuch ein, für die wir persönlich dankbar sind. Ich weiß, das ist nicht weltbewegend, aber dieses Ritual hat für mich und meine Kinder einen bedeutenden Unterschied ausgemacht, denn es ermöglicht einen Neustart und bereitet uns für die kommende Woche vor. Wenn Sie diese Überlegungen in ein Notizbuch eintragen, können Sie frühere Einträge nachlesen und an wirklich schwierigen Tagen Ihr Gedächtnis auffrischen. Gedanken der Dankbarkeit in sich zu tragen, kann Ihnen helfen, zu erkennen, dass Sie und Ihre Kinder, was auch immer heute schiefgelaufen ist, alles in allem viel Positives erlebt haben.«

Wundervoll. Und um wie viel wunderbarer wäre die Welt, wenn noch mehr von uns diese Methode aufgreifen und sie bei unseren Kindern anwenden würden?

6. November
ES IST IMMER EIN SEGEN

»Ein Schriftsteller – und ich glaube, im Allgemeinen jeder Mensch – sollte denken, dass alles, was ihm passiert, eine Ressource ist.«

JORGE LUIS BORGES

Die Elternschaft verleiht einem Superkräfte – oder zumindest *eine* Superkraft. Nichts allzu Spezielles. Sie können weder fliegen noch Kugeln mit der Brust aufhalten. Aber Sie können mit der richtigen Einstellung gelassen und glücklich in Situationen sein, in denen sich alle anderen elend fühlen.

Ein verspäteter Flug. Einen Tag krank sein. Der Verkehr. Eine Pandemie. Vor all dem fürchten sich die Menschen. Auch Eltern freuen sich bestimmt nicht darüber, aber eines bleibt ihnen immer: So können sie mehr Zeit mit ihren Kindern verbringen.

Jeder unangenehme Zwischenfall im Leben ist aus der Sicht unserer Superkraft eine Chance, mit unseren Liebsten zusammen zu sein! Was wollen wir mehr? Verspätete Flüge, Staus oder ein Regentag sind in der Tat beste Gelegenheiten ... denn nun gibt es für Ihre Kinder kein Entkommen. Wen interessiert es, wenn sie keine Zeit mit Ihnen verbringen wollen? Sie haben sie, wo Sie sie haben wollen.

Klagen Sie also nicht über unangenehme Zwischenfälle. Genießen Sie sie, denn sie sind ein Segen. Jetzt können Sie mehr Zeit mit Ihren Kindern verbringen.

7. November
HOFFNUNG IST ESSENZIELL

»Aber ihr müsst hoffen. Ihr müsst optimistisch sein, um weiter vorwärts zu kommen.«

JOHN LEWIS

In Ihrem Leben ist viel geschehen. So sind Sie in mancherlei Hinsicht zu Recht zum Zyniker geworden, sei es in Bezug auf die Politik, auf Beziehungen oder andere Menschen. Auch in der Geschichte ist viel passiert. Jeder, der je ein Buch gelesen hat, kann kaum übersehen, wie viele Lügen verbreitet werden, wie viel Wahlbetrug begangen wird und wie vieles davon zu dem Schlamassel beiträgt, in dem wir jetzt stecken.

Aber wissen Sie was? Sie haben jetzt Kinder und dürfen nicht mehr zynisch oder wütend sein. Denn *Sie sind verantwortlich dafür, die nächste Generation zu erziehen.*

Es ist unerlässlich, unseren Kindern Hoffnung zu vermitteln. Wir müssen ihnen die Welt so erklären, dass sie handlungsfähig sind und erkennen, dass Fortschritt möglich ist (und war). Es gilt, ihnen zu zeigen, dass die Welt trotz all ihrer Schrecken immer noch *gute Knochen* hat, wie die Dichterin Maggie Smith es ausdrückt. Ihr zufolge müssen wir unsere Kinder wie ein guter Immobilienmakler davon überzeugen, dass sie etwas Schönes aus ihr machen können. Wir sollten ihnen vermitteln, dass sie etwas verändern können, um sie dann mit den Fähigkeiten und den entsprechenden Mitteln auszustatten und ihnen die Verantwortung zu übertragen, das Gelernte umzusetzen.

Lehren Sie sie, dass niemand und nichts für immer verloren ist.

8. November

SIE SOLLEN IHNEN IHRE PROBLEME MITTEILEN

Wollen Sie Eltern sein, an die sich Ihre Kinder bei Problemen wenden? Sie wünschen sich, dass sie mit ihren Ängsten, Geheimnissen und Schwierigkeiten zu Ihnen kommen?

Dann sollten Sie als Elternteil diese Ehre, diesen Respekt *verdienen.* Denn es ist ein Privileg und kein Recht. Benötigen Sie einen Beweis? Denken Sie an Ihre Eltern und daran, wie viel Sie ihnen vorenthalten haben. Und noch wichtiger, *warum* Sie sich so verhalten haben.

Sicher, einige Dinge verheimlichen wir, weil wir wissen, dass sie nicht in Ordnung sind. Aber bei vielem hätten wir den Rat unserer Eltern gebraucht. Wir sehnten uns danach, mit ihnen darüber zu sprechen, wussten aber, dass es nicht ging. Sie hätten vorschnell geurteilt. Sie hätten uns nicht zu Wort kommen lassen, um es zu erklären. Sie hätten besorgt oder verärgert reagiert oder uns Moralpredigten gehalten. Dabei hatten wir schon genug Probleme!

Sie wünschen sich, dass sie zu Ihnen kommen? Sie wollen ihnen helfen? Dann zeigen Sie ihnen, dass Sie ihr Vertrauen verdienen. Bringen Sie ihnen bei, dass sie immer die Hand ausstrecken können. Vermitteln Sie ihnen, dass Sie ihnen zuhören. Beweisen Sie ihnen, dass Sie es besser machen wollen und nicht schlechter.

9. November
SIE WERDEN SICH EINEN VOLLBESETZTEN TISCH WÜNSCHEN

»Was für ein großartiges Schauspiel ist es, wenn sich um einen Mann oder eine Frau viele Kindern scharen.«

MUSONIUS RUFUS

Es ist lohnend, sich zurückzulehnen und ernsthaft darüber nachzudenken, wie erfolgreiche Elternschaft aussieht.

Erstens sollen die Kinder gesund sein, um das Erwachsenenalter zu erleben. Das ist offensichtlich.

Doch wie sieht es zweitens aus, wenn Sie weit in die Zukunft blicken? Auf den Punkt bringt es der Titel des Highwomen-Hits »Crowded Table« – vollbesetzter Tisch. Es geht darum, dass man sich mit seinen Kindern trifft, sich mit ihnen gut versteht und den Rest seines Lebens Zeit mit den Kindern verbringen möchte, die sich um den Familientisch scharen – sei es an Thanksgiving, an Geburtstagen oder im Urlaub im Ferienhaus am Strand. Der Song besagt: Wenn Sie sich einen Garten wünschen, müssen Sie die Saat ausbringen.

Und um später einen vollbesetzten Tisch zu haben, gilt es, jetzt die richtigen Entscheidungen zu treffen, damit Ihre Kinder, wenn sie älter sind und eine eigene Familie haben, Sie gerne besuchen. Säen Sie ein wenig Glück, schenken Sie ein wenig Liebe, wenn Sie das ernten wollen.

Sie sollten heute den Tisch decken, damit er morgen so aussieht, wie Sie es sich wünschen.

10. November

WIE ZEITLOS DAS IST

Das Wunderbare an der Elternschaft ist, dass sie uns mit allen Vätern, Müttern und Familien verbindet, die vor uns auf der Welt waren. In einem von Senecas Essays heißt es: »illi in litoribus harenae congestu simulacra domuum excitant hi ut magnum aliquid agentes ...« (»während Kinder am Strand Sandburgen bauen, als wären sie an einem großen Vorhaben beteiligt ...«)

Eine typische, zeitlose Beobachtung eines Schriftstellers, der am Strand mit seinen Kindern verweilt. Seneca verbrachte viel Zeit mit seiner Familie, und ihn beeindruckte es, zu sehen, wie unbeschwert Kinder Sandburgen bauen ... *so wie Ihre Kinder Sandburgen bauen.* Und damit schwinden 2000 Jahre Abstand dahin. Ein Vater im alten Rom unterscheidet sich nicht von dem Vater in Pensacola in den Frühjahrsferien oder einer Mutter an einem öffentlichen Strand an der afrikanischen Elfenbeinküste.

Es kann demütig machen und tröstlich sein, eine Weile an diese Momente zu denken. Wenn Sie versuchen, Ihren schwierigen Teenager zu bändigen, wenn Ihr drei Monate altes Kind in Ihren Armen einschläft, wenn Sie Ihre kranke Tochter gesund pflegen, sollte es Sie ermutigen, dass all diese Erfahrungen sich im Lauf der Menschheitsgeschichte ständig wiederholt haben. Andere haben es geschafft, und Sie werden es ebenfalls schaffen.

Sie folgen einer großen Tradition. Denken Sie daran, wie viele Eltern vor Ihnen da waren und nach Ihnen kommen werden. Wir alle kämpfen, und wir alle siegen. Wir alle schauen lächelnd unseren Kindern zu, wie sie im Sand spielen.

Die Elternschaft ist eine zeitlose Erfahrung.

11. November
ES GIBT NICHTS BESSERES ALS DAS

»Die Liebe ist das einzige Vermächtnis, das zählt. Achten wir darauf, dass wir sie nicht in die falsche Richtung lenken.«

DONALD MILLER

Es ist wundervoll, sich in seinen Ehepartner zu verlieben. Es ist großartig, eine Menge Geld zu verdienen. Es ist optimal, im Job erfolgreich zu sein. Es ist schön, ein großes Haus zu haben oder auszugehen und einen wunderbaren Abend mit Freunden zu verbringen. Aber es gibt nichts Herrlicheres als nach Hause zu seinen Kindern zu kommen, zu erleben, wie sie in unsere Arme eilen. Zu spüren, wie sie auf dem Sofa an unserer Brust einschlafen. Wenn sie uns auf die Schultern klettern. Wenn sie uns begeistert etwas erzählen. Wenn wir hören, wie sie um die Ecke kommen, aufgeregt unseren Namen rufen und in unser Bett hüpfen.

Es gibt nichts Besseres als *Blut auf Blut,* wie Bruce Springsteen es formulierte.

Es gibt viel Aufregendes im Leben, aber nichts Besseres als die Familie. Genau das meint er. Er redet dabei nicht über die Blutsverwandtschaft, sondern über das Verbundensein und die Menschen, für die man alles tun würde.

Denken Sie heute einmal darüber nach: Wenn das wirklich das Beste und Wichtigste in Ihrem Leben darstellt, können Sie dann behaupten, Ihr Leben ganz danach auszurichten? Wir verrichten Überstunden im Büro, um befördert zu werden. Wir investieren und gehen damit Risiken ein. Wir organisieren es, Freunde zu treffen oder Spaß zu haben. Aber bringen wir wirklich Opfer und planen gezielt, um mehr von dem allergrößten Vergnügen zu haben? Setzen wir das Allerwichtigste an die erste Stelle? Jene *Blut-auf-Blut*-Augenblicke, wenn die Familie zusammenkommt?

12. November

DESHALB SIND SIE HIER

»Bei euch aber soll es nicht so sein, sondern wer bei euch groß sein will, der soll euer Diener sein, und wer bei euch der Erste sein will, soll der Sklave aller sein. Denn auch der Menschensohn ist nicht gekommen, um sich dienen zu lassen, sondern um zu dienen und sein Leben hinzugeben als Lösegeld für viele.«

Markus 10,*43–45*

Gelegentlich erhält man Einblick in das Leben kinderloser Menschen und verspürt einen Anflug von Neid, weil sie viel mehr Zeit haben. Allein das Akronym DEKK macht einen schon ein wenig sehnsüchtig: *doppeltes Einkommen, keine Kinder.*

Und doch ... Sie wissen, dass Sie sich richtig entschieden haben, nicht nur, weil Sie Ihre Kinder lieben, sondern weil Kinder uns das geben, was im Leben am wichtigsten ist. Sie erfüllen uns mit Sinn, geben uns einen Grund, auf der Welt zu sein. Obige Verse aus dem Markusevangelium sollten alle Eltern tief berühren.

Wir sind hier, um unseren Kindern ein gutes Leben zu ermöglichen und dadurch unser eigenes Dasein lebenswert zu machen. Es gibt also keinen Grund für Neid. Wenn jemand zu beneiden ist, dann sind Sie es.

13. November

SIE SOLLTEN GERNE IHR CHAUFFEUR SEIN

W*as bin ich*, fragen viele Eltern ihr Kind, *dein Chauffeur? Hältst du mich für einen Uber-Fahrer?* Das ist verständlich, denn es kann eine Qual sein, seine Kinder zu chauffieren. Zur Schule. Zu einem Freund. Zum Fußballtraining. Manchmal scheint es, als bestehe die Elternschaft lediglich darin, einen jungen Menschen kostenlos herumzufahren.

Doch anstatt als Pflicht sollten Sie es als Geschenk betrachten, aus mehreren Gründen. Erstens: 20 gemeinsame Minuten im Auto können für immer in Ihrer Erinnerung haften bleiben.

Zweitens: Wie oft hat man ein so fasziniertes Publikum? Sie und Ihre Kinder sind zusammen. Das ist wunderbar. Und genau das wollten Sie doch, nicht wahr? Eine Gelegenheit, sich verbunden zu fühlen? Um Spaß zu haben? Also nutzen Sie sie.

Drittens: Wie Sie von vielen Eltern mit älteren Kindern erfahren können, ändert sich etwas, wenn Ihre Kinder mit Ihnen im Auto sitzen. Plötzlich sind Sie nicht mehr der Elternteil, sondern ein Begleiter. Im Auto vertrauen Ihnen Ihre Kinder Dinge an, die sie nirgendwo sonst sagen würden. Oder noch besser: Wenn die Freunde Ihrer Kinder ebenfalls mitfahren, treten Sie in den Hintergrund und können beobachten, wie sich Ihr Kind anderen Menschen gegenüber verhält. Sie werden Dinge über Ihren Sohn oder Ihre Tochter erfahren, die Sie sonst nicht erfahren würden. Sie lernen eine Seite Ihres Kinds kennen, die es Ihnen nie direkt zeigen würde.

Der Punkt ist: Es ist ein Privileg, Ihr Kind herumkutschieren zu dürfen. Es ist eine Chance. Beklagen Sie sich nicht darüber, sondern bieten Sie Ihren Kindern Ihre Chauffeurdienste an.

14. November

SIE WOLLEN SIE IN IHRER NÄHE HABEN

John Jay O'Connor III. wuchs in San Francisco auf. Seine Familie gehörte zur Lokalprominenz. Er ging in Stanford aufs College, gleich die Straße runter, und absolvierte dort sein Jurastudium. Wie also sind die O'Connors schließlich in Phoenix gelandet? Der Grund war nicht, dass er in der Nähe der Familie seiner frisch angetrauten Frau Sandra Day sein wollte, die ganz im Osten von Arizona auf einer Ranch im Niemandsland lebte. Es lag bestimmt auch nicht daran, dass Phoenix eine pulsierende Metropole oder ein kultureller Mittelpunkt war – jedenfalls nicht in den späten 1950er-Jahren.

Die Antwort war einfach. Er wollte nicht nahe bei seiner Familie sein. Wie er später erklärte: »Meine Mutter war eine sehr kritische Frau, und ich hatte keine Lust, ihr immer wieder zuzuhören.«

Wir alle wünschen uns großartige Dinge für unsere Kinder ... aber vor allem wollen wir sie in unserer Nähe wissen, insbesondere wenn wir in die Jahre gekommen sind. Wie können wir unsere Chancen erhöhen, das zu erleben? Wie können wir sicherstellen, dass es diesen herrlichen Tisch (den wir neulich bereits erwähnt haben) geben wird, um den sich alle scharen?

Indem wir dafür sorgen, dass sich unsere Kinder bei uns wohlfühlen und ihnen nicht unsere Ängste und Sorgen aufbürden. Indem wir sie im gleichen Maße lieben, wie wir sie antreiben. Indem wir ihnen helfen, so zu sein, wie sie sind ... und nicht so, wie wir sie gern hätten. Indem wir uns jedes Mal, wenn wir kritisieren oder urteilen wollen oder auf Streit aus sind, fragen: *Ist diese Kritik das wert, was ich unserer Beziehung damit nehme?*

Wenn wir unseren Kindern höchste Priorität einräumen, aber nicht alles auf sie abwälzen, werden sie vielleicht eines Tages so nah bei uns am Tisch sitzen, wie sie unserem Herzen nahe sind.

15. November
NEIN, DAS IST DER BESONDERE TEIL

In ihrem faszinierenden Buch *On Looking* beschreibt Alexandra Horowitz Spaziergänge in unterschiedlichen Umgebungen. Was sieht zum Beispiel ein Geologe bei einem Blick auf einen Häuserblock? Was entdeckt ein Naturforscher, wenn er durch einen Park geht? Und was fällt einem Hund bei einer Runde um den Block auf? Aber der interessanteste Spaziergang war der, den Alexandra mit ihrem 19 Monate alten Kind unternahm.

Sie ging los, um die Welt aus der Sicht ihres Sohnes zu sehen. Sie verließen also die Wohnung, liefen den Flur entlang zum Aufzug, stiegen ein und unten wieder aus, durchquerten den Vorraum bis zur Eingangstür, von wo aus sie spazieren gehen wollten. Als Alexandra ihren kleinen Sohn ansah, wurde ihr plötzlich bewusst, *dass der Spaziergang bereits in der Wohnung begonnen hatte.*

Ein Kind schaut anders auf das Umfeld, in dem wir leben und uns bewegen und das wir, ehrlich gesagt, für selbstverständlich halten. Das hat mehr mit dem Alter und der Unerfahrenheit unserer Kinder zu tun als mit irgendetwas anderem, was ihre Meinungen und Eindrücke jedoch nicht entkräftet. Wenn überhaupt, öffnet es ein neues Fenster für uns, um die Welt zu betrachten, so wie für Alexandra. Es erinnert uns daran, wie wir als Kinder über Neues dachten. Es hilft uns gegen Zynismus und Weltschmerz.

Als Eltern sollten wir es schätzen, dass unsere Kinder uns vielleicht mehr dabei helfen, die Welt zu betrachten, als wir ihnen. Sie können uns zeigen, wie in allem etwas Besonderes liegen und alles Spaß machen kann, und dass ein Spaziergang nicht unbedingt im Freien stattfinden muss. Dass wir überall zu Abend essen können und ein Karton sogar mehr Freude bereiten kann als das darin verpackte Weihnachtsgeschenk. Wir sollten diese Entdeckerfreude fördern. Wir dürfen sie nicht mit subtilen Korrekturen und dem Beharren auf der »offiziellen« Art und Weise, wie alles zu sein habe, unterdrücken. Und am wichtigsten ist, von der Sichtweise unserer Kinder zu lernen und diese so weit wie möglich in unser Leben zu integrieren.

16. November

SIE SCHÄRFEN IHREN BLICK

Es war die Malerei, die Winston Churchill schließlich erlaubte, sein Tempo zu drosseln und *richtig sehen* zu lernen. Er war so beschäftigt, so ehrgeizig gewesen, dass er seinen Blick nicht geschärft hatte oder diszipliniert genug war, um sein Leben zu entschleunigen und die Welt aufmerksam zu betrachten. Sich als Hobbykünstler zu betätigen, kann da helfen.

Die Elternschaft kann denselben Effekt haben. Nichts schult Ihr Auge mehr, als im Auto z. B. »Ich sehe was, was du nicht siehst« zu spielen. Hubschrauber sind schon immer über Ihnen geflogen, aber erst als Ihr Sohn oder Ihre Tochter besessen von Hubschraubern war, haben Sie sie wirklich *wahrgenommen.* Glauben Sie, dass Sandra Day O'Connor Zikaden sammelte, bevor sie Mutter und Großmutter wurde? Nein, die Idee, sie ihren neugierigen Kindern zu schicken, brachte sie dazu, diese ekligen, aber faszinierenden Geschöpfe schätzen zu lernen.

Was unsere Kinder mögen, ihre Freude, die sich auf uns überträgt, all das zwingt uns, langsamer zu machen, wahrzunehmen, den Blick zu schärfen, weil wir auf Dinge aufmerksam machen wollen. Wir wollen, dass unsere Kinder bewusst *sehen.* Also sind wir achtsamer denn je und halten die Augen weit offen. Wir drosseln unser Tempo auf eine Weise, wie wir es für uns allein nie tun würden.

Und dafür müssen wir dankbar sein.

17. November

SIE SOLLTEN SIE IN IHREM ELEMENT ERLEBEN

»Ich liebte es, meinen Vater ins Parlament zu begleiten. Ich saß stundenlang auf der Galerie, beobachtete das Geschehen im Plenarsaal und schlenderte dann durch die Flure, um herauszufinden, was dort vor sich ging.«

LYNDON B. JOHNSON

Was glauben Sie, hat Steph Curry zum Basketball gebracht? Es war die Zeit, die er in den Stadien verbrachte, um seinen Dad spielen zu sehen. Er genoss die Lichter, bevor das Team durch den Tunnel lief. Er liebte es, wie die Menge jubelte, die Musik dröhnte, der Buzzer summte. Er beobachtete, wie sein Dad *sein Ding durchzog*. Sogar Currys Leidenschaft für Popcorn stammt aus seiner Kindheit, als er zahllose Nachmittage und Abende in NBA-Arenen verbrachte und nicht nur den Anblick und die Geräusche, sondern auch die Gerüche und Geschmäcker in sich aufnahm.

Diese Geschichte ist so alt wie die Elternschaft selbst. Deshalb wurden die Söhne von Schmieden ebenfalls Schmiede. Und sobald es Frauen erlaubt war, berufstätig zu sein, traten die Töchter von Lehrerinnen in die Fußstapfen ihrer Mütter. Und schon bald ergriffen Frauen immer elitärere Berufe.

Lassen Sie also Ihre Kinder zusehen, wie Sie arbeiten. Zeigen Sie ihnen die guten und die schlechten Seiten Ihres Berufs, ja, sogar die langweiligen. Sie haben keine Ahnung, welche Teile davon sie spannend finden werden, wissen nicht, wofür Sie ihnen vielleicht die Augen öffnen. Drängen Sie sie nicht, in das »Familienunternehmen« einzusteigen, aber geben Sie ihnen die Chance, sich selbst vom Firmenalltag zu überzeugen. Lassen Sie Ihre Kinder erleben, wie Sie in Ihrem Element sind.

18. November

DAS HÖCHSTE LOB

In dem Buch *My First Coach* von Gary Myers erfuhr Tom Bradys Vater, Tom Brady sr., einiges darüber, wie gern sein Sohn als Heranwachsender mit seinem Vater zusammen war. Das überraschte Tom sr. offensichtlich. Die Worte seines Sohnes stellten die lang ersehnte Bestätigung dar, die sich jeder Vater wünscht. Tom Brady sr. sagte:

> »Ich glaube, jeder Vater genießt die Zeit mit seinen Söhnen, aber man weiß nie, ob der Sohn die Zeit mit dem Vater genießt. Für mich ist es das denkbar befriedigendste Gefühl, zu hören, dass er mich so sehr respektiert, wie ich ihn respektiere. Ich erinnere mich an die Zeit, als er noch zur Highschool ging und ich ihn morgens weckte, damit wir gemeinsam zum Golfen fahren konnten. Es war für mich immer eine große Freude, dass er mit mir Golf spielen wollte. Jahre später sagte er: ›Am Freitagabend wollte ich nie zu lange ausbleiben, weil ich am Samstagmorgen mit meinem Dad zum Golfen gehen wollte.‹«

Eine solche Bestätigung zeigt, dass man alles richtig gemacht hat. Es ist der ultimative Test für den Wert eines Elternteils: Haben Sie ein solches Verhältnis zu Ihren Kindern aufgebaut, dass sie Zeit mit Ihnen verbringen möchten? So etwas ergibt sich nicht von selbst oder man hofft es einfach herbei. Es geschieht nicht einfach, weil Ihre Persönlichkeiten auf magische Weise zueinander passen. Es ist etwas, wofür Sie arbeiten müssen – Sie sollten diese Übereinstimmung *herstellen*. Bauen Sie die Beziehung auf.

19. November
SUCHEN SIE NACH DER DOPPELTEN CHANCE

Bill Simmons ist ein vielbeschäftigter Mann. Er ist Autor, Podcaster, CEO, Produzent von Dokumentarfilmen, Ehemann und Vater von zwei Kindern. Zoe, seine Älteste, spielte in einer großartigen Fußballmannschaft und dabei oft auswärts. Während der Fußballsaison fuhr Simmons sie monatelang an den Wochenenden viele Stunden durch Südkalifornien zu verschiedenen Turnieren. Wenn Sie sich in Los Angeles ein wenig auskennen, wissen Sie, wie frustrierend und nervenaufreibend der Verkehr dort ist.

Und doch würde Simmons diese Fahrten gegen nichts auf der Welt eintauschen wollen. Diese Hin- und Rückfahrten zu den Spielen bedeuteten, dass er seine Tochter ein paar Stunden lang in seinem Auto ganz allein für sich hatte und sie alles Mögliche fragen konnte. Was macht die Schule? Wie sieht's aus mit deinen Freunden, den Jungs? Was denkst du darüber, was gerade in der Welt los ist?

Das eine, wovon wir Eltern nie genug haben, ist Zeit. Und das trifft auf Bill Simmons genauso zu wie auf alle übrigen Eltern. Deshalb hat er gelernt, sie doppelt zu nutzen, und wir sollten es ihm gleichtun.

Mit dem Babyjogger können Sie trainieren ... und dabei Zeit mit Ihrem Kind verbringen. Die Fahrt zur Schule ... bietet die Gelegenheit, das dringend anstehende Gespräch mit Ihrer Tochter zu führen. All die häuslichen Pflichten ... stellen eine Chance dar, Ihren Kindern zu vermitteln, was Verantwortung bedeutet. Als Elternteil sollten Sie immer nach der doppelten Chance suchen. Die Zeit ist knapp, ebenso sind es die Ressourcen. Verschwenden Sie weder das eine noch das andere.

20. November

SIE WÜRDEN ES NUR FÜR SIE TUN

Der Comedian Hasan Minhaj erzählt, wie er seine kleine Tochter am Fototag zur Schule fuhr. Sie war verschnupft, ihr lief die Nase und sie kam mit Naseputzen kaum hinterher. In seiner Not saugte er mit einem Strohhalm den Rotz aus der Nase seiner Tochter. Als ihm bewusst wurde, wie eklig das war, schoss ihm der Gedanke durch den Kopf: *Ich würde das niemals für meine Frau tun.*

Wir würden für einen Ehepartner, unsere Eltern, ja sogar für einen Fremden in Not viel auf uns nehmen. Doch für unsere Kinder würden wir *alles* tun, denn sie haben es sich nicht ausgesucht, in die Welt gesetzt zu werden, um zuerst völlig hilflos und dann jahrelang von uns, ihren Eltern, abhängig zu sein. Es war nicht ihre Entscheidung, hier auf Erden zu sein. Sie haben uns als Eltern nicht ausgewählt. Wir wollten sie bekommen, wir haben sie gezeugt. Sie sind nicht nur Teil unseres Lebens, sondern ein Teil *von* uns.

Diese Beziehung erweicht das härteste Gemüt und erwärmt das kälteste Herz. Auch wenn sie sich im Lauf der Zeit verändern wird – einige Jahr später wird Hasan den Rotz seiner Tochter nicht mehr mit einem Strohhalm absaugen –, wird sich unser Bedürfnis und unsere Bereitschaft, alles für unsere Kinder zu tun, nicht ändern.

21. November
FÜRCHTEN SIE SICH NICHT

»Die ganze Welt ist eine sehr schmale Brücke, und die Hauptsache ist, überhaupt keine Angst zu haben.«

Hebräisches Gebet

Wissen Sie, welcher Satz in der Bibel am häufigsten vorkommt? Er lautet: »Fürchtet euch nicht.« Immer wieder werden diese Worte wiederholt. Der Himmel fordert von uns, »stark und guten Muts zu sein«, wie wir im Buch Josua lesen. »Fürchte dich also nicht und hab keine Angst ...«

Ähnliches finden wir in vielen Werken der antiken griechischen Mythologie. Allein in der *Odyssee* erscheint mehr als ein Dutzend mal eine Version von »Sei tapfer«, »Habe Mut«, »Fürchte dich nicht«. Egal, welcher Religion, Philosophie oder sonstigen Geistesrichtung Sie folgen, werden Sie erkennen, dass dort der Mut denselben Stellenwert innehat wie bei den Stoikern: Er nimmt auf der Liste der Tugenden den ersten Platz ein.

Ohne Mut kann man weder ein guter Elternteil sein noch kann man dann seine Kinder lehren, mutig zu sein. Schließlich verleihen ihnen das Umfeld, das wir für sie schaffen, die Wertvorstellungen, die wir ihnen vermitteln, die Regeln, die wir ihnen auferlegen, und die Verbindung mit uns den Mut, das zu tun und zu sein, wozu sie bestimmt sind.

Denken Sie an Barack Obamas Worte:

»Nicht die Fähigkeit, ein Kind zu zeugen, macht einen Mann aus, sondern der Mut, es großzuziehen. Als Väter müssen wir nicht nur dann am Leben unserer Kinder teilnehmen, wenn es angenehm oder einfach ist, und nicht nur dann, wenn es ihnen gut geht, sondern auch, wenn es schwierig und undankbar ist und unsere Kinder sich abmühen. Dann brauchen sie uns nämlich am meisten.«

Die Elternschaft ist kein Honigschlecken. Vieles daran ist beängstigend. Aber sie ist essenziell. Und es spielt eine große Rolle, ob Sie den Mut aufbringen, sich lebenslang für Ihre Kinder zu engagieren.

22. November

JEDER MACHT ETWAS DURCH

Mit fünf Jahren begann der spätere NFL-Linebacker Ryan Shazier seine Haare zu verlieren. Wie sich herausstellte, litt er an einer seltenen Autoimmunkrankheit namens Alopezie. Sie können sich ausmalen, wie schwer dies für ein Kind zu ertragen ist. Er wurde gehänselt, angegafft und fühlte sich als Außenseiter.

Aber eines Tages machten seine Eltern ihm etwas bewusst. Sie erklärten ihm: Jeder macht etwas durch; der einzige Unterschied besteht darin, dass *das, was du durchmachst, sichtbar ist.* Andere Kinder kämpften mit Lernschwierigkeiten, gingen abends hungrig schlafen oder hatten Eltern, die sich scheiden ließen. All diese Probleme wurden kaschiert – vielleicht absichtlich, aus Scham und aus Angst, aber das hieß nicht, dass es sie nicht gab, oder dass es jemandem besser oder schlechter ging als Ryan. Vielmehr bedeutete es, dass sie alle etwas durchgemacht haben.

Wurde Ryan plötzlich nicht mehr geärgert? Schmerzte es ihn plötzlich nicht mehr, gehänselt zu werden? Nein, aber es half. Es verlieh ihm eine Perspektive, Geduld und Hoffnung.

Wir müssen unseren Kindern beibringen, dass das Leben kein Kinderspiel ist. Kein Mensch lebt ohne Probleme. Einige davon sind sichtbar, andere nicht. Aber wir alle haben mit etwas zu kämpfen. Wenn unsere Kinder dies begriffen haben, werden sie sich in schwierigen Momenten nicht mehr so elend fühlen. Und sie werden empathisch genug sein, um sich auch anderen Kindern gegenüber freundlicher und verständnisvoller zu verhalten.

23. November
WORÜBER STREITEN SIE EIGENTLICH?

Keine Familie ist gegen Konflikte gefeit. Das Problem besteht also nicht darin, dass es Konflikte gibt, sondern wie wir mit ihnen umgehen und dass wir Streit und Missverständnisse ein Eigenleben entwickeln lassen. Wie Bruce Springsteen in *Tucson Train* singt:

> »We fought hard over nothin'
> We fought till nothin' remained.«
> (Wir stritten uns heftig wegen nichts, wir stritten uns, bis nichts mehr blieb.)

Aber noch eindringlicher spricht er darüber, wie lange er dieses Nichts mit sich herumtrug – etwas, dessen wir uns alle schuldig machen. So vieles von dem, worüber wir uns aufregen, ist im Grunde genommen unwichtig ... und weil wir darüber in Rage geraten, sagen wir plötzlich Dinge, die gravierend sind und die wir nicht mehr zurücknehmen können. Wir streiten über nichts und wieder nichts und machen alles kaputt, was uns am meisten am Herzen liegt.

An anderer Stelle dieses Buchs ging es darum, dass Sie sich als älterer Mensch einen vollbesetzten Tisch wünschen werden. Nun, das bedeutet, dass Sie sich noch ein wenig gedulden, noch eine Weile zurückhalten müssen. Es heißt, loszulassen, zuzugeben, dass Sie sich geirrt haben. Es bedeutet, sich bei Ihren Kindern, Ihrem Ehepartner oder den eigenen Eltern zu entschuldigen. Es impliziert, auch deren Entschuldigungen anzunehmen. Es bedeutet, Ihren Kindern zu zeigen, wie sie sich mit ihren Geschwistern und mit anderen Menschen versöhnen können.

Wir dürfen nicht zulassen, dass Streitigkeiten ein Eigenleben entwickeln und uns die Lebensfreude rauben. Das Leben ist zu kurz, die Familie zu kostbar, um wegen nichts alles kaputt zu machen.

24. November

SUCHEN SIE NACH EINEM VORWAND

Als Teenager trug Lewis Puller jr. nachmittags Zeitungen aus. Darauf bestanden seine Eltern unter anderem, damit er Dinge wie Verantwortung und harte Arbeit lernte. Und es war sicherlich sinnvoll.

Es war sogar noch zu etwas Besserem gut. Eines Tages hatte Lewis' Fahrrad einen Platten, als er die Zeitungen ausfahren wollte, sodass sein Dad (Chesty Puller, der höchstdekorierte Marinesoldat in der US-Geschichte) mit ihm die Strecke im Auto abfuhr. Am nächsten Tag regnete es, also chauffierte ihn sein Vater erneut. Am dritten Tag fuhr er ihn noch einmal, obwohl es nicht mehr nötig war. Er benutzte diesen Chauffeurdienst einfach als Vorwand, um Zeit mit seinem Sohn zu verbringen.

Das sind die Vorwände, nach denen wir ebenfalls suchen sollten. Ja, natürlich könnte man sich das Essen frei Haus liefern lassen, aber Sie können das Essen gemeinsam abholen. Sie könnten Ihre Kinder bei anderen mitfahren lassen, aber wenn Sie sich selbst ans Steuer setzen, können Sie sie *mit* ihren Freunden beobachten. Sie könnten ihre Kleidung online kaufen oder mit ihnen einkaufen gehen, Sie beide allein. Sie könnten auf dem Laufband trainieren oder sie im Fahrradanhänger festgurten und eine Runde mit ihnen drehen. Sie könnten sie ins Bett schicken oder mit ihnen aufbleiben und zusammen fernsehen.

Suchen Sie nach einem Vorwand, und nutzen Sie die Chancen.

25. November
LASSEN SIE NICHT ZU, DASS SIE LÄSTERN

»Dem Leben mit Spott zu begegnen, ist die schlechteste Art, sich ihm zu stellen.«

THEODORE ROOSEVELT

Es ist leicht, sich Verachtung, Nihilismus und Überlegenheitsgefühlen hinzugeben. Doch ein solcher Zynismus kommt, wie ein weiser Mann einst sagte, im Grunde genommen der Feigheit gleich. Er verhindert Kreativität, Zusammenarbeit und Verbundenheit. Dennoch leben wir ihn geradezu automatisch vor. Wir murmeln spitze Bemerkungen vor uns hin, machen uns über Dinge lustig, die uns stören, rechtfertigen, dass wir etwas vermeiden, das wir nicht gerne tun oder von dem wir wissen, dass wir es nicht gut beherrschen. Diese Entscheidungen gehen leicht auf beeinflussbare Kinder über, die uns immer beobachten.

Unsere Kinder kamen mit wachen Augen, einem offenen Herzen und voller Energie zur Welt. Entziehen Sie ihnen diese Kräfte nicht. Richten Sie sie auf. Lassen Sie sie aufrichtig sein. Lassen Sie zu, dass sie Dinge wichtig nehmen und ausprobieren. Besser noch: Lassen Sie sich von ihrer Offenheit und ihrer Leidenschaft anstecken.

Was auch immer Sie tun, verhindern Sie es, Ihre Kinder mit Ihrem Zynismus anzustecken.

26. November

SIE SOLLEN IHNEN RUHIG MAL EINEN DÄMPFER VERPASSEN

> »Ein stolzer Mensch schaut immer auf Dinge und Menschen herab; und solange du nach unten schaust, kannst du natürlich nichts sehen, was über dir ist.«
>
> C.S. Lewis

Mitten im Bürgerkrieg besuchte Abraham Lincoln die Verteidigungsanlagen rund um Washington, D.C. Als er die Frontlinien inspizierte, schoss ein Heckenschütze der Konföderierten auf ihn – und verfehlte ihn glücklicherweise. Ein Soldat in Lincolns Nähe brüllte diesem zu: »Runter, du verdammter Idiot!«

Dies war ein recht bemerkenswerter Augenblick in der Geschichte seiner Präsidentschaft. Wie Gerald Ford bemerkte: »Nur wenige Menschen, vielleicht seine Frau ausgenommen, werden dem Präsidenten jemals an den Kopf werfen, dass er ein Idiot ist.« Dieses Amt, so Ford, sorge für eine gewisse Selbstherrlichkeit.

Richtig angegangen, kann uns die Elternschaft auf großartige Weise demütig machen. Niemand versteht es besser als Ihre Kinder, Sie in Ihre Schranken zu weisen. Es ist ihnen egal, wie reich und angesehen Sie sind. Für sie sind Sie ein Trottel. Für sie sind Sie humorlos, alt und hoffnungslos uncool. Sie sind jemand, über den sie sich lustig machen können, an Ihnen können sie ihren Spott austoben. Es beeindruckt sie wenig, wie viel Geld Sie für das Hotelzimmer hinblättern mussten – es interessiert sie viel mehr, ob es einen Swimmingpool gibt. Es ist ihnen egal, wie schick ein Restaurant ist – sie sind sauer, weil es dort keine Pommes gibt. Sie wollen nicht, dass Sie sie vor der Schule absetzen. Zudem halten sie Sie nicht für besonders schlau, unterstellen Ihnen, nicht zu wissen, worüber Sie reden.

Ein altes Sprichwort lautet: Für einen Kammerdiener gibt es keine Helden.

Natürlich betrachten viele Kinder ihre Eltern als Helden, aber niemand ist davor sicher, wie sie uns immer wieder verblüffen, indem sie uns taxieren und zurechtstutzen. Und das ist gut so.

27. November
DAS IST EIN FAMILIENMOTTO

Es war einer *dieser* speziellen Abende. Die Jungs wollten nicht ins Bett gehen. Sie hatten diese ansteckende Energie, die Brüder so oft wach hält. Als ihr Vater das erste Mal hereinkam, um sie ins Bett zu schicken, achteten sie nicht auf ihn. Auch nicht beim zweiten Mal. Sie hörten nicht auf zu kichern, zu spielen und Unfug zu treiben.

Beim dritten Mal hätte der berühmte College-Football-Trainer Jack Harbaugh gerne so wie der Vater in dem Film *Stiefbrüder* gebrüllt: »SCHLUSS MIT DEM KRAWALL!« Doch das tat er nicht. Stattdessen schaute er die beiden Jungs, die späteren NFL-Trainer John und Jim Harbaugh, die völlig in ihr Spiel versunken waren, einfach nur an und sagte: »Wer könnte es besser haben als ihr zwei? Ihr teilt alles, ihr lacht, ihr seid Brüder, ihr erzählt einander Geschichten und teilt eure Träume. Wer könnte es besser haben als ihr zwei?«

Die Jungen antworteten wie aus einem Mund: »Niemand, Dad, niemand.« Diese Frage wurde nun zum Motto der Familie Harbaugh, ein Motto, das für jede Familie erstrebenswert ist, ob reich oder arm, groß oder klein.

Wer hat es besser als wir?

28. November

DIE FAMILIE HÄLT SIE NICHT ZURÜCK

Es ist ein Irrglaube, der weit zurückreicht – sogar bis zu Buddha, der seine Familie verlassen musste, um Erleuchtung zu finden. Der Schriftsteller Cyril Connolly äußerte einmal, der Feind der Kunst sei der »Kinderwagen im Flur«, und dass Kinder Künstler einschränken.

Auch wenn es zweifellos eine schwere Aufgabe ist, Kinder großzuziehen, und enorm viel Zeit und Energie erfordert – insbesondere in einer Welt, in der ungerechterweise Frauen einen Großteil der Last tragen –, kennen echte Künstler, Unternehmer und Führungspersönlichkeiten die Wahrheit. Kinder sind weder eine Last noch ein Hindernis für den Erfolg. Sie helfen uns. Sie geben uns ein Ziel, Klarheit und, am wichtigsten von allem, sie machen uns ausgeglichen.

Der großartige Lin-Manuel Miranda und seine Frau bekamen ihr erstes Kind zwei Wochen vor den ersten Proben zu seinem Erfolgsmusical *Hamilton*. Sie glauben vielleicht, er habe dies als störend oder ablenkend empfunden, aber tatsächlich war das genaue Gegenteil der Fall. In dem Buch *Sicker in the Head* erzählte Miranda dem Filmemacher Judd Apatow, dass *Hamilton* ohne dieses Lebensereignis eventuell nicht erfolgreich gewesen wäre und er selbst den Erfolg vielleicht nicht hätte verkraften können. Ein Baby zu Hause zu haben, sei keine Ablenkung gewesen, sondern habe ihn dazu gezwungen, diese zu *ignorieren*. »Ich musste 90 Prozent davon ablehnen«, äußerte sich Miranda über all die Angebote und Partyeinladungen, die ihm ins Haus flatterten, »denn ... ich brauchte meine acht Stunden Schlaf und wusste, dass ich zweimal aufwachen und Windeln wechseln müsste. Meine Familie hat mir geholfen, bodenständig zu bleiben, denn ich glaube, sonst hebt man ab.«

Vielleicht hält die Familie Sie tatsächlich zurück, in Schwierigkeiten zu geraten, sich mehr aufzubürden, als Sie verkraften können. Davon, sich für bedeutender und großartiger zu halten, als Sie es in Wirklichkeit sind. Die Familie verhilft Ihnen zu der Bodenständigkeit, die Sie erkennen lässt, was wirklich zählt. Sie führt Ihnen vor Augen, dass Sie geliebt werden und gut sind, wie Sie sind. Und wie es der Zufall will, kann all dies dazu beitragen, dass Sie Ihre Aufgabe noch *besser* erfüllen.

29. November

ES IST EINE EHRE

Es heißt, dass Menschen einander seit Langem die rechte Hand reichen, um zu signalisieren, dass sie in friedlicher Absicht kommen und ungefährlich seien. Und es sei ein Zeichen von Vertrauen und bewusster Schutzlosigkeit, wenn sich Hunde auf den Rücken drehen und uns den Bauch zeigen. Seltsamerweise verhält es sich genauso, wenn Ihre Kinder Sie auf dem Weg zur Toilette anblicken – sie sind exponiert, sehen Sie aber an, weil sie wissen, dass Sie sie beschützen werden.

Sie mögen dies nicht für herausragende Gesten des Respekts und der Liebe halten, doch sie sind es. Es ist eine Ehre, dies zu erfahren, auch wenn wir die Bedeutung regelmäßig übersehen. Dasselbe gilt für so vieles, das unsere Kinder tun. Vergessen Sie nicht, wie verletzlich und klein sie sind ... auch dann noch, wenn sie älter werden. Vergessen Sie nicht, wie hilflos sie sind, wenn sie auf sich selbst gestellt sind.

Die Art, wie sie sich von Ihnen hochheben und durch die Luft wirbeln lassen, die Art, wie sie in Ihr Bett krabbeln, die Art, wie sie nachts nach Ihnen rufen, und dass sie sich geborgen genug fühlen, um vor Ihnen zu weinen. All diese unglaublichen Gesten der Verletzlichkeit, des Vertrauens und der Liebe sind eine Ehre.

Und Sie haben sie verdient ... auch wenn Sie es nie versäumen dürfen, sich weiterhin dieser Ehre als würdig zu erweisen. Sie dürfen nicht nachlassen, dürfen sie nicht als selbstverständlich ansehen.

Ihre Kinder sind kleine Wesen, die Ihnen folgen. Sie blicken Sie mit großen Augen an und öffnen Ihnen ihr Herz.

Erweisen Sie sich der Ehre, die Ihre Kinder Ihnen durch ihr Vertrauen und ihre Liebe erweisen, als würdig.

30. November

SIE HABEN SCHON DAS, WAS SIE SICH WÜNSCHEN WERDEN

In der Geschichte des Sports haben sich einige ikonische Vater-Sohn-Momente ereignet: wie Tiger Woods seinen Sohn Charlie nach dem Masters-Sieg umarmt, Drew Brees seinen Sohn Baylen auf den Arm nimmt, nachdem er den Super Bowl gewonnen hat, Michael Phelps seinen Sohn Boomer küsst, nachdem er bei den Olympischen Spielen Geschichte geschrieben hat, Tom Brady den Namen seines Sohnes ruft, als er vom Spielfeld rannte, nachdem er zum zehnten Mal den Super Bowl gewonnen hatte. Es gibt natürlich auch Mutter-Tochter-Momente: Olympia, Serena Williams Tochter, schießt bei den US Open von der Tribüne aus Fotos von ihrer Mutter. Und Paula Radcliffe trainierte trotz Schwangerschaft für den New York City Marathon (den sie 2007 gewann).

Warum bekommen wir in solchen Momenten Gänsehaut? Weil wir wissen, wie es sich anfühlt. Egal, was im Job passiert ist. Egal, was wir gerade getan oder durchgemacht haben. Als Erstes denken wir an unsere Kinder. Wir wollen sie in die Arme nehmen, ihnen sagen, dass wir sie lieben. Wir wollen alles mit ihnen gemeinsam erleben.

Und hier ist die andere Seite dieser Momente. Ja, manchmal wünschen wir uns, wir wären Profis geworden. Ja, es wäre verlockend, Millionen zu verdienen. Berühmt zu sein. Es ganz nach oben zu schaffen. Aber was wäre der Preis dafür? Diese Sportler haben alle ein Ziel vor Augen ... und das ist nicht die Trophäe. Sie wollen das, was Sie bereits haben.

Verfolgen Sie weiter Ihre Träume. Bemühen Sie sich, auf Ihrem Gebiet zu glänzen. Streben Sie danach, überragend und erfolgreich zu sein. Aber denken Sie daran, dass Sie sich an Ihrem Ziel nur noch das wünschen werden, was Sie bereits haben. Sie können jetzt schon Ihren Sohn oder Ihre Tochter in die Arme schließen und ihnen sagen, dass Sie sie lieben.

Es wird sich genauso gut anfühlen wie ein Ausflug zum Super Bowl – für Sie und für Ihre Kinder.

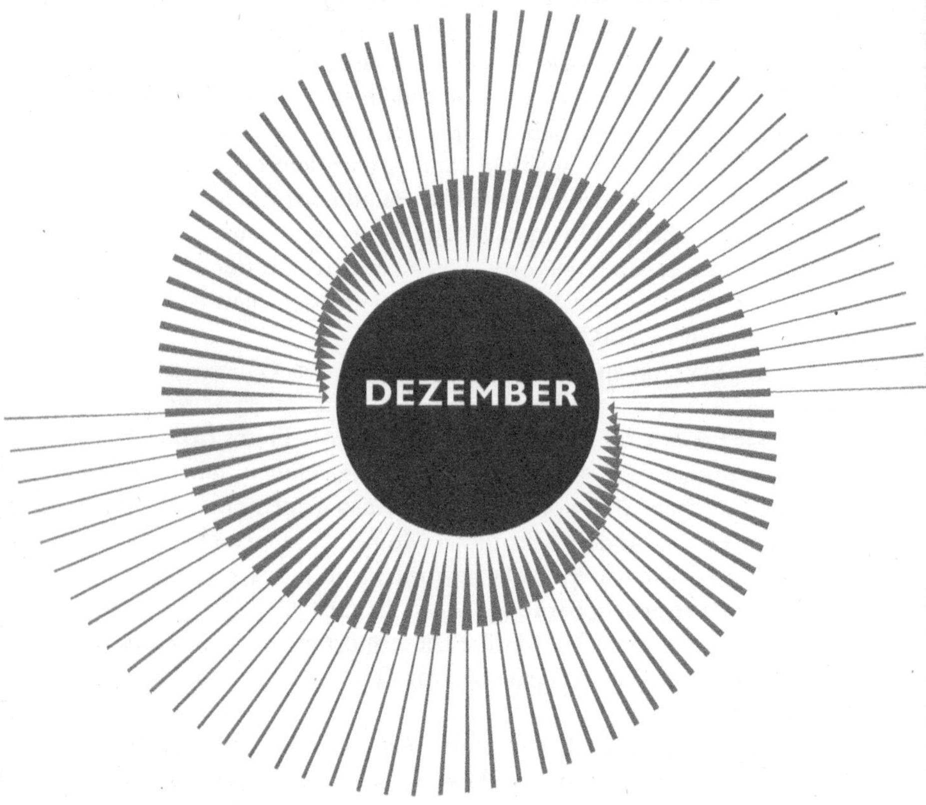
DEZEMBER

WIE DIE ZEIT VERGEHT!

(IHR LEBEN KÖNNTE HEUTE
ZU ENDE GEHEN)

1. Dezember
GENIESSEN SIE DIE »TRASH-ZEIT«

Wir planen ausgefallene Urlaube, sparen dafür und freuen uns monatelang darauf. Und wenn sich die Ferien dann doch nicht, wie erhofft, als so besonders herausstellen und auch keine tollen Fotos liefern, fühlen wir uns so schrecklich, als seien wir unfähig und hätten uns nicht genug bemüht.

Der Komiker Jerry Seinfeld, Vater von drei Kindern, stellt die »Qualitätszeit«, der so viele von uns nachjagen, allerdings infrage.

> »Ich glaube an das Normale und Alltägliche. Ich finde es immer etwas bedauerlich, wenn die Leute, die von »Qualitätszeit« sprechen, sagen: »Wir haben Qualitätszeit.« Das will ich gar nicht. Ich will die »Trash-Zeit«, genau das mag ich. Das ist die Zeit, wenn die Kinder in ihrem Zimmer sind, einen Comic lesen und ich sie einen Moment lang beobachte, oder wenn sie nachts um elf Uhr, wenn sie eigentlich im Bett sein sollten, eine Schale Cheerios verputzen. Trash ist genau das, was ich mag.«

Besondere Tage? Nein. Jeder Tag, jede Minute kann hervorstechen. Die Zeit mit Ihren Kindern – überhaupt die Zeit mit jedem geliebten Menschen – ist gleich gut. Es kann etwas Besonderes sein, gemeinsam Cornflakes zu essen oder die Schule zu schwänzen, um zusammen einen tollen Tag zu verbringen. Dasselbe gilt auch für die 20-minütige Fahrt zur Schule, die Entsorgung des Mülls oder das Warten im Drive-in von McDonald's.

Genießen Sie die »Trash-Zeit«. Es ist die beste Zeit, die es gibt.

2. Dezember
SIE VERLIEREN SIE STÄNDIG

»Ich sah die Gesichter jener kleinen Jungen, die nicht mehr hier sind, die aber einst mit mir in der Traumzeit der frühen Kindheit lebten.«

Caitlin Flanagan

Die größte Angst aller Eltern ist es, ihr Kind zu verlieren. Und die schreckliche und gleichzeitig schöne Tragödie der Elternschaft besteht darin, dass wir unsere Kinder tatsächlich ständig verlieren. Tag für Tag.

Natürlich nicht wörtlich, sondern dadurch, dass sie heranwachsen, sich verändern, sich zu einem neuen, eigenständigeren Menschen entwickeln. Täglich, wenn nicht gar stündlich. Professor Scott Galloway berichtete von der tiefen Wehmut, die ihn ergriff, als er ein altes Foto seines elf Jahre alten Sohns betrachtete. Dieser war jetzt ein großartiger 14-Jähriger, aber halt nicht mehr der Elfjährige von einst.

Das ist unser Schicksal. Das ist das Leben, für das wir uns entschieden haben. Wir wollen, dass unsere Kinder wachsen. Voller Ungeduld warten wir darauf, dass sie die ersten Schritte tun, in die Schule gehen und all die wunderbaren Dinge erleben, die das Leben für sie bereithält. Das bedeutet jedoch, dass sie nie wieder so sein werden, wie sie jetzt sind – dass der Mensch, der sie im Augenblick für uns sind, nur für kurze Zeit existiert.

Mit den Augen zwinkern, sich ablenken lassen, es einfach hinnehmen? Es ist vorbei, und Sie haben es verpasst.

3. Dezember
STELLEN SIE SICH DAS UNDENKBARE VOR

Eines der wichtigsten Dinge, die Sie als Elternteil tun sollten, veranlasst Sie, über etwas für Eltern eigentlich Unerträgliches nachzudenken. Von Mark Aurel erfahren wir, was Epiktet hierzu sagte:

> »Wenn du deinem Sohn einen Gute-Nacht-Kuss gibst, sagt Epiktet, flüstere vor dich hin: »Er könnte morgen früh tot sein.« Fordere das Schicksal nicht heraus, sagst du. Dadurch, dass man ein ganz natürliches Ereignis erwähnt? Wird das Schicksal bereits dadurch herausgefordert, dass man über die Getreideernte spricht?«

Natürlich ist das nicht einfach. Alle unsere Impulse sträuben sich. Aber wir müssen es tun, denn das Leben ist flüchtig und die Welt ist grausam. Mark verlor acht Kinder. *Acht!* Auch Seneca betrauerte eines. Das soll nie passieren, aber es passiert. Es ist herzzerreißend, verheerend. Niemand hat es verdient. Und wahrscheinlich bereitete Mark Aurel und Seneca das Befassen mit der Philosophie nicht auf den Schmerz des Verlusts eines Kindes vor (nichts kann Eltern darauf vorbereiten). Zumindest aber hoffen wir, dass die beiden Philosophen ihr Bewusstsein so geschärft hatten, dass sie keinen einzigen Moment, der ihnen mit ihren großartigen Kindern vergönnt war, vergeudeten.

Eltern, denen bewusst ist, dass sie ihr Kind jeden Augenblick verlieren können, sind präsent. Sie üben zur Schlafenszeit keinen Druck aus, sehen die gemeinsame Zeit am Abend als Geschenk an, beharren nicht auf irgendwelchen unsinnigen Verboten. Großartige Eltern wissen um die grausame Welt und sagen: »Ich weiß, was du meiner Familie in Zukunft zufügen kannst, aber im Augenblick hast du mich verschont. Ich werde es nicht als selbstverständlich ansehen.«

4. Dezember
LASSEN SIE ES NICHT ZU

Sie wiederholen es ständig. *Wann ist das vorbei? Sind wir bald da? Warum dauert das so lange? Müssen wir das tun?* Sie quengeln und gehen Ihnen auf die Nerven. Sie bitten sie, damit aufzuhören. Aber wenn Sie wütend werden, verpassen Sie die Gelegenheit, ihnen etwas beizubringen und ihnen zu erklären, was sie im Grunde sagen wollen.

Der Schriftsteller Daniel Klein erinnert sich in seinem Buch *Travels with Epicurus* an einen prägenden Moment:

> »Ich erinnere mich an einen lange zurückliegenden Abend, an dem ich in einem überfüllten Zug nach Philadelphia hörte, wie eine junge Frau mit einem tiefen Seufzer zu ihrer Mutter sagte: ›Ach wenn wir doch schon da wären!‹ Ihre weißhaarige Mutter erwiderte schlagfertig: ›Liebling, du darfst dir nie wünschen, dass auch nur eine Minute deines Lebens bereits vorbei wäre.‹«

Sie sind Kinder und begreifen nicht, wie wenig Zeit uns auf diesem Planeten gegeben wird. Selbst Sie als Erwachsener vergessen das gelegentlich. Dass Ihnen nur 18 Sommer mit Ihrem Kind zu Hause vergönnt sind; sie es an etwa tausend Vormittagen an der Schule absetzen. Dass man nur eine begrenzte Anzahl an gemeinsamen Frühstücken, an Fahrten zum Einkaufen und an Wartezeiten im Vorzimmer des Arztes zur Verfügung hat.

Und das wollen Sie wegwünschen? Wollen Sie wirklich diese Momente und diese Minuten vergeuden und sich wünschen, es möge bald vorbei sein? Was für eine Tragödie. Wir können die Zeit mit unseren Kindern nicht als selbstverständlich ansehen. Und wir müssen ihnen jetzt, bevor sie es bereuen, beibringen, keinen Augenblick dieses gemeinsamen Lebens zu verschwenden.

5. Dezember
TEMPUS FUGIT

»Es ist unser Irrtum, dass wir den Tod in der Zukunft erwarten. Er ist zum großen Teil schon vorüber. Was von unserem Leben hinter uns liegt, hat der Tod.«

SENECA

Sie sollten jeden Moment mit Ihren Kindern wertschätzen: Wann immer Sie ihnen die Nägel schneiden. Wann immer Sie sie zum Friseur bringen. Wann immer Sie Kleidung, aus denen sie herausgewachsen sind, zu Goodwill oder einem Freund bringen. Wann immer Sie ihnen Socken oder Schuhe kaufen.

Beachten Sie, was bis heute geschehen ist. Ob ein paar Wochen vergangen sind, seit Sie ihnen die Nägel geschnitten haben, oder ein halbes Jahr, seit Sie ihnen zuletzt größere Schuhe gekauft haben – ein Teil ihrer Kindheit ist verstrichen. Die Zeit ist unwiderruflich vorbei, für immer.

Fragen Sie sich nun: Haben Sie die Zeit gut genutzt? Haben Sie sie gelebt? Waren Sie der Elternteil, den sie brauchten?

Die Stoiker erinnern uns daran, dass der Tod nicht nur irgendein unvermeidbares Ereignis in der Zukunft ist, nein, er vollzieht sich genau jetzt. Jedes Mal, wenn sie aus einem Mantel, aus Schuhen oder einer Hose herausgewachsen sind. Diese Momente kennzeichnen Weiterentwicklung. Sie sind die Kerben auf der selbst gefertigten Wachstumsmesslatte am Rahmen der Küchentür. Sie markieren Gelegenheiten der gemeinsam verbrachten Zeit, die endgültig vorbei ist.

6. Dezember
WAS WÜRDEN SIE WENIGER OFT TUN?

»Höchste Bildung drückt sich immer durch Einfachheit aus.«

BRUCE LEE

Wir verbringen so viel Zeit mit unwichtigen Dingen. Vielleicht mit Scrollen auf unserem Handy oder dem Beantworten von Mails. Vielleicht auch, indem wir mit unserem Ehepartner, unseren Kindern oder Fremden online streiten.

Sie nervt all das, Sie verhindern aber nicht, dass es einen großen Teil Ihres Lebens ausfüllt. Mark Aurel, frustriert über eine unangenehme Angelegenheit, die seine Zeit in Anspruch nahm, fragte sich einst: »Fürchtest du dich vor dem Tod, weil du das dann nicht mehr tun kannst?«

Genau darum geht es, wenn wir von *tempus fugit* (die Zeit vergeht) sprechen. Diese Redewendung ist sehr aufschlussreich. Hätten Sie unbegrenzte Zeit zur Verfügung, würde es Ihnen vielleicht nichts ausmachen, zwei Stunden täglich im Verkehr zu stecken. Vielleicht müssten Sie sich dann nicht von dem Sumpf von Twitter oder der Bodenlosigkeit Ihres Posteingangs fernhalten. Wenn Ihnen plötzlich der Tod drohte – wenn Sie noch ein paar Monate oder Jahre zu leben hätten –, womit würden Sie dann auf der Stelle weniger Zeit verbringen? Was verbirgt sich hinter diesem »das«, das Mark Aurel erwähnte, das Sie streichen würden?

7. Dezember
SIE FINDEN SICHER DIE ZEIT

»Ich habe nicht verstanden, warum es entweder/oder sein muss. Wenn du tagsüber einen Job hast, dann schreibst du eben nachts. Es hängt ganz davon ab, wie wichtig es dir ist.«

MARGARET ATWOOD

Wir finden, wir seien zu beschäftigt. Wir halten es für unmöglich, denn wir sind jetzt Eltern. Wir können auf keinen Fall diese Firma gründen oder das Projekt zu Ende bringen. Wir müssen realistisch sein, es vorerst verschieben.

Wir haben einfach nicht genug Zeit.

Als junge Romanautorin, die sich finanziell durchkämpfte, ging Susan Straight mit ihrer Tochter in der Hitze von Riverside, Kalifornien, spazieren, bis diese einschlief. Nachts. Es war die einzige Möglichkeit, sie zum Schlafen zu bringen. Sobald ihre Tochter eingeschlafen war, hielt Susan an, wo auch immer sie sich gerade befanden, setzte sich auf den Bürgersteig neben den Kinderwagen und schrieb in ihr Notizbuch. Auf diese Weise stellte sie einen ganzen Roman fertig. Selbst wenn Passanten ihr Geld geben wollten, weil sie sie für obdachlos hielten, arbeitete sie weiter. Weder die Passanten noch sie selbst konnten damals wissen, dass ihr Roman später mit namhaften Literaturpreisen ausgezeichnet werden und ihr eine großartige Karriere eröffnen würde.

Im November haben wir bereits darüber gesprochen, dass Eltern nach der doppelten Chance suchen müssten – nach Gelegenheiten, Zeit mit ihrem Kind zu verbringen *und* gleichzeitig ihre Pflichten zu erfüllen (in dem Fall die Schriftstellerei). Das bedeutet auch, nach diesen Momenten dann suchen zu müssen, wenn sie da sind und sie bestmöglich wie eine Orange auszupressen, auch um unsere Arbeit zu erledigen.

Wir können das schaffen. Denn wir müssen es. Es ist nicht unmöglich. Menschen, die es schwerer hatten als wir, haben es bereits hinbekommen. So z. B. Toni Morrison und Susan Straigth. Auch Sie können es schaffen. Sie können die Zeit finden, um als Autor tätig zu sein, ein Jurastudium abzuschließen oder für einen Marathon zu trainieren.

Sie dürfen nicht aufgeben, Sie müssen nicht unbedingt realistisch sein. Seien Sie einfach kreativ!

8. Dezember

DAS TAUSENDSTE MAL ZÄHLT

»Ich hätte alles gegeben, damit sie klein bleibt.«

JODI PICOULT

Los, Papa, noch einmal! Noch einmal! Können wir nicht noch ein bisschen weitermachen? Lass uns noch mal von vorne anfangen. Ich will nicht aufhören!

All das haben Sie schon unzählige Male gehört. Die Bitte, noch eine weitere Gute-Nacht-Geschichte vorzulesen. Noch einmal Pferd und Reiter zu spielen. Noch einmal das lustige Video anzuschauen. Dieses Lied nochmals von vorne zu singen. Die Geschichte noch einmal zu hören. Noch einmal in den Pool zu springen ... und danach noch einmal – und noch einmal.

Auch wenn Sie noch so geduldig und nachsichtig sind, kommt irgendwann der Punkt, an dem Sie Nein sagen wollen. An dem Sie das Gefühl haben, jetzt Nein sagen zu *müssen*. Weil Sie gehen müssen. Weil das unmöglich jemand wollen kann und weil es albern erscheint.

Vielleicht stimmt das alles. Aber wissen Sie was? Sagen Sie Ja, auch wenn es das tausendste Mal ist. Sagen Sie Ja, *weil* es das tausendste Mal ist, denn das ist die Zeit, die zählt.

Sie wissen nicht, wann Sie wieder Zeit mit Ihren Kindern verbringen können. Keiner von uns weiß, wie viel Zeit uns bleibt. Also sagen Sie Ja. Lassen Sie dieses tausendste Mal so sein, als wäre es das erste Mal.

9. Dezember
WAS WERDEN SIE BEREUEN?

»Eltern eines Kinds zu sein, ist die größte Ehre und Verantwortung, die einem Lebewesen zuteilwerden kann.«

CHRISTOPHER PAOLINI

Auf dem Sterbebett denken Eltern über vieles nach, über die Welt, die sie ihren Söhnen und Töchtern hinterlassen. Sie denken über ihre Zeit als Eltern nach. Sie erinnern sich an die Fehler, die sie begangen haben. Sie wägen ab, was sie richtig gemacht haben. Der Gedanke an ihre Kinder erwärmt ihr Herz. Und wenn sie Glück haben, sind ihre Kinder bei ihnen.

Was Sie sich heute fragen sollten, an einem Tag, der hoffentlich noch weit von diesem Augenblick entfernt ist, ist: Welche Entscheidungen treffen Sie *jetzt*, und wie werden Sie dann darüber denken? Halten Sie sich vor Augen, was die meisten Eltern am Ende ihres Lebens bedauern: Sie wünschten, sie hätten öfter ihre Liebe für ihre Kinder ausgedrückt. Sie bedauern, nicht mehr Zeit mit ihren Kindern verbracht zu haben. Es quält sie, ihnen viel zu selten gesagt zu haben, wie stolz sie auf sie waren. Sie bedauern, alles zu ernst genommen zu haben. Sie bereuen es, belanglose Differenzen oder Probleme wichtiger genommen zu haben als die Liebe in ihrem Herzen. Sie bedauern, nicht präsent gewesen zu sein und ihre gesamte Energie dafür aufgewendet haben, die perfekte »Qualitätszeit« zu organisieren, obwohl so viel gewöhnliche, wunderbare »Trash-Zeit« da war. Sie bereuen es, ihre Kinder verwöhnt zu haben, ihnen nicht das Richtige beigebracht und nicht die notwendigen Gespräche mit ihnen geführt zu haben.

Nun, Sie haben Glück, denn Sie liegen momentan nicht im Sterben. Es ist noch nicht zu spät, aber auch nie zu früh. *Heute* können Sie noch alles korrigieren und verändern, um sicher sein zu können, nichts bedauern zu müssen – oder zumindest nicht so viel.

10. Dezember
WARUM HABEN SIE ES EILIG?

»Die Bäume fangen an zu blühen ... Ihr Grün drückt eine Art Kummer aus.«

PHILIP LARKIN

Wir sind immer in Eile. Wir müssen unsere Kinder für die Schule fertig machen. Wir müssen sie ins Bett bringen. Wir müssen zum Flughafen fahren. Wir müssen zurück ins Haus, um das Abendessen zuzubereiten.

Anscheinend befinden wir uns als Eltern ständig in Zeitnot und sind immer auf dem Sprung, um die nächste Aufgabe anzugehen. Aber es lohnt sich, heute innezuhalten und darüber nachzudenken, *wohin* wir eigentlich eilen und wovor wir fliehen. Sie bringen sie, so schnell es geht, ins Bett. Warum? Um sich in Ruhe Netflix-Serien anzuschauen, nachdem sie eingeschlafen sind? Sie können es nicht ertragen, wenn Ihre Kinder zu spät zur Schule kommen. Warum? Befürchten Sie, dass Sie bei anderen Eltern in Misskredit geraten? Sie wollen früh am Flughafen sein. Warum? Weil es auf Ihrem Ticket empfohlen wird?

Wenn wir uns abhetzen, sollten wir wissen, dass wir durchs Leben eilen. Wir rasen durch ihre Kindheit – eben das, was in absehbarer Zeit zu Ende sein wird und was wir vermissen werden. Wie viel davon wird uns dann noch von Bedeutung erscheinen? Was würden wir dafür geben, ein paar der Augenblicke, die jetzt so schnell wie möglich hinter uns liegen sollen, zurückbekommen zu können.

Also lassen Sie es langsamer angehen, und genießen Sie es.

11. Dezember

DIE GEGENWART IST DURCHAUS ANGENEHM

»Das ist das eigentliche Geheimnis des Lebens – sich voll und ganz auf das einzulassen, was man im Hier und Jetzt tut.«

Alan Watts

Nach einer langen und anstrengenden Jagd im Jahr 1888 gelang es Theodore Roosevelt schließlich, den Karibubullen, den er verfolgt hatte, zu erlegen. »Es war einer dieser besonderen Momente«, schrieb er später, »die den Jäger für tagelange Mühen und Entbehrungen entschädigen, sofern er eine Entschädigung benötigt und nicht das Leben in der Wildnis als Vergnügen an sich betrachtet.«

Ein Jäger, der es nur genießt, seine Beute zu erlegen, ist vermutlich in neun von zehn Fällen ein enttäuschter Jäger. Darüber hinaus handelt es sich wohl um einen blinden und tauben Jäger, der sich unnötigerweise die Erhabenheit des Lebens in der Natur entgehen lässt. Und wer glaubt, die Elternschaft sei ein Beruf, den man »gewinnt«, wer meint, sie hauptsächlich an den besonders großen Momenten messen zu müssen, versäumt ebenfalls viel von einem erhabenen Leben.

Es geht nicht um die Zukunft, nicht darum, das schreckliche Trotzalter oder die nervigen Teenagerjahre zu überstehen, um letztlich ein idyllisches Endergebnis zu erzielen. Der nächste Meilenstein ist nicht dazu da, um uns zu garantieren, dass sich die Tage der Mühen und Entbehrungen gelohnt haben. Wir dürfen nicht vergessen, die kleinen Freuden der Erfahrung, das Hier und Jetzt, wahrzunehmen und zu genießen.

Genießen Sie die Freuden der Gegenwart.

12. Dezember

SIE HABEN DIE ZEIT

»Man merkt erst, wie viel Zeit man hat, wenn man aufhört, zu denken, man habe keine.«

Gustie Herrigel

Alle Eltern leiden unter Zeitnot. Sie haben Ihren Job, Ihre Ehe und Ihre Beziehung. Sie haben Ihre Kinder und das Fußballtraining, müssen das Mittagessen einpacken und die Kinder baden. Sie sollen alle möglichen wichtigen Gespräche führen, Regeln aufstellen, Hausaufgaben überprüfen und Ausgehverbote erteilen. Dann müssen Sie sich ja auch noch um Ihre eigene Gesundheit kümmern und Ihre eigenen Interessen verfolgen.

Wer hat schon Zeit?, haben Sie sich vermutlich schon gefragt. *Wie soll ich das alles unter einen Hut bringen?*

Hören Sie auf zu denken, dass Sie in Eile sind, dass Sie alles schaffen müssen – denn es sind der Druck und die Hektik, die alles beschleunigen. Das war Gustie Herrigels eindrucksvolle Einsicht.

Sie wollen alles »einschieben«, was auf Ihrer To-do-Liste steht, wodurch Sie jedoch Gelegenheiten verpassen. Sie brauchen nicht mehr so viel Qualitätszeit mit Ihren Kindern einplanen, wenn Sie einsehen, dass alles Qualitätszeit ist. Wenn Sie erkennen, dass durch den Garten zu joggen auch Sport ist, müssen Sie nicht mehr so oft ins Fitnessstudio gehen. Sie werden nicht mehr so viel erledigen müssen, wenn Sie sich klarmachen, dass es nicht wirklich wichtig ist. Und wenn Sie Dinge loslassen können, bleiben Ihnen mehr Freiraum und Freiheit.

13. Dezember
SCHÄTZEN SIE DIE KLEINEN MOMENTE

»Genießen Sie die kleinen Dinge, denn eines Tages blicken Sie vielleicht zurück und erkennen, dass diese eigentlich die großen Dinge waren.«

Robert Brault

Da ist die morgendliche Hektik, bevor Ihre Kinder fertig für die Schule sind. Die Zeit, die Sie an der Ampel warten müssen. Der Moment, als Sie beide hungrig waren und Sie an einer Fast-Food-Bude angehalten haben. Wenn Ihre Kinder etwas vermasselt haben und Sie sich, statt in Rage zu geraten, als Familie zusammengesetzt und geredet haben. Und da war jener Nachmittag am Wochenende, als sie gemeinsam auf dem Sofa gesessen und einen Film angeschaut haben.

Dies scheinen kleine, unwichtige, letztlich wenig einprägsame Momente zu sein. Das Hintergrundrauschen des Lebens. Der Inbegriff der »Trash-Zeit«. Aber das ist ein Irrtum. So wie der Trash des einen der Schatz des anderen sein kann, so können diese kleinen Momente – sofern Sie sie richtig wahrnehmen und in sich aufnehmen – zu großen Augenblicken werden, zu einer bedeutsamen Zeit.

Sehen Sie dies nicht als selbstverständlich an. Lassen Sie Ihre Gedanken oder Ihre Aufmerksamkeit nicht abschweifen. Machen Sie sich nicht zu viele Sorgen um die Zukunft und vergessen darüber die Gegenwart. Seien Sie einfach präsent. Seien Sie bei ihnen.

Behandeln Sie kleine Dinge wie große. Denn sie sind es tatsächlich.

14. Dezember

IST ES WIRKLICH ZEIT, ZU GEHEN?

»Was auch immer (mein Sohn) im Augenblick tut, ist am wichtigsten. Also ermutige ich ihn, es so lange wie möglich zu machen. Ich sage nie: ›Komm, lass uns gehen!‹ Natürlich wandern meine Gedanken als Erwachsener zu all den anderen Dingen, die wir tun könnten. Aber ich lasse sie los und konzentriere mich erneut auf die Gegenwart.«

Derek Sivers

Selbst dem Geduldigsten von uns wird irgendwann langweilig. Oder man muss irgendwohin. Oder man sieht wirklich nicht, was *diese* Blume – die 400. – so besonders macht. Also treiben wir unsere Kinder an.

Das Abendessen ist gleich fertig. Wir werden zu spät kommen. Das Spiel fängt bald an. Hier draußen ist es wirklich heiß.

Wir müssen uns bemühen, uns über diese Impulse hinwegzusetzen, denn tatsächlich ist das meiste, was uns Druck macht, nicht so dringend. Dies erfordert eine gewisse Zen-Gelassenheit, die einfach wertvoll für uns ist. Aber unsere Kinder lehrt es auch eine wertvolle Fähigkeit. Sollten wir uns nicht wünschen, dass unsere Kinder die Kompetenz entwickeln, sich zu fokussieren und ihrer Neugier nachzugehen? Lohnt es sich da nicht, dass sie sich ein wenig schmutzig machen oder etwas verspätet zur Geburtstagsparty kommen, weil sie ein paar Minuten lang wirklich und intensiv gelebt haben?

Ermutigen Sie Ihre Kinder. Widerstehen Sie dem Bedürfnis, in Hektik zu verfallen. Es ist noch nicht wirklich Zeit, zu gehen.

Sie sind genau da, wo Sie und Ihre Kinder hingehören.

15. Dezember
JEDER AUGENBLICK IST DERSELBE

»Halte immer an der Gegenwart fest. Jeder Zustand, ja jeder Augenblick ist von unendlichem Wert, denn er ist der Repräsentant einer ganzen Ewigkeit.«

JOHANN WOLFGANG VON GOETHE

Sie können den jetzigen Augenblick nur schwer als ein Geschenk sehen, wenn Sie Rechnungen begleichen sollen, im Stau stecken, ein Baby mit Koliken und einen gereizten Teenager zu Hause haben. Dennoch sind das wunderbare Momente, die wir, wie Goethe es formulierte, festhalten müssen.

Genau das ist der Sinn der Elternschaft. Es ist das Hier und Jetzt, das, was Sie in diesem Moment tun. Immer.

Als Eltern müssen Sie Ihre Kinder zur Schule fahren, die Wäsche zusammenfalten, sich etwas Ruhe gönnen, bevor sie morgens aufwachen. Sie wieder ins Bett bringen, wenn sie mitten in der Nacht aufgestanden sind. Sie auf ihr Zimmer schicken und Ihnen das Handy wegnehmen, wenn sich ihre Noten verschlechtert haben. All das gehört zur Elternschaft. Und jeder einzelne dieser Momente ist wunderbar. Jeder einzelne davon ist ein Geschenk.

Und all das geschieht gerade jetzt, in der Gegenwart.

16. Dezember
ÄNDERN SIE IHR LEBEN

Dieses großartige Gedicht von Robert Southwell ist eine eindringliche Mahnung an alle Eltern:

»Meine Vorfahren sind zu Staub geworden,
Meine Freunde größtenteils gestorben;
Jüngere werden täglich dahingerafft.
Kann ich hoffen, als Einziger davonzukommen?
Nein, nein. Der Tod holt auch mich,
Mein Leben verändert sich, nicht aber ich.«

Finden Sie sich als Elternteil mit der bitteren Wahrheit ab, dass wir nicht ewig auf dieser Erde sein werden, oder teilen Sie eher die Meinung von Southwell? Sträuben Sie sich dagegen und ringen Sie damit, die einzig wichtige Tatsache zu akzeptieren, um dann Ihr Leben entsprechend zu ändern?

Wenn Sie morgens aufwachen und wenn Sie abends nach Hause kommen: Vergessen Sie den beruflichen Ärger. Vergessen Sie die Nachrichten! Lassen Sie hinter sich, worüber Sie und Ihr Ehepartner sich gestritten haben. *Seien* Sie bei Ihren Kindern. *Seien* Sie bei Ihrer Familie.

Das Leben ist kurz. Alles, was zählt, ist Ihre Familie, Ihre Kinder. Vergessen Sie also all das, was Sie »eines Tages« gern machen würden. *Tun Sie es jetzt, sofort, mit Ihren Kindern.*

17. Dezember
DIESER MOMENT KÖNNTE DER WICHTIGSTE SEIN

»Die einfachsten Dinge sind auch die außergewöhnlichsten Dinge.«
Paulo Coelho

Sie sind beschäftigt, auch wenn es nur eine Fahrt zu einem Geschäft ist. Ihre Kinder haben den ganzen Tag genervt. Sie planen, sie besonders zu überraschen. Und weil Sie so viel zu tun oder zu organisieren haben, denken Sie nicht an das Jetzt, sondern an die Zukunft. Ist das so schlimm? Theoretisch nicht. Das Problem ist nur, dass eben *dieser* Moment der wichtigste sein könnte.

Denken Sie an Ihre eigene Kindheit zurück, an das, was sich Ihnen besonders eingeprägt hat. Sind es die großen Momente? Die tiefgründigen Gespräche? Oder die ganz gewöhnlichen Erlebnisse, die normalen Interaktionen – denen nicht einmal Ihre Eltern sich mehr entsinnen –, die sich in Ihr Gedächtnis eingegraben haben?

Als Ihr Vater einmal nicht zur Arbeit ging und Sie mitten in der Woche zu einem ganz gewöhnlichen Baseballspiel mitnahm? Als Ihre Mutter ohne besonderen Grund das Frühstück zum Abendessen – Ihrem Lieblingsessen – machte. Oder auch als Ihre Eltern Sie anfuhren, oder als Sie sie bei etwas Verbotenem ertappten, oder als Sie sich plötzlich wie noch nie zuvor gefühlt haben.

Jeder Moment bietet den Eltern die Chance, ihre Kinder zu erziehen. Sie formen sie in jedem Augenblick, ob Sie es wollen oder nicht. Jeder Moment könnte der wichtigste sein. Deshalb dürfen Sie nicht in Hektik verfallen, dürfen sie nicht als unwichtig betrachten und auch Ihre Ansprüche gegenüber sich selbst nicht herunterschrauben. Denn dies könnte der letzte und beste Moment sein, der Ihnen vergönnt ist.

18. Dezember
SEHEN SIE ES EINMAL SO

Am Ende von *Death Be Not Proud,* John Gunthers Memoiren über das Leben seines Sohnes, schreibt Johns Frau Frances: »Johnny, der einen Gehirntumor hatte, lag 15 Monate im Sterben. Er war damals 17. Bei jedem Gute-Nacht-Kuss fragte ich mich, ob ich ihn wohl am nächsten Morgen lebend antreffen würde. Ich begrüßte ihn jeden Morgen, als wäre er neugeboren für mich, ein Geschenk Gottes. Jeder Tag, den er erlebte, war ein gesegneter Tag der Gnade.«

Es ist zu hoffen und wird zum Glück so sein, dass die meisten von uns dieses Familienschicksal nicht durchmachen müssen. Aber wir sollten versuchen, uns so zu verhalten wie diese Familie. *Denn man kann nie wissen.* Wäre es nicht besser, jeden Tag mit Ihren Kindern als Geschenk zu sehen, als Glücksfall, als Aufschub – anstatt ihn als Pflicht zu sehen?

Erleben Sie den heutigen Abend so, als wäre es Ihr letztes Zusammensein. Lassen Sie es auf sich wirken. Schätzen Sie es. Machen Sie alles, was Ihre Kinder brauchen. Und stehen Sie dann am nächsten Morgen auf, überrascht, dankbar und gesegnet durch die Gnade eines weiteren Versuchs. Und richten Sie Ihr Leben entsprechend ein.

19. Dezember
TUN SIE IHREM ZUKÜNFTIGEN ICH DIESEN GEFALLEN

Irgendwann einmal werden Sie wehmütig auf diesen Augenblick im Leben Ihrer Kinder zurückblicken. Es ist nicht wichtig, was die Zukunft für sie bereithält oder welchen Weg sie einschlagen; Sie werden voller Sehnsucht auf diese Zeit zurückschauen.

Es ist schlichtweg eine Tatsache. Denn Ihre Kinder werden nie wieder zwei, zwölf oder 25 sein. Es wird nur eine begrenzte Anzahl an Schlafenszeiten geben, an abendlichen Bädern, an gemeinsamen Abenden auf der Couch und an Stunden in der Garage, als Ihre Kinder Sie baten, etwas zu reparieren. Am Ende werden wir uns alle wünschen, die Zeit zurückdrehen zu können, um wenigstens einen jener Momente noch einmal zu erleben.

Nun, das ist nicht möglich. Aber es gibt einen Weg, in die Zukunft zu reisen oder zumindest in Verbindung *mit ihr* zu treten. Dem großartigen Autor von Kinderbüchern Adam Rubin zufolge, können wir durch unsere heutigen Entscheidungen unserem zukünftigen Ich vermitteln, *alles Nötige getan zu haben.* Dass wir es verinnerlicht haben. Nicht überstürzt gehandelt haben. Unseren Kindern gesagt haben, wie viel sie uns bedeuten.

Erweisen Sie Ihrem künftigen Ich den größten Gefallen überhaupt. Nehmen Sie diesen Moment nicht als selbstverständlich hin. Lassen Sie nicht zu, dass Ihre Unbeherrschtheit dominiert. Seien Sie nicht stur. Hüten Sie sich davor, die falschen Dinge zu schätzen. Zeigen Sie Ihre Liebe jetzt, solange Sie es noch können. Genießen Sie den Augenblick, solange Sie noch können, und kehren Sie ihm nicht voreilig den Rücken.

20. Dezember
ES KÖNNTEN IHRE LETZTEN WORTE SEIN

Am 8. Januar 2022 erhielt Bob Saget – legendärer Comedian, langjähriger Moderator von *America's Funniest Home Videos* und Danny Tanner in *Full House* – kurz vor seinem Bühnenauftritt eine SMS von seiner Tochter. Wir kennen den Inhalt nicht, aber sie enthielt nichts Dringliches.

Er hätte ohne Weiteres beschließen können: *Ich werde später antworten, werde sie morgen früh anrufen.* So wie wir alle es schon einmal getan haben. Wir sind spät dran. Wir bearbeiten gerade E-Mails, als sie uns aus dem Nebenzimmer rufen. Sie schicken uns eine SMS, wenn wir auf dem Sprung zu einer Besprechung sind. Wir sind müde und versuchen, das abendliche Ritual mit unseren Kindern schnell hinter uns zu bringen.

Wir reden uns ein, ihnen in Kürze zu antworten, sagen uns, dass wir eine weitere Chance haben werden, dass weitere Anrufe, weitere SMS und abendliche Rituale folgen. Aber das ist nicht immer so.

Saget ließ sich einen Augenblick lang Zeit, um die letzte SMS an seine Tochter abzusenden, was damals niemand ahnen konnte. »Danke«, schrieb er. »Ich liebe dich. Es ist Showtime!« Stunden später wurde er in seinem Hotelzimmer in Orlando tot aufgefunden. Er wurde 65 Jahre alt.

Niemand von uns weiß, wie seine letzten Worte lauten werden. Niemand ahnt, wie viel Lebenszeit er noch vor sich hat. Nutzen wir also unsere Zeit, bevor die Zeit, die uns nicht garantiert ist, verrinnt. Sagen wir unseren Kindern, was wir für sie empfinden, solange es möglich ist.

21. Dezember
SIE HABEN DIESE LEKTION FÜR SIE GELERNT

»Es gibt Eltern, die den Tod ihrer Kinder erleben mussten.«

MARY LAURA PHILPOTT

Henry, der Sohn des Komikers und Schauspielers Rob Delaney, war gesund und hübsch, erkrankte dann aber. Delaney und seine Frau Leah wussten sich nicht zu helfen, also suchten sie mit Henry einen Arzt auf. Die Untersuchung dauerte lange, aber schließlich diagnostizierte der Arzt einen Gehirntumor. Henry wurde operiert und es ging ihm vorübergehend besser. Doch leider gab es keine Heilung und er starb mit zwei Jahren. In Mac Marons Podcast berichtete Rob, wie sich seine Perspektive nach Henrys Tod veränderte:

> »Ich halte meine Kinder und meine Frau in den Armen, und ich weiß, dass sie eines Tages sterben werden. Und ich weiß, dass dies noch vor meinem Tod geschehen könnte. Also weiß ich, dass unsere gemeinsame Zeit begrenzt ist. Sie wird enden. Und so schätze ich meine Lieben umso mehr. Ich staune über die Tatsache, dass sich diese speziellen Ansammlungen von Zellen eine begrenzte Zeit um diese Seelen zusammengefügt haben, und ich habe das Privileg, zur selben Zeit wie diese kleine Ansammlung von Zellen, Knochen und Nasenhaaren hier zu sein. Und so nutze ich die Zeit auf eine Weise, wie ich es früher nie getan habe. Und ich wünschte mir, dies hätte keinen so schmerzlichen Hintergrund. Doch das hat es. Das war der Preis, den ich für dieses Geschenk zahlen musste. Und jetzt habe ich es und halte es hoch in Ehren.«

Wenn uns bewusst wird, wie wenig Zeit uns mit unseren Lieben vergönnt ist, können wir diese begrenzte Zeit bestmöglich nutzen. Familien wie die Gunthers und die Delaneys, ebenso wie die im Stillen trauernden Familien um Sie herum, haben schmerzliche und eindrucksvolle Lektionen gelernt. Wir können sie nicht von ihrer Trauer befreien, aber wir können sie beachten. Wir können unser Bestes tun, um dies aus der Ferne zu würdigen und uns bewusst zu machen, welchen Preis sie dafür zahlen mussten und daraus einiges für unser Leben folgern.

Denken Sie am heutigen Morgen und an jedem weiteren Morgen daran: Es wird ein Ende geben. *Tempus fugit. Memento mori.* Staunen Sie dann über die Ansammlungen von Zellen, die sich um die Seelen Ihrer Lieben zusammengefügt haben. Machen Sie das Beste aus der Zeit mit ihnen.

22. Dezember
WAS IST WICHTIGER?

»Das Leben ist kurz. Vergiss nicht das Wichtigste in unserem Leben: für andere da zu sein und ihnen Gutes zu tun.«

MARK AUREL

Ihr Kind will zum Schwimmen gehen, aber Sie haben einen dringenden Anruf zu erledigen. Ihre Kinder wollen mit Ihnen raufen, aber Sie müssen das Abendessen vorbereiten. Ihre Kinder wollen, dass Sie sie zudecken, aber bei dem Spiel im Fernsehen steht es unentschieden, und es bleiben nur noch 42 Sekunden reguläre Spielzeit.

Wir verhalten uns so, weil es dringend ist, weil es nur einen Moment lang dauert. Aber vor allem machen wir das, weil man es uns durchgehen lässt.

Würde plötzlich etwas scheinbar Dringlicheres oder Unkontrollierbareres auftreten, würden Sie den Anruf verschieben. Würden Sie im Stau stecken, würden Sie das Essen liefern lassen. Würde Ihr Chef anrufen und etwas von Ihnen *wissen* wollen, würden Sie erst später herausfinden können, wer das Spiel gewonnen hat. Aber Sie sind hier und vermitteln Ihrem Kind (das den innigen Wunsch hat, Zeit mit Ihnen zu verbringen), es sei nicht so wichtig. Das *Spiel* ist Ihnen wichtiger als Ihr Kind.

Das meiste von dem, was wir tun, kann warten. Natürlich nicht endlos, das verlangt niemand von Ihnen. Aber diesen Augenblick im Jetzt können Sie nicht zurückholen. Nutzen Sie ihn. Spielen Sie mit Ihren Kindern, setzen Sie sich mit ihnen zusammen und reden Sie mit ihnen. Schalten Sie den Fernseher aus. Lassen Sie das Manuskript liegen, kommen Sie später darauf zurück. Lassen Sie das Essen kalt werden. Erklären Sie dem Soundso, dass Sie zurückrufen werden.

Ihre Kinder stehen absolut an erster Stelle.

23. Dezember

SIE KÖNNEN GEWISSE DINGE NICHT AUFSCHIEBEN

Wissen Sie, wie einer von Abraham Lincolns letzten Sätzen lautete? Als er in der Loge des Ford's Theatre saß und auf den Beginn des Schauspiels wartete, wandte er sich an seine Frau und sagte: »Irgendwann würde ich so gern nach Jerusalem reisen.«

Wenige Minuten später schoss ihm ein Attentäter eine Kugel in den Kopf, und innerhalb weniger Stunden war Abraham Lincoln tot.

So wie auch Sie viele Gründe haben, mit dem einen zu warten und das andere zu verschieben, hatte auch Lincoln seine Gründe. Und doch schert sich das Leben nicht darum und macht ohne Weiteres unsere Pläne und Vermutungen zunichte. Wir müssen, wie Mark Aurel es ausdrückte, so leben, als schwebe der Tod über uns. Wir sollten auch als Eltern so leben. Denn er droht uns wirklich. Laut Marc Aurel dürfen wir das, was wir heute erledigen könnten, nicht auf morgen verschieben – ob es nun darum geht, gut zu sein (unsere oberste Priorität) oder unseren Kindern zu sagen, dass wir sie lieben, oder sie zu den Orten mitzunehmen, die wir schon immer mal sehen wollten.

24. Dezember
ES GEHT NICHT UM LUXURIÖSE EXTRAS

»Ich bin noch nie einem 13-Jährigen begegnet, der sagte: ›Mein Dad war nie da, weil er immer gearbeitet hat, aber ich habe dafür ein tolles Mountainbike, sodass es das wert war.‹«

Jon Acuff

Sie arbeiten hart und versorgen Ihre Familie gut. Nicht nur mit dem Nötigsten, sondern auch mit allen möglichen Extras. Ihre Kinder verdanken Ihnen einen Swimmingpool und schöne Urlaube. Im Wohnzimmer steht ein großes TV-Gerät mit vielen Kanälen. All das und noch viel mehr besitzen sie.

Und doch spielt es keine Rolle.

Denn Ihre Kinder wünschen sich nicht den Swimmingpool, sondern, dass Sie mit ihnen darin herumtollen. Sie würden gern mit Ihnen im Motelzimmer herumhängen und Snacks naschen, wo auch immer das sein mag. Der große Fernseher ist großartig, zählt aber nicht als Ersatz für den Vater.

Alles, was Sie ihnen bieten, ist großartig. Aber es ersetzt Sie trotzdem nicht. Es ist nicht das Wesentliche. Ihre Kinder würden lieber mit Ihnen in einem aufblasbaren Pool von Walmart spielen als allein in einem Pool mit Rutsche und Wasserfall. Sie würden lieber in einer Wohnung leben, wo sie gemeinsam mit der Familie essen, statt im besten Villenviertel der Stadt zu leben und sich einsam zu fühlen.

Ihre Kinder wollen *Sie*. Sie möchten Spaß mit Ihnen haben. Und Sie sollten das ebenfalls wollen, denn es nicht abzusehen, wie lange Sie Ihre Kinder noch für sich oder Ihre Kinder Sie in ihrem Leben haben werden.

25. Dezember
MACHEN SIE SICH (UND IHRER FAMILIE) DIESES GESCHENK

In jüngeren Jahren wollten Sie zu Weihnachten nichts anderes als Geschenke. Jetzt, da Sie älter sind und Kinder haben, wünschen Sie sich nichts mehr als *Anwesenheit*. Alles, was Sie herbeisehnen, ist, dass Ihre Kinder Sie über die Weihnachtsfeiertage besuchen.

Das Vermögen von Paul Orfalea, dem Gründer von Kinkos, ist Hunderte Millionen Dollar schwer. Auf seinen Reichtum angesprochen, redete er nicht darüber, Kostbarkeiten zu erwerben, ein großes Unternehmen zu gründen oder ausgefallene Urlaube zu planen. Er sagte: »Wissen Sie, was Erfolg ist? Erfolg ist, wenn Ihre erwachsenen Kinder immer noch den Wunsch verspüren, mit Ihnen zusammen zu sein. Wie viele Eltern besitzen allen möglichen Luxus, aber ihre Kinder haben keine Lust, in den Ferien nach Hause zu kommen?«

Wie bereits erwähnt, ist ein vollbesetzter Tisch das, was zählt. Am Ende Ihres Lebens wird Ihr Erfolg als Elternteil darin bestehen, dass Ihre Kinder gern nach Hause kommen, Zeit mit Ihnen verbringen und in Ihrer Nähe sein möchten.

Denken Sie also während der Weihnachtsfeiertage eine Weile darüber nach, wie Sie diesen Erfolg erreichen können. Überlegen Sie, was Sie jetzt im Hinblick auf Ihre Kinder entscheiden sollten, damit sie später, wenn sie ihre eigene Familie haben, gern zu Ihnen nach Hause kommen. Denken Sie an die Geschenke, die Sie Ihren Kindern heute machen sollten – sie zu lieben, zu unterstützen und bei ihnen zu sein –, um sich später am Geschenk eines vollbesetzten Tisches erfreuen zu können.

26. Dezember
FÜR IMMER JUNG

Wie unvorbereitet manche Kinder auf die raue Wirklichkeit treffen, kommt daher, dass Eltern sie niedlich und unschuldig vor sich sehen und denken: *Ich möchte, dass es immer so bleibt.* Sie haben das Gefühl, dass ihre eigene Kindheit zu kurz war, und so versuchen sie, die ihrer Kinder so lange wie möglich auszudehnen.

Dieser Impuls ist verständlich, aber in gewisser Weise auch widersprüchlich. Statt zu genießen, wie wunderbar ihr Kind in diesem Moment ist, denken die Eltern sowohl an die Zukunft (ihre eigene) als auch an die Vergangenheit (ihre eigene) und versuchen, ihre Kinder irgendwie zu schützen. Statt präsent zu sein, statt das *Jetzt* zu nutzen und zu genießen, stemmen sie sich vergeblich gegen eine Flut, die niemand, nicht einmal der fürsorglichste Vater, aufhalten kann: die Zeit.

Heute und für immer sollten wir an folgende Zeile aus dem berühmten Gedicht von William Blake denken:

> »Die Unendlichkeit halten in der Hand, die Ewigkeit in einer Stund.«

Wenn Sie sich wünschen, Ihr Kind möge für immer jung bleiben, dann genießen Sie das Hier und Jetzt in vollen Zügen. Verschwenden Sie keinen Gedanken daran, was die Zukunft bringt. Wissen Sie, was Sie herausfinden werden? Dass das Jetzt nie endet …

27. Dezember

AUF DIESEN AUGENBLICK KOMMT ES AN

Die Europäer vergangener Zeiten pflegten einige *seltsame* Erziehungsmethoden. Zum Beispiel brachten die Eltern von Michel de Montaigne ihren Sohn als Kleinkind bei Dorfbewohnern unter. Jane Austens Mutter stillte ihre Kinder einen Monat lang und gab sie dann in fremde Hände. Aristokratische Eltern überließen ihre Kinder Kindermädchen, Erziehern und Gouvernanten, bis die Kinder alt genug waren, an den Gesprächen der Erwachsenen teilzunehmen.

Die meisten von uns sind sich heute bewusst, entweder intuitiv oder aufgrund kultureller Gepflogenheiten, dass jede Minute mit den eigenen Kindern zählt ... und dass diese Augenblicke umso mehr ausmachen, je jünger sie sind. Ein altes Sprichwort lautet: »Gib mir die ersten sechs Lebensjahre eines Kindes, und du kannst den Rest behalten.«

Generationen von Eltern haben sich genau gegenteilig verhalten. So verwundert es kaum, dass die Vergangenheit so schrecklich war ... und die Menschen einander so furchtbare Dinge antaten. Denn gleich zu Beginn behandelten Eltern ihre Kinder grauenhaft! Sie durchtrennten das erste und wichtigste Band eines Kindes – das familiäre Band.

Und stellen Sie sich vor, was die Kinder deswegen erleiden mussten! Ja, kleine Kinder sind schwierig, aber in diesem Alter sind sie auch am lustigsten, am unschuldigsten und am niedlichsten. Warum sind wir also so beschäftigt? Warum arbeiten wir so viel? Warum wollen wir alles auf einmal – wozu auch gehört, unser früheres kinderloses Leben weiterzuführen und unsere Eltern zu bitten, auf unsere Kinder aufzupassen? Wir reden uns ein, später einmal mehr Zeit für unsere Kinder zu haben, da wir dann über mehr Freiraum verfügen und unsere dann älteren Kinder das Zusammensein mit uns noch mehr schätzen werden.

Nein! Auf die Gegenwart kommt es an. Es ist jetzt wichtig, sich Zeit für Ihre Kinder zu nehmen, je früher, desto besser.

28. Dezember
HEUTE KÖNNTE DIESER TAG SEIN

Es war ein weiterer normaler Urlaubstag für die Roosevelts im Jahr 1921. Der damals 39-jährige Franklin Delano Roosevelt, auf dem Höhepunkt seiner Karriere und seines Lebens, segelte am Vormittag mit Eleanor und seinen beiden älteren Jungen um Campobello Island. Dabei erlebten sie ein aufregendes Abenteuer. Als sie auf einer anderen nahe gelegenen Insel ein kleines Feuer entdeckten, eilten sie dorthin und löschten es alle zusammen. Als sie wieder zurück waren, lieferten sich Franklin Delano Roosevelt und seine Söhne über eine Strecke von einer Meile ein Wettrennen zur Bay of Fundy und sprangen dann gemeinsam ins Wasser.

Für FDR, einen vielbeschäftigten Mann, gab es nur wenige dieser Tage. Diesem Tag im Jahr 1921 fiel im Nachhinein eine besondere Bedeutung zu, wie es Doris Kearns Goodwin in ihrem Buch *Leadership* schildert. Innerhalb von 48 Stunden befiel FDR eine Lähmung, die »sich auf Gliedmaßen, seine Daumen, seine Zehen, seinen Rücken, seine Blase und seinen rektalen Schließmuskel ausdehnte. Schmerzen breiteten sich in seinen Beinen aus.« Sein Leben sollte nie mehr so wie früher sein. Nie wieder sollte er mit seinen Söhnen um die Wette laufen können. Nie wieder konnte er mit ihnen spielen, segeln und tauchen, ohne starke Schmerzen zu empfinden. Er war dem Tod gerade noch mal von der Schippe gesprungen.

Die unerbittliche Wahrheit ist, dass heute dieser Tag für uns sein könnte. Wir ahnen nicht, welche Viren oder Krankheiten bereits in unserem Körper wüten. Wir wissen nicht, was uns oben auf der Treppe, an der nächsten Ecke oder auf der anderen Straßenseite erwartet. Deshalb sollten wir jeden Augenblick mit unseren Kindern auskosten. Wir müssen uns als Eltern bedingungslos auf sie einlassen und die Freude genießen, die sie uns bereiten.

29. Dezember
DIESEN NACHRUF BEKOMMEN SIE ZU HÖREN

Es war ein früher Sommerabend im Jahr 1967. Die Familie Stafford war vollzählig versammelt. Gerade hatte sie zu Abend gegessen, viel gelacht und den Tag Revue passieren lassen. Und dann zogen sich die Eltern zurück, während die Kinder den Abend weiter gemeinsam verbrachten.

Dies ist eine Szene aus Millionen von Familienurlauben und Familientreffen, Thanksgivings und Weihnachtsfeiertagen. Am nächsten Morgen schrieb der Dichter William Stafford in sein Tagebuch, wie schön es gewesen sei. »Gestern Abend blieben die Kinder, nachdem Dorothy und ich uns zurückgezogen hatten, noch im Wohnzimmer sitzen, um sich zu unterhalten«, schrieb er, »und sie sprachen über uns, waren vielmehr gerade im Begriff, es zu tun – mit liebevollen Worten. Unwillkürlich dachte ich: Das ist vermutlich der einzige und wahrscheinlich der beste Nachruf, den ich je bekommen werde.«

Am Ende Ihres Lebens wird Ihr Erfolg als Elternteil darin bestehen, eine Familie zu haben, die sich trifft, Zeit miteinander verbringt und Ihre Nähe sucht. Aber Stafford hatte eine beeindruckende Erkenntnis gewonnen. Was sind diese gemeinsamen Abende? Sie sind die Beerdigung, der man beiwohnen darf. Die Familienessen und die langen Gespräche stellen den Nachruf dar, den Sie zu hören bekommen.

Schätzen Sie all das, solange Sie können. Kultivieren Sie es, solange es noch möglich ist, denn genau das macht das Leben lebenswert.

30. Dezember
WAS KÖNNEN SIE TUN?

Als die beiden Kinder von Mary Laura Philpot langsam flügge wurden, schrieb sie ihre nachträglichen Gedanken dazu auf, was ihr Vater, der während des Kalten Kriegs einen hohen Posten im Federal Government bekleidete, empfunden haben mochte, als er den Schutz des Präsidenten während eines Atomangriffs aufs Kapitol plante. Sie überlegte, wie er es geschafft haben mochte, weiterzuarbeiten, obwohl er wusste, dass er sich im Grunde genommen auf das Ende der Welt und mit ziemlicher Sicherheit auch auf das Ende seiner eigenen Familie in Washington, D.C., vorbereitete.

Es lohnt, den entsprechenden Absatz vollständig wiederzugeben:

> »Was können wir also tun, wenn wir die Zeit nicht anhalten oder jeglichen Verlust verhindern können? Wir lassen unseren Kindern weiterhin die tägliche Fürsorge zukommen. Ich kann sie nicht für immer beschützen, aber ich kann ihnen heute ein Mittagessen zubereiten. Ich kann meinem Teenager das Fahren beibringen. Ich kann mein Kind zum Arzt fahren, den großen Riss an der Decke reparieren, wenn der Regen durchtropft, und jedes meiner Kinder nachts zudecken, bis dies eines Tages nicht mehr möglich ist. Ich kann kleine Gesten der Fürsorglichkeit vollbringen statt große, nicht realisierbare des dauerhaften Schutzes. Denn das, was dauerhaftem Schutz am Nächsten kommt, ist die Liebe füreinander, die wir so intensiv und umfassend und in vielerlei Formen anbieten können. Wir kümmern uns um unsere Lieben und tun, was wir können.«

Alles, was Sie tun können, ist, weiterzumachen. Ihre Liebe zu zeigen. Sich bemühen, präsent zu sein. Ihr Bestes zu tun. Ihre Kinder zu beschützen, sich um sie zu kümmern und alles andere zu ignorieren.

31. Dezember
FANGEN SIE NEU AN, SOLANGE SIE KÖNNEN

Jeder Haarschnitt, jedes Kleidungsstück, aus dem Ihre Kinder herausgewachsen sind, jeder Frühjahrsputz, jeder Beginn einer neuen Sportsaison kennzeichnet, wie die Zeit verstreicht. Und bringt uns dem näher, wovor wir uns fürchten: dass unsere Kinder erwachsen und flügge werden und dass wir irgendwann endgültig Abschied nehmen müssen.

Aber diese Botschaft soll Sie nicht deprimieren oder Ihnen die Freude am Frühling nehmen. Im Gegenteil, sie soll Sie darauf aufmerksam machen, ihn jetzt zu genießen, solange er da ist, soll Sie erinnern, wie wichtig er ist ... und was für eine großartige Chance er bietet.

Philip Larkin schreibt in seinem schönen Gedicht *The Trees* über die jährliche Botschaft der Erde im Frühling:

> »Das letzte Jahr ist vergangen, scheinen sie zu sagen, fang neu an, neu an, neu an.«

Die Vergangenheit ist vorbei. Auch das letzte Jahr hat sich endgültig verabschiedet. Und wie immer ist ungewiss, wie lange die Zukunft währen wird. Aber jetzt ist jetzt. Die neue Saison hat begonnen. Vergessen wir unsere Fehler. Vermeiden wir Ablenkung, Sucht und Hektik. Lassen Sie uns den Grund, weshalb wir hier sind, wiederfinden: die Elternschaft, unsere Hauptaufgabe. Lassen Sie uns neu beginnen, neu, neu.

Lassen Sie uns diesen Frühling mit allem, was er uns bietet, genießen. Denn wenn der Frühling vergeht und es Sommer wird, sterben auch wir ein bisschen, und dann verrinnt auch eine der uns vergönnten Jahreszeiten, die wir mit unseren Kindern erleben dürfen.

Tempus fugit.

NOTIZEN

NOTIZEN